轨道交通全自动运行控制模型与方法

欧冬秀　汪小勇　刘　循◎编著

中国铁道出版社有限公司

2025年·北　京

内容简介

本书面向多层级轨道交通系统的发展需求，详细阐述了从列车运行的安全保护与监控到自动驾驶，乃至全面自动化运营的演进过程。通过分析轨道交通线路设施、列车、运行规则等物理特征，构建了线网拓扑、列车动力学及非自由列车交通流的基础模型；从全自动系统的运营场景和功能分配入手，突出了轨道交通运控系统硬件、软件与信息交互的安全技术措施及方法，并面向系统韧性新需求，提出了运控系统综合韧性评估与韧性提升方法；面向轨道交通的智慧化、高效和绿色需求，分析和研究了智能调度 iATS、列车安全防护 ATP、自动运行控制 ATO 等关键问题的解决方法、实现模型算法及核心技术；考虑到土建基础设施和信号设计方案对运行能力的影响，建立了仿真系统，通过模拟演练提前发现潜在问题并进行瓶颈缓解；通过实际轨道交通线路上的全自动运行系统案例，验证了集成系统功能的完整性以及运营的安全性和高效性。

本书适合轨道交通相关专业人员学习使用，可作为交通运输工程学科研究生相关课程教材，也可供对轨道交通行业感兴趣的读者学习了解。

图书在版编目(CIP)数据

轨道交通全自动运行控制模型与方法 / 欧冬秀，汪小勇，刘循编著. -- 北京 : 中国铁道出版社有限公司，2025. 5. -- ISBN 978-7-113-32197-0

Ⅰ. U239. 5

中国国家版本馆 CIP 数据核字第 2025L82Z70 号

书　　名： 轨道交通全自动运行控制模型与方法

作　　者： 欧冬秀　汪小勇　刘　循

策　　划： 朱敏洁

责任编辑： 朱敏洁　　**编辑部电话：**(010)51873134　　**电子邮箱：**zhuminjie1105@163.com

封面设计： 刘　莎

责任校对： 安海燕

责任印制： 高春晓

出版发行： 中国铁道出版社有限公司(100054，北京市西城区右安门西街 8 号)

网　　址： https://www.tdpress.com

印　　刷： 北京盛通印刷股份有限公司

版　　次： 2025 年 5 月第 1 版　2025 年 5 月第 1 次印刷

开　　本： 787 mm×1 092 mm 1/16　**印张：** 18　**字数：** 432 千

书　　号： ISBN 978-7-113-32197-0

定　　价： 90.00 元

编著者简介

欧冬秀，同济大学交通学院教授、博士生导师。现任上海市铁路智能调度指挥系统工程研究中心技术委员、上海市轨道交通结构耐久与系统安全重点实验室副主任。研究方向为智能网联交通、轨道交通信控、自主交通安全。主持国家自然基金项目 3 项，参与科技部重点研发计划先进轨道交通专项、国家 863 计划及国家科技支撑计划等国家级项目以及各类省部级课题 20 余项。主编及参编教材 6 种(含国家规划教材 1 种)。曾获“上海市科技进步奖”一等奖、“上海产学研合作优秀项目奖”特等奖、“中国城市轨道交通协会科技进步奖”特等奖等多项奖项。

汪小勇，工学博士，教授级高级工程师，上海轨道交通无人驾驶列控系统工程技术研究中心主任。长期从事轨道交通系统安全性与可靠性、智能化和效能提升方面的研究；主持研发了 Urbalis888/TRANAVI、SmarTram、启骥、羲和等解决方案，相关技术成果已在全球 110 余条轨道交通线路成功应用。获国内外专利授权 120 余项，编制国内外标准 20 多项。先后获得“中华全国铁路总工会火车头奖章”、“詹天佑铁道科学技术奖”成就奖、“上海市科技进步奖”一等奖、“上海产学研合作优秀项目奖”特等奖，以及由中国电子学会、中国自动化学会、中国产学研合作促进会、中国交通运输协会、中国城市轨道交通协会等颁发的各类科技奖项 20 多项。

刘循，工学博士，正高级工程师，上海轨道交通技术研究中心资深技术专家，研究领域为轨道交通列车运行控制与可信仿真。深度参与国家级、省部级课题10余项，授权发明专利12项，多项成果获得大规模推广应用。获“上海交通行业科技创新领军人才”“上海建设交通行业引才大使”称号，获得“上海市科技进步奖”二等奖、第一届“‘姑苏杯’长三角智能交通创新技术应用大赛”二等奖、“上海市交通工程学会科学技术奖”一等奖、首批十大“上海标准”标识、“上海市优秀工程咨询成果”一等奖等。

前　言

随着国民经济持续发展，城市群迅速扩张，城市人口不断增加。为满足出行需求，轨道交通作为交通运输的骨干方式，网络规模越来越大且系统越来越复杂。现代信息技术的融通发展，驱动了铁路变革升级和高质量发展，实现轨道交通全要素全过程的数字化、网联化和高效匹配，进而，运控系统作为轨道交通的"大脑和中枢神经"也实现了代际更新。

本书不同于既有较多图书从系统结构、功能和设备角度解读既有轨道交通运控系统，而是从城轨全自动运行需求出发，分析了场景与功能分配、由浅入深地解析基本问题、基本原理、解决问题的模型和方法以及新方法的运用，这有利于专业技术与研究人员针对普通国铁、货运、高铁、市域铁路等多层级轨道交通因运输特征差异，在运控系统自动化等级提升中面临的新问题，举一反三地提出合理的解决方案。

本书共有 8 章，各章主要内容如下：

第 1 章轨道交通系统概述。本章从轨道交通系统的运输特点出发，简要介绍了轨道交通运控系统的自动化发展历程，分析了我国高速铁路/城际铁路、城市轨道交通、市域铁路等的自动化现状及发展趋势，具备高自动化等级的全自动运行系统已成为城市轨道交通行业建设运营的首选模式。

第 2 章轨道交通系统模型。本章将轨道交通线路设施、列车、运行规则等基本内涵抽象为线网拓扑、列车动力学以及列车交通流的基础模型。基于图论的线网拓扑方法，建立了轨道交通线网中各种节点、边基本要素的模型，从而构建了宏观的线网拓扑和微观的信号平面图；列车动力学模型详细阐述了列车运行工况、列车牵引/制动力、运行阻力等，为安全精准控制列车运行建立基础；列车交通流模型从单车运行、车车间隔以及多车组织三个层面分析了列车运行的特征，为列车运行管理与调控提供了依据。

第 3 章运控系统安全与韧性。本章剖析了轨道交通全自动运行系统运营场景以及基本功能，论述了轨道交通运控系统的安全风险类型、安全性需求、风险分析、危害控制方法，分析了既有硬件/软件/通信层面的安全措施标准规范，针对系统韧性新需求提出了运控系统韧性定量评估方法和韧性提升手段。

第 4 章列车运行管理与动态调控。针对列车运行常态管控，重点探讨了线路资源管理与控制方法，包括线路资源与联锁关系、进路排列与冲突检查机制，并列举了一种自主式精细化资源管控方法。针对非正常情况下的动态调控，分析了延误传播与消散机理，构建了大小扰动下列车运行动态调控模型。

第 5 章列车运行安全防护。本章围绕列车运行风险全防护基本问题，确定了安全防护的原则和方法，通过阐述速度防护、线路资源防护、间隔防护的原理与方法，结合联锁、闭塞和速度监控等技术手段，对安全风险进行了有效管理，从而实现列车运行安全防护的目标。

第 6 章列车自动运行控制。本章重点针对列车自动运行(ATO)控制核心功能自动区间运行和车站精确停车，建立了列车速度控制涉及的列车 ATO 目标速度曲线优化和 ATO 速度跟踪控制的模型和方法。在速度控制基本问题和原理方法描述的基础上，论证了城轨单列车节能目标速度曲线优化算法、智能调参的预测滑模 PID 算法的实施方式和效果。

第 7 章运控系统功能仿真与性能评测。本章对第 2 章中的轨道交通系统模型进行了数字化构建，基于线路数据、控车数据、运营组织数据开展列车运行仿真，包括车辆动力学、ATP 控车、ATO 控车以及 ATS 的进路控制等方面，实现了对线路运能的评测，进而为线路设计改进、站型规模优化、多专业限速匹配等工作提供支持。

第 8 章轨道交通全自动运行系统工程案例。通过实际的全自动运行系统工程案例，对前面章节的模型和方法运用及其实施效果进行了验证。

本书分工为：欧冬秀编著第 1、2、3、4、6 章；汪小勇编著第 5、8 章；刘循编著第 7 章。本书为同济大学、上海轨道交通技术研究中心、卡斯柯信号有限公司多年产教融合产出，并融入了崔科、王维旸、高博文等博士以及唐晨凯、张凯乐等硕士的学位论文创新点，为团队多年学术研究积累的共同成果。

本书由同济大学研究生教材出版基金资助出版，在此表示由衷感谢。

由于编著者水平有限，书中难免有不妥甚至不当之处，谨请读者批评指正。

编著者

2025 年 4 月

目　录

第1章　轨道交通系统概述

1.1　轨道交通系统特点

1.1.1　运输特点

轨道交通(也可称为铁路运输或轨道运输),是指一种需要在特定轨道上行驶的一类交通工具或运输系统,以达到运送旅客或货物目的的陆上运输方式。轨道交通按运输能力范围、车辆类型及主要技术特征一般可分为干线铁路、城际铁路、市域(郊)铁路、城市轨道交通、现代有轨电车、磁悬浮交通等,本书重点关注运用广泛的前四种。

轨道交通系统主要由线路、车站、机车车辆、控制系统等一系列基础设施与技术装备组成。

线路是轨道交通基础设施中的主体部分,是机车与车辆运行的基础,由路基、轨道(钢轨、轨枕、道床和道岔等)和桥涵隧道结构物组成。线路设计和施工严格按照标准进行,具有较高的平整度和强度,以保证列车行驶的平稳性和安全性,线路互连形成完整且覆盖面广的路网,实现运输服务的高可达性。

车站是轨道交通系统的基本生产单位,也是办理客、货运输业务和列车技术作业的主要场所,其中客运车站要保证乘客使用安全、方便,并具有良好的内部和外部环境条件,而枢纽地区还要考虑客流换乘的方便性。

机车车辆作为运送旅客和货物的工具,除动车组的动车外,一般没有动力装置,必须将车辆连挂成列,由机车牵引才能沿钢轨在线路上运行。铁路车辆按用途可分为客车、货车及特种用途车,虽车辆种类繁多,但其结构大致相似,一般由车体、走行部、车钩缓冲装置、制动装置和车辆内部设备5个基本部分组成。

控制系统包括通信、信号以及综合监控在内的设备系统。通信系统是为运营、管理及维护人员及各类平台提供数据、语音、图像等信息业务的系统,是列车运行、组织运输生产及进行公务联络的重要手段。信号系统是担负着指挥列车运行、保证列车运行安全和提高线路通过能力等重要任务的关键系统,通常是一个完整、先进、高效的列车自动控制系统,集行车指挥、运行自动调整以及列车自动驾驶等功能于一体。综合监控系统是以乘客、供电、环境及设备的监控和安全防灾为核心,承担为安全行车和调度指挥提供应急处理方案及丰富的信息的功能。

轨道交通系统运输组织通过设计运行计划时刻表(即运行图),确保列车运行的可靠性和准时性。轨道交通的准点率比其他交通工具高,大大提高了乘客的出行效率和便利性。且轨道交通载重量大,能够承载大量乘客和货物,并减少交通拥堵和延误。一般来说,地铁和城市铁路的载重能力较强,通常能够满足城市高峰期的运输需求;而轻轨和有轨电车的载重能力相对较小，主要用于短程运输。此外，轨道交通多使用电力或燃气等清洁能源，排放的污染物较少，因此比其他交通工具更环保。同时，轨道交通的噪声污染也比较小，可以减少城市环境的影响。

总之，轨道交通的运输特点体现了其高效、可靠、环保、安全和舒适的优势，这也是为什么轨道交通在城市交通系统中扮演着越来越重要角色的原因。然而，轨道交通也存在着建设和维护成本高、建设周期长、空间需求大等问题。因此，在建设轨道交通系统时，需要综合考虑各种因素，制定合理的规划和管理策略。

1.1.2 发展新需求

当前轨道交通行业正处在快速发展的阶段，它以丰富的形式，如地铁、轻轨、高铁等，为居民提供了一种更便捷、安全、舒适的交通出行方式。它因其高的运行效率和较低的运行成本，受到越来越多民众的喜爱。当今阶段，轨道交通未来发展的新需求主要围绕以下几个方面：

环保可持续：随着社会对环境问题的关注不断增加，轨道交通系统需要更加注重环保和节能减排。例如，开发和采用新型材料、采用绿色能源（如太阳能、风能）等，减少对化石燃料的依赖，降低排放，以符合环境可持续发展的要求。

自动智能化：随着科技的不断发展，轨道交通系统需要不断引入智能化、自动化技术，提高运营效率和服务质量，减少事故风险。例如，通过无人驾驶技术和人工智能技术，可以实现自动驾驶、智能调度、智能安全监控等功能。

互联一体化：在交通网络的构建与优化方面，轨道交通需要与其他交通方式更好地衔接，形成一体化的交通网络，方便乘客在不同交通工具之间的换乘。

服务人性化：在服务多样性方面，为了满足不同人群的出行需求，轨道交通系统需要提供多样化的服务。例如，轨道交通车站和列车内部需要更加人性化的设计，为老年人、儿童、残障人士提供更友好的服务和设施，提高可访问性，以便不同人群的出行和停留需求。

随着城市化进程的加速和技术的不断发展，轨道交通的发展需求不断演变，需要在环保可持续发展、智能化、自动化、互联互通等方面进行持续创新和改进。

1.2 轨道交通运控系统

1.2.1 运控系统简介

轨道交通运控系统是一种复杂的技术密集型系统，由多个子系统和模块组成，用于实时监测、控制和管理轨道交通的运行和调度。轨道交通运控系统的实现需要依赖先进的信息技术、通信技术和控制技术，以确保轨道交通的安全、高效、准确和可靠地运行，为乘客提供优质的出行服务。其主要功能包括列车运行控制、列车调度、列车位置监测、信号控制、轨道设备监测、紧急事故响应等。其子系统通常包括列车控制系统、信号系统、通信系统、供电系统、调度系统等。其中，列车控制系统负责监测和控制列车的运行，包括列车的加速和减速、制动、转向和停车等操作。信号系统通过信号机和轨道电路等方式监测列车的位置和速度，并确保列车在轨道上安全行驶。通信系统负责轨道交通系统内部和外部的通信，以保证各个子系统之间的协调和合作。供电系统负责为轨道交通提供电力，并确保电力供应的可靠性和稳定性。调度系统负责安排轨道交通的运行计划，监测车站和列车的运行情况，并协调不同子系统的工作。

运控系统的基本功能需实现列车运营任务的管理和监督、列车运行的安全监测与防护，以及列车运行控制包括驾驶与监督等功能。

1.2.2 自动化发展历程

轨道交通自动化的发展历程可以大致分为以下几个阶段。

1. 机械化时代

19世纪后期至20世纪50年代，轨道交通主要采用人力或蒸汽机驱动，需要人工操作车辆行驶和停车。在这个阶段，轨道交通的自动化程度非常低，基本上是由人工操作或依赖于传统信号系统。在早期，其行车调度完全依赖于人工操作员。调度员需要通过电话或手动信号控制列车的行驶。这种手动操作模式存在潜在的人为错误和效率低下等问题。

2. 电气化时代

20世纪50年代至70年代，随着电力技术的进步，轨道交通开始逐渐电气化，运行效率得到了提高。在这个阶段，轨道交通开始采用一些简单的自动化系统，例如自动车站门控制系统、自动信号系统等。随着轨道交通系统的电气化，自动列车控制系统（ATS）和自动列车保护系统（ATC）等自动化系统开始应用。ATS和ATC系统可以监测列车位置和速度，并确保列车在安全距离内运行。这些系统可以帮助防止列车之间的碰撞并保持列车的运行速度。

3. 计算机控制时代

20世纪70年代至90年代，随着计算机技术的发展，轨道交通开始采用计算机控制系统，提高了自动化水平。在这个阶段，轨道交通开始出现了自动列车保护系统（ATP）和自动列车操作系统（ATO）等自动化系统。该时代的一种代表是基于通信列车控制（CBTC）系统。CBTC系统利用无线通信技术，实时传输车辆位置和交通流量信息，支持列车的自动控制和调度，以提高运行效率，减少列车间隔，并提供更频繁的列车服务。

4. 智能化时代

21世纪至今，随着信息技术的快速发展，轨道交通自动化水平不断提高，出现了更加智能化的自动化系统，例如自动列车运营系统（AOS）和自动驾驶系统（ADS）等。这些系统利用先进的通信、控制和感知技术，实现了轨道交通系统的高效、安全和智能化运营。

1.2.3 自动化等级分类

1. 列车运行自动化等级

根据国际电工委员会（international electrotechnical commission，IEC）标准，轨道交通系统的自动化等级可被定义为5个（GoA0～GoA4）。后来又加入了GoA5等级，以覆盖更高级别的自动化系统。这些等级是根据轨道交通系统的自动化程度和所需的乘务员介入程度来划分，根据列车自动化程度的不同，从完全人工操作到几乎完全自主运行。

2016年发布的《轨道交通—自动化的城市轨道交通安全要求》中，将列车运行基本功能要求分为保障列车运行安全、列车运行控制、线路监测、乘客乘降监测以及安全监控和应急管理六个部分，对于每个部分又细化了相应功能要求。通过系统对相应功能的处理方式，即纯人工处理、系统部分监管下人工处理、系统自动处理三种方式的规定，对 GoA0～GoA4 五个全自动运行等级在功能层面给出了下述具体的区分标准和规范要求。

(1)GoA0 级

该级别为最低级别的自动化，无 ATP 防护，以驾驶员目视下的人工驾驶模式驱动列车运行。系统没有自动化控制和辅助功能，完全依赖人工决策和操作。这种等级的自动化现在只在一些特殊情况下使用，例如手动操作的工作车辆。

(2)GoA1 级

该级别是在人工驾驶员的基础上增加一些辅助功能，为 ATP 防护下的人工驾驶，要求列车在轨道上行驶时必须有某种形式的自动化控制，司机辅助系统在列车运行中提供一些辅助功能，但仍然需要人工驾驶员进行监控和操作。辅助功能可能包括列车控制、制动、加速等，但司机仍然有负责决策和应对紧急情况的职责。

(3)GoA2 级

该级别的自动化要求列车在轨道上行驶时有较高程度的自动化控制，使得列车在特定区段上可以自动驾驶，但在其他情况下需要人工驾驶员的监控和干预，为半自动列车运行(semi-automatic train operation，STO)，司机监督下的 ATO 驾驶。GoA2 列车可以自动加速、减速和制动，但驾驶员仍然需要在某些情况下介入，例如开车门、处理乘客问题和处理紧急情况。

(4)GoA3 级

该自动化级别要求列车在轨道上行驶时必须完全自主控制，列车的自动化能力更强，乘务员只需要在紧急情况下介入控制，称为有人值守的列车自动运行(driverless train operation，DTO)；列车可以在大部分情况下自动运行，包括加速、制动和车门操作等。但在特定条件下，例如复杂的交叉路口或紧急情况，需要人工驾驶员介入。

(5)GoA4 级

该级别的自动化使得列车实现高度智能化和自主性，减少了人为错误和提高了运行效率，也称为无人值守的列车自动运行(unattended train operation，UTO)。列车几乎完全自主运行，包括起始、停止、车门操作和处理突发状况。乘务员只需在极少数情况下介入，例如异常情况或系统故障。

其中，全自动运行 FAO 系统包含自动化等级 GoA3 和 GoA4，即有人值守的列车自动运行 (DTO)和无人值守的列车自动运行 (UTO)。各自动化等级的主体功能要求见表 1-1。

表 1-1　轨道交通 GoA 等级及功能要求

功能	自动化等级			
	GoA1	GoA2(STO)	GoA3(DTO)	GoA4(UTO)
	ATP 防护下的人工驾驶	半自动化列车运行	有人值守的列车自动运行	无人值守的列车自动运行
运营管理与监督	人工＋系统	系统	系统	系统
列车运行安全防护	系统	系统	系统	系统
列车运行控制	人工	人工	系统	系统

续表

功能	自动化等级			
	GoA1	GoA2(STO)	GoA3(DTO)	GoA4(UTO)
	ATP 防护下的人工驾驶	半自动化列车运行	有人值守的列车自动运行	无人值守的列车自动运行
危险状态检测与处理	人工	人工	人工	系统
其他高级功能	人工	人工	人工	系统

2. 行车调度自动化等级

为了区分不同自动化等级的行车调度系统，参照目前的自动化等级 GoA1～GoA3 的标准，划分了当下行车调度系统的自动化等级 GoD1～GoD3。

(1)GoD1 等级

该级别的行车调度系统是处于较低级别的自动化水平，主要特点如下：

①人工监视调度指挥(AMD)模式：系统中仍需要操作员的人工参与和监视。行车信息被动获取，这意味着车站、信号中心以及轨道旁设备提供的信息由调度员主动获取，而非系统自动推送。

②基本功能：GoD1 等级的系统可以提供实时的信息提示和监视功能。调度员可以观察列车运行状况，并进行人工的处置和调度命令发布，同时可以对系统设备进行人工操作。

③故障与应急情况：在出现异常、故障或应急情况下，调度员需要主动进行人工处置，并有可能进行在线调图等操作。

(2)GoD2 等级

该级别的行车调度系统相较于 GoD1 等级有以下拓展和改进：

①信息分析和业务联动功能：GoD2 等级增加了信息分析的能力，对行车信息进行分类展示和自动分析，使调度员能够更好地了解运营态势。

②信息获取拓展：在行车信息被动获取方面，系统增加了 ISCS(列车运行控制系统)、车辆和轨旁障碍物的信息获取内容，这些数据使系统能够更全面地掌握列车和线路的状况。

③自动调整和多业务联动执行功能：GoD2 等级的系统可以在小扰动事件下进行自动调整，以及在调度指令中实现多个业务的联动自动执行。这些特性使得系统在应对运营变化时更加灵活高效。

(3)GoD3 等级

该级别的行车调度系统是智能行车调度系统，具备更高级的自动化功能和智能化特点：

①有人智能监控调度指挥(ISD-D)模式和无人智能监控调度指挥(ISD-U)模式：GoD3 等级系统支持两种操作模式。在有人模式下，仍然需要调度员的参与，但系统可以主动监督、辅助分析和提供全过程运营支持。在无人模式下，系统能够自主执行调度任务，无须调度员实时干预。

②信息主动获取：GoD3 等级的系统不仅被动地获取行车信息，还可以主动收集隧道环境、客流、天气等其他外部条件信息。这样的主动获取增强了系统对整个运营环境的感知能力。

③智能辅助与自主分析处置功能：GoD3 等级的系统可以在异常、故障和应急情况下提

供智能辅助与自主分析处置功能。这使得系统能够更快速地响应和处理各种问题，减轻调度员的工作负担。

④动态调整运行图：GoD3 等级的系统具备动态调整运行图的能力，这意味着系统可以根据实时情况灵活地对列车运行计划进行优化和调整。

具体的不同自动化等级功能区分见表 1-2。

表 1-2　轨道交通行车调度指挥系统自动化等级及功能要求

自动化等级	运用情况				
	正常情况	异常情况	故障情况	应急情况	运行图
GoD1 自动监视	系统显示，系统实现按图自动运行，人工监视列车运行状况，人工处置（发布调度命令、人工操作系统设备）	系统显示人工处置	系统显示人工处置	系统显示人工处置	计划运行图，可人工在线调图
GoD2 自动监控	系统显示，系统实现按图自动运行，人工监视列车运行状况，人工处置（发布调度命令、人工操作系统设备）	运营阶段小扰动系统自动处置、人工监视；其他异常人工处置	系统显示人工处置	系统显示人工处置	
GoD3 智能调度	系统自动处置，系统辅助/自主态势感知，系统主动监督/人工监视	系统智能辅助/自主分析处置、人工监视	系统智能辅助/自主分析处置、人工监视	部分场景系统自动分析并推送辅助决策建议，人工确认处置；其他人工处置	动态调整运行图

1.2.4　RAMS 需求

RAMS 是可靠性（reliability）、可用性（availability）、维修性（maintainability）和安全性（safety）的简称，在轨道交通中开展 RAMS 工程的原因包括保障铁路产品的安全运营，与可国际先进水平接轨和降低寿命周期费用等。通过开展 RAMS 工程，能够改善产品的可靠性水平，提高市场竞争能力，同时能够提高系统的安全性，降低产品全寿命周期费用并保持产品型号的性能稳定性。

1. 可靠性指标

可靠性的定义是产品在规定条件下、规定的时间内，完成规定功能的能力。可靠性表征设备故障的频繁程度，是设备的一种固有属性，主要由设计决定。从其概念可知其特征是关注故障并定量表达故障发生的可能性。定量指标通常用可靠度、失效率、平均寿命或平均无故障时间表达。

可靠度即为产品在规定的条件下、规定的时间内，完成规定功能的概率。显然可靠度是时间的函数。同时，失效率也为时间的函数，表示某时刻 t 的失效率则指已工作到时刻 t 的

产品在时刻 t 后单位时间内发生失效的概率。平均寿命和平均无故障时间分别用于衡量不可修系统和可修系统的平均有效工作时间。平均寿命也称平均故障前时间(MTTF)是不可修复的产品从开始使用到失效这段有效工作时间的平均值。平均无故障时间(MTBF)指对于可修复的产品,其从使用到失效这段有效工作时间的平均值。对于轨道交通运控系统要求直接或较大范围影响行车的系统,要求其 MTBF≥10^5 h。

2. 可用性指标

可用性定义为产品任意随机时刻需要和开始执行任务时,处于工作和可使用状态的程度。可用性的概率度量称为可用度,为工作时间对工作时间与维修时间之和的比。信号系统可用性指标要求不小于 99.98%。

3. 维修性指标

维修性的定义为产品在规定条件下和规定时间内,按规定的程序和方法进行维修时,保持或恢复到规定状态的能力。维修性也是产品的一种固有特性,产品的维修性是由产品的设计和生产决定的。产品的维修性由维修度来衡量,也通常用平均修复时间(MTTR)表达,它是指产品修复时间的数学期望。对于车载类信号设备其平均故障修复时间要求 MTTR≤30 min。

4. 安全性指标

安全性定义为产品在规定条件下,规定时间内,不导致人员伤亡,不危害健康及环境,不给设备或财产造成破坏或损伤的能力,用安全完整性等级(简称安全等级)表达,其等级划分用 THR 即每小时每一功能可能承受的危险侧故障率表达。安全等级分为 4 级:1 级:10^{-6}/h≤THR<10^{-5}/h;2 级:10^{-7}/h≤THR<10^{-6}/h;3 级:10^{-8}/h≤THR<10^{-7}/h;4 级:10^{-9}/h≤THR<10^{-8}/h。涉及行车安全的信号系统及子系统,要求其危险侧故障概率应不低于 3 级,通常要求为 4 级。

5. 城轨 RAMS 需求

以 CBTC 信号系统为例,在有关城市轨道交通 CBTC 信号系统的系列文件中,对 CBTC 中的各个子系统的技术标准给出了表 1-3 所示的详细 RAMS 需求,其中涉及 CBTC 系统中的计算机联锁(computer interlocking,CI)、数据通信系统(data communication system,DCS)、列车自动监控(automatic train supervision,ATS)、列车自动驾驶(automatic train operation,ATO)和列车自动防护(automatic train protection,ATP)子系统。

表 1-3 CBTC 系统 RAMS 要求

系统	可靠性要求	维修性要求	可用性要求	安全性要求
CI	MTBF≥10^5 h	MTTR≤30 min	不小于 99.99%	SIL4 级
DCS	MTBF≥5×10^4 h	MTTR≤30 min	不小于 99.99%	
ATS	MTBF≥5×10^4 h	MTTR≤45 min	不小于 99.99%	SIL2 级
ATO	MTBF≥10^5 h	MTTR≤30 min	不小于 99.99%	SIL2 级
ATP	MTBF≥10^5 h	ATP 车载设备的 MTTR≤30 min; ATP 车站设备的 MTTR≤45 min; ATP 轨旁设备的 MTTR≤4 h	不小于 99.99%	SIL4 级

1.3 多层级轨道交通系统自动化现状

多层级轨道交通由于自身运营特点的不同，在服务定位上有着很大的差异，见表 1-4。其中，高速铁路负责联系都市圈对外与过境交通的客流，城际客运专线担任城市群城际交流的功能，市域铁路担任都市圈通勤交通的功能，地铁或轻轨则负责市内的客运任务。随着新型城镇化快速推进，尤其是以城市群为代表的城镇化地区不断扩大，从供给侧角度来说，既有"铁路＋城市轨道交通"发展模式已经难以适应城镇化的变化需求。在我国，市域铁路客流强度介于铁路与城市轨道交通之间，相对地铁来说，市域铁路的建设成本较低，后期的运营维护成本也较低，相对国家干线铁路来说，市域铁路侧重满足都市圈的通勤出行，与发展与推动中心城市功能疏解、培育周边中小城市发展的城镇化发展政策吻合。随着城市的组团式发展和郊区卫星城的兴起、产业结构不断调整更新和其所在都市圈的发展成熟，市域铁路有很大的需求市场。

表 1-4　国内不同类型轨道交通服务特点

空间层次	分类	层次	制式	站间距/km	乘距/km	功能
国土层次、远程交流半径 300 km 及以远	远程	高速铁路国家干线	高速铁路、普铁/重载	50	＞200	远距离大容量运输，满足客运/货运的不同速度要求
城市群层半径 100 km 及以远	中程	城际铁路	城际客运专线	10～20	50～300	城市群城际交流
都市圈层半径 50～100 km	近程	市域轨道、市域铁路	市郊轨道、市域铁路	2～5	20～100	都市圈通勤交通
主城区半径 30～50 km	短程	城市轨道	地铁、轻轨	0.8～1.5	3～30	市内客运

1.3.1 高铁/城际

1. CTCS 系统

在高速铁路发展初期阶段，列车的控制主要依靠司机的手动操作。列车只有简单的安全装置，如列车防护装置和紧急制动装置等。为了提高高速铁路的运营效率和安全性，列车开始引入自动化辅助技术。这些技术包括列车自动控制系统、列车自动保护系统和列车自动检测系统等。其中，列车自动控制系统可以对列车的速度和制动进行自动控制，列车自动保护系统可以监测列车的运行状态并自动制动或停车，列车自动检测系统可以对轨道状态进行监测并及时报警。随着计算机技术的不断发展和应用，高速铁路的自动化水平不断提高。列车开始采用自动驾驶技术，即由计算机控制列车的行驶和操作。随着人工智能技术的快速发展，高速铁路开始向智能化方向发展。列车装备有智能控制系统，可以通过学习和适应实现自我优化和提升。同时，高速铁路也开始采用物联网技术，将列车、轨道和信号等元素进行互联，实现智能化的维护和运营。

总的来说，高速铁路的自动化发展经历了从初期手动操作到自动化辅助、自动化驾驶和智能化的多个阶段，不断提升了铁路的运营效率和安全性。随着技术的不断发展，高速铁路的自动化水平将会不断提高，为铁路运输提供更加安全和高效的服务。

中国高速铁路采用中国自主研发的列车运行控制系统 CTCS（China train control system）。

CTCS 分为五个应用等级（0～4），分别为 CTCS-0、CTCS-1、CTCS-2、CTCS-3 和 CTCS-4，等级越高，系统的功能越强大、控制精度越高、安全性能越好，列车的运行速度也越快。

最初的 CTCS-0 级系统是以人工操作为主的，在该条件下，列车位置的监测和列车间距的控制均需要人工进行，难以实现精确控制。

CTCS-1 级系统于 1996 年开始研发，1998 年在广深准高速铁路投入使用。该系统采用地面子系统与车载系统相结合的方式进行列车控制，实现了速度控制、轨道占用监测等功能。其主要特点是安全性能高、控制范围小，主要用于一些区间较短、车速相对较低的线路（时速≤200 km）。

CTCS-2 级系统于 2004 年开始研发，该系统采用了轨道电路传输列控信息和应答器辅助技术，具有较高的通信速率和稳定性，相比 CTCS-1 级系统具有更高的安全性能和更好的控制精度，可实现列车的自动控制和运行监测，适用于时速≤250 km 的线路。

2012 年，我国高速铁路开始推广应用 CTCS-3 级自动列车运行控制系统，该系统是目前中国高速铁路所采用的主要信号系统。该系统采用无线通信技术，在 CTCS-2 的基础上增加了高精度的位置、速度和加速度控制等功能，通信速率更高、通信距离更远、运行速度更快，具有更高的安全性、更高的精度和更强的可扩展性，能够适应更为复杂的高速铁路运营环境，实现列车的高速运行、自动控制、安全保护等多种功能，主要用于时速较高的客运线路（时速≤350 km）。同时，该系统还可以与其他国际通用的列车控制系统兼容，提高了中国高速铁路的运行效率和安全性。

CTCS-4 级系统是最高等级的 CTCS 系统，适用于时速 350 km 以上的线路。它具有高精度、高可靠性以及高安全性等特点，能够对高速列车进行更加精细的控制和调度。CTCS-4 级系统采用了当下最新的通信技术和先进的控制算法，能够对列车的位置、速度、加速度等多项关键参数进行实时监控和控制，从而确保列车实现高速稳定运行。

总之，CTCS 系统经历了多个发展阶段，不断提升通信速率、通信距离和运行速度等性能指标，为中国高速铁路的安全、高效运营提供可靠保障。

2. CTC 系统

调度集中（centralized traffic control，CTC），全称调度集中控制，是控制中心（调度员）对某一调度区段的信号设备进行集中控制，对列车运行进行直接指挥、管理的技术设备。

调度集中的主要功能是集中控制列车进路，其直接效果是实现了行车管理的自动化和遥控化，由控制中心、传输网络、被控对象三部分组成，通过遥信和遥控两个功能结合来实现行车指挥：

（1）遥信是指车站被控对象的各种表示信息通过网络传送至控制中心，实现列车运行信息传输自动化；

（2）遥控指的是调度员在控制中心直接掌握所辖区段的列车运行情况，据此来确定列车的行动，并利用技术手段通过传输网络直接控制所辖区段的各个车站的接发车进路，实现对列车下达指令的遥控化。

我国于20世纪60年代开展CTC系统研发(可称为CTC1.0)。1963年和1965年,中国铁路先后在宝鸡至凤州间和郑州至开封间单线铁路上开通极性频率制调度集中。1969年,在成都至燕岗开通DD-1型电子调度集中。此后,随着技术改进和设备升级,相继开通了DD-2、DD-3、D4、D5、D6型调度集中系统。

针对铁路列车朝着高速、重载方向发展的趋势,传统的"遥控型"调度集中已经不能满足现代铁路运输的要求,按照铁路发展规划要求,开始大力推广分散自律调度集中系统。2004年,中国铁路发布了《分散自律调度集中CTC技术条件(暂行)》(可称为CTC2.0)。

所谓分散自律调度集中系统,就是以分散自律控制模式为基本特征的调度集中系统。"分散"是相对控制中心集中控制而言的,它将过去由中心集中控制所有车站列车作业的方式,改为由各个车站设备独立地控制各站的列车和调车作业。"自律"是依据各站的特点,系统按《铁路技术管理规程》(《技规》)、《铁路运输调度规则》(《调规》)、《铁路行车组织规则》(《行规》)、《车站行车工作细则》(《站细》)等规则自动协调列车与调车作业矛盾,自动控制列车进路和调车进路。我国铁路分散自律调度集中系统由调度中心子系统、车站子系统和网络通信子系统三部分组成。

相较"信息集中、控制集中"的传统调度集中而言,分散自律CTC采用"信息集中、控制分散"的模式,利用分布式计算和控制技术,在列车运行调整计划的基础上,识别列车接发车与调车作业在时间与空间上的冲突,实现列车接发车和调车作业的统一控制。其核心是将由控制中心集中控制所有车站的列车接发车作业的方式,改为由各个车站设备独立地控制各自的列车接发车和调车作业,自动控制列车进路和调车进路,可有效地解决车站与调度中心频繁交换控制权进行列调控制的问题。在车站设置车站自律机,可接收调度员下达的阶段计划,并自主执行。即使车站与调度中心的通信中断,车站也可以根据先前收到的阶段计划继续指挥行车,而不至于导致停车,进而影响行车效率。

随着技术发展以及对CTC系统在普速铁路和高速铁路上的应用经验进行总结,2016年,国家铁路局发布了《调度集中系统技术条件》(可称为CTC3.0),该技术条件将高铁中新增功能和接口进行了详细规定,同时也纳入普速铁路的列车、调车一体化控制内容,进一步提升了CTC系统的安全性、适用性。

相较于CTC2.0,CTC3.0针对CTC2.0在普速铁路运用的不适应性问题,主要在以下3个方面进行了功能提升:

①将CTC2.0系统中调度员直接下达至自律机设备的计划,优化为调度员先将计划下达给车站值班员,再由车站值班员传达到自律机设备,这一优化赋予了车站值班员对调度员计划进行细化补充的职权,解决了一站多场等枢纽站中,调度员无法掌握股道运用和站间线别选择问题;

②实现了调车进路自动化控制;

③把防溜、上水、吸污、乘降、列检、货检等作业流程纳入其中,作为进路办理的前提条件,进一步提升了技术站行车作业的安全保障水平。

2019年国家铁路局发布《智能调度集中系统暂行技术条件》,该技术条件是在《调度集中系统技术条件》的基础上对智能化需求进行的补充,定义了智能调度集中系统总体要求、系统功能、系统应用场景以及外部接口。

作为智能高铁运营调度指挥的中枢,智能调度集中系统(iCTC)硬件方面增加了列车运行计划调整服务器和终端,以及ATO、供电调度系统和防灾信息系统的接口服务器;在软件方面,新增或增强了列车运行计划自动调整、列车作业综合管控、列车调度指挥数据综合应用、列车按图行车控制以及仿真测试实训等功能。

1.3.2 城市轨道交通

城市轨道交通的自动化发展主要经历了传统模式阶段、半自动化模式阶段、自动化模式阶段以及智能化模式阶段。在传统模式下,城市轨道交通最初采用的是传统人工驾驶模式,列车的驾驶员需要手动操作车辆的加减速、制动和转向等动作,列车的运行安全和效率受到驾驶员技术水平的制约。为了提高城市轨道交通的运行安全和效率,半自动化模式被逐渐引入。在该模式下,列车的加减速和制动等动作由自动化系统进行控制,而转向和停车等动作仍需驾驶员手动操作,这一模式有效减少人为因素对列车运行的影响,但驾驶员仍需要掌握列车运行的相关技能。

随着自动化技术的持续进步,城市轨道交通逐步进入了全自动化阶段。在此模式下,列车的所有动作都由自动化系统控制,驾驶员的角色逐渐被替代。全自动化模式显著提升了列车运行的安全性、效率和准确性,减少了能源消耗和环境污染。

在全自动化的基础上,城市轨道交通进一步发展,进入了智能化模式。在智能化模式下,列车系统借助大数据和人工智能等先进技术,对列车运行数据进行深入分析和处理,从而实现运行优化和预测维护等功能。智能化模式可以进一步提高列车运行的效率和安全性,同时也有助于降低维护成本和延长列车的使用寿命。

1. TBTC 系统

2000年以前,我国传统的城市轨道交通项目(地铁项目)多采用基于轨道电路的列车控制(track circuit-based train control,TBTC)系统。TBTC系统是一种利用轨道电路和传输介质来实现列车控制和信号传输的系统。它依赖于轨道电路检测列车的位置和速度,并使用传输介质将信号传递给列车,以此来实现列车的控制和调度,具体地,轨道电路是一种在铁路轨道上安装的电子设备,可以通过监测电流变化来检测列车的位置和运动状态,然后系统使用传输介质(通常为电缆)将相关信号(包括列车运行的速度限制、信号状态等信息)从轨道电路传递给列车,列车上通常安装有接收控制信号的设备,这些设备可以解读来自轨道电路的信号并执行相应的列车控制操作,比如减速、停车、启动等。

TBTC系统在保障行车安全、提高行车效率方面发挥了巨大作用。但由于TBTC系统利用轨道电路来传输地面至列车的信息、检测固定闭塞分区的占用情况,它存在一系列问题。首先是信息量不足:为了保证有效传输距离,该系统只能以较低的频率发送信息,同时为了满足信息传递的实时性要求,轨道电路实际能够传输的信息量较小;其次,轨道电路工作稳定性易受环境影响,例如道砟阻抗变化、天气变化等,此外,该系统轨旁设备多,这也导致了维护成本高。

2. CBTC 系统

目前,要实现快速、安全的列车运行控制,基于通信的列车控制(communication-based train control,CBTC)系统是被普遍认同的方案。CBTC系统摆脱了用地面轨道电路设备判断列车占用和信息传输的束缚,实现了移动闭塞。CBTC系统充分利用无线通信传输手段,实时或定时地进行车与地面间的双向通信,后续列车可以及时了解前方列车的运行情况,通过实时计算，进而提高了区间运行能力，改善了旅客乘车舒适度，地面控制设备可以及时向车载控制设备传递车辆运行前方的线路限速情况，指导列车按线路限制条件运行，这大大提高了列车运行的安全性。

20 世纪 80 年代至 90 年代，CBTC 系统尚处于研究和试验阶段。当时，各国铁路部门纷纷对 CBTC 系统展开试验，并取得了一些成果。例如，法国铁路公司在 1991 年推出了一个名为“SAET”的 CBTC 系统。

20 世纪 90 年代至 21 世纪初，CBTC 系统的技术逐渐走向成熟，开始在一些城市轨道交通系统中得以应用。例如，1995 年，日本东京地铁率先启用了一种名为“SelTrac”的 CBTC 系统，这成为世界上第一个商业化应用的 CBTC 系统。

21 世纪初至今，随着 CBTC 系统的技术逐渐成熟，越来越多的城市轨道交通系统开始采用 CBTC 系统。像新加坡地铁、伦敦地铁、纽约地铁、巴黎地铁等，都成功运用了 CBTC 系统。在国内，2004 年后，我国新建和改造地铁项目大多采用 CBTC 系统。

21 世纪中期至今，随着智能交通系统的持续发展，CBTC 系统也向着与智能交通系统融合的方向迈进。例如，CBTC 系统开始采用先进的无线通信技术、云计算技术、人工智能技术等，以此来提升列车运行的精确性、灵活性和智能化水平。

从 TBTC 到 CBTC 的转变是列控技术发展过程中的一次飞跃。如今，CBTC 系统涵盖了众多技术和设备，例如列车上的车载设备、地面设备、中央控制系统等。这些设备通过无线通信技术相互连接，共同构成了一个完整的列车控制系统。

CBTC 系统虽然具有发车间隔小、运行效率高等优势，但因其列车进路和安全防护等关键功能均是基于“车—地—车”的结构体系，呈现出子系统种类繁杂和轨旁设备数量众多，且子系统间耦合度过高，同时存在相互功能交叉和冗余等特点，导致 CBTC 系统复杂度过高，给系统的可靠性和建设、运营及维护都带来了较多挑战和困难，难以满足未来地铁在运营效率提升、实现互联互通及进行大规模设备更换等方面的需求。

3. TACS

在全自动运行基础上，信号系统对传统 CBTC 模式进行了进一步优化，构建出列车自主运行系统(train autonomous circumambulate system，TACS)。TACS 系统是指列车能够基于运行计划和实时位置实现各列车之间的资源管理并对行车间隔进行主动防护的信号系统，该系统打破了传统信号系统在追踪间隔方面的限制，显著提高了行车效率。此外，该系统采用车地联锁和车车协同的方式，通过对系统架构的简化、资源管理的细化以及安全平台的优化，实现了更安全、更高效、更灵活、更经济的目标。

TACS 系统架构主要包括列车自动监控系统(automatic train supervision，ATS)、车载控制器(on board controller，OBC)、目标控制器(object controller，OC)、数据通信系统(data communication subsystem，DCS)以及维护管理系统(maintenance management system，MMS)。在 TACS 系统中，每列列车上的车载信号设备独立进行车辆位置和速度等状态信息的采集与计算，并根据收到的相邻列车位置状态信息和轨旁设备的状态信息，确定相应动作并锁定轨道资源，进而控制车辆速度，以此来确保行车安全与效率。

1.3.3 都市圈市域铁路

都市圈市域铁路是承担城市中心城区联接周边城镇组团之间，以及周边城镇组团彼此之间通勤化、快速度、大运量运输需求的轨道交通系统，它作为城郊的联络线，能联结高速铁路网和城市轨道交通网。国内都市圈市域铁路线路有两种类型，一种是利用国铁既有线路，这种线路可实现与国铁线路跨线直通运行，由国铁集团负责运营管理；另一种是使用独立线路，采用独立运营模式，能够与城市轨道交通线路实现换乘。

1980 年代末期至 1990 年代初期，最早的市域铁路自动化系统采用的是自动驾驶列车技术，即借助电子和计算机控制系统代替人工驾驶。该技术的应用显著提高了列车运行的精度和安全性，但由于系统结构复杂，成本较高，推广存在一定限制。随后，CBTC 系统的出现极大地增强了市域铁路的安全性，有效提升了运营效率和运输能力。

随着自动化技术的不断发展和完善，线路自动化控制系统开始应用于市域铁路。该系统可以实现对轨道交通的整个运营过程进行全面的自动化控制，提高了系统的运行效率和稳定性。近年来，列车—线路协调控制系统的应用在市域铁路自动化领域的应用前景非常广阔。该系统属于综合性的自动化控制系统，通过对列车和线路的数据进行深入的综合分析和精准的协调控制，能够实现更加智能化、高效化的运营模式。

市域铁路采用的信号系统因不同的国家、地区和线路而异，综合来说，市域铁路采用的信号系统一般是根据线路特点、列车数量、运营需求等因素综合考虑后才最终确定。目前市域可选用的信号系统技术制式主要有两种，一种是在国铁 CTCS 的基础上增设 ATO（列车自动运行）功能；另一种是城市轨道交通的 CBTC（基于通信的列车运行控制）系统，用于满足其高密度、公交化运输的需求。各列控系统制式对比见表 1-5。

表 1-5 市域（郊）铁路可选用的列控系统制式对比

<table>
<tr><th>对比项</th><th>CTCS-2</th><th>C2+ATO</th><th>CBTC</th><th>市域信号方案</th></tr>
<tr><td>最高速度</td><td colspan="2">200～250 km/h</td><td>80～120 km/h，目前最高 160 km/h</td><td>最高可达 200 km/h</td></tr>
<tr><td>闭塞制式</td><td colspan="2">固定闭塞：MA（行车许可）可达列车所占用的轨道电路边界</td><td>移动闭塞：CBTC 下的 MA 可达车末尾（考虑一定的安全裕量）</td><td>支持固定闭塞和移动闭塞两种类型</td></tr>
<tr><td>占用监测设备</td><td colspan="2">轨道电路</td><td>一般用计轴（较少用轨道电路）</td><td>轨道电路</td></tr>
<tr><td>车载电子地图</td><td colspan="2">地图存在轨旁应答器中，车载设备读取地面应答器报文后，获取前方一定距离内的线路地图；线路地图根据与应答器的距离来组织，仅包括当前进路信息，不包括道岔</td><td>车载预先存储全线电子地图，电子地图按照“轨道区段”组织，包括道岔开向等信息</td><td>按车的类型采用不同地图处理方式</td></tr>
<tr><td>车地无线制式</td><td>无</td><td>GSM-R/LTE-M</td><td>WLAN 或 LTE-M</td><td>GSM-R/LTE-M</td></tr>
<tr><td>运营计划</td><td>人工根据时刻表运行</td><td>CTC 生成、经 TSRS 处理后发送给车载 ATO</td><td>运营计划由 ATS 生成并发送给车载设备</td><td>CTC 统一管理</td></tr>
<tr><td>自动折返</td><td>未具备</td><td>未具备</td><td>具备</td><td>具备</td></tr>
</table>

1.3.4 重载与普铁

重载铁路是指运输重量和体积较大的货物的铁路，其运输效率和安全性是十分重要的。

自动化技术的应用可以提高重载铁路的运输效率和安全性，因此，在重载铁路上应用自动化技术也逐渐成为一种必然趋势。20 世纪 70 年代，重载铁路进入信号自动化阶段。当时，一些国家率先在重载铁路上应用信号自动化技术，例如引入自动闭塞系统和中央集中监控系统等先进设备与技术。到了 20 世纪 80 年代末，部分国家开始引入自动列车控制系统（ATC）和自动列车保护系统（ATP），成功实现了对列车的自动控制和保护，这标志着重载铁路进入了车辆控制自动化阶段。

20 世纪 90 年代，一些国家开始引入调度自动化系统，例如自动列车调度系统（ATDS）和车站自动调度系统（STDS），从而实现了对重载铁路的自动调度和运行管理，此时重载铁路进入了调度自动化阶段。

自 21 世纪初起，重载铁路开始进入全面自动化阶段，一些国家积极开展全面自动化的重载铁路系统的研发工作，例如自动列车运行系统（ATOS），该系统可以实现列车自动化驾驶、调度、保护等多个方面的自动化操作。

在自动化发展的过程中，重载铁路的安全性、运输效率和环保等方面都得到了显著提升。未来，重载与普速铁路自动化技术的应用还将继续深化和拓展，进一步提高铁路运输的效率和安全性。

传统的重载/普铁行车调度指挥系统采用 TDCS（train operation dispatching command system）系统。TDCS 是实现铁路各级运输调度对列车运行进行透明指挥、实时调整、集中控制的现代化信息系统。它由国铁集团调度中心 TDCS、铁路局集团公司调度所 TDCS 以及车站 TDCS 组成，是一套可以覆盖全路的现代化铁路调度指挥和控制的系统。截至 2008 年底，我国建成覆盖全路 18 个铁路局集团公司、70 多条繁忙干线和主要干线的 6 039 个车站的 TDCS，该系统可实现列车运行阶段计划自动调整、实际运行图自动描绘、调度命令自动下达、行车日志自动生成等功能。

然而这种铁路运输调度模式已无法满足国民经济高速发展对交通运输日益增长的需求，因此我国应用 CTC 重载/普速铁路行车调度系统解决这一问题，从而推动我国重载铁路运输新模式的形成。

目前已建成使用的重载/普速铁路 CTC 系统中绝大多数属于 CTC2.0。CTC2.0 系统具备控制区段内所有列车进路计划，实现进路自动办理功能，人工只在必要时进行适当干预，如大站自触时机的选择、大站股道运用调整、非正常情况下人工办理等，大幅提升列车进路办理效率。但 CTC2.0 的应用存在一定的缺陷，尤其对于调车功能上相对比较薄弱，在实际运用中，大多技术站采用 CTC 系统的车站操作或车站调车方式，甚至作业人员宁可使用按钮按压的方式来办理调车进路，导致无法体现 CTC 系统集中一体化操作的功能优点。因此在 2016 年，随着技术的发展，中国铁路总公司总结了 CTC 系统在包括普速铁路的应用经验，发布了《调度集中系统技术条件》，即上述提到的 CTC3.0。

1.3.5 自动化现状对比

随着越来越多的新技术和创新成果被应用于轨道交通系统，各层级的轨道交通系统在自动化等级方面的发展趋势均在不同程度上得以演进。TACS 作为城市轨道交通下一代新型列控系统，将持续成为研究热点。随着自动驾驶技术在城市轨道交通领域的逐渐广泛应用，该技术实现了列车运行的自动控制，提高了系统自动化程度和运输效率。

为应对国内经济快速发展所带来的不断增长的铁路运力需求，我国积极开展了针对自动驾驶技术在铁路领域应用的研究。目前，我国铁路应用自动驾驶的系统主要包括高速铁路 CTCS2/3＋ATO 系统和城际/市域铁路 CTCS2＋ATO 系统，随着我国铁路自动驾驶技术的发展，未来铁路系统的自动化等级也会不断提高。对于行车调度指挥，依托人工智能、大数据分析、5G 通信、北斗定位等信息化和通信技术手段，结合移动闭塞、列控联锁一体化等信号系统的发展趋势，未来轨道交通的调度指挥系统将持续探索并攻克技术难题，以实现更高级别的智能调度，继续提高调度集中系统的自动化、智能化水平，为保障铁路行车安全、提高劳动效率发挥更大作用。表 1-6 为多层级轨道交通列控与调度自动化等级对比情况。

表 1-6　多层级轨道交通列控与调度自动化等级对比

项目	自动化等级						
	列车运行控制				行车调度指挥		
	GoA1 自动防护	GoA2 自动驾驶	GoA3 无人驾驶	GoA4 无人值守	GoD1 自动监视	GoD2 自动监控	GoD3 智能调度
城轨	TBTC、CBTC、TACS				ATS		
	√	√	√	√	√	√	○
高铁/城际	CTCS-2/3	CTCS-2/3＋ATO	—	—	CTC2.0	CTC2.0	CTC3.0
	√	√	×	×	√	√	○
市域铁路	CTCS-2	CTCS-2＋ATO	CBTC	—	CTC2.0	CTC2.0/ATS	CTC2.0/ATS
	√	√	√	×	√	√	○
普铁/重载	CTCS-0/*N*	—	—	—	TDCS	CTC2.0	—
	√	×	×	×	√	√	×

注：√—已经实现；○—部分实现；×—未实现。

1.4　全自动运行系统应用

全自动运行系统（fully automatic operation，FAO）是依靠高性能计算机、低时延高可靠性控制以及高度集成等先进技术，实现自动无人驾驶的新一代城市轨道交通系统。FAO 通常兼容 CBTC 功能，在 CBTC 基础上叠加多种功能模式，例如列车自动唤醒、自动洗车，障碍物及脱轨检测、作业人员防护、蠕动模式、跳跃对标以及火灾报警等功能。五个自动化等级（GoA0～GoA4）中的 GoA3 和 GoA4 统称为 FAO，GoA3 运行列车会配备乘务员，负责监控列车车门关闭情况以及干扰事件的处理，而 GoA4 等级运行列车则无须乘务员配置，真正实现高度自动化无人驾驶，一旦出现故障，需要地面工作人员前往列车上进行处理。通过 FAO 的高度自动化功能，一方面可以优化人力资源的配置，降低运营人员的劳动强度，摆脱对司机配置的依赖，实现 24 h 不间断的运输服务，提升运力；另一方面，能够增强设备的自诊断功能，降低人为误操作的概率，提升系统安全；此外，还可以合理安排列车运营数量，避免多列车空载运行的情况，从而达到节约成本和能源的目的。目前，FAO 是实现列车高度智能化运行的最优实践方案，代表着未来城市轨道交通控制领域的发展方向。

1.4.1 FAO 国外应用

在全球轨道交通领域，FAO 系统的应用日渐普及，多个国家的城市，如巴黎、新加坡、洛桑、迪拜、纽伦堡、哥本哈根等，都在其城市轨道交通系统中引入全自动运行系统。预计国外 75%在建新线、40%的在施既有线改造将采用全自动运行设计方案。更多的城市正在考虑或将既有的轨道交通线路改造成全自动运行线，如法国的巴黎、里昂、马赛，德国的纽伦堡、汉堡、法兰克福、柏林，芬兰的赫尔辛基等。

1983 年，世界上第一条全自动无人驾驶地铁在法国里尔开通运营。里尔地铁采用 VAL（véhicule automatique léger，自动轻级车辆）系统，采用了胶轮列车及路轨系统，配备了全自动无人驾驶的中央导航列车，并且其车站安装有自动开关的站台门，地铁列车的运行均由计算机控制。

1998 年，巴黎首条全自动无人驾驶地铁正式投入运营，该地铁采用了 Trainguard MT 系统（西门子公司开发的一种基于 CBTC 的可实现快速交通列车的全自动运行控制系统）。该全自动地铁由中央控制室电脑控制，通过光缆与各站台地下的固定自动驾驶器和信号器连接，再通过轨道与车载自动驾驶器连接。中央控制室通过安装在车站、站台、车厢内的监视器对其进行监视，车站售票处则设有显示行车图和调阅监视图像的屏幕。这一系统目前被广泛用于全球许多大城市的轨道交通系统中。

2009 年，当时世界上最长的无人驾驶地铁在迪拜通车，全长 70 km，耗资 76 亿美元。该地铁项目是中东地区最完善的轨道交通系统，列车上没有驾驶员，全部由计算机操控。

2008 年 6 月，世界上第一条与人工驾驶列车共用部分轨道的无人驾驶地铁路线在德国的纽伦堡正式投入使用。地铁列车运行由一台电脑操控，这一地铁系统独特之处在于，它能兼容人工操作的地铁列车，即让人工驾驶与无人驾驶列车在同一轨道运行。当有人或动物进入列车前方铁轨的检测范围时，列车会自动紧急刹车。

从 2003 年启动可行性研究到 2013 年全自动运行正式交付使用，巴黎地铁 1 号线改造工程历时十年，工程克服了众多技术难题。在不影响既有线路正常运营的情况下，安装站台安全门、升级信号系统、改造轨道、升级控制中心，安装、调试工作被安排在夜间，以避免对正常运营的干扰。该工程的成功实施使得 RATP 借鉴了巴黎地铁 14 号线全自动运行的成功经验，提高运输效率的同时有效降低了运营成本和设备维护的工作量，为后续旧线路改造积累了丰富的经验，标志着全自动运行技术的应用逐步走向成熟。2011 年 1 月，巴黎市政府宣布投入 324 亿欧元进行地铁列车的全自动化水平升级，巴黎铁路线网的升级改造工程对世界大城市的轨道交通建设起到了示范和引领作用，随后英国伦敦也公布了地铁线网 FAO 升级计划。

2016 年，温哥华开通了当时世界最长的无人驾驶线路 SkyTrain。2019 年 5 月正式开通运营的澳大利亚最大的交通建设项目——全自动无人驾驶悉尼地铁西北线，耗资 83 亿澳元（约合 398 亿元人民币），是全澳洲第一个无人驾驶、全自动的地铁，自动化程度可达 GoA4 级（全自动无人驾驶）。英国伦敦的新型无人驾驶列车项目预计于 2025 年开通，运行初期预计保留司机操纵列车，但最终计划实现完全无人驾驶，设计的新型列车也将具有更高承载量和更先进的温度调节系统，让乘客乘坐更加舒适和安全。此外，由中国中车承接的伊斯坦布尔机场线地铁项目二期也于 2023 年开工。该项目为土耳其首个 GoA4 级无人驾驶地铁项目，列车采用全自动车辆重联运营技术，使编组更加灵活，可以适应机场线路不同时段客流量的需求。这将推动土耳其地铁向更高效率、更高质量、更高水平协作迈进。

由于 GoA3 和 GoA4 在目前全球范围厂家的装备差异和实施差异均不大，所以目前大多线路基本按照 GoA4 级建设，表 1-7 为国外 GoA4 级城轨线路的相关统计。

表 1-7 2010 年至 2022 年国外 GoA4 级主要城轨线路

国家	项　目	线　路	开通日期	备　注
巴西	圣保罗地铁	4 号线	2010 年	西门子 Trainguard MT CBTC 系统
		15 号线	2014 年	庞巴迪 CBTC 系统
加拿大	温哥华地铁	天车线(SkyTrain)	2016 年	阿尔卡特朗讯 Alcatel/泰雷兹 Thales SelTrac 信号系统
智利	圣地亚哥地铁	6 号线	2017 年	泰雷兹 Thales SelTrac 信号系统
美国	AeroTrain	华盛顿杜勒斯国际机场线	2010 年	三菱重工生产的轻轨电车
匈牙利	布达佩斯地铁	4 号线	2014 年	西门子 Trainguard MT CBTC 系统
西班牙	巴塞罗那地铁	10 号线	2010 年	西门子 CBTC 系统
意大利	罗马地铁	C 线	2014 年	安萨尔多技术
	米兰地铁	5 号线	2013 年	
	布雷西亚地铁	—	2013 年	
印度	德里地铁	粉线	2018 年	阿尔斯通 CBTC 系统
		洋红线	2017 年	
	海得拉巴地铁	红线	2017 年	泰雷兹 CBTC 系统，初期运营有司机值守
		蓝线	2017 年	泰雷兹 CBTC 系统
马来西亚	吉隆坡捷运	SBK 线	2017 年	庞巴迪 CBTC 系统
		安邦线和大城堡线	2017 年	
卡塔尔	多哈地铁	红/绿/金/蓝线	2022 年	泰雷兹 CBTC 系统
沙特阿拉伯	利雅得地铁	1/2/3/4/5/6 号线	2024 年	西门子 CBTC 系统
新加坡	大众捷运(MRT)	滨海市区线	2013 年	
韩国	釜山—金海轻轨线	—	2011 年	泰雷兹 CBTC 系统
	釜山地铁	4 号线	2011 年	韩国首条胶轮轨道系统
	大邱地铁	3 号线	2015 年	韩国首条跨坐式单轨
	仁川地铁	2 号线	2016 年	泰雷兹 CBTC 系统
	首尔地铁	新盆唐线	2011 年	
	议政府轻电铁	U 线	2012 年	西门子技术
	龙仁轻型地铁	Everline	2013 年	庞巴迪 CBTC 系统
阿联酋	迪拜地铁	绿线	2011 年	泰雷兹提供信号系统等技术
		红线延长线(又称轻轨世博线)	2020 年	

当前，全自动驾驶技术的应用已逐步步入成熟阶段，并得到多个国家的众多城市的广泛认可，FAO 技术的应用已经成为未来的主流趋势。

1.4.2 FAO 国内应用

2008 年 7 月开通运行的北京大兴国际机场线是国内首条按照 GoA3 全自动运行等级建设的线路。2010 年 4 月，上海 10 号线开始以 GoA4 等级运行并安排了列车乘务人员值守。2016 年 12 月 28 日，香港南港岛线按 GoA4 等级开通运行。2017 年年底，北京燕房线采用了自主化的设备和全自动运行技术开通了有人值守的 GoA4 线路。在后续的轨道交通建设中，北京、上海、成都等地均采用了全自动运行技术，FAO 在国内部分城市得到了较好的推广应用。

据中国城市轨道交通协会 2024 年发布的年报，截至 2023 年底，中国内地共有北京、上海、深圳、广州、武汉、苏州、济南、南宁、天津、宁波、芜湖、重庆、南京、太原、成都、长沙、西安、绍兴、福州、郑州、许昌 21 个城市开通全自动运行城轨交通线路 40 条，已形成了超 1 000 km 的全自动运行线路规模，在建线路与规划里程也超 1 000 km，线路规模目前居世界第一。

第 2 章　轨道交通系统模型

轨道交通系统模型是对轨道交通系统的一种抽象表达，通过对各个组成部分进行建模和分析，以便更好地理解和优化轨道交通系统的运行和管理。本章重点从线网拓扑模型、列车运动学模型、列车交通流模型三方面来建立轨道交通运控系统的基础模型。

2.1　线网拓扑模型

线网拓扑模型主要用于描述网络中的线路、车站、信号控制等基本要素以及它们之间的连接关系与逻辑关系。根据运输组织、调度、控制等应用需求的不同，可分别建立宏观、中观、微观层面的线网拓扑模型。轨道交通基础设施具备典型的“节点—边(弧)”的图网络模型特性，其中节点为各种基本要素，边则为各要素之间的物理连接或逻辑约束关系。

2.1.1　线网拓扑结构

根据线路拓扑结构刻画精度的需求不同，可以将拓扑模型分为宏观、微观以及介于二者之间的混合模型。

1. 图论基本模型

地理空间网络经抽象和简化，可运用数学方法之一的图论来系统描述。地理网络的数学描述为图 $G=\{N,A\}$，其中 $N=\{n_i \mid i=1,2,\cdots,n\}$ 表示顶点集合，n 表示顶点数；$A=\{a_i \mid i=1,2,\cdots,m\}$ 表示顶点间联系的边集，m 表示边(弧)数[数学中图的元素为顶点和边(弧)]，对应于地理学的常用概念则为节点和线路(路段)。值得指出的是，在将地理网络抽象成数学中图的过程中(也称为拓扑化过程)，并不关心节点(顶点)之间具体的连接方式(如曲线连接)，而只关心节点之间是否连通。从地理学的视角出发，交通网络具有地理空间结构的特殊性，每个节点在地理空间都有其对应的空间坐标。因此，地理网络的图形表示并不具有像社会网络那样构建的随机性。

因此，不论网络的结构如何复杂，用图总能将其条理性及逻辑性清晰地表达出来。所以，运用图论的方法能较好地构建网络的模型，同时也是一种最直观的表现形式。如图 2-1 所示，轨道交通线路就能用图示方式进行描述。

一个抽象的网络系统常用一个二维($n\times n$)邻接矩阵进行描述，即 $\mathbf{A}=(a_{ij})_{n\times n}$；如果节点 n_i 与节点 n_j 直接相邻，则有 $a_{ij}=1$，否则 $a_{ij}=0$。根据以上定义，图的基本种类可分为以下几种：

(1)简单图与多重图。无环、无多重边的图称为简单图；含多重边的图称为多重图。环(loop)指两端点相同的边。多重边(parallel edges 或 multi-edges)指连接两个端点的边数量多于一条以上的边。

(2)有向图和无向图。如果对于邻接矩阵 $a_{ij}=a_{ji}$，则为无向图；否则为有向图。无向图可视为特殊的有向图——对称有向图。

(3)基础图与定向图。将有向图中所有边的方向去掉所得到的无向图称为该有向图的基础图。反之，任意给定一个无向图，将该图的部分边指定方向，形成的有向图称为定向图。

(4)权重图。权重图也称为加权图或赋权图，即如果赋予图 G 中每一条边(n_i,n_j)相应的属性值 w_{ij}，则称 G 为权重图。且 w_{ij} 称为边(n_i,n_j)的权值。对应于图的邻接矩阵 $\mathbf{A}$，可以构建图 G 的权重矩阵 $\mathbf{W}=\{w_{ij}:n_i,n_j\in N\}$。如图 2-1(c)所示的轨道交通线路图中，可以以相邻两个站点之间的行程时间 Δt_{ij}、站点之间的出行费用 Δf_{ij} 等作为边的权重。

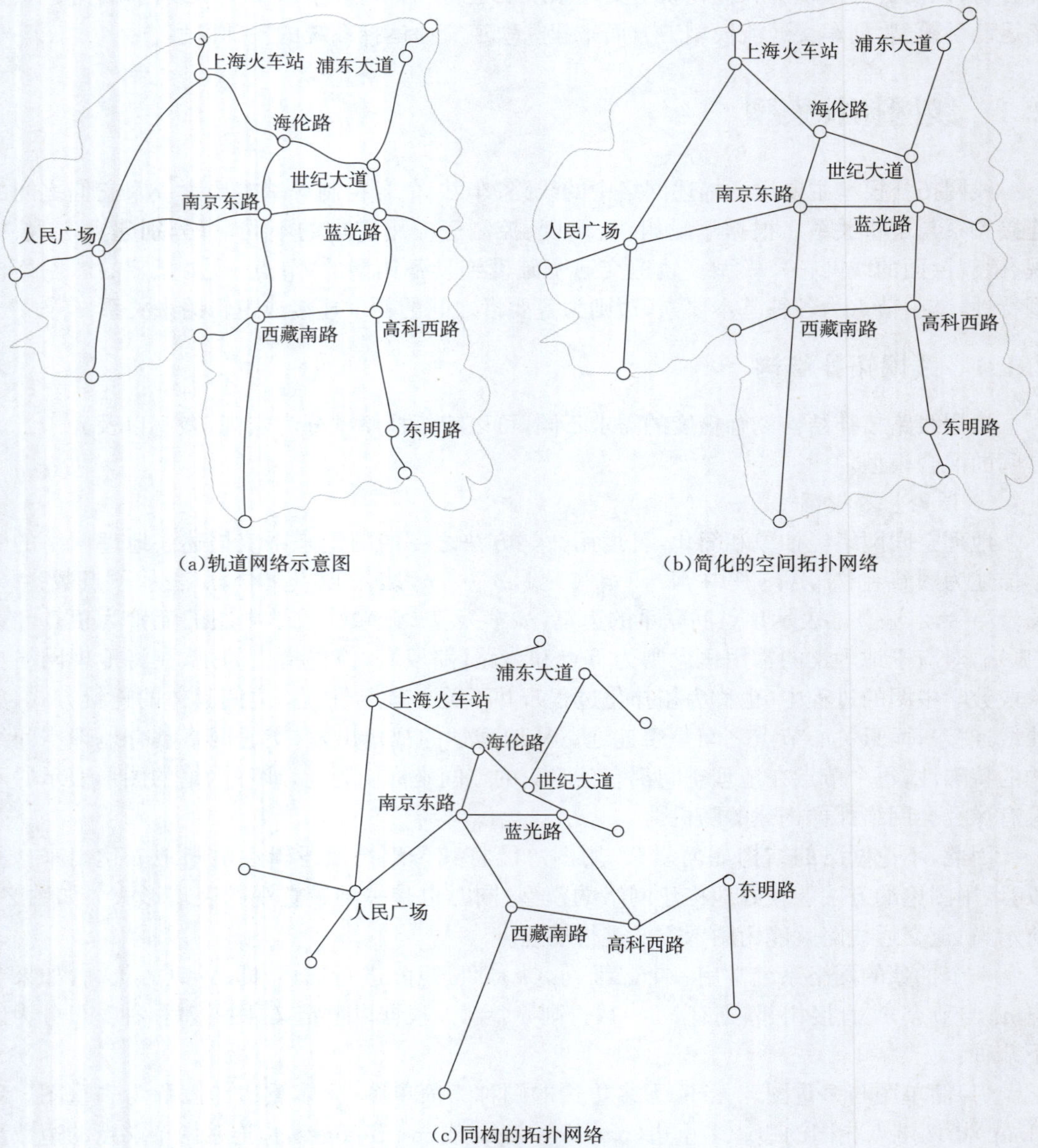

图 2-1 上海市轨道线路的图示描述

(5)途(walk)、迹(trail)和路(path)。图 G 中用节点和边顺接排成的非空有限序列称为途。如果图 G 中某途上边互不相同,则称该途为迹。如果图 G 中某途上的节点互不相同,则称该途为路(也称为链,chain);链是一种特殊的迹,且把两节点间距离最短的路称为最短路径(shortest path),记为节点 n_i 和节点 n_j 之间的最短路径距离为 d_{ij},则 d_{ij} 必须满足下列条件

$$d_{ij} \leqslant d_{ik} + d_{kj}, \quad n_k \in N \tag{2-1}$$

若图 2-1(c)中的各条边均赋予行程时间 Δt_{ij} 这一属性值,那么,节点 n_i 和节点 n_j 之间的最短路径即为节点之间出行时间之和最短,即

$$\Delta t_{ij} \leqslant \Delta t_{ik} + \Delta t_{kj}, \quad n_k \in N \tag{2-2}$$

2. 线网拓扑模型

(1)宏观线网模型

宏观线网模型是一种复杂的网络模型,可以运用复杂网络理论从宏观角度来分析系统的整体结构与功能之间的关系。对于宏观线网模型,常用的有 Space L、Space P 和 Space R 三种建模方法。现以 A、B 两条线路,9 个站点为例,分别运用 Space L 方法、Space P 方法和 Space R 方法构建的网络如图 2-2 所示。

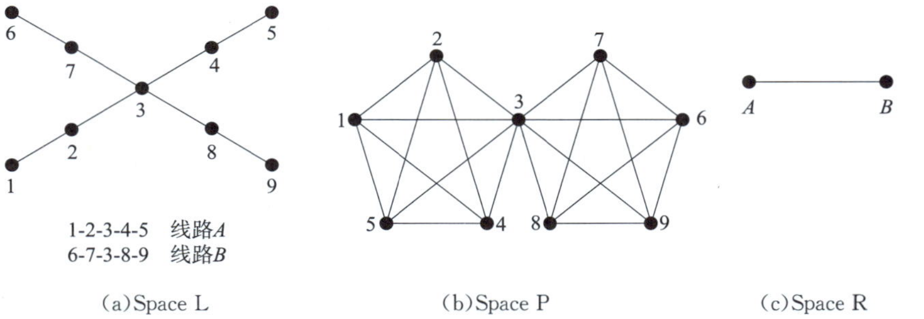

图 2-2　典型的轨道交通网络建模方法

①Space L 模型

Space L 中节点代表车站,节点之间的边代表区间线路,其构建方法能够形象直观地展示轨道网络的现状,更好地显示节点与邻接节点、站间区间与站间区间、站间区间与节点之间的关系,并体现不同车流的路径。

②Space P 模型

Space P 模型中节点与 Space L 中相同,也是代表车站,但边不再代表邻接关系,而是直达关系,即在 Space P 模型中,若两个节点能够直达那么这两个节点之间就会有一条边相连。通过这种方式便可以在模型中体现不同线路之间的换乘效应。

③Space R 模型

Space R 方法将线路抽象为节点,当不同线路间存在换乘站时,则认为其彼此之间存在连边,Space R 方法构建的网络结构能够反映城市轨道交通各线路间的直达关系。

以 Space L 法构建的宏观线网模型为例,典型的网络特征描述指标包括网络节点数、边数、平均度、平均路径长度、网络直径、平均聚类系数等。这些指标从不同角度反映网络的特征,综合起来考虑能够比较全面地反映整个网络的特征。以有序对 $\boldsymbol{G}=(\boldsymbol{V},\boldsymbol{E})$ 来表示轨道

交通网络，$\boldsymbol{V}$ 为节点的集合，$\boldsymbol{E}$ 为边的集合，网络中节点个数为 $v=|\boldsymbol{V}|$，网络边数为 $e=|\boldsymbol{E}|$，节点之间的连接关系可以用邻接矩阵来表示。对图 2-3(a)中 A、B、C 三条线路采用 Space L 模型进行构建，可得到一张线网拓扑模型，显然节点 2、节点 3 起到了使多条线的互连作用。

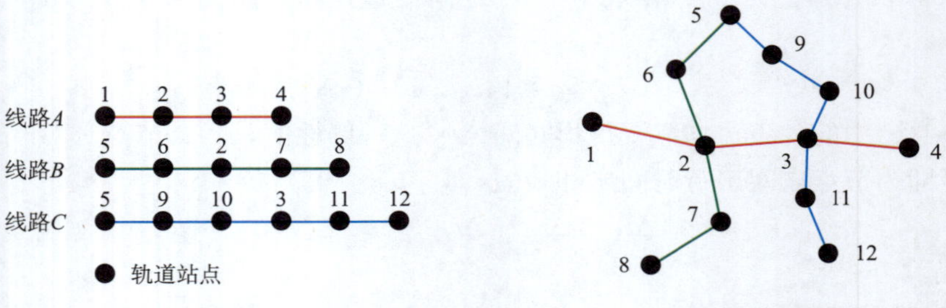

(a)轨道站点　　(b)模型构建

图 2-3　Space L 拓扑模型构建示例

在对轨道交通网络进行拓扑结构模型的构建时，不同的方法适合不同的研究内容，其中 Space L 和 Space P 常被视为最为普遍的两种方法。Space L 法是最直观的网络建模方法，通常用于研究网络的拓扑特性和脆弱性等。Space L 注重的是可达性，适用于城市轨道交通、地铁或公交线路网络这类复杂的网络结构，站点间的拓扑网络直径即为站点间可达需要的换乘次数。因此，选择合适的拓扑模型构建方法能够有效分析宏观线网模型的轨道交通网络的空间布局演变情况、网络复杂性特征演变情况以及轨道交通站点与人口分布之间的关系情况。图 2-4 所示为采用 Space L 和 Space P 方法构建的轨道交通宏观线网模型的实例。

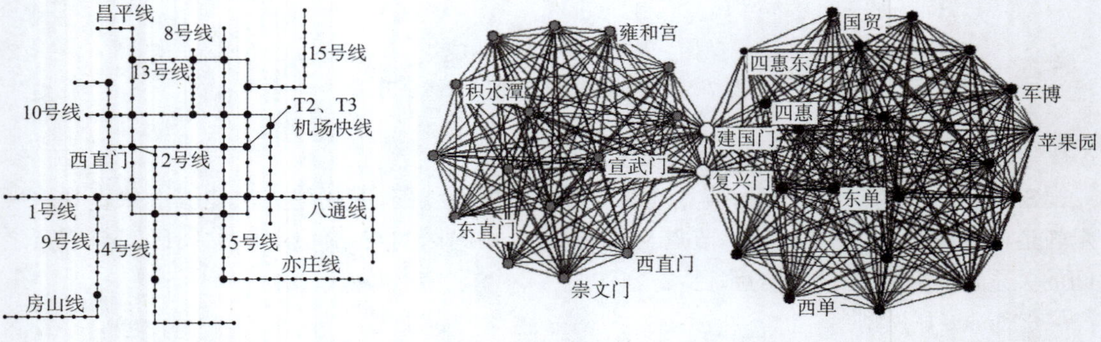

(a)北京地铁(部分)Space L 模型　　(b)北京地铁 1、2 号线 Space P 模型

图 2-4　轨道交通宏观线网模型实例

(2)混合线网模型

①混合粒度线网模型

如图 2-5 所示的混合粒度线网模型以微观模型刻画车站，以宏观模型刻画区间，该粒度的模型能够较为精确地刻画路网的拓扑结构，同样可以检测出运营计划中所有的列车运行冲突，同时可以避免模型规模过大的问题，节省计算资源。

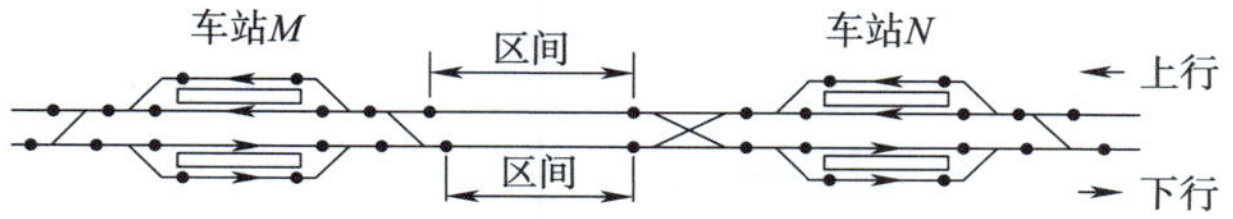

图 2-5　混合粒度线网模型

②跨粒度线网模型

融合以上线网模型的优点的跨粒度线网模型如图 2-6 所示，它能够基于实际列车运行数据进行数据分析，得到当前导致列车晚点传播的瓶颈车站，对于瓶颈车站采取微观粒度，对于瓶颈车站以外的车站以及区间采取宏观粒度。这样既可以得到有效的可行解，也可以避免过多无效的计算，能够在更短的时间内得到一个可在实际中应用的列车运行调整可行方案。

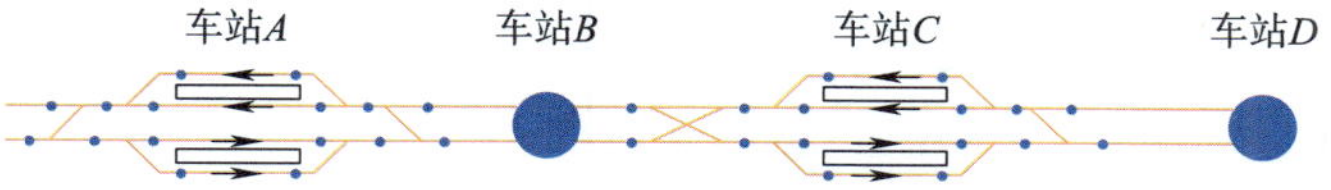

图 2-6　跨粒度线网模型

微观路网是以所有线路分歧点为节点构建的路网，此粒度的路网模型能够精确地刻画线路的拓扑结构，描述列车进路和调车进路，提高行车资源利用的精细化程度。

路网模型的选择主要考虑两个方面的需求。一方面，列车运行过程计算推演需要精确刻画线路上的每一个道岔、曲线、坡度以及隧道等线路拓扑结构和工程属性，从而为列车运行过程描述、列车的动力学计算提供线路基础数据。另一方面，需要考虑车站内部的列车运行冲突，需准确地刻画列车运行路径，避免不同运行路径包含实际物理网络中的相同轨道线路，防止拓扑模型中不同运行路径在实际物理结构中出现冲突。

(3)线网特性指标参数

常用轨道交通网络拓扑特性测度指标包括节点度、介数、节点效率、网络效率等。

①节点度

节点的度(degree)指的是，网络中与该节点直接相连接的边的数量。通常来说，一个节点的度越大表明与该节点相连接的边数越多，同时该节点在网络中更加重要；节点度较小说明在网络中与该节点相连接的边比较少，则该节点重要性相对较低。节点度是衡量节点特性最简单且最直观的指标，不仅反映了节点的连通性，还反映了节点的重要性。节点度可用式(2-3)表示。

$$k_i = \sum_{j=1, j \neq i}^{N} a_{ij} \tag{2-3}$$

若节点 i 与节点 j 直接相连，则 $a_{ij}=1$；反之，$a_{ij}=0$。N 为网络中的节点总数。

②介数

介数(betweenness)通常用来反映网络中节点和边的中心性以及在网络中的重要作用和影响力，介数分为节点介数和边介数。节点 i 介数 B_i 表示网络中经过该节点 i 的最短路径数量与整个网络中最短路径数量的比值，同理边 $e_{i,j}$ 的介数 $B_{i,j}$，表示网络中经过边 $e_{i,j}$ 的最短路径数量与整个网络中最短路径数的比值。节点(边)介数越大表明网络中有很多最

短路径要经过该节点（边），那么这个节点（边）在网络中就越重要。节点 i 介数 Bi 计算公式为

$$B_i=\sum_{j\neq k}n_{j,k}(i)/n_{j,k} \tag{2-4}$$

式中 $n_{j,k}(i)$为经过节点 i 的从节点 j 到节点 k 的最短路径数量，$n_{j,k}$ 为网络中从节点 j 到节点 k 的最短路径数量。同样的，边 $e_{i,j}$ 的介数 $B_{i,j}$ 计算公式为

$$B_{i,j}=\sum_{m\neq k}n_{m,k}(i,j)/n_{m,k} \tag{2-5}$$

式中 $n_{m,k}(i,j)$为经过边 $e_{i,j}$ 的从节点 m 到节点 k 的最短路径数量，$n_{m,k}$ 为网络中从节点 m 到节点 k 的最短路径数量。

③节点效率

节点效率指节点 i 被移除后造成的网络效率的相对下降。节点效率越大，其在网络中越重要，可用式(2-6)计算。

$$C_i=(E-E_i)/E \tag{2-6}$$

式中 E 和 E_i 分别为删除节点 i 前后的网络效率。

④网络效率

网络效率是基于最短路径理论提出的对网络拓扑特性更加深入的分析评价指标，主要用来研究网络中各个节点间的通达性，可以很好地描述拓扑网络的信息传达能力。网络效率分为全局网络效率和局部网络效率，全局网络效率（局部网络效率）指全局（局部）网络中任意两个节点之间最短路径倒数的和。网络效率可用式(2-7)表达。

$$E=\begin{cases}\dfrac{1}{n(n-1)}\sum\limits_{i\neq j}\dfrac{1}{d_{ij}},\text{有向图}\\[2ex]\dfrac{2}{n(n-1)}\sum\limits_{i\neq j}\dfrac{1}{d_{ij}},\text{无向图}\end{cases} \tag{2-7}$$

3. 站线与信号平面图

(1)线路平纵面图

轨道交通线路是列车运行的通路，它是由轨道和下部建筑两部分构成；轨道由钢轨、轨枕、道床、道岔和联结零件以及防爬设备组成。线路在空间的位置，是用它的线路中心线表示的。这条中心线在水平面上的投影就是线路的平面图，平面图能反映出线路的直线线段和曲线线段。线路的基本参数可以用长度 l(m)、限速 v(km/h)来表示，其中曲线部分可以用转角 α、曲线半径 R、切线长 T、曲线长 L 四个参数进行精确描述，如图 2-7 所示为线路平面图简单表示法。

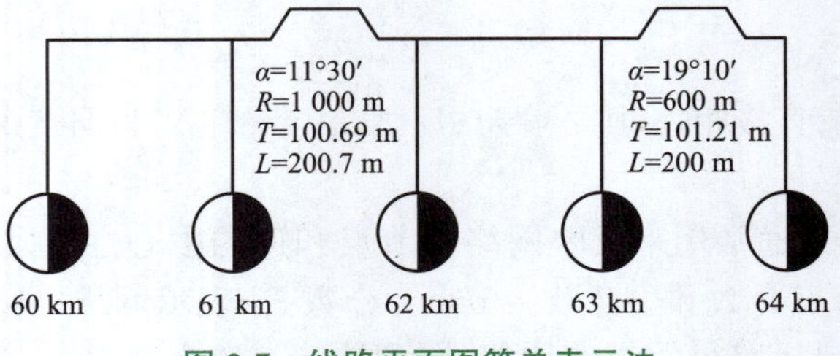

图 2-7　线路平面图简单表示法

线路中心线(其曲线部分展直后)在垂直断面上的投影,叫作纵断面图,它用来表示该线在垂直方向的上下起伏情况。纵断面图能反映出线路的平道线段和坡道线段,可通过海拔表示法和坡度表示法进行表示。海拔表示法如图 2-8(a)所示,其中 S 代表坐标距离,H 代表海拔;坡度表示法如图 2-8(b)所示,图下方通过坡度 i(‰)和长度 l(m)对线路的纵断面进行分段描述。

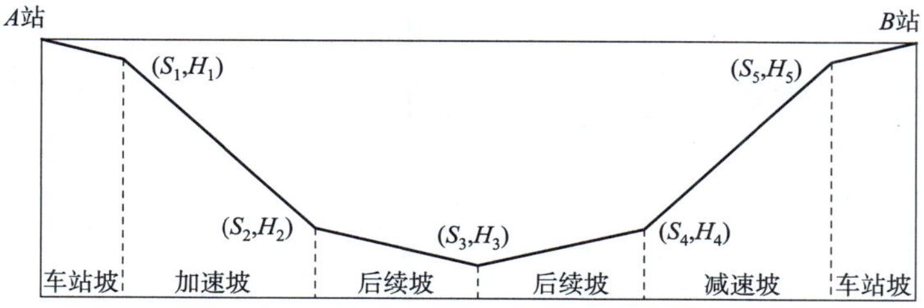

(a)海拔表示法

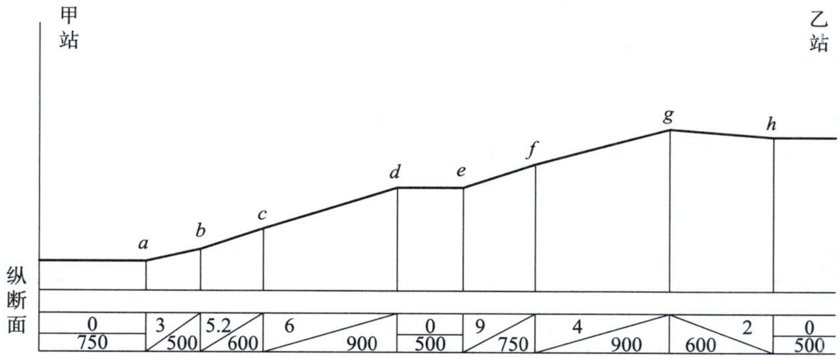

(b)坡度表示法

图 2-8　城市轨道交通站间纵断面示意

(2)站场配线图

站场包括车站与停车场,车站内设有多根线路(包括到发线、侧线),其线路平面图可以通过图 2-9 所示的车站配线图进行表示。图 2-9 中包含了上下行的车站股道、站舍位置和名称、线路、道岔等基本要素。

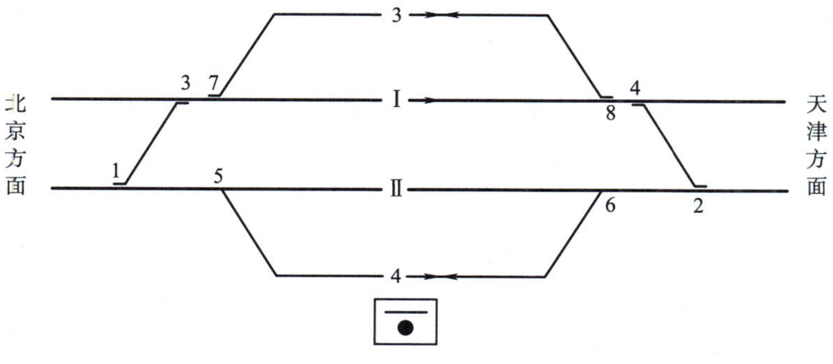

图 2-9　车站配线示意

(3)信号平面图

①车站信号平面图。车站信号平面图是根据站场缩尺平面图绘制而成的有关信号设备布置情况的技术图纸，能够正确反映室外主要设备的布置情况及设置地点、线路和股道的运用情况，以及站内列车和调车作业的概况等，如图 2-10 所示。

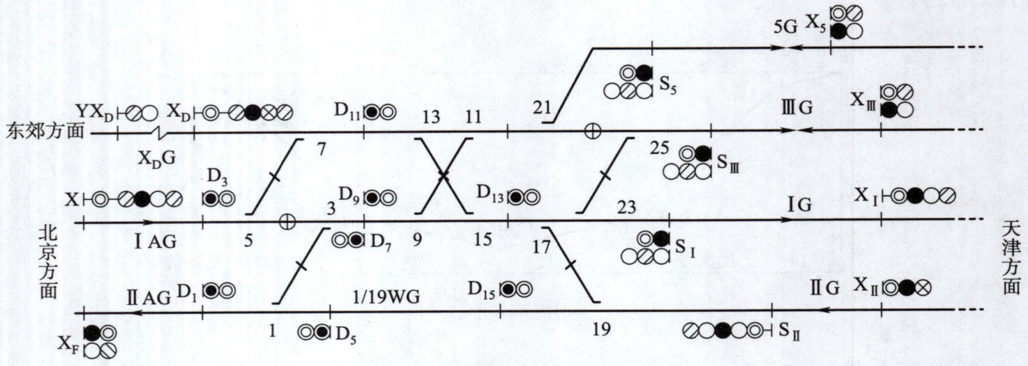

图 2-10　典型铁路车站信号平面图

②区间信号平面图。区间信号平面图可以体现信号随着列车运行在区间内的变化情况，主要用来展现信号系统的变化情况，如图 2-11 所示。

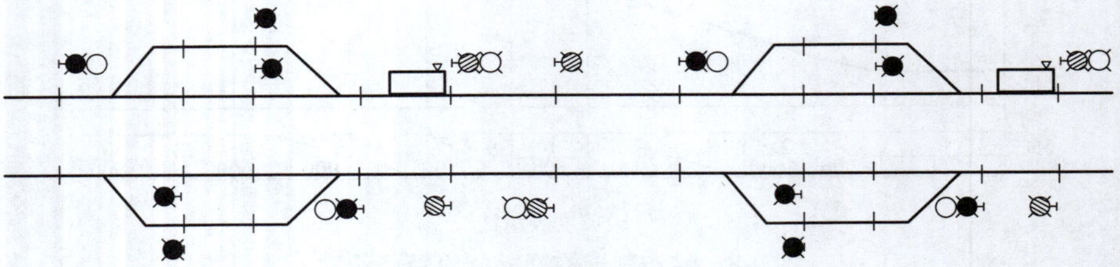

图 2-11　铁路区间信号平面图

2.1.2　节点基本要素模型

轨道交通网络中的设施抽象为节点，有助于简化模型的复杂度，使得问题更容易理解和分析。节点是构成网络模型的基本元素，是线网中线路属性发生变化之处或者设置有控制采集设备的位置点。这些节点在网络中起到连接作用，使得列车能够安全地在不同线路和车站之间行驶。因此，构建线网拓扑模型的第一步便是确定路网节点。

通过确定节点，一方面可以清晰地表示网络中各种设施的位置和属性，另一方面可以更容易地修改和扩展网络结构。例如，在现有网络基础上增加新线路、调整车站位置等。以上的节点类型和属性应允许用户根据轨道交通系统的路网结构、车站布局、信号控制等信息进行自定义调整和修改，从而准确地分析和表达不同运输需求下的轨道交通系统的运行情况。

线网建模时涉及的路网节点主要涵盖车站节点、一般分界点、道岔节点、特殊信号控制节点等。每一种节点都具备其特定的属性，用于准确描述其行为和特性。以下是这些节点类型的一般属性说明。

1. 站/场/所

(1)类型

完成行车作业的场所根据功能不同分为车站、编组站、停车场、线路所。车站是轨道交通线路的分界点,每隔一定的距离需要设置一座车站。车站把铁路线路分割成不同长度的"区间",而车站就是相邻两个区间的分界点。城市轨道交通车站的线路结构相对于铁路车站要简单,城市轨道交通车站的类型包括终端折返站、中间站等,其中中间站又可细分为一般中间站和中间折返站。

(2)属性与参数

在宏观线网拓扑模型中,整个车站可以被刻画为一个节点,车站节点的属性包括车站名称、股道数量、站台长度、中心位置、邻接车站等。

①车站名称 Name:它用于标识车站的名称。

②股道数量 Num:股道数量决定了能够同时在站停靠列车的数量,这一数量继而决定了车站的容量和运营能力。

③站台长度 L:站台的长度可以用于确定能容纳的列车长度以及乘客容量。

④车站中心位置:该位置用公里标表示。通常为"K(千米数)+(米数)"的形式,如 K1200+100。

2. 物理分界点

从线路的固有条件来看,线路纵断面的分界点可以称为变坡点,线路平面的分界点可以称为变曲率点,通过从横纵两个维度对线路进行划分,能够实现对路线的一般性界定,如图 2-12 所示。

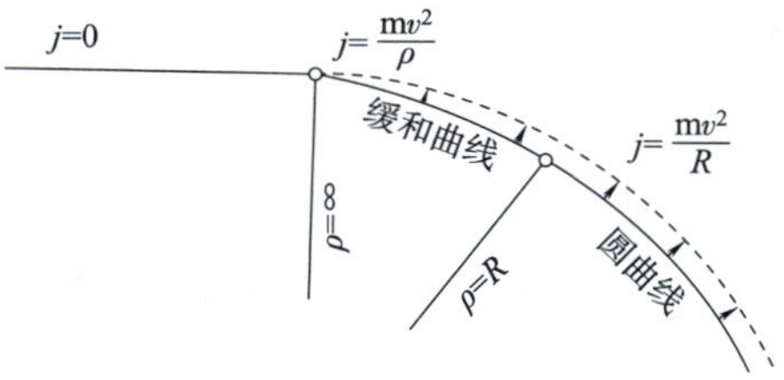

(a)线路平面分界点——变曲率点

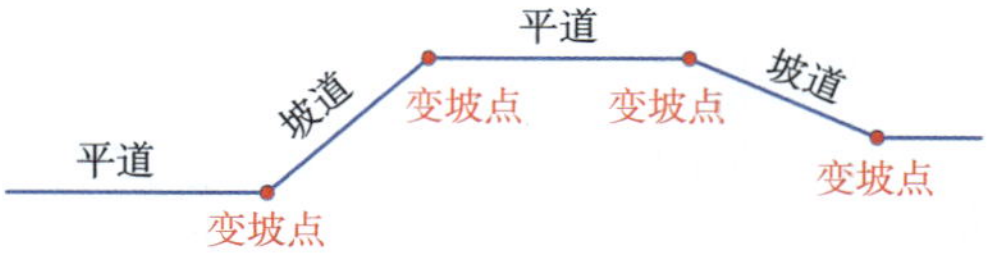

(b)纵断面分界点——变坡点

图 2-12　物理分界点示意

(1)变曲率点

曲线是轨道交通线路的重要组成部分,列车在曲线上运行会产生一定离心力,这种离心力进而会影响乘客的舒适度与列车运行安全。因此,通常会设置外轨超高来抵消列车运行时产生的离心力,以保证列车的运行平稳性和乘客的舒适性。线路曲线半径设置会导致列车运行阻力的增加,从而导致列车运行能耗的上升。在弯曲的铁路线路上,列车在转弯时需要适应曲线的半径变化。为了确保车辆能够平稳通过这些曲线,可以在曲线半径发生变化的地方设置"变曲率点",并根据节点之间线路的曲率来调节列车经过弯道的行驶速度。

(2)变坡点

在铁路或道路设计中,地形通常不是完全平坦的,因此会存在坡度(上升或下降的倾斜度)。为了确保车辆在坡度上能够稳定行驶,可以在坡度改变的地方设置"变坡点",通过这种方式能清晰地区分不同坡度的线路，从而便于准确计算出合适的列车牵引力。

3. 信号分界点

为了实现信号控制，轨道被绝缘节、计轴器等设备分割成若干个小的区段，这些由设备分割形成的分界点是实现列车间隔控制的基础。

(1)绝缘节

绝缘节是一种分隔轨道区段的装置，按形态分为机械绝缘和电气绝缘。机械绝缘主要通过绝缘材料，将两根钢轨进行物理分隔，以此来实现电气隔离的目的；电气绝缘则利用电磁谐振原理构成的电气绝缘节来实现电气隔离。绝缘节通过在轨道中断处切断电气连接，进而起到划分轨道电路的作用。

图 2-10 中的典型车站中，通过设置绝缘节对轨道进行分区，便于提升车站股道的利用效率，如 1-19 号道岔间的区段，被多个绝缘节进行分段，如图 2-13(b)所示。

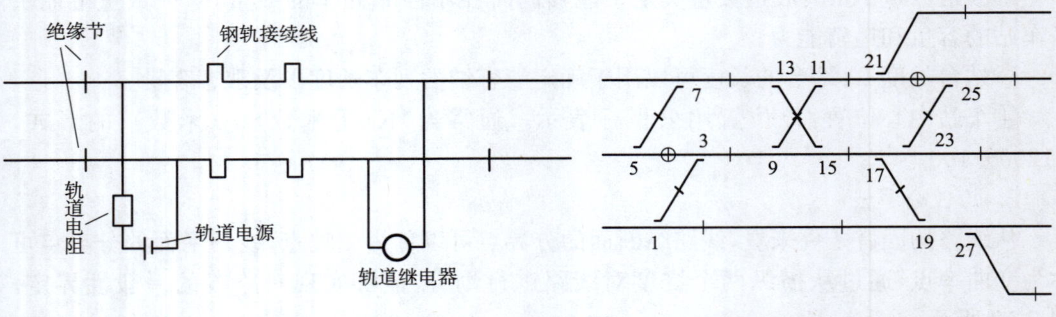

(a)轨道电路中的钢轨绝缘　　(b)信号平面图中的绝缘节表示

图 2-13　轨道绝缘节

(2)计轴器

计轴器的主要功能是利用安装在钢轨上的电磁式有源传感器，精确地计算车辆驶入和驶出检查区段的轮轴数，进而判别该区段是否空闲。因此两计轴设备之间的区域也标定了一个轨道区段的信号范围，计轴设备可作为信号分界点对线路进行划分。

计轴设备由室内和室外设备两部分构成，室外设备包括传感器和电子连接箱，室内设备包括以运算单元为核心的计轴器主机、继电器等设备，如图 2-14 所示。

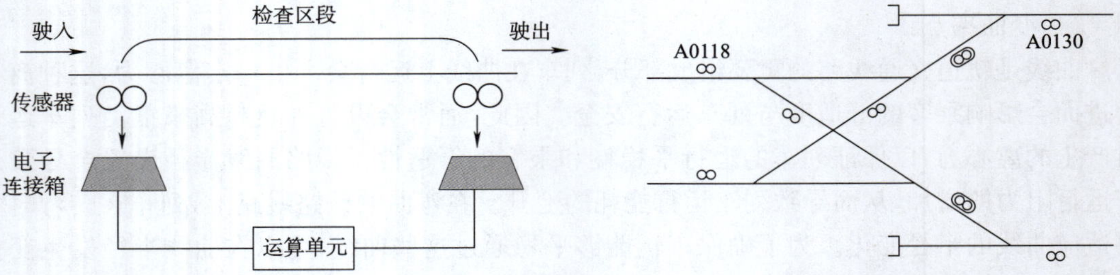

(a)计轴设备组成示意图　　(b)信号平面图中的计轴器表示

图 2-14　计轴器示意

4. 道岔

(1)结构

道岔是决定列车运行进路的关键设备,而驱动道岔的设备是转辙机,转辙机通常设置于道岔尖轨的轨旁或轨间。转辙机可以按照动作指令转换道岔位置,使列车得以从一条轨道切换至另一条轨道,从而实现向不同方向、驶向不同目的地的运行。道岔的物理结构如图 2-15 所示。它有两根可以移动的尖轨,尖轨的外侧是两根固定的基本轨,与尖轨和基本轨相连接的是 4 根合龙轨,其中两根合龙轨为直向,另外两根合龙轨为弯向(其曲线被称为道岔导曲线),两根内侧合龙轨相连的是辙叉,它由两根翼轨、一个岔心和两根护轮轨组成。护轮轨和翼轨的作用是固定车轮运行方向,因为机车车辆通过道岔时都要经过辙叉的“有害空间”,如果不固定车轮轮缘的前进方向,就极有可能引发脱轨事故。

(2)属性与参数

道岔节点的基本属性可以用道岔标号、道岔状态、道岔转换时间、道岔辙叉号进行描述。

①道岔名称与编号:根据道岔编号的基本规则对道岔节点进行命名和标注,铁路车站道岔编号的方法是,在下行列车进站一侧从外向内依次编为单数;在上行列车进站一侧,则依次编为双数,并以车站中心线作为分界线。如图 2-15(b)中的两个道岔分别通过编号命名为 1 号道岔和 2 号道岔。

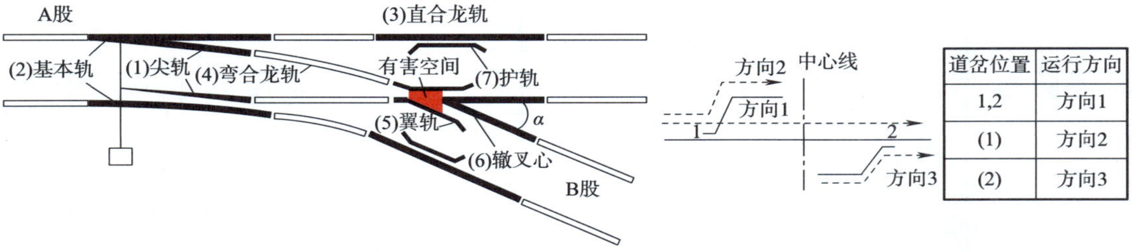

(a)道岔物理结构示意　　(b)道岔位置与运行方向关系图

图 2-15　道岔结构与功能

②道岔位置和状态:道岔依据尖轨所处位置的不同可分为定位和反位,定位为道岔正常情况下经常所处的位置,反位则是临时根据需要改变的另一位置。通常道岔的正位直接用其数字编号表示,而带括号的数字则表示其反位。通过改变道岔位置,可以为列车提供不同的运行方向,如图 2-15(b)中“(1)”表示当 1 号道岔在反位时,列车运行朝着方向 2。

③道岔转换时间 $T_{转换}$:道岔在不同状态间互相转换所需要的时间。

④道岔辙叉号 N:用道岔岔心所形成的辙叉角 α 的余切值来表示,即 $N=\cot\alpha$,辙叉角越小,导曲线半径越大,允许的过岔速度也就越大。目前 9 号、12 号、18 号道岔的侧向通过的限速度分别为 30 km/h、45 km/h、80 km/h。

5. 信号机

信号机是轨道交通的轨旁基础设备。在以地面信号为主体信号的信号系统中,司机必须依照信号机的显示运行。凡是危及行车安全的地点,均应设置信号机加以防护。信号机的主要性质有信号机类型和信号机颜色显示。

(1)类型

包括进站信号机、出站信号机、站内调车信号机等。进站信号机设置于车站入口处，它指示列车能否由区间进入车站；出站信号机设置于车站发车点的前方，它指示列车能否由车站进入区间，出站信号机防护的是发车进路，以及区间相应的闭塞分区；调车信号机设置在站内有调车作业的地点，它指示列车或车列能否进入防护的调车进路。

(2)信号布置与名称

信号机的布置和命名与类型有关，下面主要关注与接发车作业相关的信号机。

①进站信号机：进站信号机命名是依据运行方向而定，一般上行用“S”标注，下行用“X”标注；若有多方向的，增加方向或者线路标注。如图 2-10 中的 X、X_F、YX_D。

②出站信号机：出站信号机的命名同样根据指示方向来确定。上行用“S”标注，下行用“X”标注，并根据其所在股道编号，在标注符号的右下角增加股道标注，如 S_4，X_I 。

③调车信号机：调车信号机的命名用“D”表示，其编号与道岔的编号原则一样，由站外向站内按顺序依次编奇数或偶数。

(3)信号显示

不同类型的信号机有不同的灯位显示和意义，进出站信号机主要有红、黄、绿三种灯色，调车信号机则包括蓝、白两种灯色。此处以典型的自动闭塞区段进站信号机、出站信号机和调车信号机为例，其典型机构在信号平面图上的图示和信号机类型对应见表 2-1。

表 2-1　信号机图示与名称对照表

图示(黑白和彩色)	类型	用途	部分信号机显示的控制含义
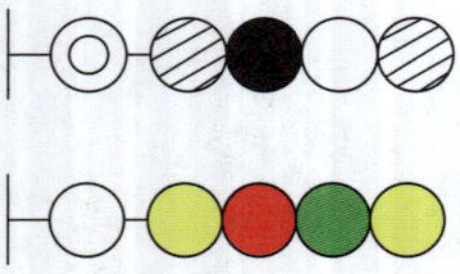	进站信号机	进站信号机用以指示列车进入或通过铁路车站。用于对车站进行安全防护	一个绿色灯光，表示准许列车按规定速度，经正线通过车站。 一个黄色灯光，表示准许列车经道岔直向位置，进入站内正线准备停车。 一个红色灯光和一个白色灯光，表示引导信号，指示列车以不超过 20 km/h 速度进站或通过接车进路，并须准备随时停车。 一个红色灯光，表示禁止列车越过该信号机
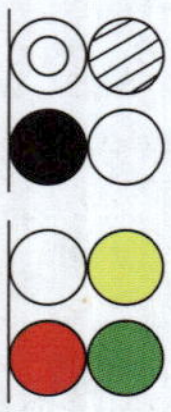	出站信号机	出站信号机用以指示列车能否由车站向区间发车。出站信号机开放是占用区间的凭证	一个绿色灯光，表示准许列车由车站出站，运行前方有三个及以上闭塞分区空闲。 一个黄色灯光，表示准许列车由车站出站，运行前方有一个闭塞分区空闲。 一个绿色灯光和一个黄色灯光，表示准许列车由车站出站，运行前方有两个闭塞分区空闲。 一个白色灯光，表示准许越过该信号机调车。 一个红色灯光，表示禁止列车越过该信号机

续表

图示(黑白和彩色)	类型	用途	部分信号机显示的控制含义
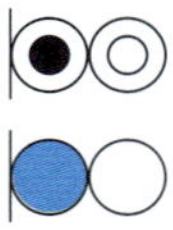	调车信号机	调车信号机用以指示调车机车、车列可否越过该信号机进行调车作业	一个白色灯光,表示准许越过该信号机调车。 一个蓝色灯光,表示禁止越过该信号机
图例:●红色灯光;◍黄色灯光;○绿色灯光;◉蓝色灯光;◎白色灯光。 注:具体的信号机机构组成及完整的信号显示含义见《铁路信号设计规范》。			

6. 警冲标/停车点/车挡

(1)警冲标

两条股道汇合在一起时,在两股道中心线相距 4 m 的地方,应设置警冲标,如图 2-16 所示。4 m 这一数值是根据车辆限界 3.4 m,再考虑加上一些富裕间隙后确定的。列车在股道上停车时,其尾部(一般指车钩)必须越过警冲标;由另一咽喉开来的停站列车,其头部不得越过警冲标。

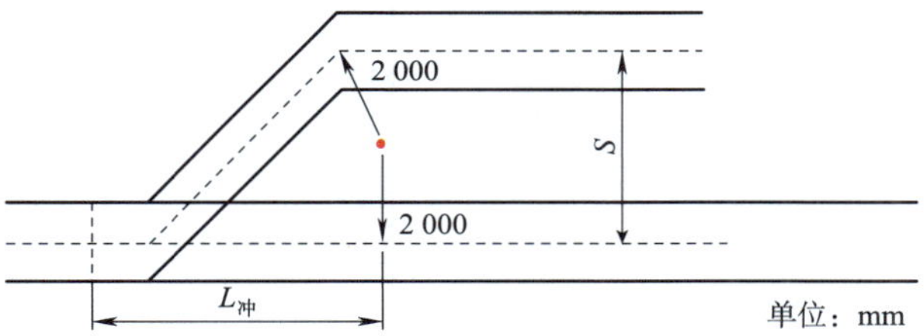

图 2-16　警冲标设置示意

信号机设置的位置与警冲标的坐标有关,信号机必须设在警冲标的内方,并且不得侵入建筑接近限界。警冲标至道岔尖轨尖端的距离($L_{冲}$),是由道岔的辙叉号 N、道岔的连接曲线半径 R 和两线路中心线间的距离 S 来确定。

(2)停车点

停车点包括车站的服务停车点和折返轨的折返停车点。车站内的停车点,通常被信号系统设定为列车移动授权的终点,用来指导列车安全停站。根据列车运行的上下行方向差异和编组大小的不同,可设置不同的停车点,如图 2-17 所示。根据停车点的具体位置,在前后方合理布设信号机,从而为列车运行提供安全防护。

图 2-17　车站停车点

(3)车挡

车挡是设置在铁路线路终端的安全防护装置,用于防止列车在意外情况下冲击线路终端,车挡能够缓解火车失控时所产生的冲击力,通过增加车辆的运动阻力,使失控列车实现强制停车,从而对线路设施及列车自身起到保护作用。车挡实物图和在信号平面图中的图示,如图 2-18 所示。

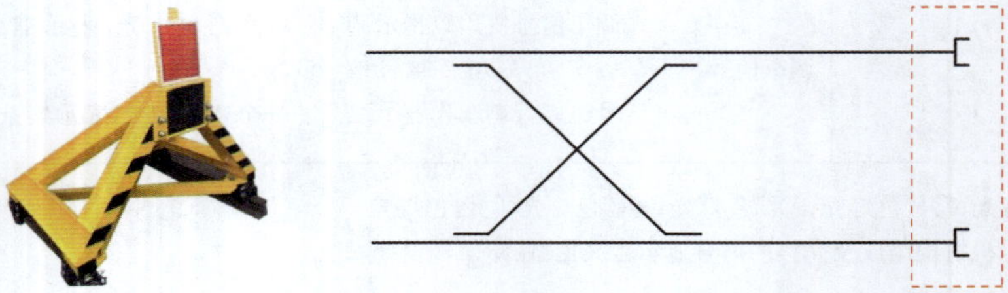

(a)车挡实物图　　(b)信号平面图中车挡表示

图 2-18　车挡

2.1.3　轨道—边要素模型

线路是列车运行的通路,由轨道和其下部建筑构成。两根钢轨是轨道的重要组成部分,钢轨类型是以每米钢轨质量来表示,如 50 kg/m、60 kg/m、70 kg/m 等。轨道的两根钢轨的中心垂直线与路肩水平线的交点为线路的中心线,线路在空间的位置,用其线路中心线表示。线路中心线在水平面的投影为线路的平面图,线在垂直断面的投影,叫作纵断面图。

在轨道交通中,铁路线路主要分为正线、站线、段管线、岔线、安全线及避难线。其中正线又可分为区间正线和车站正线。边(Edge)也称弧,是用来表示轨道线路的元素,它可以用来刻画轨道区段、区间线路、车站线路以及特殊辅助线,体现了轨道交通网络中两个相邻节点(如车站、道岔、信号等)之间的连接关系。

1. 车站股道

车站线路主要包括车站正线和站线,这些线路主要用于列车的停靠、候车、进出站等作业。每个车站通常都会有一个或多个平行的股道,这些股道能够允许列车在车站内部停靠,以便乘客上下车。股道编号因车站类型不同而有所差异如单线车站、复线车站、尽头式车站等。常见的复线车站将股道分为上行和下行,从中间向两边依次编号,下行编单号,上行编双号,正线用罗马数字进行编号,如Ⅰ,Ⅱ,…,侧线用阿拉伯数字进行编号,如 1,2,3…

股道有效长 $L_{有效}$ 是指线路上可以停留机车车辆而不妨碍邻线行车的长度,股道的端点由警冲标、道岔的尖轨尖端(无轨道电路)或道岔基本轨接头处的钢轨绝缘(有轨道电路)、出站信号机及车挡的位置分别确定。以图 2-19 为例,图中 L_{X3} 和 L_{S3},以及 L_{S4} 和 L_{X4},其长度不一定相同,所以必须分别标出。

2. 线路区段

(1)曲线段

①曲线超高

对于曲线而言,由于列车在经过弯道时会产生离心力,这种离心力会使曲线外轨承受较大力,导致外轨磨耗加重,同时也使旅客不舒服,严重时,甚至会出现车轮脱轨,造成列车倾覆。为了平衡这一离心力,需要将曲线处的外轨抬高(即设置超高),使车辆内倾,借用车辆重力向内的外力来抵消或减轻离心力影响,保持作用于外轨、内轨上的总垂直压力大致相等。外轨超高度可按式(2-8)计算。

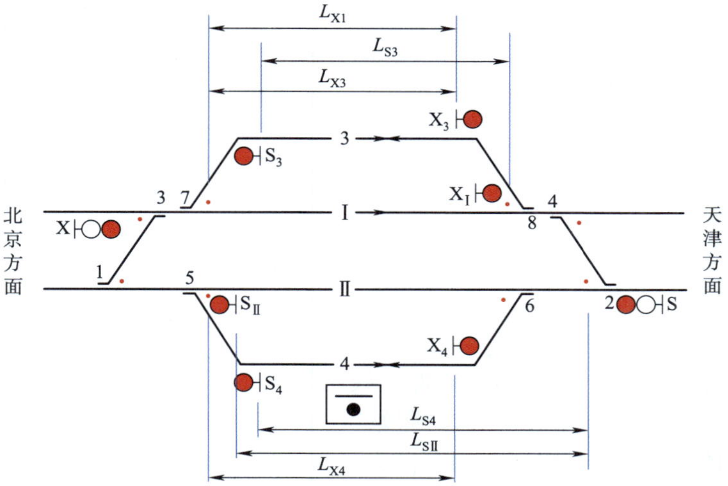

图 2-19　典型车站的车站股道示意

$$h=11.8\times\frac{v^2}{R} \tag{2-8}$$

式中　h——曲线外轨超高，mm；

v——通过曲线时各类列车的平均速度，km/h；

R——曲线半径，m。

外轨超高是有一定限度的，由于外轨超高是按各类列车的平均速度来计算确定的，在实际运动中，不同的列车速度存在差异，当高速或低速列车通过曲线时，现有的超高值就显得不足或太大，当外轨超高与列车速度不匹配时，就会产生额外的向心力或离心力，因此，必须根据曲线半径的大小来确定该曲线段的最大允许行车速度。

②曲线轨距

我国铁路直线轨距规定在钢轨头部内侧、轨面下 16 mm 处进行测量，数值为 1 435 mm，这一轨距称为标准轨距。当列车在曲线上运行时，四轴车的走行部分是将两个轮对组装在一个转向架上，每一转向架中，两个轮对固定，不能作相对的转动。这种具有固定轴距的转向架在通过曲线时，两个轮对同两钢轨之间的相互位置关系为：前一轮对的外轮轮缘和后一轮对的内轮轮缘会紧靠着钢轨，如图 2-20 所示。这就要求列车过弯道时，轨距要加宽，否则轮子将被卡住。目前，当曲线半径小于 350 m 时，均需要按相关规定对轨距进行加宽。

在线路上，直线和圆曲线不是直接相连的，它们之间需要插入一段缓和曲线，如图 2-20 所示。缓和曲线是直线与圆曲线之间的过渡曲线，其半径是变化的。缓和曲线与直线衔接一端的半径为无穷大，并逐渐变化到等于它所衔接的圆曲线半径（R）。缓和曲线一般应满足曲线超高顺坡、轨距加宽递减以及曲线正矢均匀变化的要求。这样，能保证列车平稳地从直线段进入圆曲线（或从圆曲线进入直线段），使离心力得以逐渐增加（或消失），从而避免轮轨间的突然冲击，进而有助于提高列车运行速度，提升旅客的舒适感。缓和曲线长度应根据曲线半径、行车速度和地形条件选用，一般来讲曲线半径大，缓和曲线可以选择短些；反之应选择长一些。有条件时尽量采用较长的缓和曲线。

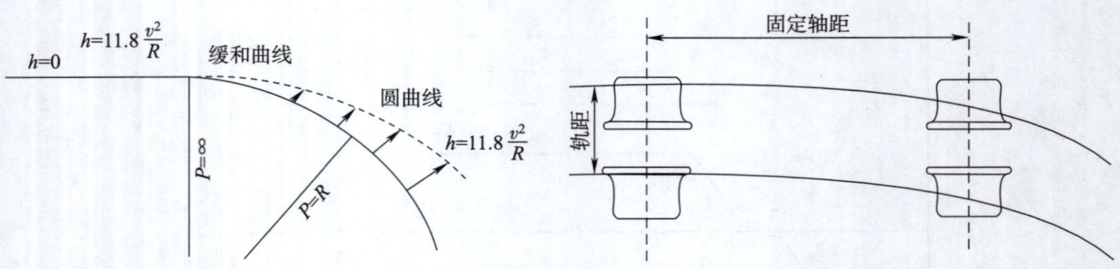

(a)曲线超高、缓和曲线和圆曲线示意　　(b) 转向架通过曲线时情况——曲线轨距

图 2-20　曲线段

因而，对于曲线段而言，列车需要以低于线路最大允许速度通过曲线段，列车行驶通过时需要获取相关的限速信息，包括曲线的起始点、终点位置以及曲线的半径。列车根据收到的信息和自身的驾驶特性，在限速范围内自动控制运行速度。

(2)坡道段

坡度与列车的运行状况直接相关，列车的牵引类型确定以后，就可以确定在列车最大质量下的限制坡度，简称限坡(i_{lim},‰)。当坡度超过列车的启动坡度时，就不允许列车在该坡道上停车。适当减小限坡数值，可增加列车载重量，提高运输能力。但线路落坡会大大提高工程造价，往往受工程条件的限制。因此，限坡数值的大小是线路建设过程中的又一项重要指标。

对信号系统而言，通常不应在坡道段上设置信号机。若必须设置信号机，当该信号机显示红灯时，允许列车以低速运行并越过该信号机。此时，信号机在显示红灯的同时，还需点亮允许信号。对于列车运行自动控制系统而言，不论是上坡道还是下坡道，都有限速的要求，可以根据线路的坡度情况，向列车传送相应的精确速度指令。

3. 信号区段

轨道区段是铁路线路的一个组成部分，它表示铁路线路上的一个连续的段落或区域，主要依据轨道电路或计轴来进行划分。每个轨道区段通常都有一个唯一的标识，便于管理和维护。多个轨道区段可以构成区间及车站线路。

轨道区段作为边可以从以下几种特性进行描述，包括占用状态、长度、曲率半径，还包括边两端的起始节点和终止节点，这两个节点可以是车站、道岔、信号等不同类型的设施。

(1)道岔区段

道岔区段是指有道岔的轨道区段。道岔区段命名方式如下：当一个道岔区段内只包含一个道岔时，该道岔区段命名为“道岔编号 DG”，如“1DG”；当一个道岔区段内包含两个道岔时，该道岔区段命名为“小号道岔编号-大号道岔编号 DG”，如在图 2-21 中，包含 11 号和 13 号道岔的轨道区段命名为“11-13DG”。

(2)无岔区段

无岔区段是指咽喉区内无道岔的轨道区段。处于两个道岔之间的无岔区段命名方式是用“最小道岔编号/最大道岔编号 WG”表示，如图 2-21 中的 1/19WG。

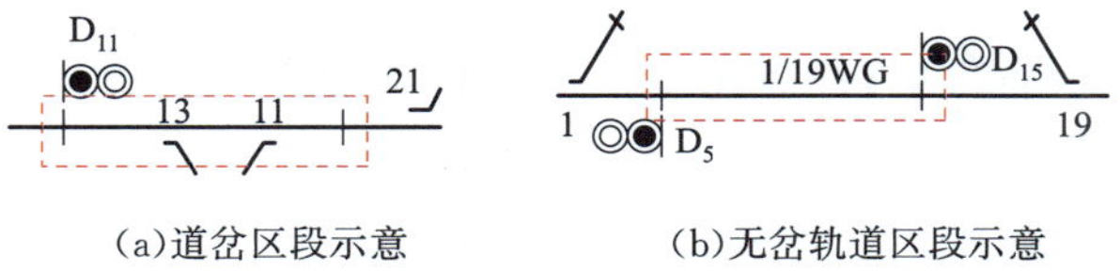

图 2-21　信号区段

4. 特殊区段

(1)分相区

分相区是指电气化铁路的无电区间,其作用是将不同变电所所供应的不同相位的电,通过两个分相开关进行隔离,以防止异相电短路,进而避免造成熔断接触网。分相区的总长度包括两段重叠区和一段无电区的长度之和。由于在分相区中列车无法取电行车,需要考虑列车停车后能重新启动,即需要考虑分相区末端距离信号点的位置。因此在区间运行和区间停车的场景下,对于信号系统来说,分相区节点的位置和长度是非常重要的考虑因素。如图 2-22 所示为分相区节点示意图。

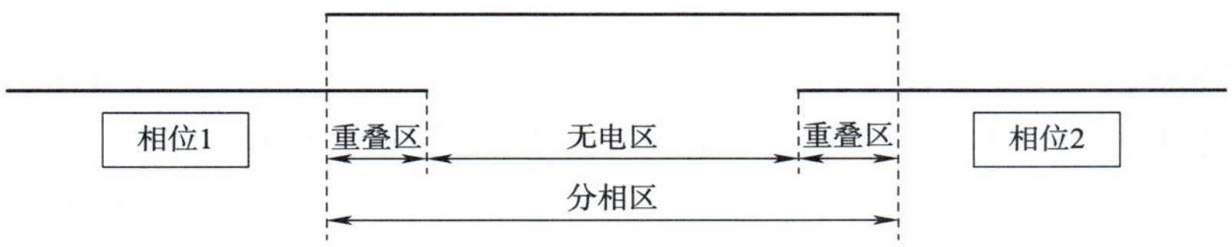

图 2-22　分相区节点示意

(2)禁停区

禁止把信号机设在凹形有害坡度的坡道上,因为在此类地点停车后再启动时,极易引起断钩事故。列车在下坡道上运行时,如果不制动就会超过线路最大容许速度,则该坡道的坡度叫作有害坡度,列车停在凹形有害坡度的坡道上时,车钩在受压状态,启动时将突然受到强大拉力,容易产生断钩事故。启动坡度和有害坡度的大小,都取决于牵引类型和牵引重量,并且其具体数值会因各条线路不同而有所差异。

5. 特殊辅助线

辅助线为空载列车提供折返、停放、检查、转线及出入段作业的线路,其主要包括折返线、存车线、安全线等。图 2-23 所示的终点站平面图中,展示了存车线、折返线和安全线三种特殊辅助线的示意。

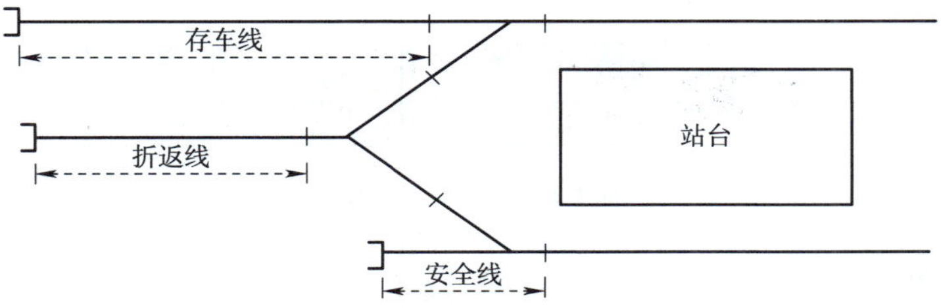

图 2-23　特殊辅助线示意

(1)折返线

折返线是指铁路在线路两端终点站或中间站处,为能开行折返列车,专门设置的用于改变列车运行方向的线路。

(2)存车线

存车线主要用于为列车提供停放和少量检修作业的服务。这类线路通常设在终点站或中间车站,为列车提供安全、稳定的停放环境。

(3)安全线

安全线是为了为防止机车、车辆或列车误入为其他列车准备的进路,而设置的尽头线或站线。

这些特殊辅助线在拓扑模型中被表示为边时,除了具有轨道区段的相关特性外,由于其功能和位置的特殊性,需重点关注边两端节点的属性以及特殊的速度限制情况。如安全线仅有一端存在邻接节点,而大部分辅助线的速度要求在 35 km/h 以下。

2.2 列车运动学模型

列车的实际运行过程是非常复杂的,构建准确的列车运动学模型是描述好轨道交通系统模型的基础。列车运动学模型主要介绍列车在运行过程中的各种动力学特性,重点关注列车运动方程、列车牵引制动力、列车运行阻力、列车工况与转换特性等方面的原理和模型。

2.2.1 列车纵向运行及力学模型

1. 列车纵向运行

列车是由牵引机车和用于运货或载客的车厢连挂而成的列车组,它可以分为牵引式列车和动力分散式列车。其中,动力分散式列车指的就是动车组列车。动车组主要由车体、受流装置、转向架、制动装置、车端连接装置、牵引传动及控制系统、列车控制网络信息系统以及车辆内部设施等部分构成,其结构组成如图 2-24 所示。

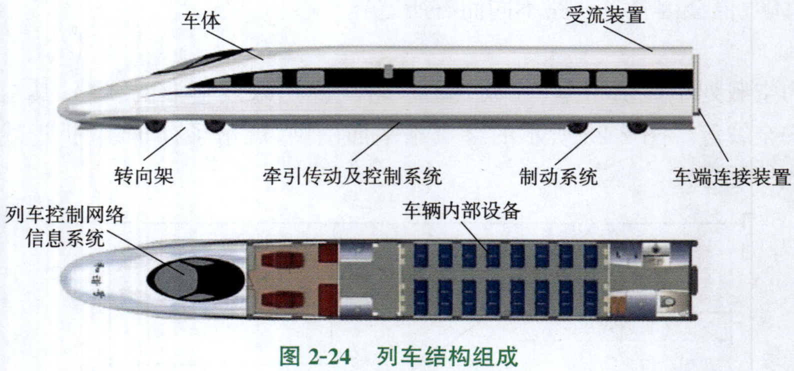

图 2-24 列车结构组成

列车纵向受到的外力可以分为三类:牵引力或制动力、列车运行基本阻力与外界附加阻力,如图 2-25 所示。

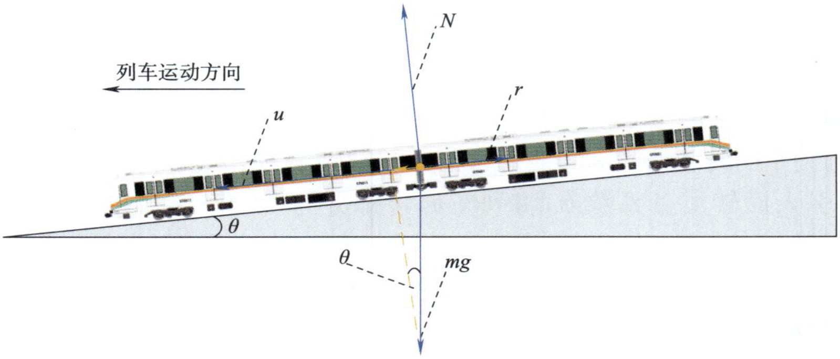

图 2-25 列车纵向运行受力示意

列车的运动过程是一个复杂的物理过程，涉及多个因素和力的作用。在对列车运行过程进行计算时，通常只考虑列车沿轨道前进方向（纵向）的作用力。与列车运行速度有关的纵向力有三种：动车牵引力、列车制动力、列车运行阻力。这些作用力既有静态的，也有动态的。列车运行过程在纵向主要受到三种力的作用：牵引力 F、制动力 B 和阻力 W，三种力的合力 U 使得列车静止或运动运动。列车的单位合力 U 为

$$U=F-B-W_0-W_j$$

式中，牵引力 F 由牵引特性给出，N/kN；制动力 B 由动力制动曲线给出，N/kN；W_0 为列车基本运行阻力，N/kN；W_j 为单位附加阻力，N/kN。

2. 列车运动力学模型

(1)单质点运动模型

单质点模型将高速列车各车厢单元间的连接视作刚性连接，将高速动车组作为单个无尺寸的刚性质点进行受力分析，忽略其动力单元之间相互作用力产生的耦合影响。考虑列车的受力时，所有的受力都作用在质点上，不考虑列车内部的受力关系，也不考虑列车前部、后部不同位置受力可能不一致的情形。因此，单质点模型的受力计算比较简单。目前一般列车牵引计算与运行仿真模型大多采用单质点列车模型。基本的单质点列车模型受力分析如图 2-26 所示。

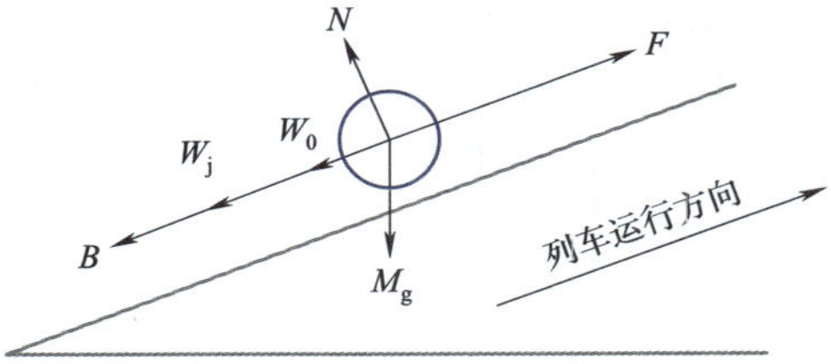

图 2-26 列车单质点模型受力示意

F 表示列车牵引力，B 表示列车制动力，N 和 M_g 分别表示支持力和列车的重力，W_0 为列车的基本阻力，W_j 为列车的附加阻力，坡道与水平面的夹角用 α 表示。因此，单质点列车的运行动力学模型可描述为式(2-9)。

$$\begin{cases}\dot{x}=v\\M(1+\gamma)\dot{v}=F-B-W_0-W_j\end{cases}\tag{2-9}$$

式中，x 为列车车头位置，$\dot{x}$ 表示对 x 求导；v 为列车速度，$\dot{v}$ 表示对 v 求导；M 为列车质量；γ 为列车回转质量系数，它是列车回转动能的折算质量与列车总质量的比值，与列车自身结构参数有关。

单位基本阻力 W_0 的一般表达式为

$$W_0=k_1+k_2v+k_3v^2 \tag{2-10}$$

式中，k_1、k_2、k_3 均为随列车类型而异的常数。

列车运行中受到的有效牵引力所做的功并非全部转换为列车运行中的平动动能，还有一部分转换为列车的转动动能。为体现这部分转动动能对列车合力做功的影响，在列车动力学建模中，引入回转质量系数 γ，将列车回转部分的转动动能转换成平移质量的平动动能。

根据牛顿力学定律，可构建考虑式(2-11)所示的列车回转质量系数 γ 及运行阻力 ω_0 和 ω_j 的列车运动状态空间方程。

$$\begin{cases}\dot{p}(t)=v(t)\\ \dot{v}(t)=\dfrac{\left(u(t)-\omega_0-\omega_j\right)g}{(1+\gamma)\times10^3}\end{cases} \tag{2-11}$$

式中　$p(t)$——当前时刻 t 列车位置，m；

$v(t)$——当前时刻 t 列车速度，m/s。

同理，将列车运动方程换算为位置相关方程，则可以得到

$$\begin{cases}v(x)=\dfrac{\mathrm{d}x}{\mathrm{d}t}\\ (1+\gamma)Mv(x)\dfrac{\mathrm{d}x(x)}{\mathrm{d}x}=F_d(x)-B(x)-\dfrac{W_0(x)}{1\,000}+G(x)\end{cases} \tag{2-12}$$

式中　$F_d(x)$——列车提供牵引力，kN；

$G(x)$——列车运行附加阻力，kN；

$v(x)$——列车在线路工处的运行速度，m/s；

$B(x)$——列车在线路 x 处的总制动力，kN；

$W_0(x)$——列车在线路 x 处的基本阻力，N。

为便于在计算机上模拟和分析列车的运动，可将列车运行方程离散化为

$$\begin{cases}p(k+1)=p(k)+v(k)\cdot\Delta t+\dfrac{(u(k)-\omega_0-\omega_j)\cdot g}{2(1+\gamma)\times10^3}\cdot\Delta t^2\\ v(k+1)=v(k)+\dfrac{(u(k)-\omega_0-\omega_j)\cdot g}{(1+\gamma)\times10^3}\cdot\Delta t\end{cases} \tag{2-13}$$

(2)多质点力学模型

虽然单质点模型的受力计算比较简单，容易实现，但存在计算精度低的问题，尤其是在遇到坡道、曲线等复杂线路的时候，存在计算适应能力差等缺点。而列车多质点模型考虑实际列车载重变化等因素造成的各车厢质量不均和所受阻力不同，将列车视为多个质点构成的质点链。其中，列车动力车厢和每一拖车车厢均视为独立质点，这些质点可以有不同的质量、速度和位置，各质点通过链接系统相互关联，从而使模型更加灵活，更真实地反映列车的运动。列车的多质点模型如图 2-27 所示。

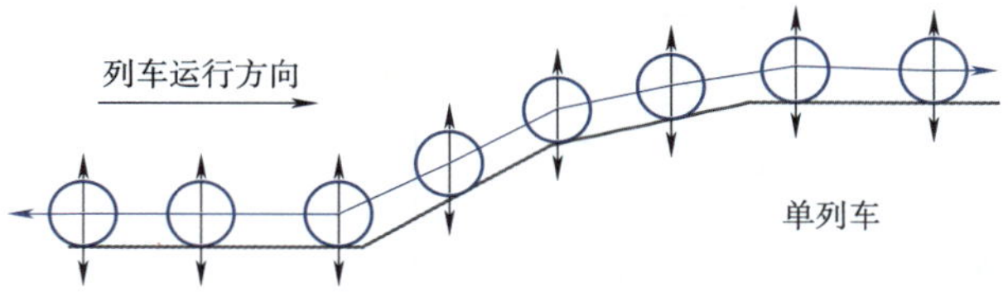

图 2-27　列车多质点模型示意

多质点列车的运行动力学模型可描述为

$$\begin{cases} \dot{x} = v \\ \sum_{n=0}^{N} m_n(1+\gamma_n)\dot{v} = F - B - \sum_{n=0}^{N}(w_{0,n} - w_{j,n}) \end{cases} \tag{2-14}$$

式中，N 为列车车厢数量；m_n 和 γ_n 分别为每节车厢的质量和回转质量系数；$w_{0,n}$ 和 $w_{j,n}$ 分别为每节车厢所受的基本阻力和附加阻力。实际的列车结构更为复杂，多质点模型只是一个简化的理论模型，但在通常情况下，它可以提供有用的近似结果。

(3)带状力学模型

带状模型是在多质点模型的基础上进一步精细描述列车的受力和动力学的计算模型。与传统的多质点模型不同，它将列车车体视为一定数量的、具有长度且连续的质量带，从而更准确地描述列车的运动行为和动力学特性。即在带状列车模型中，整个列车被看作是一个连续的物体，它可以被切分成许多细长的带状元素。这些带状元素沿着列车的长度方向依次排列，并且每个元素的质量、几何形状和运动状态可以被精确地建模。带状元素的数量由车头至车尾范围内所出现的变坡点数量、变曲率点数量等关键线路特征决定，如图 2-28 所示。

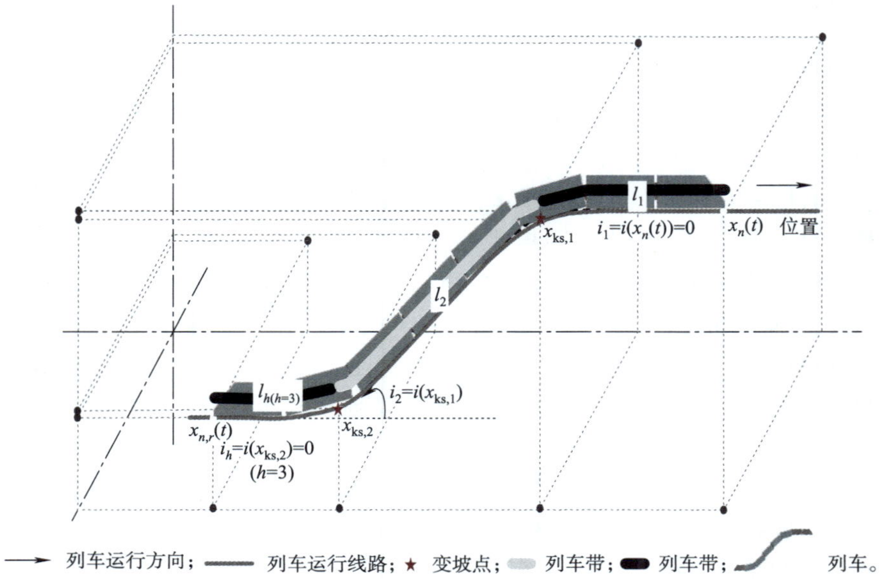

图 2-28　列车带状模型示意

带状列车模型的坡道阻力计算公式表示为

$$R_n^{\mathrm{gr}}(t)=\begin{cases}i(x_n(t))M_n g, h(t)=1\\ \left(i(x_n(t))l_1+\sum_{p=1}^{h(t)-1}i(x_{n,\mathrm{ks},p}(t))l_{p+1}\right)\dfrac{M_n}{L_n}g, h(t)\geqslant 2\end{cases}\tag{2-15}$$

式中，$h(t)$为列车被划分的列车带的数量；$i(x_n(t))$为列车在位置 $x_n(t)$的坡度值，所述坡度值在上坡时为正，下坡时为负；M_n 和L_n 分别为车重和车长；g 为重力加速度；$x_{n,\mathrm{ks},p}(t)$表示列车 n 在时刻t 所占用的线路范围内的第 p 个变坡点的位置。

带状列车模型通过模拟列车车体的精细结构和运动特性，可以更好地优化列车设计，提高运行效率，确保列车的安全性和舒适性。然而需要指出的是，带状列车模型相对于传统的多质点模型更加复杂，需要更多的计算和模拟工作。

2.2.2 牵引制动力

1. 牵引力

列车牵引力是指电力机车或燃油机车等牵引车辆在牵引过程中产生的推动列车按指定方向前进的作用力，是由列车动力装置发出的内力经传动装置传递后，在轮周上形成的切线方向力，再通过轮轨间的黏着而产生的，由钢轨反作用于轮周上的外力。牵引力在列车运行过程中起着至关重要的作用，直接影响列车的加速、运行速度、能耗以及运输效率等。

列车牵引力的大小取决于车辆的牵引性能和施加于车轮上的轮轴牵引力，同时也受到车辆自重、摩擦力和行驶速度等因素的影响。牵引力可以根据需求进行人为调节，人为因素主要为列车的传动装置和控制台的操纵手柄。通常情况下，列车的操纵手柄有多个控制级位，通过调节牵引力的大小，使列车能够平稳运行。

从列车受到牵引力加速启动开始，列车特性曲线可依次划分为三个区域：恒转矩区、牵引下降区以及恒功率区：

(1)恒转矩区：牵引电机施加给列车动轮的旋转力矩为恒定最大值，牵引电机输出功率不断升高，电压不断升高。

(2)牵引下降区：牵引电机输出牵引力不断减小，列车加速度降低。

(3)恒功率区：列车速度到达一定数值后，牵引电压达到额定值，而列车还处于加速运行过程，牵引电机功率可看作恒定值，列车运行速度和牵引力成反比。

目前地铁列车通常采用无极牵引模式，因此实际使用的牵引力可以在受黏着限制的牵引力特性曲线外包络线内任意取值。图 2-29 所示为某地铁线 A 型列车在黏着条件限制下，列车满载率等级、不同网压(DC 1 000 V～DC 1 800 V)下的牵引力特性曲线。以 DC 1 500 V 和 DC 1 800 V 网压时的牵引力曲线为例，列车的牵引特性曲线包络可以分为 3 个区域，分别为恒力矩区；恒功率区；自然特性区。通常恒力矩区用于列车起步阶段，此时牵引力受到黏着条件制约，牵引电机功率随着列车速度上升而增加。随着列车速度增加到达一定值(图 2-29 中的 v_{I})，此时制约列车牵引力的主要因素变为列车功率，输出牵引力受到速度的增加而减少，此阶段为恒功率区。随着列车速度的进一步增加到一定值(图 2-29 中的 v_{II})，牵引电机输出功率将进一步下降，此阶段为自然特性区。

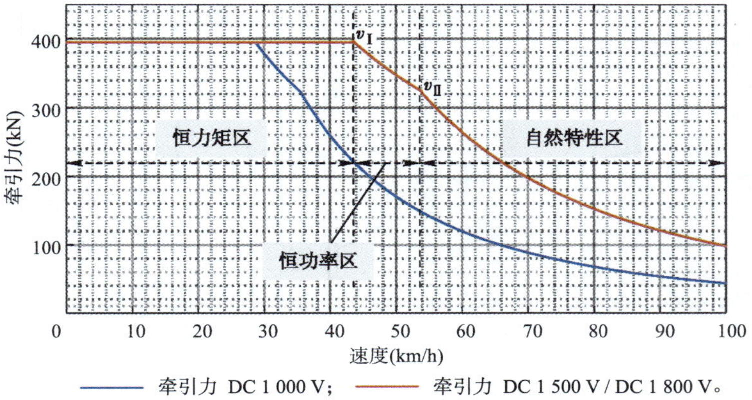

图 2-29　某型城轨列车牵引特性曲线

因此，列车的牵引力外包络特性曲线通常可以用分段函数的形式表述，即

$$U_t(v)=\begin{cases}F,0\leqslant v\leqslant v_{\mathrm{I}}\\ \dfrac{P_{\mathrm{I}}}{v+Q_{\mathrm{I}}},v_{\mathrm{I}}\leqslant v\leqslant v_{\mathrm{II}}\\ \dfrac{P_{\mathrm{II}}}{v^2+Q_{\mathrm{II}}\cdot v+Q_{\mathrm{III}}},v_{\mathrm{II}}\leqslant v\leqslant v_{\max}\end{cases}\tag{2-16}$$

式中，$U_t(v)$表示牵引力特性外包络线，它是列车速度 v 的分段函数；F 为恒力矩区的牵引力；P_{I}、P_{II}、Q_{I}、Q_{II}、Q_{III}为拟合系数。通常，恒功率区域范围较小，且从牵引力特性包络曲线上观察，该区域与自然特性区特征相似，在数值计算上，可以将这两个区域合并，使用通用的一组函数（例如分段线性函数），根据数值特征进行拟合。

高速列车的牵引特性曲线可以通过厂商给出的牵引特性曲线的拟合公式直接计算。以常见的 CHR3 型动车组（8 节车辆）为例，其最大牵引力与速度的关系表达式为

$$F(v)=\begin{cases}-0.285v+300,v\leqslant 119\ \text{km/h}\\ \dfrac{31\ 500}{v},v>119\ \text{km/h}\end{cases}\tag{2-17}$$

图 2-30 所示为 CRH 系列高速列车牵引特性曲线图。

2. 制动力

列车制动力是指通过制动装置对列车施加的作用力，用于减缓或停止列车运动的力量。列车制动力则是由制动装置引起的，与列车运行方向相反、阻碍列车运行的外力。在列车制动系统中，制动力是由制动装置通过气压、液压或电力等方式传递到车轮或轴上的，进而产生制动效果。列车制动力的大小取决于制动装置的特性、制动压力的大小以及制动部件与车轮或轴之间的接触状态等因素。制动力也受到轮轨间的黏着限制。过大的制动力会使得车轮抱死，造成列车蠕滑，既影响列车制动效果也会磨损轮对与钢轨。制动力通常比自然产生的列车运行阻力大得多。合理的制动力设计和控制能够有效提高列车的安全性、稳定性和运行效率，保障列车的正常运行和乘客的安全出行。

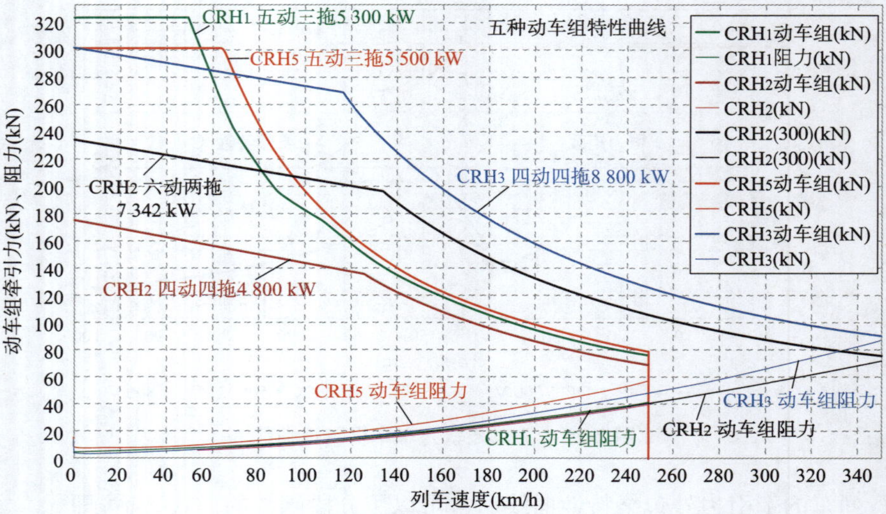

图 2-30　各类型动车组牵引特性与基本阻力曲线

(1)制动方式

列车的制动类型可以根据制动方式和施加力的不同进行分类。常见的列车制动类型有:

①机械制动。即通过制动鞋、制动盘等机械设备施加制动力,从而实现列车减速和停车的方式。机械制动可以进一步分为压力制动和摩擦制动两种类型。空气制动属于摩擦制动,是常用的机械制动方式,其常见的结构形式是盘形制动,就是利用压缩空气使制动闸片或制动闸瓦抱住制动盘,从而产生制动力,会有机械磨损。

②液压制动。通过控制液压油压力的变化来控制制动器的伸缩,从而实现列车减速和停车的方式。液压制动通常适用于较大型的列车和高速列车。

③电制动。通过改变电机电流的方向和大小,进而改变电机的工作方式和输出的力矩,实现列车减速和停车的方式。电制动的原理是利用牵引电机的可逆性质,在制动过程中通过列车惯性带动牵引电机,使得牵引电机变为发电机,将列车运动、车轮转动的机械能转化为电能的形式。电制动中的再生制动与电阻制动区别在于,再生制动将牵引电机反转产生的电能通过列车受电弓反馈至牵引电网中,供给线网上其他列车或者其他用电设备使用;电阻制动则是将牵引电机反转产生的电能消耗于制动电阻上,以热能的形式耗散。设置电阻制动的目的是为了防止再生制动能量反馈至电网时,由于没有其他用电设备消耗反馈的电能,导致网压过高,带来供电系统风险。再生制动是在电阻制动的基础上进一步发展而成的一种制动方式,将电阻制动过程发出的电能反馈回电气化铁路供电网,使本来由电能转换成的动能再生为电能,得到再循环使用。一般的再生制动会把约30%的动能再生使用,其余的动能还是转换成热量散发掉。这种转化效率根据不同的使用环境而有所不同。

在实际应用中,一般会采用多种制动方式的组合,以确保列车能够安全减速和停车。同时,不同的制动方式在制动效果、成本、维护等方面也存在差异,需要根据实际情况进行选择。

以高速列车为例，其使用复合制动来提供快速、强力的制动，即多种制动方式同时用。因此，使用再生制动的车辆仍需使用轮盘式制动和轴盘式制动等传统的空气制动（摩擦制动）。

由于车轮的高速转动，在列车制动时，制动盘和闸瓦的磨损极为严重，这会减少制动盘和闸瓦的使用寿命。为减少制动盘和闸瓦的磨损，需要采用延迟控制方式：先是动车优先实施再生制动，列车电子制动控制单元判断所返回的电制动力是否满足减速度制动要求，若电制动力不满足减速度制动要求，即电制动力小于总制动力，则由电子制动控制单元计算出应该补充的空气制动力，并将相应的空气制动控制电信号传输到空气制动装置，通过电磁控制的紧急制动放风阀，控制拖车继而实施空气制动，如果此时制动力还不足，动车再实施空气制动。若电制动力满足减速度制动要求，即电制动力大于等于总制动力，则完全施加电制动力，空气制动不起作用。

（2）制动力计算

通常电制动适用于车速较高时的列车制动，电制动力随着车速降低而下降，当车速低于某一特定速度时，电制动无法提供制动力。此时制动系统将采用空气制动的形式提供制动力。电制动中，优先使用再生制动，将能量反馈电网，其次才是电阻制动，将制动能耗以热能的形式耗散。

考虑到电制动与空气制动的使用，列车制动力外包络特性曲线为空气制动力与电制动力之和，可用式（2-18）表达。

$$U_b(v)=U_{be}(v)+U_{bm}(v) \tag{2-18}$$

式中，$U_b(v)$为制动力外包络线；$U_{bm}(v)$为空气制动力；$U_{be}(v)$为电制动力。

城轨列车在正常运行时，优先使用电制动方式。图 2-31 中也包含该型号列车在黏着条件限制下的制动力特性包络曲线。

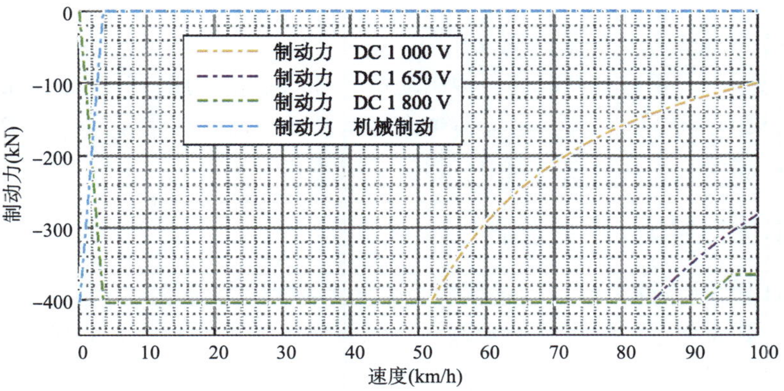

图 2-31　某型城轨列车制动特性曲线

（3）制动减速度

列车的制动过程为在收到制动（紧急制动）命令后，在一定的反应时间后开始施加制动力，又经过一定时间后列车制动率到达预设值，之后保持该制动率直至列车停止，如图 2-32 所示，其中，蓝线为制动率—时间曲线，黑线为速度—时间曲线。为方便计算列车制动距离，通常有以下假设：

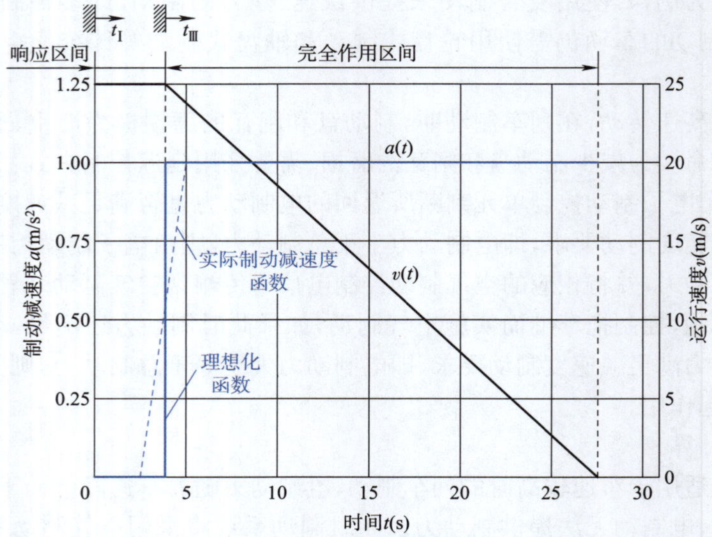

图 2-32　列车制动曲线

①列车的运行阻力、线路阻力和加速阻力均不考虑；

②列车在平直段上进行制动；

③制动系统反应时间为 t_A，即从发出制动命令到真正开始施加制动力的延时为 t_A；

④制动率线性呈线性增加；

⑤从开始施加制动力到达到预设制动率用时为 t_S。

因此，列车总制动时间 t_B 为

$$t_B = t_A + t_S + t_V$$

式中，t_V 为列车在预设制动率下的制动用时。

在实际计算中，需要考虑列车的各种制动情况，例如制动力的变化、摩擦系数的变化等，以保证计算结果的准确性。同时，也需要考虑列车制动距离对列车安全行驶的影响，采取合理的制动措施，确保列车在行驶过程中能够安全减速和停车。

2.2.3　列车运行阻力

列车运行阻力是指列车在运行过程中受到的各种阻碍运动的力，它是列车能量损失的主要来源之一，其对列车的运行安全和经济性均有重要影响。列车运行阻力的大小取决于列车本身的结构特点、运行速度、载重等因素，如图 2-33 所示，列车总阻力可分为一定速度下的运行阻力（匀速运行）和加速阻力。其中，运行阻力又包括车辆运行阻力（也称基本阻力）和线路附加阻力，后者是由坡度阻力以及在轨道曲线上行驶时的曲率阻力造成的。车辆运行阻力包括空气阻力和机械阻力。对于轨道车辆而言，机械阻力一方面包括轴承摩擦和滚动阻力的综合阻力；另一方面包括列车横向行驶方向的振荡运动产生的冲击阻力。列车的空气阻力主要被划分为车头、车尾以及列车表面的阻力，车头和车尾的阻力分别发生在列车组的第一辆和最后一辆车，而中间的车辆主要承受表面摩擦力。

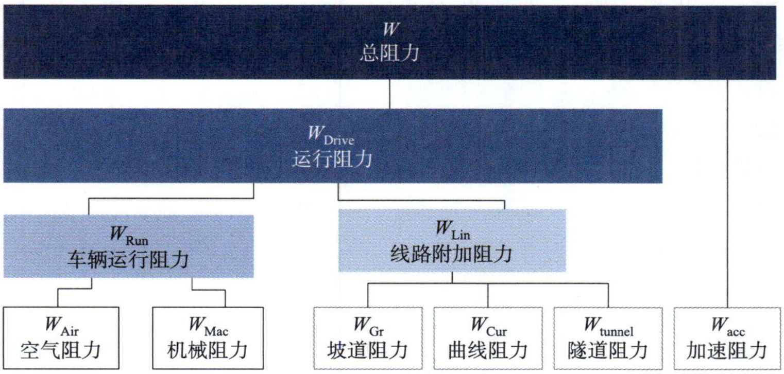

图 2-33　列车阻力类型

1. 基本阻力

车辆运行阻力，也称基本阻力。基本阻力主要是由列车内部或外界之间的相互摩擦和冲击产生的，包括空气阻力和机械阻力。由于列车运行中影响基本阻力的因素极其复杂，在实际运用中难于用理论公式来计算，通常使用由大量实验综合出的经验公式来计算。

车辆运行阻力的经验公式由三部分组成的：第一部分是常数；第二部分与行驶速度呈线性关系；第三部分随着行驶速度的平方而增加。计算公式为

$$W_{\mathrm{Run}}=c'+c''\cdot v+c'''\cdot v^2$$

式中，W_{Run} 为车辆运行阻力，N；v 为列车速度，km/h；c'、c''和 c'''均为常数参数。

图 2-34 所示为 17A01 型城轨列车基本阻力曲线。

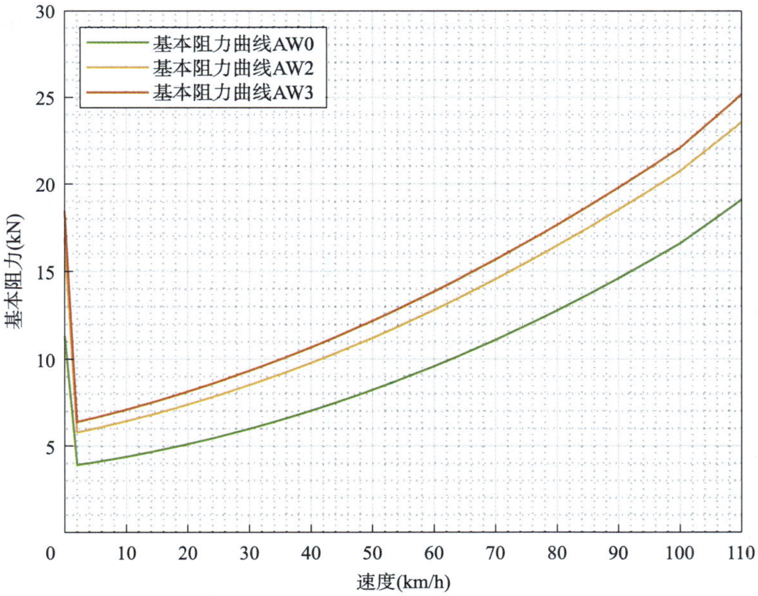

图 2-34　17A01 型城轨列车基本阻力曲线

实验表明，运行速度是影响基本阻力的主要因素。机械阻力和运行速度成正比，而空气

阻力与速度的平方成正比。因此，低速时基本阻力大多来自轴承摩擦阻力和滚动阻力；速度提升后，轮轨间的滑动摩擦、冲击和震动、空气阻力占的比重也随之增大；在高速时，基本阻力则以空气阻力为主。

(1)空气阻力

空气阻力形成如图 2-35 所示，其包括车头、车尾以及列车表面的空气阻力。在车头表现为压力，列车尾部则表现为吸力，两者之间的列车表面(列车侧面、上面和下面)的空气阻力则由空气摩擦决定。

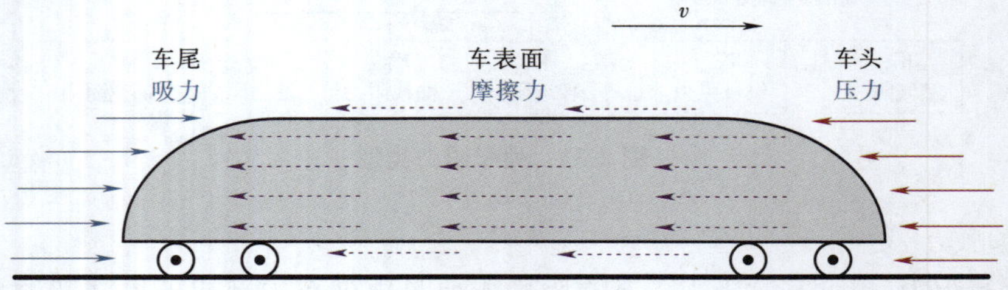

图 2-35　空气阻力形成示意

车头和车尾的空气阻力计算如式(2-19)。

$$W_a=(c_1+c_2)\cdot A_1\cdot q \tag{2-19}$$

式中，c_1 和 c_2 分别为车头和车尾的空气阻力系数，其取值主要取决车辆的形状；A_1 为车辆横截面积(包括受电弓部分)；q 为动态压力，N/m^2，且

$$q=\frac{\rho}{2}v^2 \tag{2-20}$$

式中，ρ 为空气密度，约为 1.25 $\text{N}\cdot\text{s}^2/\text{m}^4$，此外，还要考虑 15 km/h 的顶风附加速度，则有

$$q=\frac{\rho\cdot(v+15)^2}{2\times3.6^2}=0.048\times(v+15)^2 \tag{2-21}$$

列车表面的空气阻力计算如式(2-22)。

$$W_{\mathrm{b}}=(c_3+c_4+c_5+c_6+c_7)\cdot A_2\cdot q \tag{2-22}$$

式中，A_2 为列车表面积(侧面和上下面)；$c_4=0.000\,4$ 为列车横截面系数；$c_5=0.000\,2$ 为列车表面技术粗糙度系数；c_6 为列车与轨道之间的地面影响系数；c_7 为列车部件之间以及走行部和凸出部的接头分离系数；c_3 为列车表面(视为圆柱体)的空气阻力系数，可用式(2-23)计算。

$$c_3=\frac{0.455}{(\lg Re)^{2.58}} \tag{2-23}$$

式中，Re 为雷诺数(Reynolds number)，且 $Re=1.9\times10^4Lv_{\mathrm{m}}$。$L$ 为列车长度，m；v_{m} 为平均车速，km/h，且 $v_{\mathrm{m}}\approx v_{\max}/2$。

综上，列车总的空气阻力为

$$W_{\mathrm{Air}}=W_a+W_b \tag{2-24}$$

(2)机械阻力

机械阻力包括轴承摩擦阻力、滚动阻力和冲击阻力，滚动阻力的产生是由于滚动摩擦 e 的杠杆臂周围的车轮接触区形成了接触面，致使车轮中心受到了接触力 F_{GR} 的作用，如图 2-36

所示。因此可由力矩平衡得

$$F_{WR}\cdot r_R=F_{GR}\cdot e+M_{RL}$$

式中,F_{WR} 为总的轴承摩擦阻力和滚动阻力,r_R 为阻力力臂,F_{GR} 为轴承载荷,e 为滚动摩擦系数,M_{RL} 为车轮或车轴轴承中的轴承摩擦力矩,且有

$$M_{RL}=F_{GR}\cdot \mu_L$$

式中,F_{GR} 为轴承载荷,μ_L 为轴承摩擦系数。

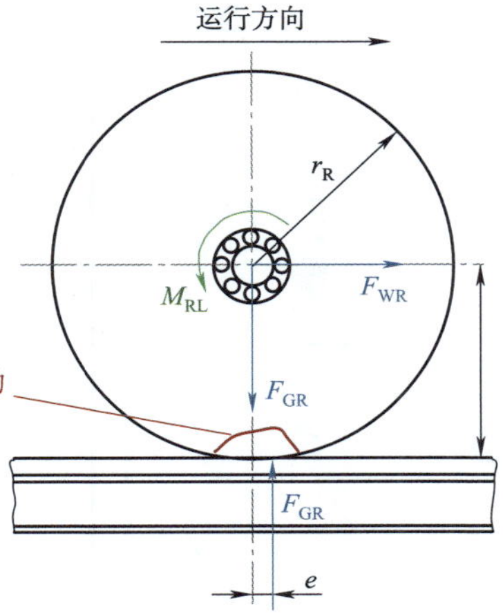

图 2-36　摩擦与滚动阻力示意

综上,可得总的轴承摩擦阻力和滚动阻力为

$$W_R=F_{WR}=\frac{e+\mu_L}{r_R}F_{GR}=f'_R\cdot F_{GR}=f_R\cdot m'\cdot g \tag{2-25}$$

式中,$f'_R=\dfrac{e+\mu_L}{r_R}$,为总的轴承摩擦阻力系数和滚动阻力系数,通常可取值为 0.001 5、0.002 等;m' 为列车质量,kg;g 为重力加速度。考虑到列车质量通常以吨为单位,将上式可简化为

$$W_R=f_R\cdot m$$

式中,$f_R=f'_R\cdot 10^4$,N/t;m 为列车质量,t。

对于冲击阻力,其主要源于列车车轮在轨道横向引导下前进的过程中的横向振荡。根据列车驾驶测试实验并结合与列车速度相关的运行阻力组成分析,其与列车质量和速度成正比

$$W_{Imp}=c_d\cdot m\cdot v$$

式中,c_d 为一个经验系数,约等于 0.025 $\left[\dfrac{N}{t\cdot km\cdot h^{-1}}\right]$。因此,总的附加阻力为

$$W_{Add}=W_R+W_{Imp}$$

综上,总的车辆运行阻力为

$$W_{Run}=W_{Air}+W_{Add}$$

2. 线路附加阻力

(1)坡道阻力

线路阻力主要包括坡道阻力和曲线阻力,坡道阻力出现在列车上坡或下坡时,是重力沿

列车运行方向的分力，列车上坡时，坡道阻力为正，阻止列车运行；下坡时，坡道阻力为负，牵引列车运行，如图 2-37 所示。坡道阻力 W_{Gr} 计算如式(2-26)

$$W_{Gr}=m\cdot g\cdot\frac{H}{L}\times10^3=m\cdot g\cdot\sin\alpha\times10^3 \tag{2-26}$$

式中，H 为坡道的垂直高度，L 为坡道长度。此外，可用式(2-27)定义千分坡度：

$$i=\frac{H}{S}\times1\,000‰=\tan\alpha\times1\,000‰ \tag{2-27}$$

式中，S 为坡道的水平距离。

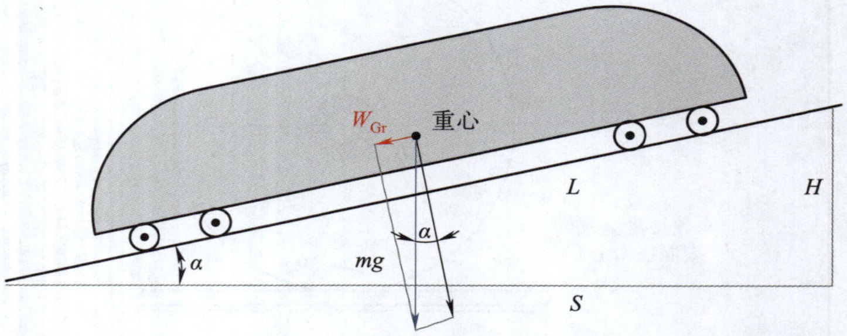

图 2-37　坡道阻力分析示意

《铁路线路设计规范》规定铁路最大千分坡度为：内燃牵引 25‰，电力牵引 30‰，除了一些特殊线路，如我国坡度最大的铁路线路——博林线，其坡度为 42.5‰。国外方面，德国铁路在已投入运营的客货共线的高速线路上，干线最大坡度采用 12.5‰，但在高速客运专线上，最大坡度可达 40‰。干线和支线的最大坡度分别为 12.5‰和 40‰。在这些线路设计规范下，易得坡度角 α 极小，故有 $\sin\alpha\approx\tan\alpha$，因此坡道阻力为

$$W_{Gr}=m\cdot g\cdot i$$

(2)曲线阻力

当列车通过曲线时，由于离心力的作用，列车外侧车轮轮缘紧压外轨内侧，造成外轨与轮缘间产生摩擦阻力，同时由于曲线外轨比内轨长，内侧车轮和外侧车轮滚动的长度不同，因而两侧车轮在轨面上滚动时会产生相对滑动，从而引起摩擦阻力。曲线阻力与曲线半径、外轨超高、轨距加宽、车辆结构、轮轨的摩擦情况等因素有关，通常采用与曲线半径在 R(单位为 m)成反比的计算公式，根据 1998 年的《列车牵引计算规程》，标准轨距下列车所受的单位曲线阻力 ω_r 为

$$\omega_r=\begin{cases}\dfrac{A}{R},l_{train}\leqslant l_{curve}\\[2ex]\dfrac{A}{R}\cdot\dfrac{l_{curve}}{l_{train}},l_{train}>l_{curve}\end{cases} \tag{2-28}$$

式中，l_{curve} 和 l_{train} 分别为曲线和列车长度(单位为 m)；A 为用实验方法确定的常数，其值一般在 450～800(国外铁路有些取 500～1 200)，按照经验取 600。此外，极少情况下列车长度会大于曲线段长度。

(3)隧道阻力

列车进入隧道时，对隧道内的空气产生冲击作用，使列车头部受到突然的正面压力。进

入隧道后，单轨车辆驱使空气移动，造成单轨车辆头部的正压与尾部负压形成压力差，产生阻碍单轨车辆运行的阻力。同时，由于单轨车辆外形结构的原因，隧道内的空气产生紊流，造成空气与单轨车辆表面、与隧道表面的摩擦，也产生阻碍单轨车辆运行的阻力，以上两项阻力之和，称为隧道附加阻力，也称为隧道附加空气阻力。由于车辆在空旷地段运行时也有空气阻力，因此，隧道附加空气阻力是指隧道内空气与空旷地段空气阻力之差。隧道空气附加单位阻力用 ω_s 表示。

影响隧道空气附加阻力的主要因素有单轨车辆的运行速度、车辆整车长度和迎风面积，隧道的长度和净空面积，以及单轨车辆和隧道表面粗糙程度等。隧道越长，单轨牵引车辆越多，运行速度越高，隧道附加阻力越大。目前常用的经验公式如下：

隧道内有限制坡道时

$$\omega_s = 0.000\,1 L_s V_s^2$$

隧道无有限制坡道时

$$\omega_s = 0.13 L_s$$

式中，L_s 为隧道长度，km；V_s 为列车在隧道内的运行速度，km/h。

3. 加速阻力

列车的运行除了需要克服上述阻力之外，还需克服其质量加速时的惯性力，即加速阻力。列车运动时，其质量包括平移质量和转动质量，加速时平移质量产生惯性力，转动质量产生惯性力偶矩。为方便计算，一般把旋转质量的惯性力偶矩转化为平移质量的惯性力，引入旋转质量附加系数 λ 作为计入旋转惯性力偶矩后的列车旋转质量换算系数，进而得到加速阻力

$$W_{acc} = m \cdot b \cdot \lambda \times 10^3$$

式中，m 为列车质量，t；b 为列车加速度，m/s^2；λ 为旋转质量附加系数，列车的旋转质量（牵引单元）比例越高或旋转质量的转速越高，该旋转质量附加系数就越大。此外，λ 的取值还和车轮组与所考虑的各质量之间的传动比有关，通常车轮与要加速的质量间的传动比越大，质量惯性矩就越大，因此加速扭矩和旋转质量附加系数也越大。

2.2.4 列车工况与切换特性

1. 列车运行工况

在列车运行中，驾驶与控制指令需经过牵引传动系统，该系统将牵引电信号转化为电机的牵引力，驱动列车运行。在区间运行阶段，列车在运行方向上存在牵引力、制动力和阻力，在这三种力的作用下，列车在区间正常运行时会有三种运行工况：

（1）牵引工况：列车牵引运行时，列车所受的外力主要有牵引力和运行阻力，列车所受合力 $U=F-W$。

（2）惰行工况：列车完全卸载牵引控制力，仅受到摩擦等阻力影响，速度逐渐降低，该阶段牵引电机不消耗能量，列车所受合力 $U=-W$。

（3）制动工况：列车规避限速或者进入停车区间时，逐渐增大制动输出功率，使列车速度降低，制动运行时，列车所受的外力主要有运行阻力和制动力，合力 $U=B-W$。

当 $U>0$ 时，列车将加速运行；当 $U<0$ 时，列车将减速运行；当 $U=0$ 时，列车将静止不动或者匀速运行。

2. 工况转换特性

在列车运行过程中，通过这三种状态相互转换来控制列车运行速度，从而实现运行速度、时分、能耗等运营目标。

列车在任一时刻对自身运行状态进行决策都要符合列车工况转换的约束，其约束条件见表 2-2。

表 2-2 列车运行工况转换约束与转换时间

运行工况	牵引工况		惰行工况		制动工况	
牵引工况	/	τ	√	τ	×	$\tau_1+t_c+\tau_2$
惰行工况	√	τ	/	—	√	τ
制动工况	×	$\tau_1+t_c+\tau_2$	√	τ	/	τ

注："/"表示同一运行工况，无须转换；"√" 表示运行工况可以转换；"×" 表示运行工况不能直接转换，需要通过中间工况过渡。

其中 τ 为命令响应时延，切除牵引所用时间记为 τ_1；制动系统配置过程中列车持续惰行时长 t_c，制动施加过程时延记为 τ_2。因此，列车从牵引工况进入制动工况的时延为上述三个阶段所用时间之和。反之，当列车由制动工况切换为牵引工况时，也需要在切除制动力后惰行一段时间再输出牵引力。因而列车在不同运行工况间的切换时延见表 2-2。

3. 工况转换响应模型性

这三种工况之间转换过程和操控命令的响应模型如图 2-38 所示。

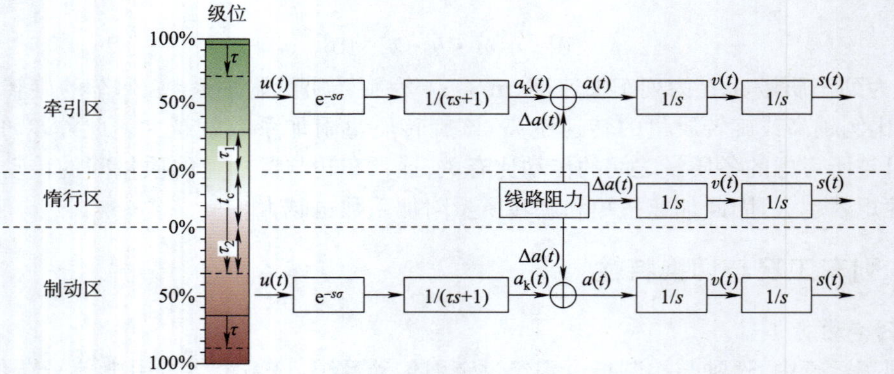

图 2-38 列车运行工况转换和响应模型

图 2-38 中当列车工况位于牵引区或制动区时采用的响应模型描述了列车从控制器发送加速度指令到列车响应指令加速度，并使速度和行驶距离发生变化的这一过程。$e^{-s\sigma}$ 是指从加速度指令的发出到列车车载控制器接收到这一指令中存在的传输时延，$1/(\tau s+1)$ 是指加速度指令的响应时延，指列车的加速度从当前状态的值变化为加速度指令对应的目标值这一过程的时延。值得注意的是，列车的响应时延会受到列车冲击率（即加速度的变化率）的限制，列车的加速度响应时延可用式(2-29)表示。

$$\begin{cases} I \leqslant I_{\max} \\ \tau = \dfrac{u(t)-a(t)}{I} \end{cases} \tag{2-29}$$

式中　I——列车冲击率；

$I_{\max}$——列车最大冲击率；

τ——列车的加速度响应时延；

$u(t)$——列车 t 时刻的指令加速度；

$a(t)$——列车 t 时刻的实际加速度。

当列车工况处于惰行区时，列车既不输出任何的牵引力，也不输出制动力，仅受到由坡道附加阻力、曲线附加阻力和隧道附加阻力构成的附加阻力。

2.3　列车交通流模型

列车交通流模型需要综合应用线网拓扑模型和列车运动学模型，通常需充分考虑列车在轨道交通系统中的行驶特性，包括列车速度、加速度、制动距离、行车间隔、列车交路等。同时，还考虑到轨道交通系统的特点，如车站停车时间、信号控制系统、区间限速等因素。

在列车交通流模型中，列车运行以单车运行模型为基础，在多车场景下，考虑信号系统的闭塞方式，并结合列车运行追踪模型，以此实现对轨道交通线网中列车交通流的模拟。

2.3.1　单车运行模型

1. 列车运行任务

单一列车的作业任务按照运行路段的划分可分为区间运行和车站作业两个部分的内容。

(1)区间运行

列车区间运行始于车站，止于车站。在区间运行过程中，列车需在满足各类限速的前提下，包括车辆限速、线路限速、临时限速等，以较低能耗在规定时间内将乘客输送至下一车站。一般列车从车站 A 经过区间运行到车站 B 的过程大致可以描述为三个阶段，即启动加速、匀速运行、减速停车，如图 2-39 所示。

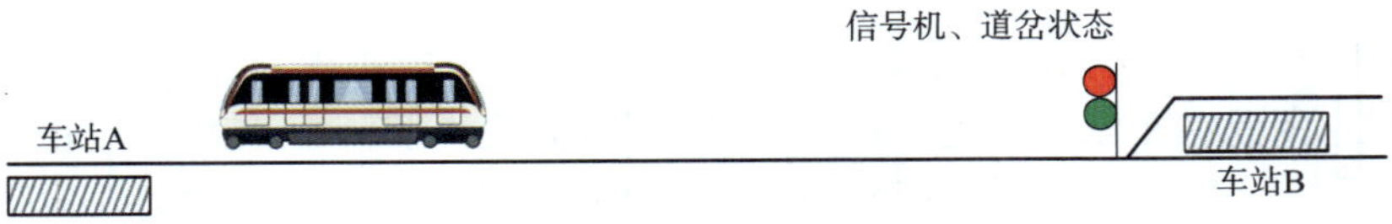

图 2-39　列车区间运行示意

列车在区间运行的典型驾驶策略如图 2-40 所示。列车首先进入牵引工况，速度不断提升，当列车速度达到区间巡航速度时，进入区间匀速巡航阶段保持运行。在接近终点前，列车先转换为惰行工况，随后再转换为制动工况进行减速直至列车在目标站台停车。

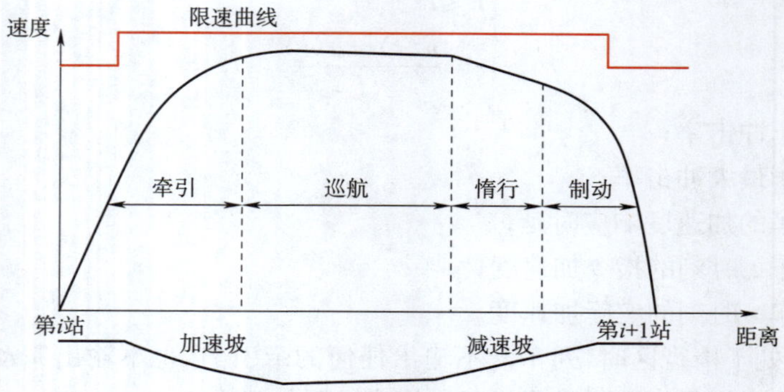

图 2-40　典型的列车站间运行阶段划分示意

(2)车站作业

列车车站作业即完成乘客运输过程的乘降作业。列车车站作业过程整体分为接车作业、停站作业和发车作业三个阶段。具体过程如图 2-41 所示。

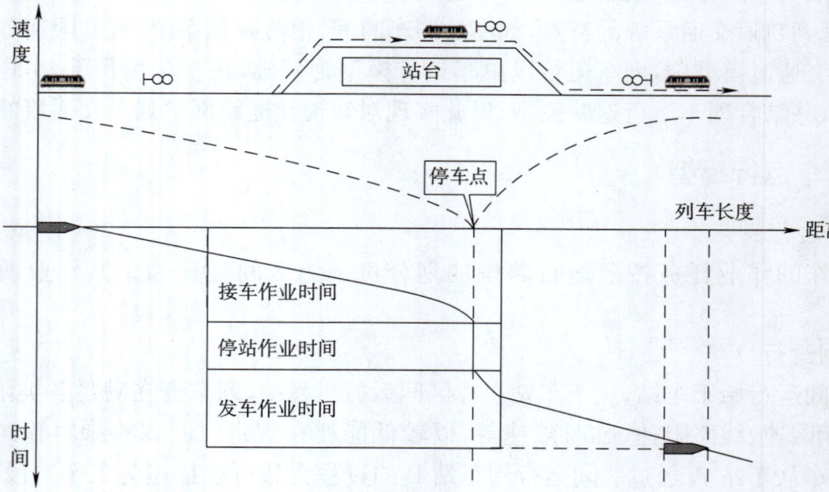

图 2-41　列车车站作业示意

接车作业阶段主要包括两个主要环节。首先是进路的排列环节。由于轨道交通运行的路径相对固定,因此在车站办理列车接车作业之前,需要提前为每趟列车规划好接车路径。车站作业控制中心依据列车运行图和实际情况,通过车站联锁设备自动建立进路,并向列车发出允许灯光信号,该信号由每个车站所设置的进站信号机提供。其次是列车的进站环节。一旦列车接收到车站准入的作业命令,它便会沿着预定的路径继续行驶,最终精准停靠在指定的车站股道上。

停站作业阶段主要包括乘客的上、下车环节。在特殊情况下,例如列车出现故障,可能还需要进行必要的检修、维护等环节。

发车作业阶段主要涉及线路资源的释放环节。在车站作业过程中,列车使用了部分线路资源,例如股道和道岔。为了避免多个列车的车站作业过程发生碰撞,需要等待前方列车释放有冲突的线路资源后，车站才能开展后方列车的车站作业。因此，当列车完成停站作业后，控制中心将发布发车作业指令。列车在收到发车指令后，信号控制系统将开放出站进路，并通过控制信号机和道岔等设备引导列车尽快离开站台。只有当列车的车尾完全离开站台后，该列车的车站作业才算完成。

2. 列车速度

列车区间运行的性能特征通常通过区间运行时分和各类速度指标进行详细描述。具体而言，区间运行时分指的是列车在两相邻车站之间的运行时间标准，它是按照车站中心线或通过信号机之间的距离计算。区间纯运行时分 $t_{纯}$、停车附加时分 $t_{停车}$ 以及启动附加时分 $t_{启动}$ 共同构成了列车在单个区间运行过程中的时间分布特征。在描述列车的运行速度特征时，通常采用列车技术速度、列车运行速度和列车旅行速度三个指标。这些指标在计算公式上存在差异，分别反映了列车在区段（包含多个区间）运行的不同阶段所表现出的性能特征。假设某列车在某区段运行共经过 n 个车站（编号为 $1,\cdots,i,\cdots,n$），$n-1$ 个区间（编号为 $1,\cdots,j,\cdots,n-1$），则三类速度指标可由如下公式计算获得。

（1）技术速度

列车技术速度 v_t 是指列车在区段内运行，不包括中间站停站时间 $t_{停站}$，但包括启停附加时间在内的平均速度。这一指标在计算时考虑了区段长度 l 以及列车在该区段的纯运行时间，剔除了中间站的停站时间，可用式(2-30)计算。

$$v_t=\frac{l}{t_{启动,1}+\sum\limits_{i\in[2,n-1]}(t_{停车,i}+t_{启动,i})+t_{停车,n}+\sum\limits_{j\in[1,n-1]}t_{纯,j}} \tag{2-30}$$

（2）运行速度

列车运行速度 v_O 是指列车在区段内运行，不包括中间站停站时间及启停附加时间在内的平均速度。该指标在计算时，仅考虑了车在该区段的纯运行时间，可用式(2-31)计算。

$$v_O=\frac{l}{\sum\limits_{j\in[1,n-1]}t_{纯,j}} \tag{2-31}$$

（3）旅行速度

列车旅行速度 v_j 是指列车在区段内运行的平均速度，包括在中间站停站时间及启停附加时间。该指标的计算考虑了列车在该区段的所有运行时间，全面反映了列车在区间运行过程中的整体速度表现，可用式(2-32)计算。

$$v_t=\frac{l}{t_{启动,1}+\sum\limits_{i\in[2,n-1]}(t_{停车,i}+t_{启动,i})+t_{停车,n}+\sum\limits_{j\in[1,n-1]}t_{纯,j}+\sum\limits_{i\in[2,n-1]}t_{停站,i}} \tag{2-32}$$

3. 限速与禁行

当列车在线路上运行时，为确保运行的安全性和可控性，通常会对每个列车设置一系列限速和禁行规定。这些规定旨在预防和减少脱轨、驶入危险路段等事件的发生。

（1）限速

限速措施是保障列车安全运行的重要手段。通过规定列车在不同路段或特定情况下的最高允许速度，能有效防止发生脱轨、碰撞、设备故障等一系列潜在危险情况的出现。同时，减轻对轨道和车辆的冲击力，延长设备寿命，降低事故发生的风险。考虑到影响列车运行速度的众多因素，限速标准分为多个类型，其中包括线路允许速度、模式限制速度、列车构造速度和临时限制速度等。

线路允许速度：它是由线路自身特点和地面基础设施（比如曲线、隧道、道岔、站台）等方面的要求产生的速度限制，与列车当前所处的位置无关，已在线路和系统设计时确定下来。

模式限制速度：由信号和车载 ATP 设备当前工作模式决定，反映列车在特定工作模式下的最大允许速度。

列车构造速度：它由列车构造特性决定，代表列车的最大运行速度。

临时限制速度：它是为了应对施工区段等不在线路设计范围内的临时情况设置的单独线路限制速度，通过调度员临时下发的方式传达给列车。

(2)禁行

禁行是保障列车运行安全的重要举措。通过在特定位置，如危险区域、施工现场、设备维护区域等设立标记，明确要求列车必须在该标记点之前完全停止运行，以防止列车进入危险路段或过早进入前方路段，从而避免人员伤害、列车运行干扰等事件发生。

信号系统根据运行计划和线路状态实时计算列车前方的禁行点，并向列车下发行车许可终点的相关指令。根据不同的闭塞方式和具体的运行场景，行车许可终点可以包括停车点、地面信号设备（如信号机、车挡等）以及前行列车车尾等。列车严禁越过该位置，因此在禁行点前，列车需要采取制动措施以确保列车能够在行车许可终点前完全停下。

(3)最限制速度曲线 MRSP

为了综合考虑所有限速要求，精确获得列车在每个路段上最终的限速值，引入了最限制速度曲线（most restrictive speed profile，MRSP）。MRSP 综合了各种限制速度，取每个区段下各种限速值的最小值，即最不利限制部分，从而确保列车在整个运行过程中始终处于最安全的速度范围。MRSP 的合成过程如图 2-42 所示。通过这样的综合考虑和限制，铁路运输系统能够最大限度地确保列车运行的安全性和可靠性。

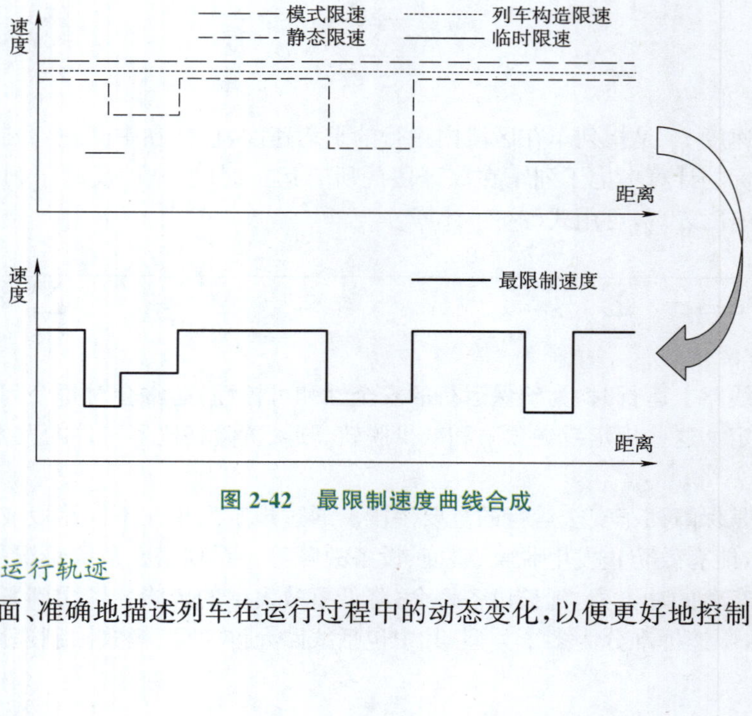

图 2-42　最限制速度曲线合成

4.“t-v-s”运行轨迹

为了更全面、准确地描述列车在运行过程中的动态变化，以便更好地控制和监测列车的运行，结合列车时空位置变化的“t-时间”“v-速度”“s-距离”特征，引入列车“t-v-s/时间—速度—距离”轨迹模型。这一模型通过随机组合列车运行过程的三个特征参数，分别映射为横轴和纵轴，将列车的运行过程巧妙地转化为生动的二维曲线图像。所构建的二维曲线以动态方式展示了列车的加速、减速和匀速等运行特性，为实时监测、运行控制以及决策支持提供了关键信息。常用的列车行驶轨迹表现方式主要有三种，分别是速度—时间曲线(v-t)、速度—距离曲线(v-s)和距离—时间曲线(s-t)，这些方式的具体表达形式如图 2-43 所示。

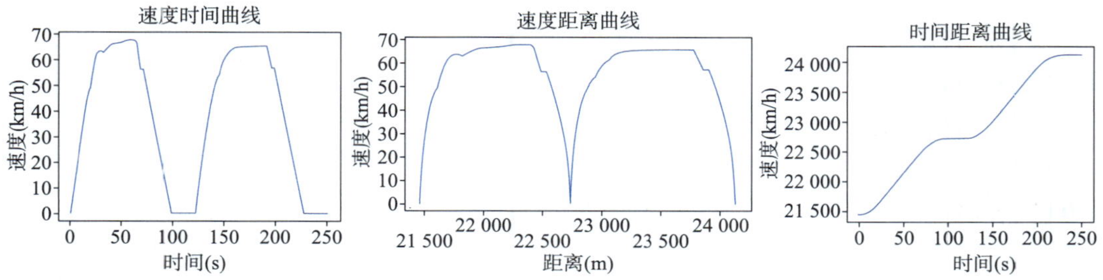

(a)速度—时间曲线　(b)速度—距离曲线　(c)距离—时间曲线

图 2-43　列车运行 t-v-s 轨迹

(1)v-t 曲线

其中，v-t 曲线直观地描述了列车在运行过程中的速度随时间的变化情况，提供了列车运动的时间动态信息，包括牵引、制动、巡航等阶段。例如，在启动阶段，曲线呈现明显的上升斜坡形态，代表列车的加速过程。随着时间推移，当速度逐渐趋于稳定时，曲线形成水平线段，表示列车进入了巡航阶段。而在制动阶段，则表现为速度急剧下降的曲线陡坡。v-t 曲线有助于评估列车的动力学性能和制动效果，为运行控制提供了重要参考。

(2)v-s 曲线

v-s 曲线描述了列车在运行过程中的速度随着运行距离的变化情况，能够体现不同线路场景的速度变化，包括线路的坡度和曲线半径对列车运行速度的影响等。例如，在上坡路段，曲线往往呈现逐渐下降的趋势，这准确反映了列车在克服坡度阻力时速度的减缓。相反，在下坡路段，曲线通常呈现逐渐上升的趋势，代表列车受到坡度加速的影响。v-s 曲线能够展示不同线路场景对列车运行速度的影响，有助于优化线路设计和运行策略。

(3)s-t 曲线

s-t 曲线描述了列车在运行过程中的位移距离随时间的变化情况，能够体现站间运行时分，确定列车在任意时间点的位置，评估运行时间。例如，曲线的上升阶段可能对应列车从一个站点到达下一个站点的运行过程。平稳水平的曲线段则代表列车在站间区段巡航。s-t 曲线为列车调度和站间运行提供了实用信息。列车运行图就是一个典型的距离—时间曲线，以图形方式呈现列车的行进轨迹和运行时序。

2.3.2　车车间隔模型

轨道交通具有显著的时空资源的独占性，即在同一时间内，任一轨道区域只允许一辆列车运行。为了确保列车在行驶和停靠过程中的安全，列车运行除了前节的单车运行约束和特征模型外，前后两列车之间要遵循一定的“运行间隔”。

“间隔”一词具有两个方面的含义，一个是指空间上的间隔，另一个是指时间上的间隔。在空间上，“间隔”通常被定义为安全距离，是两列车在运行过程中需要保持的前后最小间距；而在时间上，“间隔”通常被界定为车头时距，是两列车作业需要保持的前后最小时距。“间隔”的关键意义在于为各列车和线路设备提供足够的操作时间。

通过建立列车间隔模型，可以实时调整列车的运行速度和停车时间，从而防止相邻列车之间的碰撞，降低拥堵和延误的发生概率。

以下将从列车运行的完整过程，包括单一线路的“区间—车站—折返”间隔以及多条线路的“分叉—汇合”间隔等五个方面详细介绍列车间隔模型在不同场景下的计算方法。

1. 区间追踪间隔

轨道交通通常在区间内通过为各个运行方向上的列车提供单独的运行股道，来确保两个运行方向上的列车能够平稳运行。在区间运行的过程中，同一运行方向上的后续列车需要不断与前行列车保持一定的时间间隔。这样的时间间隔被称为“区间追踪间隔”。

影响区间追踪间隔的因素较为复杂，主要涉及列车性能（例如列车长度、牵引和制动特性等）、线路条件（包括线路坡度和限速等）、信号系统（包括安全防护距离、制动曲线、系统内附加时分等）等。图 2-44 展示了两列车在区间运行过程中某一时刻的追踪间隔计算的示意图。

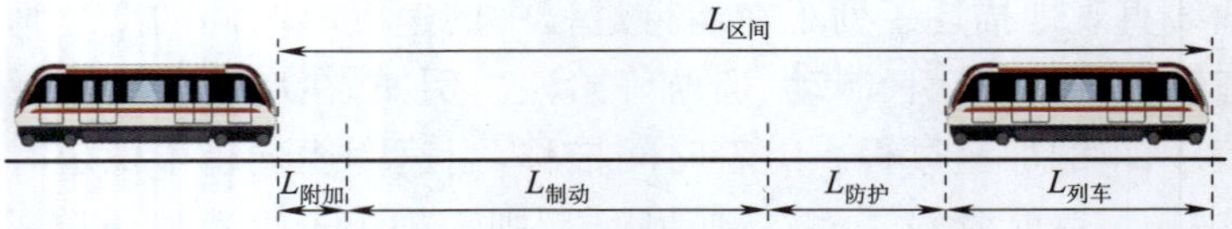

图 2-44　某时刻两车区间追踪间隔计算方法

为确保前后列车在相同轨道上全速运行时车头安全经过任一点，要求后行列车能够迅速停车并保持一定的安全防护距离，以应对前行列车紧急停车的情况。因此，前后列车之间的最小距离包括以下四个主要部分：首先，考虑到距离的计算是基于两列车的车头位置，需要考虑前行列车的车长 $L_{列车}$；其次，需要考虑后行列车从运行速度 $v_{区间}$ 减至零所需的制动距离 $L_{制动}$；接着，由于驾驶员反应、列车制动性能、信号系统等方面存在较大差异，需添加一定的额外距离 $L_{附加}$，以确保后行列车有足够的反应和控制时间；最后，还需添加安全防护距离 $L_{防护}$ 以确保车辆之间的安全间隔。安全防护距离 $L_{防护}$ 在不同的信号制式下存在很大差异。当信号制式支持前行列车精确定位时，这是与前行列车车尾应保持的最小间距；而当信号制式不支持前行列车的精确定位时，信号系统会将线路分成多个轨道区段，即闭塞分区，这时需要保持的是闭塞分区的长度总和。区间追踪间隔 $I_{追}$ 可由式(2-33)表示。

$$I_{追}=0.06\times\frac{L_{列车}+L_{制动}+L_{附加}+L_{防护}}{v_{区间}} \tag{2-33}$$

在上式中，涉及距离参数的单位均为米(m)；列车区间运行速度的单位为千米每小时(km/h)；追踪间隔的单位为秒(s)；0.06 为单位换算系数，用于将速度从 km/h 转换为 m/s。

2. 车站行车间隔

轨道交通运营线路上的每一座车站，在两个运行方向上都分别设有进站信号机和出站信号机，用于指示列车车站当前状态以及是否可以进行指定的作业。同方向列车在车站上的作业类型可分为到达作业、出发作业和通过作业三大类。由于区间通常只有一条股道供列车行驶，因此列车在车站需要满足各自作业类型下的间隔时间要求。

（1）到达追踪间隔时间

到达追踪间隔 $I_{到}$ 是指同方向追踪运行的两列车，自前行列车到达车站时起，至后行列车到达该站时止的最小间隔时间。图 2-45 展示了两列相继到达的列车需要满足的间距要求。

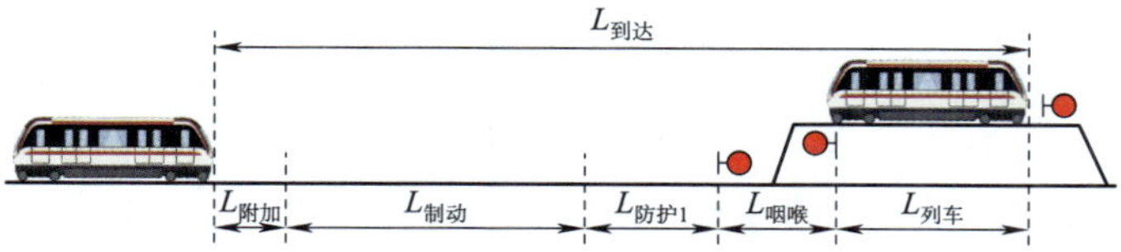

图 2-45　相邻列车到达场景时空占用模型

从图中可以看出，两列车间距由两部分组成。第一部分（$L_{附加}+L_{制动}+L_{防护1}$），它与区间追踪间隔原理相同，唯一的区别是将后行列车的追踪点从前行列车的车尾改为了车站的进站信号机。第二部分（$L_{咽喉}+L_{列车}$），则是因为前行列车需要出清车站咽喉区，所以需要考虑接车进路的长度。当计算到达追踪间隔时，除了需要考虑列车间安全距离之外，还需要考虑办理后行列车到达作业所需的时间，具体可由式（2-34）计算。

$$I_{到}=0.06\times\frac{L_{附加}+L_{制动}+L_{防护1}+L_{咽喉}+L_{列车}}{v_{到达}}+t_{到达作业} \tag{2-34}$$

式中，$v_{到达}$ 为列车由进站到制动停车全过程的平均速度，km/h；$t_{到达作业}$ 为办理单列车到达作业所需要的时间，s。

（2）出发追踪间隔时间

列车车站发车间隔 $I_{发}$ 是指从先行列车发车时起，至该站同方向再发车时的间隔时间。图 2-46 展示了两列相继出发的列车需要满足的间距要求。

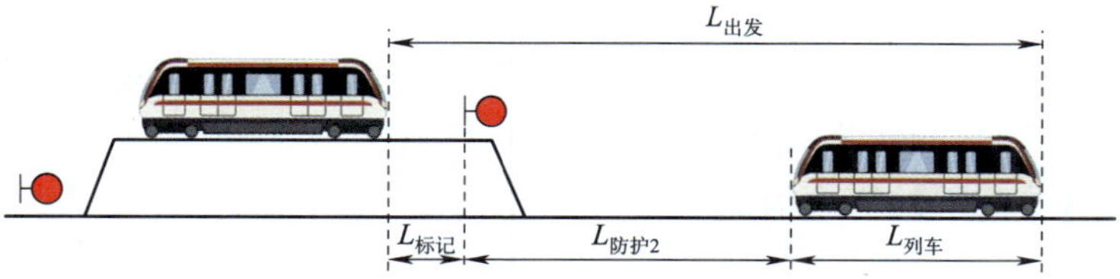

图 2-46　相邻列车出发场景时空占用模型

可以看出，后行列车追踪点由车站进站信号机再次变为了前行列车的车尾。由于后行列车处于停站状态，速度为 0，所以无须添加 $L_{制动}$，但需要添加后行列车停车位置与出站信号机间的距离。出发追踪间隔时间可按式（2-35）计算。

$$I_{发}=0.06\times\frac{L_{标记}+L_{防护2}+L_{列车}}{v_{出发}}+t_{出发作业} \tag{2-35}$$

式中，$v_{出发}$ 为列车牵引出站的平均速度，km/h；$t_{到达作业}$ 为办理列车出发作业所需时间，s。

（3）通过追踪间隔时间

列车通过追踪间隔 $I_{通}$ 是指前行列车通过车站时起，至同向追踪列车通过车站的最小时间间隔。图 2-47 展示了两列相继通过的列车需要满足的间距要求。

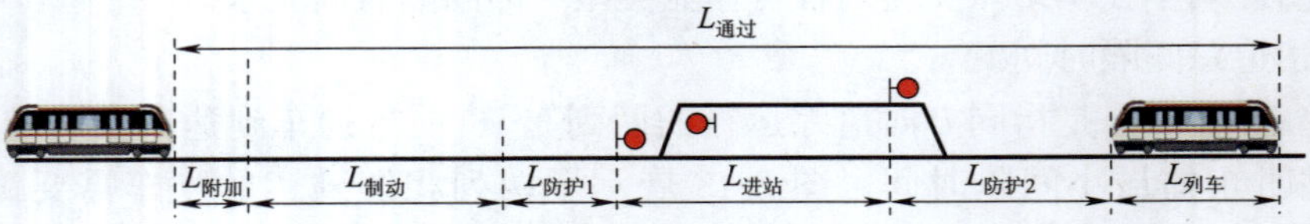

图 2-47　相邻列车通过车站场景时空占用模型

可以看出，两通过列车的间距是列车到达间距和出发间距之和。其中，$L_{进站}$ 为车站进站信号机至车站出站信号机的距离。通过追踪间隔时间可按式(2-36)计算。

$$I_{通}=0.06\times\frac{L_{附加}+L_{制动}+L_{防护1}+L_{进站}+L_{防护2}+L_{列车}}{v_{通过}}+t_{通过作业} \tag{2-36}$$

式中，$v_{通过}$ 为列车通过车站的平均速度，km/h；$t_{通过作业}$ 为办理列车通过作业所需时间，s。

3. 分叉/汇合间隔

分叉间隔 $I_{分叉}$ 是单位时间内同一线路、同向运行的列车追踪队列通过同一道岔区域前往不同线路、不同方向运行的时间间隔；汇合间隔 $I_{汇合}$ 是单位时间内不同线路、不同方向列车通过同一道岔区域形成同一线路、同向运行的列车追踪队列的时间间隔。图 2-48 展示了一个分叉/汇合车站列车可能的走行路径情况。

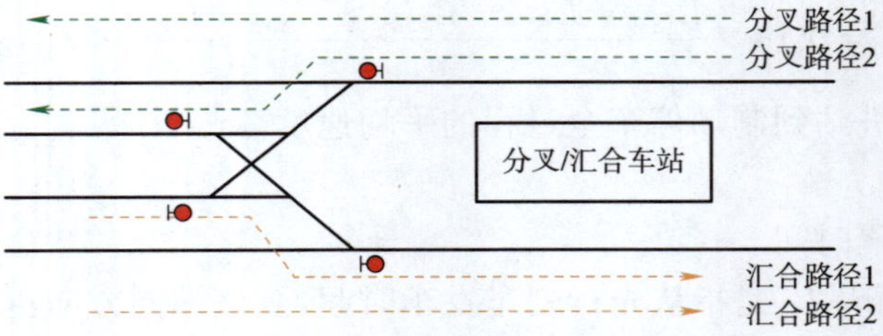

图 2-48　分叉/汇合路径示意

分叉间隔 $I_{分叉}$ 为前后车分叉运行前的追踪间隔、基于分叉运行道岔区域联锁控制条件的过岔间隔最大值；汇合间隔 $I_{汇合}$ 为前后车汇合运行后的追踪间隔、基于汇合运行道岔区域联锁控制条件的过岔间隔的最大值。

4. 折返间隔

由于列车在指定线路需要双向运行，除非线路形成环线，否则任何列车在终点站都必须执行折返操作，以便返回原行进方向。为了尽快完成列车的折返过程，通常会在其运行方向上的终点站配置相应的折返股道、道岔和信号设备。根据列车进行折返操作相对于车站的位置，主要可以划分为两种折返类型：站前折返和站后折返。站前折返和站后折返的股道布置形式如图 2-49 所示。

图 2-49(a)所示的站前折返中，列车在即将进入车站之前的轨道上进行折返。这意味着列车在进入车站之前就改变了行进方向。站前折返通常发生在车站之前的轨道结构上，例如站前的交叉渡线。这种折返方式使列车能够在进入车站之前完成方向的改变，以便做好

离开车站的准备。

图 2-49(b)所示的站后折返中，列车首先进入车站，然后通过一系列的轨道结构在车站内进行折返，最终返回原方向。这种折返方式使列车能够进入车站，完成乘客的上下车和其他服务，然后再进行方向的改变。站后折返通常涉及车站内的折返道或回车线。

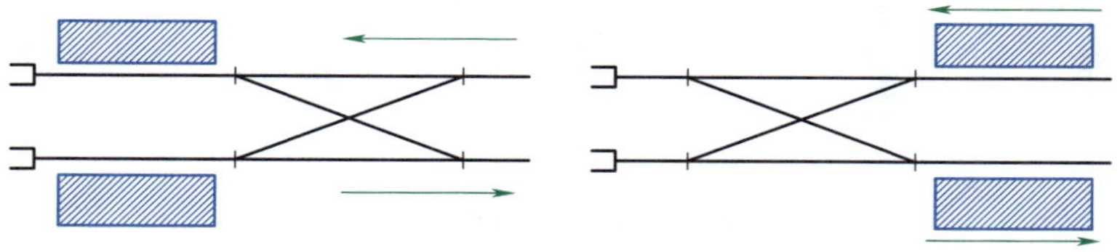

(a)站后折返　　(b)站前折返

图 2-49　站前折返与站后折返的折返类型

为了确保列车在进行折返操作时有足够的缓冲时间，以适应复杂的操作如清客、换端等，列车在折返站进行折返作业时需要与前行列车保持充足的折返间隔时间。

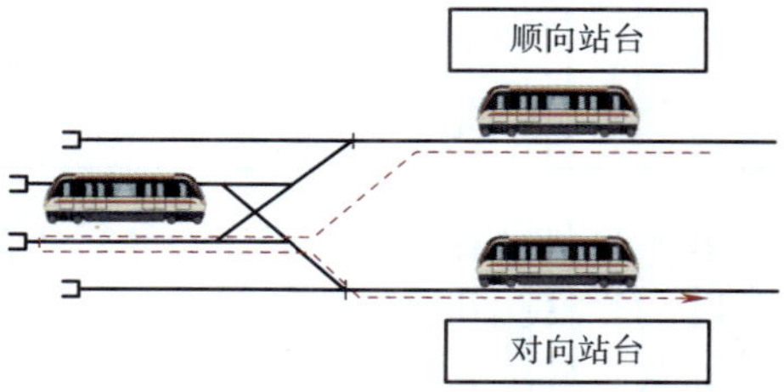

图 2-50　站后折返类型下列车的走行路径

一个完整的折返作业通常包括接车、折返、发车三个作业过程。折返间隔时间指的是在全速、无扰运行的情况下，两列列车在折返站连续完成折返全过程的最小时间间隔，即接车间隔、折返间隔和发车间隔的最小值。以站后折返为例，图 2-50 通过“三段论”展示了一个列车完成整个折返过程所需的路径。

(1)接车作业：是指从前行列车由折返站顺向站台出发，直至出清站台资源，再到后行列车进入顺向站台并精确停站的过程，其花费时间设为 $t_{接车}$。

(2)折返作业：是指前行列车从折返股道出发，出清折返道岔资源，到后行列车从顺向站台出发出清折返道岔资源的过程，其花费时间设为 $t_{折返}$。

(3)发车作业：是指从前行列车由对向站台出发，出清站台资源，到后行列车由折返股运行到对向站台出发并出清站台资源的过程，其花费时间设为 $t_{发车}$。

对于站前折返类型，由于列车在站台股道进行折返，所以不需要额外的走行时间，但需要考虑司机换端、控制系统变更等操作所需的时间。此时发车作业间隔已由接车作业间隔约束涵盖，所以发车间隔设为 0。因此，折返间隔可用式(2-37)计算。

$$I_{折}=\max(t_{接车},t_{折返},t_{发车}) \tag{2-37}$$

5. 全线最小追踪间隔

全线最小追踪间隔是指在整个轨道交通系统运行过程中，综合考虑区间追踪、车站作业、终点折返等过程，为了确保所有列车在无冲突、无扰动的情况下运行所需保持的最小时间间隔。它被定义为所有区间追踪间隔、车站行车间隔和折返间隔的最大值。

在计算时，首先依据各区间的追踪间隔和各车站的行车间隔计算结果，获得正线最小追踪间隔；然后考虑折返能力，获得最终的全线最小行车间隔的计算结果。以单一交路方案为例，如图 2-51 所示，所有列车仅在车站 A 至车站 E 之间往返运行。其中，车站 A 与车站 E

称为始发、终到站；车站 B、C、D 称为中间站。全线最小行车间隔的分析评估需要预先获取的运能指标结果见表 2-3。

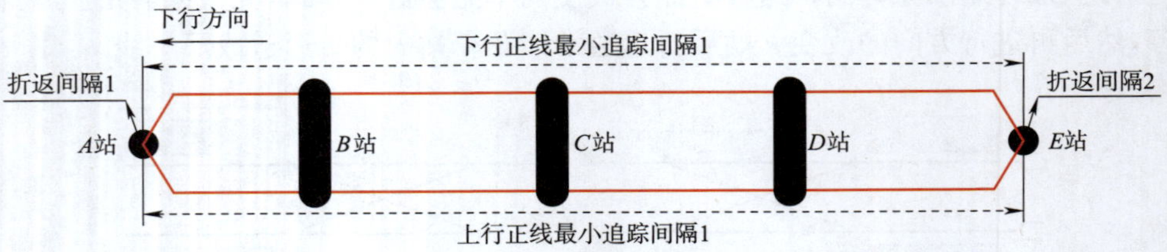

图 2-51　单一交路方案运能指标

表 2-3　运能指标结果

序号	运能指标	具体内容
1	追踪间隔	上行正线最小追踪间隔 1
		下行正线最小追踪间隔 1
2	折返间隔	折返间隔 1
		折返间隔 2

示例的全线最小行车间隔的计算步骤如下。

(1)正线最小追踪间隔判定

考虑列车在上行正线与下行正线等间隔无扰运行的前提下，需要根据不同运行方向计算各自方向上的正线最小追踪间隔 $I_{正线}$。这一步骤在实际计算过程中还需要考虑列车运行速度等级(快车、慢车等)，以及可能存在的大小交路及跳停作业的影响。上述正线最小追踪间隔时间(包括上行正线最小追踪间隔 1 和下行正线最小追踪间隔 1)为运行方向上所有区间追踪间隔 $I_{区间}$ 和车站追踪间隔 $I_{车站}$ 的最大值，即

$$I_{正线}=\max(I_{区间-AB}, I_{车站B}, I_{区间-BC}, I_{车站C}, I_{区间-CD}, I_{车站D}, I_{区间-DE})$$

(2)折返间隔判定

在考虑列车的折返运行情况下，需要确定列车在终点站折返的时间间隔。表格中折返间隔 1 和折返间隔 2 的计算需要考虑列车抵达终点站后的停站时间、折返操作时间以及折返后重新出发的时间间隔。

(3)全线最小行车间隔判定

将计算得到的正线最小追踪间隔与折返间隔进行比对判定。这一步骤的目的是确保列车在正线上的追踪间隔足够安全，保证列车运行的井然有序。为此，需要取计算出的追踪间隔和折返间隔中的最大值作为全线最小行车间隔。

2.3.3　多车组织模型

通常在线路上有成百上千列车同时运行，通过一定的方式组织好列车十分重要。多车运行主要通过确定列车运行终点并周转运行的“运行交路”、确定列车车站作业任务的“停站方案”以及确立列车运行速度、停站时间等细致参数的“运行图”进行高效安全组织。

1. 运行交路

轨道交通的运行交路指的是列车负责运行的特定区段，由两端的折返站以及途经的区

间和车站共同构成。科学合理的列车运行交路方案需要根据线路的客流性质进行制定，以兼顾各个车站的运输需求，同时降低线路运用列车的数量。

这种方案一方面可以有效减少运用列车的数量，提高列车的使用效率，控制运输企业的运营成本，增加经济效益；另一方面还能够提高乘客对城市轨道交通的满意度，缩短列车行车间隔，更好地满足城市居民的出行需求，充分发挥其交通运输能力。

目前，针对不同类型的轨道交通线路，相关部分采用了一系列灵活的运营方案。如直达、区间、快慢车等多种交路方案。同时调整列车编组类型以适应客流峰谷期变化，进而更好地适应日益多样化的客运需求和运营环境。图 2-52 所示为目前常见的运行交路的类型。

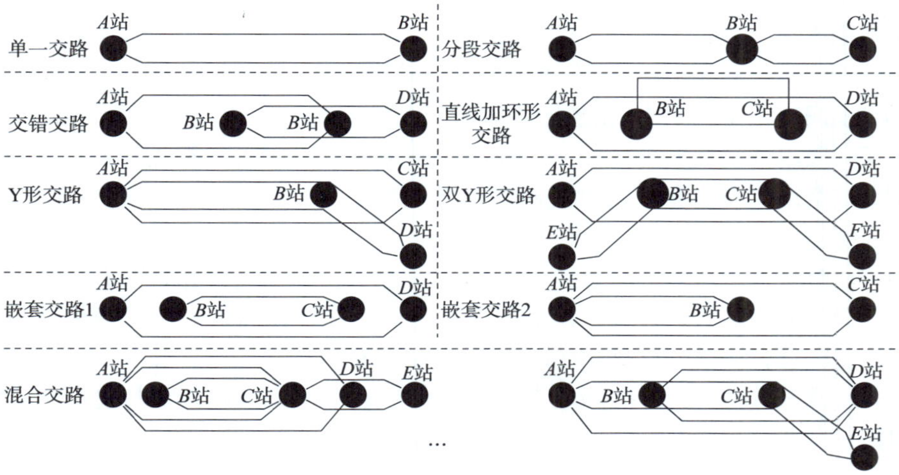

图 2-52　不同运行交路的示意

不同的运行交路方式往往具有不同的特点。在编制列车运行图时，列车运行交路的选择至关重要。这涉及提高运输效率、最大化资源利用、优化客流服务、协调折返作业以及控制运营成本等多个方面。合理的列车运行交路设计能够有效适应不同区域和时间段的乘客需求，提高整体运输效能，并确保轨道交通系统的高效、安全、可靠运营。

（1）单一交路：折返站位于城市轨道交通线路两端，列车在全线循环运行。其优点在于线路的运输组织简单，方便运行图的铺画，且全线乘客出行无须换乘，直达性好。然而，其缺点是列车运行模式单一，全线列车的开行频率和输送能力相同，可能导致部分区间输送能力紧张，部分区间输送能力浪费。

（2）分段交路：也称为衔接交路，指的是线路被划分为数个区段，列车在各区段独立运营的一种交路形式。其优点在于每一个区段只被一个列车覆盖，各区段之间相互影响较小，相对独立。这使得可以根据不同区段的不同客流情况灵活采取不同的列车编组以及开行频率。然而，其缺点在于两相邻区段的交路会使用相同的折返站，可能会影响折返作业，并且对折返站的设施设备要求较高；乘客在不同区段必须进行换乘，给长途出行的乘客带来不便。

（3）交错交路：运营了两个小交路，且两小交路有部分区段重合。与大小交路相比，交错交路的优点在于只有部分区段交路重叠，因此对列车开行对数成整数倍的要求较低，运行图编制相对容易。此外，交错交路的重叠区段可长可短，设置较为灵活。

(4)环形交路：列车在环形线路上运行，不需折返。其优点在于列车无须折返，可以直接沿着某一方向，减少了折返时间，提高了运输效率和运输能力。但是，环形运行交路对于客流条件和编组密度以及修建地形有较高的要求。特别是一旦出现故障事件，会对线路运营造成严重影响，恢复组织不易。其适用于环线周围客流分布均衡且地形适宜修建环线的线路。

(5)Y 形线路：在原有单一交路的基础上进行线路延伸而形成的具有特定形式的交路，包括普通 Y 形和双 Y 形两种类型。Y 形交路也叫跨线交路，列车可以在主线和支线两条线路上折返运行。相比于单一交路，Y 形交路覆盖面更大，辐射范围更广，可以满足更大运输区间内的运输需求。同时，支线的修建使得城市轨道交通线路能够扩大客流吸引范围且节省了线路修建成本。

(6)嵌套交路：也称大小交路，为两个单一交路嵌套在一起的运行交路。嵌套之后的大小交路能够根据客流需求变化，在各区段运行组织不同编组和对数的列车。各个交路的列车在指定区间段内分别往返运行，可以提高运营效益和服务水平。相比于单一交路，大小交路模式在满足全线贯通的同时通过提高客流聚集区域发车频率的方式适应客流的分布情况，小交路区段乘客的乘车体验得以改善。

(7)混合交路：在城市轨道交通运营组织中，根据客流需求与线路情况，可以在线路上采用三种及以上的交路形式进行混合以满足多样化的客流需求，称为混合交路。混合交路的优点在于其交路设置灵活，可以根据线路的输送能力最大程度匹配客流需求，节省运输企业的运营成本。其缺点在于混合交路数较多会使得运营组织方案设计更加复杂，线路上的折返作业和接发车作业可能会互相冲突，运行图绘制难度更高。

2. 停站方案

停站方案指列车在轨道交通线路中运行时，列车的停靠站点选择方案，如图 2-53 所示。具体有站站停、大站停、终点直达等不同方案，显然由于停站方案的不同，列车的运行效率也不同。通过合理设置停站方案，一方面提高列车的整体运行效率，降低运营成本；另一方面保证列车运行的安全性和稳定性。

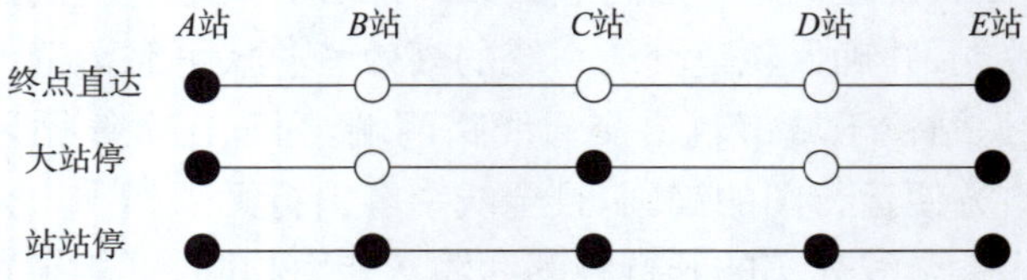

图 2-53　停站方案示意

3. 运行图

运行图扮演着轨道交通行车组织的核心角色，通过规定列车在运行线路上各个车站的到达和出发时刻、列车之间的运行顺序以及安全追踪间隔，从而确保轨道交通系统的列车能够安全、有序、高效地运营。运行图本质上是一种二维坐标图，其中横坐标表示时间，纵坐标表示距离，通过这种直观的方式反映了列车在时间和空间上的关系。下面以一条具有 5 个车站和 4 个区间的运营线路为例(图 2-54)，阐述运行图中的基本要素和关键指标。

在运行图中，水平线标示车站中心线位置，其位置按照区间运行时间比例确定。斜线代表特定车次号的列车计划运行轨迹，即列车运行线，其区间内的“时间—距离”曲线仅作为列车匀速运行状态的表示，不对应于列车在区间运行的实际情况。图 2-55 展示了一个运行图的示意。

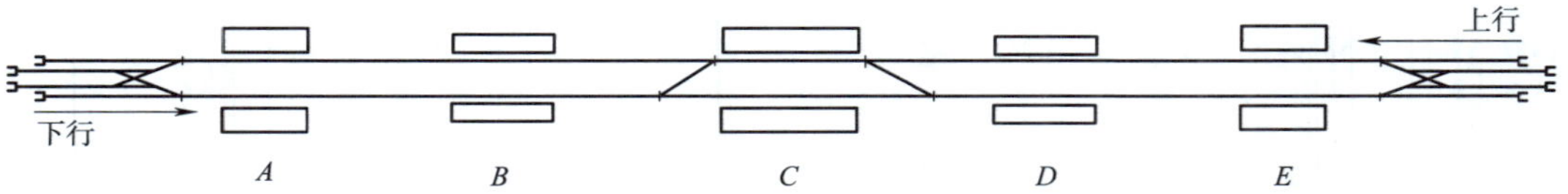

图 2-54　运营线路示例

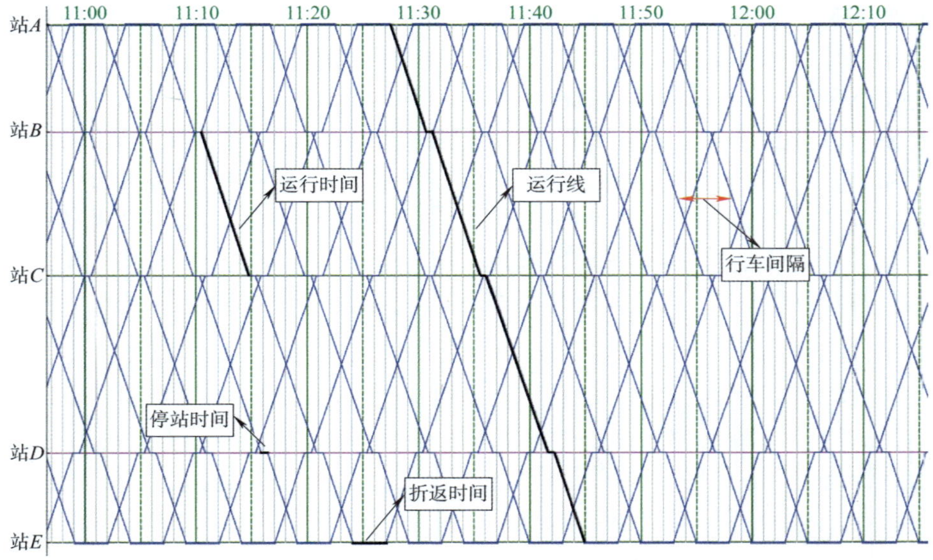

图 2-55　运行图示意

(1)运行图基本要素

在图 2-55 中，列车运行线与车站中心线的交点标志着列车具体到达或离开车站的时刻，而折返线则位于列车运行线终点，用于调整列车的运行方向。此图呈现两类列车，包括下行列车(从站 A 运行至站 E)和上行列车(从站 E 运行至站 A)。同方向列车运行线间的交点表示两列车在运行过程中存在越行关系，而不同方向列车运行线间的交点则表示它们在运行过程中发生交汇。由于示例运营线路的区间为双线区间，而车站股道只有一条，同方向列车运行线在车站不能存在交点，但不同方向列车运行线可以。通过运行图，可以准确获取各列车在每个车站的到达和出发时间，同时通过计算得到列车在各车站和区间内的作业时间，以及多列车之间的行车间隔。假设列车运行线编号依次为 1 到 n，那么运行图可以通过图 2-56 所示的数据结构来表示。

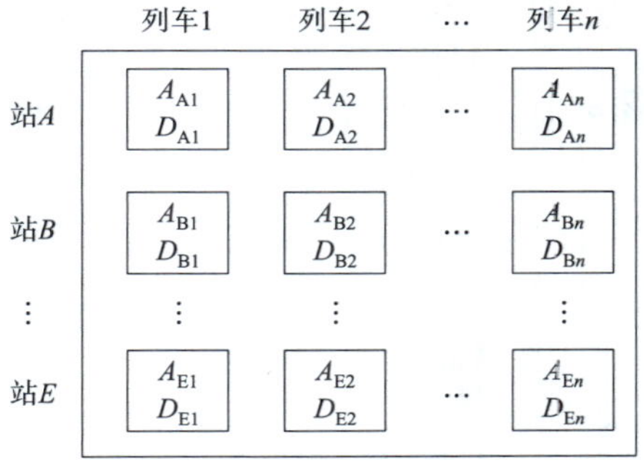

图 2-56　运行图数据结构

推算出列车运行时间、列车站停时间和列车运行间隔可用式(2-38)～式(2-40)计算。

$$R_{k,j}=A_{i,j}-D_{i-1,j} \tag{2-38}$$

式中，$R_{k,j}$ 表示列车 j 在区间 k 即相邻两车站 $i-1$ 和 i 之间的运行时间。

$$W_{i,j}=D_{i,j}-A_{i,j} \tag{2-39}$$

式中，$W_{i,j}$ 表示列车 j 在车站 i 的停站时间。

$$I_{i,j}=D_{i,j}-D_{i,j-1} \tag{2-40}$$

式中，$I_{i,j}$ 表示相邻列车 j 与列车 $j-1$ 之间的追踪运行间隔。

在轨道交通的运营过程中，由于随机干扰的存在，为了提高列车运行图的健壮性，通常会在运行图中设置冗余时分，使得系统在发生干扰后能够具备一定的自我恢复能力。冗余时分指的是列车运行图中的列车区间运行时间、站停时间、追踪运行间隔以及列车折返等作业的图定作业时分与完成该作业所需的最短作业时分之间的差值。这一概念可根据作业类型划分为自身恢复时分(recovery time)和缓冲时分(buffer time)。

自身恢复时分是指列车用来恢复自身晚点的额外时间，一般设置在区间运行时间和站停时间中，包括区间运行冗余时分和站停冗余时分。例如，在图 2-57 和图 2-58 中展示了区间运行冗余时分和站停冗余时分的情况。若某列车在特定车站发车时延误，只要延误时间不超过自身恢复时分，列车可以利用其区间运行和站停冗余时分来消除晚点；若延误时间超过自身恢复时分，则延误将传播至下一车站，由下一站设置的站停冗余时分来吸收延误。

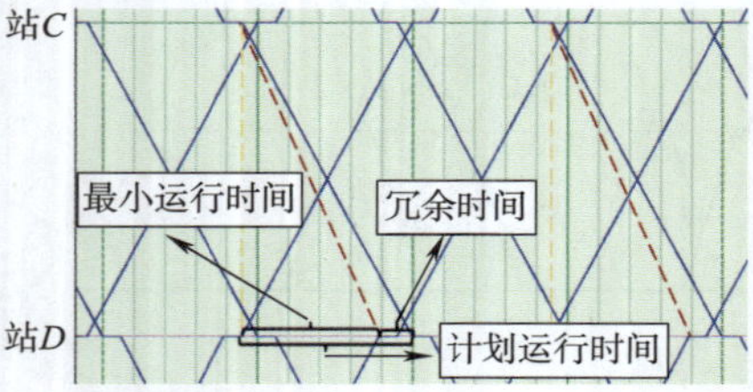

图 2-57　区间运行冗余时分

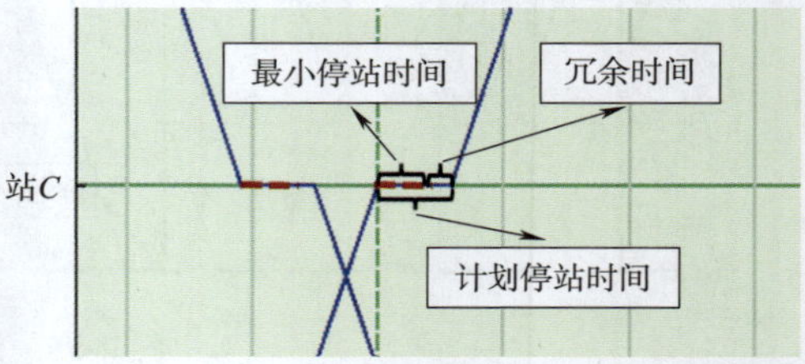

图 2-58　站停冗余时分

另一方面，缓冲时分是指在相邻两辆列车之间保证最小追踪间隔的基础上增加的额外时间，其目的是吸收晚点时间以防止延误列车影响下一辆列车的正常运行，同时可实现均衡发车间隔。图 2-59 展示了相邻列车追踪间隔缓冲时分的示意图。如果列车的延误时间小于缓冲时间，延误不会影响后续列车的正常运行；反之，当列车发车后两车之间的追踪间隔小于最短运行间隔约束时，列车需调整运行计划。

(2)运行图特征指标

运行图指标的计算和评价对轨道交通运输系统至关重要。首先，它们提供了客观的衡量标准，帮助了解列车运行的准时性、效率和安全性等方面的表现。

以下是一些常见的基本运行图特征指标：

①行车间隔：指某个时间段内(高峰、平峰)所

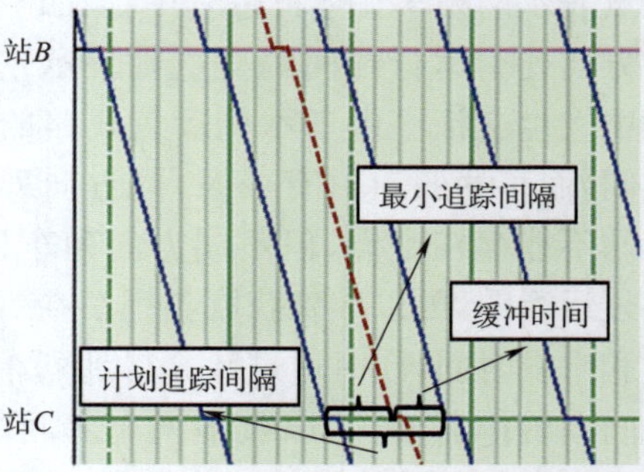

图 2-59　列车运行间隔及缓冲时间示意

考量的空间范围内(上行、下行)两车运行时间间隔的平均值。

②平均运行速度:指列车在运行过程中的平均速度,其值等于站间距除以站间运行时间。

③均衡性:在评价运行图时,需要关注各站点之间以及各区段之间的协调和均衡情况。合理安排列车运行间隔和停站时间,以及协调不同区段的运输需求,可以实现运行图的平衡和协调,提高整个铁路系统的运行效率和稳定性。

列车实际运行过程中,由于扰动的存在,导致列车运行偏离原有计划,使得实际运行图不同于计划运行图,评价其偏离程度的特征指标有:

①正点率:定义为统计期内正点列车次数与实际开行列车次数之比。正点列车是指在执行列车运行图过程中,列车到达终到站的时刻与列车运行图计划时刻相比误差不大于2 min(《城市轨道交通服务质量评价规范》规定,该数值不同的轨道交通方式有所差异)的列车次数。

②列车晚点时长:列车晚点时长是指列车实际到达或出发时间和预定到达或出发时间之间的差值。

运行图在轨道交通运营中具有关键作用,它合理与否直接关系到列车运行的安全与效率。

第3章 运控系统安全与韧性

3.1 运控系统运营场景及基本功能

3.1.1 运营场景

轨道交通系统运营场景可定义为：在一定的时间、空间内，轨道交通运行系统中各专业系统相互配合，共同完成用户不同功能需求的各种场景。随着轨道交通系统的发展，场景类型及其功能定义也会随之发生变化。以城市轨道交通为例，非全自动系统和全自动系统的场景定义不尽相同。

非全自动系统方面，其运行场景没有准确定义。以基于传统 CBTC 系统的非全自动系统为例，其运营场景大致划分如图 3-1 所示。实际上，由于不同厂家的系统不同以及运营者的定义不同，运营场景的划分依据也存在一定的差异。

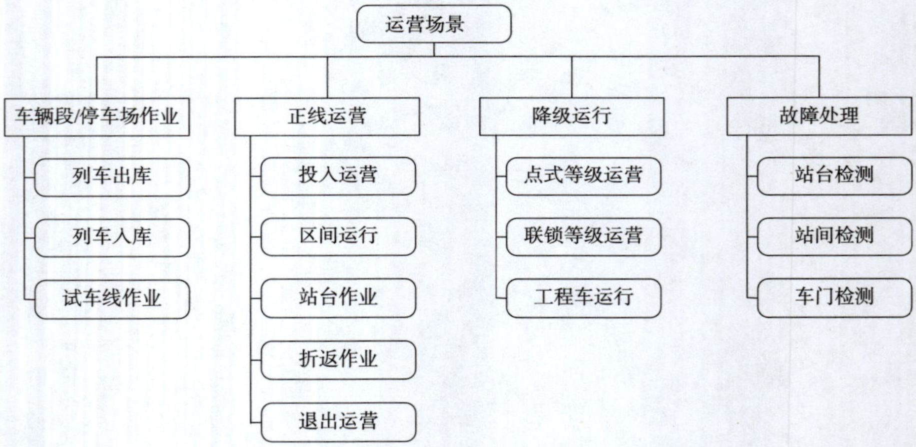

图 3-1 基于传统 CBTC 系统的城轨运营场景示意

随着技术的进步与行业的发展，全自动运行（FAO）系统在城市轨道交通中逐渐得到应用并成为主流。在传统 CBTC 系统的基础上，FAO 系统通过集成列车自动唤醒等模块，拓展了全自动运行场景。我国陆续推出了《城市轨道交通全自动运行系统运营技术和管理规范》《城市轨道交通运营技术规范》等行业标准，对列车车辆段/停车场作业、正线运营、故障和应急场景等运营场景进行了标准化定义。

如图 3-2 所示，目前对 FAO 系统确定了 41 个运营场景。FAO 的全自动运营场景，可按照场景区间分为：车辆段/停车场作业阶段、正线运营阶段、故障场景阶段以及应急场景阶段。进一步的，将车辆段/停车场作业阶段、正线运营阶段合并为正常场景阶段；故障场景阶段以及应急场景阶段合并为故障与应急场景。

图 3-2　基于 FAO 系统的城轨运营场景示意

1. 正常场景

全自动运行系统的正常场景，可根据所在位置分为停车场自动化场景和正线自动化场景。停车场自动化场景涵盖了列车在停车场进行自动化运行的各项功能，主要包括早间上电、唤醒、出库、回库、清扫、休眠、洗车、自动调车、日检与维修；正线自动化场景主要包括进入正线服务、进站停车、站台发车、折返换端、轨道车运行、清客、停止正线服务、跳停、扣车、非计划车调整、列车远程广播。结合图 3-2，其相应场景的工作任务见表 3-1。

表 3-1　各正常场景任务

名称	任　务
早间上电	在轨道交通系统开始一天的运营之前，对系统的电力设备进行启动和上电操作，确保各个子系统正常运行
列车唤醒	对停放在车辆段或车站的列车进行唤醒操作，激活列车的控制系统，准备进入运营状态

续表

名称	任　　务
列车休眠	在运营结束后，将列车置于休眠状态，降低能耗和设备磨损。这通常发生在列车停放在车辆段或夜间不运营的时间段
列车出库	从车辆段将休眠状态的列车调度至正线，准备开始新的运营周期
列车回库	在运营结束后，将列车调度回到车辆段，准备进行休眠或维护
清扫	对列车和车站进行日常的清洁工作，确保车厢和站台的卫生状况
洗车	对列车进行定期的外部清洗，保持列车的外观清洁，同时有助于延长车辆的使用寿命
自动调车	利用自动化系统对列车进行编组和调度，以满足不同时段和需求下的运输要求
日检与维修	对列车进行日常巡检和维护，发现并修复潜在问题，确保列车的安全性和可靠性
轨道车运行	使用专门设计的轨道车巡视轨道，检查轨道的状态，包括损坏、异物等，以确保轨道的安全和平稳运行
进入正线服务	列车从车辆段或停车轨道进入正线，准备开始正常的客运服务
列车进站停车	列车按照时刻表和调度进入车站，停靠在站台上，准备进行乘降操作
站台发车	列车在车站停靠后，按照时刻表和调度发车，继续运行至下一站
扣车	指因运营调整、区间堵塞或列车救援等突发情况，行车调度员通过指令将列车扣停在车站或指定区域，禁止发车的应急措施
跳停	在运营中，根据需要进行车辆的临时停车或调度，以保持运输系统的平稳运行
折返换端	列车在终点站完成终到后，通过特定的轨道设施实现车头和车尾的调换，准备返回
清客	分为常规与非常规场景。常规清客指列车到达终点站后要求乘客全部下车，以便折返或退出服务（如站后折返线路需清客防止乘客进入非运营区域）；非常规清客则针对中途故障、救援需求或突发安全事件（如设备故障、公共卫生事件），需立即疏散乘客以确保安全并恢复运营秩序
退出正线服务	列车从正线退出，返回车辆段或停车轨道，完成当天的运营任务

2. 故障与应急场景

全自动运行系统的故障与应急场景，包含了列车可能遇到的各类紧急情况。故障场景包括蠕动模式、车门状态丢失、车辆制动系统故障、站台门故障隔离车门、车门故障隔离站台门、再关车门/站台门控制、FAM/CAM 模式转换、紧急制动缓解、其他远程控制功能、故障复位控制、运行中信号或车辆发生设备故障处理、车上设备工作状态远程检测；应急场景包括紧急手柄、紧急呼叫、雨雪模式、列车远程广播、车辆火灾、站台门状态丢失、车站火灾、远程紧急制动、区间疏散、救援、障碍物/脱轨检测。结合图 3-2，其相应场景的工作任务见表 3-2。

表 3-2　全自动运行系统故障与应急场景下的工作任务

类别	名称	任　　务
故障	车门状态丢失	指车门控制系统未能正确获取或保持车门当前的状态信息。可能导致不准确的车门控制和监测，一般需要通过系统重新初始化或其他手段来解决
	车辆制动系统故障	车辆制动系统出现故障，可能导致列车无法正常制动。需要进行紧急检修和修复，确保列车的安全运行
	站台门故障隔离车门	当站台门发生故障时，系统可能会隔离站台门，以确保列车的正常运行。这通常涉及将站台门保持关闭状态，以防止列车运行受到影响

续表

类别	名称	任务
故障	车门故障隔离站台门	当列车的车门出现故障时，系统可能会隔离车门，以确保站台门的正常运行。这有助于防止列车车门故障对站台运营的影响
	再关车门/站台门控制	在车门或站台门未正确关闭或处于不安全状态时，系统可能会触发再关控制，强制执行关闭操作，确保门的安全状态
	紧急制动缓解	在紧急制动状态下，系统可能提供缓解功能，允许列车逐渐减速或解锁制动系统，以便进行紧急情况下的缓和操作
	点式运行模式转换	在特定故障或降级场景下（如应答器故障或定位丢失），系统可切换至点式运行模式（如RRM远程限制人工模式），由控制中心远程授权列车以限速运行并重新获取移动授权，实现故障区域的安全穿越与模式平滑切换
	蠕动模式	蠕动模式是一种在低速或停车状态下的运行模式，旨在确保列车在站台进出、停车和低速运行时保持平稳，提高列车运行的舒适性和安全性
	故障复位控制	在系统出现故障后，可以通过故障复位控制来重新启动或重新初始化相关系统，以恢复正常的运行状态
	运行中设备故障处理	当列车运行中遇到信号或车辆设备故障时，系统会触发相应的处理措施，可能包括限速、停车或其他操作，以确保安全运行
	FAM/CAM模式转换	多职能队伍（列控）通常可以切换列车的不同模式，如自动驾驶模式（FAM）和司机控制模式（CAM），以满足不同运营阶段的需要
	车上设备工作状态远程检测	列车上的各种设备工作状态可以通过远程检测进行监测，以及时发现并解决潜在的设备故障，提高系统的可靠性和可维护性
	其他远程控制功能	轨道交通系统可能具备各种远程控制功能，包括远程监控、远程诊断、远程维护等，以提高系统的运行效率和故障处理能力
应急	紧急手柄	列车上配备的手动控制装置，通常为一个手柄，用于紧急情况下由驾驶员或其他工作人员手动操作，触发列车的紧急制动或其他关键应急程序
	紧急呼叫	乘客或工作人员在紧急情况下可以使用列车内或车站设备上的紧急呼叫按钮，向驾驶员或调度员发送紧急通知，以便及时采取相应的应急措施
	雨雪模式	在恶劣天气条件下，轨道交通系统可能启用雨雪模式，通过调整列车的操作参数，如减速和加速曲线，以确保列车在雨雪天气中更安全、平稳地运行
	列车远程广播	系统通过远程广播装置向列车上的乘客发送信息，包括列车运行状态、注意事项、紧急通知等，以保障乘客的安全和提供相关信息
	车辆火灾	当列车上发生火灾时，系统能够通过火灾探测器及时检测，并触发相应的紧急措施，如火警报警、自动灭火系统等，以确保乘客和车辆的安全
	站台门状态丢失	指站台门控制系统未能正确获取或保持站台门当前的状态信息。这可能会影响站台安全运营，系统可能会采取措施以确保站台门的正常状态
	车站火灾	当车站内发生火灾时，系统应该能够通过火灾探测器及时检测并触发火警报警系统，同时采取必要的疏散和救援措施，确保站内乘客和工作人员的安全
	远程紧急制动	在紧急情况下，系统可以通过远程信号触发列车上的紧急制动系统，迅速减速或停车，以应对突发事件，确保列车和乘客的安全
	区间疏散	在紧急情况下，需要对轨道交通线路的特定区段进行疏散操作，将乘客安全转移至安全区域，以防止事故的扩大和确保乘客的安全

续表

类别	名称	任务
应急	救援	在紧急情况下，需要进行救援操作，包括对受困乘客的救援、协助伤员疏散、提供医疗援助等，以最大限度地保障乘客和工作人员的生命安全
	障碍物/脱轨检测	轨道交通系统配备障碍物和脱轨检测装置，用于及时发现轨道上的障碍物或列车的脱轨情况，并触发紧急制动或其他应急程序，以防范事故的发生

3.1.2 基本功能要求

国际公共交通协会(UITP)将列车运行的自动化等级(GoA)分为GoA0～GoA4五级，并对GoA1～GoA4级做出了表3-3所示的功能定义。轨道交通列车运行相关的功能庞大，按照其性质可分为运营管理与监督、列车运行安全监测(包括设备、乘客、环境检测)、列车运行控制、危险(紧急)状态检测与处理等几大类。

表3-3 基本功能执行主体对比

功能	功能描述	列车运行基本功能	GoA1	GoA2 (STO)	GoA3 (DTO)	GoA4(UTO)
			ATP防护下的人工驾驶	半自动化列车运行	有人值守的列车自动运行	无人值守的列车自动运行
列车运行安全防护	保证列车安全运行	安全进路	设备	设备	设备	设备
		列车间隔控制	设备	设备	设备	设备
		速度监督	人工	设备	设备	设备
列车运行控制	驾驶列车	加速和减速	人工	设备	设备	设备
运营管理与监督	监控轨道	障碍物监测	人工	人工	设备	设备
		避免与轨道上的人员碰撞	人工	人工	设备	设备
	监控乘客上下车	车门及站台门控制	人工	人工	人工	设备
		确认列车启动条件	人工	人工	人工	设备
	监控列车	列车投入运营 列车退出运营	人工	人工	人工	设备
		监督列车运行	人工	人工	人工	设备
危险状态检测与处理	紧急状态的检测与处理	诊断列车；检测烟火、脱轨、列车完整性；紧急情况处理	人工	人工	人工	设备检测+人工处置

1. 列车运营管理与监督(ATS)

列车运营管理与监督系统(ATS)是指对城市轨道交通系统进行全面的计划、组织、协调和监控，以确保列车的安全、准时和高效运行的系统。这一过程涵盖了运营计划的制定、调度的执行、设备的维护和紧急事件的处理等方面，旨在优化列车系统的整体性能和服务水平。

在GoA1～GoA4级发展过程中，唤醒列车、车辆设置为睡眠状态、列车进入和退出服务、调控策略确定、计算时刻表偏差和列车间隔、建议和命令纠正运营调控策略在GoA3、GoA4阶段转为必需功能；列车连接和列车分离功能则在GoA3、GoA4阶段作为可选功能出现。特别地，分配或重新分配列车乘务人员、确定乘务人员身份功能在GoA4级中被取消。具体的功能需求分析见表3-4。

表3-4 列车运营管理与监督相关功能需求分析表

编号	功　能	GoA1	GoA2	GoA3	GoA4
1.1	导入计划时刻表	M	M	M	M
1.2	选择/修改时刻表	M	M	M	M
1.3	在时刻表上分配不同的任务	M	M	M	M
1.4	把任务分配给列车	M	M	M	M
1.5	分配或重新分配列车乘务人员	O	O	O	—
1.6	确定乘务人员身份	O	O	O	—
1.7	唤醒列车	O	O	M	M
1.8	车辆设置为睡眠状态	O	O	M	M
1.9	设定列车进路	M	M	M	M
1.10	临时限速管理（TSRS）	M	M	M	M
1.11	自动列车追踪	M	M	M	M
1.12	列车进入和退出服务	O	O	M	M
1.13	调控策略确定	O	O	M	M
1.14	计算时刻表偏差和/或列车间隔	O	O	M	M
1.15	建议和/或命令纠正运营调控策略	O	O	M	M
1.16	确保连接服务	O	O	O	O
1.17	列车连接	—	—	O	O
1.18	列车分离	—	—	O	O

注：O表示该功能为对应自动化等级下的可选功能；M表示该功能为对应自动化等级下的必须功能。

列车运营管理与监督至关重要，它不仅确保了列车系统的正常运行，还直接关系到乘客的安全和出行体验。通过实时监控、数据分析和系统优化，运营管理人员能够有效预防事故、提高准时性、优化运输效率，并灵活应对紧急情况，从而保障整个轨道交通系统的可靠性、可持续性和安全性。

全自动运行系统的引入为列车运营管理与监督带来了革命性的变化。其通过实现自主运行、先进的监测与反馈技术、智能故障诊断以及自动优化算法等特性，使得运营管理更智能、更高效。这包括了从对驾驶员的依赖性减少到实时数据处理和智能决策的提升，以及对于故障预防和系统优化的更先进手段的采用。这一系列变化不仅提高了交通系统的运行水平，同时为未来城市交通的创新和可持续发展奠定了基础。

2. 列车运行安全防护(ATP)

列车运行安全防护是指通过实时监测列车运行状态、轨道设备、信号系统以及其他相关要素，以感知潜在的安全风险，并及时采取预防和应急措施，以确保城市轨道交通系统的列车运行安全、可靠和高效。

在紧急制动性能测试、停驶时列车初始位置确定功能方面，GoA4相比GoA3级有了更高要求。表3-5为列车运行安全监测相关功能需求分析表。

表 3-5 列车运行安全监测相关功能需求分析表

编号	功 能	GoA1	GoA2	GoA3	GoA4
2.1	带动力条件下性能测试	M/SIL	M	M	M
2.2	紧急制动性能测试	—	—	O	M
2.3	监督多列车组运作	O	O	O	O
2.4	列车完整性监视	M	M	M	M
2.5	车门监视	M	M	M	M
2.6	轨道侵入与跌落监视	M	M	M	M
2.7	站台屏蔽门监视	M	M	M	M
2.8	安全相关输入的监督	M	M	M	M
2.9	停驶时列车初始位置确定	O	O	O	M
2.10	列车位置确定	M	M	M	M
2.11	实际的列车运行方向确定	M	M	M	M
2.12	前后列车确定及定位	M	M	M	M
2.13	未装备或者故障列车检测	O	O	O	O
2.14	运行列车的位置的动态初始化	M	M	M	M
2.15	列车速度计算	M	M	M	M
2.16	确保安全进路的因素保障	M	M	M	M
2.17	安全进路与进路设备协同保障	M	M	M	M
2.18	MAL 移动授权确定	M	M	M	M
2.19	静态的速度曲线确定	M	M	M	M
2.20	ATP 速度曲线计算	M	M	M	M
2.21	实际速度监视	M	M	M	M
2.22	间歇位置点的实际速度监视	—	—	—	—
2.23	未装备的列车监视	M	M	M	M
2.24	列车停驶监视	O	O	O	O
2.25	通过轨旁信号授权列车运行	O	O	O	O
2.26	未装备的列车进入自动控制区域监视	M	M	M	M
2.27	未装备的列车进入自动控制区域授权	O	O	O	O

列车运行安全监测的重要性在于，它是保障城市轨道交通系统安全运营的关键环节。通过实时感知列车状态和周围环境，能够及时发现潜在的故障或异常情况，从而预防事故的发生。这不仅关系到乘客的安全和信任，也维护了整个交通系统的正常运行，确保了城市交通的高效性和可持续性。

随着全自动运行系统的推广，列车运行安全监测经历了革命性的变化。全自动系统通过引入高级传感器、实时监控和智能算法，提高了对列车运行状态的感知精度和实时性。自主运行的列车能够持续监测自身状态和轨道状况，通过智能故障诊断系统预测潜在问题，使得对于安全状态的感知更加智能化和高效，为交通系统的安全性带来显著提升。

3. 列车运行控制(ATO)

列车运行控制(ATO)是一种自动列车控制系统,它利用先进的计算机技术、传感器和通信系统,以实现列车的自主运行、车速控制、制动操作等功能,从而提高列车的运行效率和安全性。

GoA2～GoA4 系统中,列车停站后出发授权、列车停站由可选功能转为必需功能,并引入了 ATO 速度曲线确定作为必需功能;GoA3～GoA4 系统中,防止进站、跳站、车站扣车管理由可选功能转为必需功能。GoA4 级系统下,列车驾驶操控全面转为自动运行,将车辆段与过渡段的列车运行管理、车站开门监视、命令车门打开、监视车门关闭、命令车门关闭功能转为必需功能。表 3-6 为列车运行控制相关功能需求分析表。

表 3-6 列车运行控制相关功能需求分析表

编号	功　能	GoA1	GoA2	GoA3	GoA4
3.1	列车驾驶模式管理	M	M	M	M
3.2	GoA3、GoA4 的列车驾驶模式管理	—	—	M	M
3.3	GoA2 的列车驾驶模式管理	—	M	—	—
3.4	GOA1b 的列车驾驶模式	M	—	—	—
3.5	GoA1a 的列车驾驶模式	—	—	—	—
3.6	驾驶模式的转换监视	M	M	M	M
3.7	ATO 速度曲线确定	—	M	M	M
3.8	防止进站	O	O	M	M
3.9	列车停站后出发授权	O	M	M	M
3.10	列车停站	O	M	M	M
3.11	跳站	O	O	M	M
3.12	车站扣车管理	O	O	M	M
3.13	站外停车后的列车出发管理	—	M	M	M
3.14	车辆段与过渡段的列车运行管理	O	O	O	M
3.15	分配请求的列车行驶方向	—	M	M	M
3.16	车站开门监视	O	O	O	M
3.17	命令车门打开	O	O	O	M
3.18	监视车门关闭	O	O	O	M
3.19	命令车门关闭	O	O	O	M

列车运行控制的重要性在于它对城市轨道交通系统的运行效率、准时性和安全性产生了深远的影响。通过自动化的列车运行,ATO 系统能够精确控制车速、保障车辆之间的安全距离,提高运输系统的整体性能,同时减少人为因素对列车运行的影响,确保乘客的舒适与安全。

随着全自动运行系统的发展,列车运行控制经历了重大的变化。全自动运行系统通过 ATO 的升级和整合,使列车能够在无人驾驶员的情况下实现自主运行。自主运行的列车通过先进的感知和决策系统,能够更灵活地适应交通状况,实现更高效的车辆调度和运行控制，从而推动城市轨道交通系统朝着更智能、安全和可持续的方向发展。

4. 危险(紧急)状态检测与处置

危险(紧急)状态检测与处置是指在城市轨道交通系统中，通过实时监测列车和轨道设备的运行状态，及时识别潜在的危险或紧急情况，并采取自动或人工手段进行紧急处置，以确保系统安全运行并最大程度减小事故风险。

GoA3～GoA4 级系统中，轨道上的员工保护转为必需功能；GoA4 级系统下，监视疏散情况也转为系统必需功能。表 3-7 为危险(紧急)状态检测与处置相关功能需求分析表。

表 3-7 危险(紧急)状态检测与处置相关功能需求分析表

编号	功　能	GoA1	GoA2	GoA3	GoA4
4.1	建立受保护区域	M	M	M	M
4.2	列车定位失效响应	M	M	M	M
4.3	断轨检测或者怀疑断轨后的反应	O	O	O	O
4.4	对列车意外移动的响应	M	M	M	M
4.5	紧急制动系统缺乏时的响应	O	O	O	O
4.6	监视疏散情况	O	O	O	M
4.7	紧急制动释放	M	M	M	M
4.8	对牵引功率突然关闭的响应	O	O	O	O
4.9	监视紧急操作	M	M	M	M
4.10	经授权后的员工请求实行紧急制动	M	M	M	M
4.11	轨道上的员工保护	O	O	M	M
4.12	员工间通信提供	M	M	M	M
4.13	建立工作区	M	M	M	M

危险(紧急)状态检测与处置对城市轨道交通系统的安全性至关重要。通过实时监测和识别潜在的危险状况，系统能够快速、准确地做出应对措施，包括紧急制动、列车停车等，从而最大限度地降低事故的发生概率，确保乘客和系统的整体安全。

随着全自动运行系统的引入，危险(紧急)状态检测与处置经历了深刻变革。全自动系统通过高级传感器、智能算法和实时监测技术，能够更精准地感知列车和轨道设备的状态，从而在危险或紧急情况下更迅速地做出反应。自主运行的列车配备了智能决策系统，使得系统能够自动采取应急措施(例如紧急制动)以减小人为干预的时间，进一步提高了危险状态处置的效率和安全性。这种变化有助于交通系统适应更加复杂的运营环境，增强了整个系统在紧急情况下的应对能力。

5. 其他高级功能

在上述功能以外，轨道交通运行系统还包括其他高级功能。GoA3～GoA4 级系统的车载 HMI 管理由必需功能转为可选功能；非自动控制列车检测失效后的响应、调度和控制由可选功能转为了必需功能。GoA4 级系统在监视站台上的乘客、监视列车上的乘客、提供维护支持等方面转为了必需功能并实现了自动处理。表 3-8 为其他高级功能需求分析表。

表 3-8　其他高级功能需求分析表

编号	功　能	GoA1	GoA2	GoA3	GoA4
5.1	监视站台上的乘客	O	O	O	M
5.2	监视列车上的乘客	O	O	O	M
5.3	提供与乘客通信	M	M	M	M
5.4	乘客信息系统管理	M	M	M	M
5.5	乘客远离站台边缘警告	O	O	O	O
5.6	OCC 与轨旁的 HMI 设备信息交互管理	M	M	M	M
5.7	车载 HMI 管理	M	M	O	O
5.8	员工授权控制	O	O	O	O
5.9	监视运控系统相关设备	M	M	M	M
5.10	非自动控制列车检测失效后的响应	O	O	M	M
5.11	牵引供电系统监视	O	O	O	O
5.12	集电器和电路断路器控制	O	O	O	O
5.13	避免重复制动	O	O	O	O
5.14	记录运营信息的接口	M	M	M	M
5.15	为了支持维护提供信息记录接口	M	M	M	M
5.16	提供维护支持	O	O	O	M
5.17	加载基础线路数据 到运控系统	M	M	M	M
5.18	提供统一时间参考	M	M	M	M
5.19	调度	O	O	M	M
5.20	控制	O	O	M	M
5.21	在线联挂	O	O	O	O

3.2　运控系统安全

对于铁路及信号系统，相关部门根据不同的对象和功能，制定了不同的安全标准规范，使整个铁路及信号系统能够更加规范、统筹地运行。铁路系统中的规范，根据其制定方及适用范围，可分为由欧洲标准化委员会制定的欧洲标准（以 EN 开头）、由国家市场监督管理总局制定的国家标准（GB/T）、由国际电工委员会制定的标准（以 IEC 开头）等不同的体系，对于不同的应用领域，每个标准体系中都有对应适用的标准。各标准的具体应用范围如下：

EN 50126 标准（GB/T 21562、IEC 62278）：铁路应用—可靠性，可用性，可维护性和安全性（RAMS）的规范和示例，重点着眼于确保铁路系统在设计、开发和操作阶段达到一定的可靠性和安全性水平。

EN 50128 标准（GB/T 28808、IEC 62279）：铁路应用——通信、信号和处理系统——铁路控制和防护系统软件，重点强调软件开发和验证，确保系统在控制和保护列车运行时的正确性和安全性。

EN 50129（GB/T 28809、IEC 62425）：铁路应用一通信、信号和过程控制系统一信号的安全相关电子系统，重点专注于确保信号系统的安全性，防止系统故障对铁路运行的不良影响。

EN 50159 标准(GB/T 24339、IEC 62280)：铁路应用—通信、信令和处理系统及传输系统中的安全相关通信，重点着眼于确保通信系统在传输信息时具备高度的安全性，以支持铁路系统的可靠运行。如图 3-3 所示为各标准适用范围。

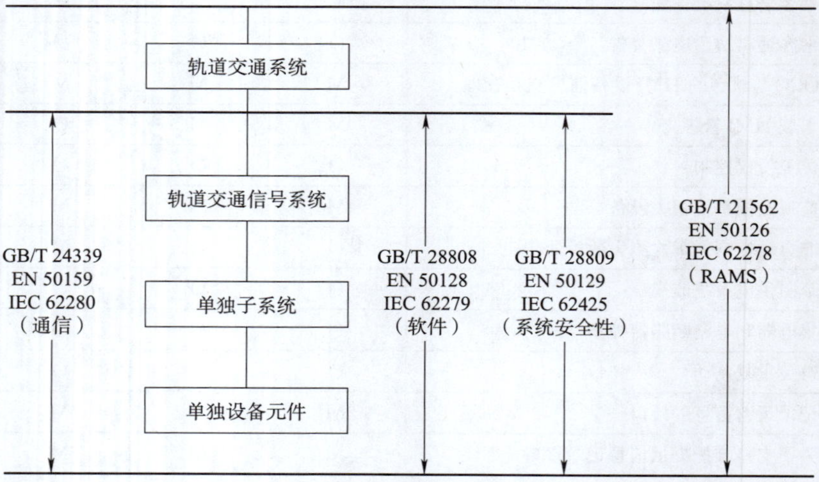

图 3-3　各标准适用范围

3.2.1　系统风险及安全需求

安全是指人们在财产或环境受损的情况下，能够规避直接或间接遭受不可接受的人身伤害或健康损害的风险。功能安全是整体安全的一部分，取决于系统或设备是否能根据输入正确运行，以及其他降低风险的措施是否得以执行。如果不考虑整个系统及与其相互作用的环境，就无法确定系统的安全性或功能安全性。对于轨道交通而言，功能安全取决于轨道交通控制设备是否正确运行，以及约束条件是否得以遵守。轨道交通的功能安全管理需要对其所面临的风险进行分类，甄别出哪些是不可接受的风险(即确认风险等级)，并针对不同类型的风险采取相应的安全防护措施。

1. 风险类型与风险指数

(1)轨道交通风险类型

在轨道交通系统中，采用不同的风险划分维度，可划分出不同的风险类型。从风险诱因的角度出发，可分为自然灾害风险、事故风险、网络与信息安全风险以及设备故障风险等；从风险溯源的角度出发，可分为硬件故障、软件故障、人为因素导致的故障和环境因素导致的故障等。在诸多风险划分维度之中，依据风险造成的后果进行的风险划分应用较为广泛，据此可将轨道交通系统中的风险划分为以下类型：

①碰撞：包括列车与列车之间的碰撞(如面对面碰撞、追尾、侧冲)、列车与非运营设备物体(如维护人员遗落的物品或是掉落到轨道上的物品)的碰撞，以及列车与运营设备物体(如车挡、信号机、防淹门、车库门等固定的运营设备)的碰撞。

②脱轨：脱轨的风险可能由列车超速引起，也可能由道岔或轨道问题引起，其中，可引起脱轨风险的道岔问题包括道岔未设定在规定的位置、列车经由道岔时道岔动作、道岔本身的物理故障等；可引起脱轨风险的轨道问题包括轨道损坏、轨道上有非预期的物体等。

③人身伤害：人身伤害的风险要结合运营场景进行识别，需考虑对乘客造成伤害或对工作人员造成伤害，包括：

a. 乘客在列车内受伤：如列车过度加速、减速或在线联挂导致的乘客跌倒等。

b. 乘客上下车时可能存在的风险：根据换乘场景中涉及的设备，可分为车门对乘客造成的伤害（如车门开闭时可能夹伤乘客，车门打开可能造成乘客跌落等）、站台门对乘客造成的伤害（如站台门关闭时可能夹伤乘客的风险、站台门开门时可能导致乘客跌落轨道或乘客被列车活塞风吹吸的风险）、车门与站台门的缝隙对乘客造成的伤害（如乘客卡在车门与站台门的缝隙）、列车对乘客造成的伤害（如乘客换乘时列车突然移动导致乘客跌落的风险，车门/站台门未关好时列车发车导致乘客跌落等风险）。

c. 乘客进入轨行区导致受伤：在轨道交通运营场景中，列车车门将车内的乘客与轨行区进行隔绝，同时站台门将站台的乘客与轨行区进行隔绝；当列车到站上下客时，车门与站台门打开，站台门端门将乘客与轨行区进行隔绝。因此，需考虑车门非预期打开及站台门（包括端门）非预期打开导致乘客暴露在轨行区的风险。

d. 由于铁路工作人员有轨行区作业的需求，因此对工作人员来说，还存在作业时被列车撞伤的风险；另外由于工作人员所处的环境较乘客而言更为广泛，需要去到停车场、车辆段等特殊地点作业，因此还需要考虑特定设备（如车库门）错误动作导致工作人员受到伤害的风险。

e. 应急疏散：按照疏散方式，可将疏散场景分为区间疏散和站台疏散，在不同的疏散场景下会产生不同的风险。区间疏散场景下主要有列车车门/逃生门无法打开、乘客逃生后可能被其他列车撞伤等风险；站台疏散场景下主要有站台门无法打开，或者由于列车未停准而导致疏散效率低等风险。

④其他风险如火灾、触电、电磁辐射、爆炸、中暑、窒息、中毒等，以及由环境因素引发的相关风险。

（2）风险指数定义

安全即免于不可接受的风险，安全等级分类与风险的严重程度、发生频率及可接受程度密切相关。

IEC 61508 标准中，根据风险导致的后果对人、环境或服务产生的影响（如人员伤人数和程度、系统受损情况及运营受到影响的范围），可将风险严重程度分为 1～4 级，分别为灾难级、严重级、次重级和轻微级，见表 3-9。

表 3-9　风险导致的严重程度等级列表

风险等级	严重等级	对人或环境的影响	对服务的影响
1	灾难性	多人死亡或整个系统瘫痪（所有车辆、若干隧道区间、若干车站等瘫痪）	运营中断
2	严重	一人死亡，多人严重受伤或主要系统故障（列车停在区间、区间阻塞、车站关闭等）	主要系统瘫痪

续表

风险等级	严重等级	对人或环境的影响	对服务的影响
3	次要	一人严重受伤，多人受伤或系统故障（列车退出服务或不能进入服务，站台关闭、轨道或车站需要抢修等）	系统严重损坏
4	轻微	最多一人轻微受伤或不能按计划维修（可继续商业服务）	系统轻微损坏

风险发生的频次见表3-10，由高到低分为A～F共5个等级。

表3-10 风险发生频次列表

频次等级	描述	说　明
A	经常	可能会经常发生，不时会遭遇的隐患
B	很可能	将会发生数次。可以预见隐患会时常发生
C	偶尔	可能会发生数次。隐患可预见的会发生数次
D	远期可能	可能会发生在系统生命周期的某个时候。有理由预见隐患会发生
E	不太可能	不太可能发生。可以假设隐患罕见地发生
F	不可能	极不可能发生。可以假设隐患不会发生

根据表3-9中所列4个等级的风险严重程度和表3-10中所列A～F共5个等级的风险发生频次，可对风险发生的可接受程度进行定义，见表3-11。

表3-11 风险可接受程度矩阵

频次等级	发生频率	严重级别			
		4 轻微	3 次要	2 严重	1 灾难性
A（经常）	10^2/年	R2	R1	R1	R1
B（很可能）	1～<10^2/年	R2	R2	R1	R1
C（偶尔）	10^{-2}～<1/年	R3	R2	R2	R1
D（远期可能）	10^{-4}～<10^{-2}/年	R4	R3	R2	R2
E（不太可能）	10^{-6}～<10^{-4}/年	R4	R4	R3	R3
F（不可能）	<10^{-6}/年	R4	R4	R4	R4

根据表3-11中风险发生频次的量化分级，将风险可接受程度分为R1～R4共4个等级，共中R1级为不可接受级，而R4级为可忽略级，各风险指数的定义见表3-12。

表3-12 风险指数列表

风险指数	风险分类	风险应对措施/可接受程度
R1	不可忍受	从安全角度而言，该风险不可接受，必须被排除
R2	应避免	只有当降低风险的措施不可行并得到批准才可被接受
R3	可忍受	经批准且得到充分控制的情况下，可以接受
R4	可忽略	可以接受，不需审查

2. 安全性需求

系统/子系统/设备的需求规范可分为两部分来考虑，即与安全无关的需求(包括运行功能需求)和与安全相关的需求。与安全相关的需求通常称为安全需求，它可以包含在一个单独的安全需求规范中。安全需求可以从安全功能需求和安全完整性需求两方面来考虑。其中，安全功能需求就是系统/子系统/设备应具备的与安全性相关的实际功能，而安全完整性需求定义了每一安全相关功能的安全完整性等级。

3. 安全完整性

安全完整性关系到一个安全相关系统实现其所需安全功能的能力。系统的安全完整性越高，它在执行所需的安全功能时失效的可能性越低。安全完整性包括系统失效完整性和随机失效完整性。为获得足够的安全完整性，应同时满足系统失效完整性和随机失效完整性的需求。

系统失效完整性是安全完整性的不可量化部分，并且与系统的系统性故障(硬件或软件故障)有关。系统性故障是在系统/子系统/设备生命周期的各种阶段中由人为错误导致的(如规范错误、设计错误、制造错误、安装错误、操作错误、维护错误、修改错误等)，一般可以通过质量管理、安全管理条件、技术安全性条件来实现系统失效完整性。由于无法用定量分析的方法评估系统失效完整性，因此，可以将采用有效方法、工具和技术的组合得出的关于系统失效完整性的评估结果，看作系统在实现规定的系统失效完整性等级时达到的恰当的可信水准。

随机失效完整性是安全完整性中与危害随机故障(特别是随机硬件故障)相关的部分。随机硬件故障源于硬件元器件的有限可靠性。随机失效完整性应利用概率计算进行定量评估，因此要求所用的硬件元器件的失效率、失效模式和随机硬件失效的出现次数等已知。

4. 安全完整性等级

安全完整性被分为 4 个独立的等级，其中等级 4 为安全完整性最高等级，等级 1 为最低等级，等级 0 用于表明无安全性需求。IEC 61508 中，依据单位时间内各功能可容忍危险率 THR，可对功能安全的安全完整性等级 SIL 进行分类，见表 3-13。

表 3-13 安全完整性等级表(SIL 表)

SIL	每小时每个功能可容忍危险率(THR)
4	$10^{-9} \leqslant THR < 10^{-8}$
3	$10^{-8} \leqslant THR < 10^{-7}$
2	$10^{-7} \leqslant THR < 10^{-6}$
1	$10^{-6} \leqslant THR < 10^{-5}$

3.2.2 风险分析与危害控制

1. 风险分析方法

风险分析又被称为系统安全分析，是从安全角度对系统中的危险因素进行的分析，其中的主要工作是分析导致系统故障或事故的各种因素及其相关关系。常用的系统安全分析方法较多，从定性与定量角度出发，安全分析法又可以分为定性分析和定量分析两大类。其中，定性分析法包括危险性预先分析 PHA、安全检查表、危险性和可操作性研究 HAZOP、共同原因分析和故障模式影响(与危害)分析 FMECA;定量分析法包括故障树分析 FTA、事件树分析 ETA、原因后果分析 CCA、可靠性工程和共同原因分析等。下面具体介绍几种常用的。

(1)预先危险分析 PHA

预先危险分析也称为初始危险分析,是指在一个系统或子系统(包括设计、施工、生产)运转活动之前,对系统存在的危险类别、出现条件及可能造成的结果作宏观的、概略的分析。该方法也是一份实现系统安全危害分析所需的初步或初始的计划,是在方案开发初期阶段或设计阶段之初完成的。PHA 的分析步骤如图 3-4 所示。

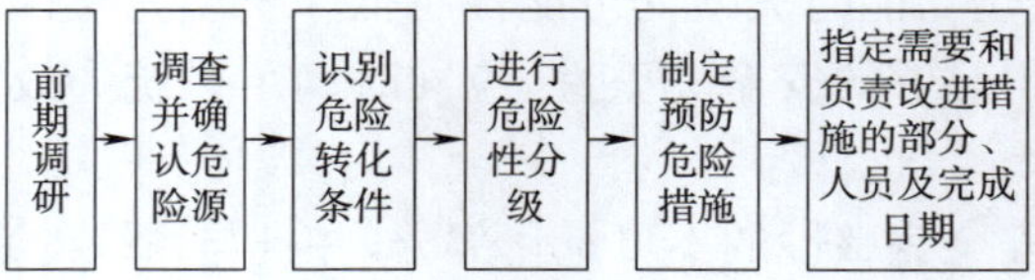

图 3-4 PHA 法分析步骤

根据分析步骤将相关信息整理成标准的 PHA 表格,见表 3-14。

表 3-14 PHA 表格简要形式

项目名称	危险因素	触发事件	现象	事故原因	事故结果	危险等级	防治对策

(2)故障树 FTA

故障树指用以表明产品某些组成部分的故障、外界事件或它们的组合将导致产品发生某种给定故障的逻辑图。故障树是一种逻辑因果关系图,构图的元素是事件和逻辑门。其中,事件用来描述系统和元、部件故障的状态;逻辑门将事件联系起来,表示各事件之间的逻辑关系。通过对可能造成产品故障的硬件、软件、环境、人为因素进行分析,画出故障树,从而确定产品故障原因的各种可能组合方式和(或)其发生概率。

故障树分析包括定性分析和定量分析。定性分析的目的是找出最小割集,寻找顶事件的原因事件及原因事件的组合,从而发现设计的薄弱环节,以便改进设计。定量分析的目的是确定顶事件发生概率(危险的发生概率),评价底事件可靠性的重要程度。故障树是一种自上而下的图形演绎方法,具有很大的灵活性,可综合考虑硬件、软件、环境、人素等多方面因素,主要用于安全性分析。

故障树的建树步骤包括:广泛收集并分析系统及其故障的有关资料、选择顶事件、建造故障树、简化故障树。分析步骤包括:建立故障树、故障树定性分析、故障树定量分析、重要度分析、得出分析结论、找出薄弱环节、确定改进措施。整体的分析流程如图 3-5 所示。

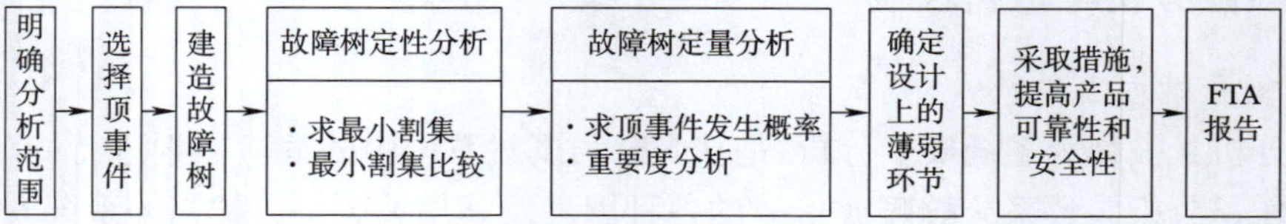

图 3-5 FTA 分析具体流程

(3)FMECA

故障模式影响及危害性分析(failure mode ,effects and criticality analysis,简记为 FMECA)是分析系统中每一产品所有可能产生的故障模式及其对系统造成的所有可能影响,并按每一个故障模式的严重程度及其发生概率予以分类的一种归纳分析方法。FMECA 是一种自下而上的归纳分析方法,包括 FMEA 和 CA 两部分。其中,FMEA 分析采用自下而上的逻辑归纳法,从系统组成的最低层,分析各组成单元的潜在故障模式及其对系统功能的影响,提出改进措施;而 CA 分析则是对系统中可能出现的各种故障模式的影响进行评价。FMECA 的分析步骤如图 3-6 所示。

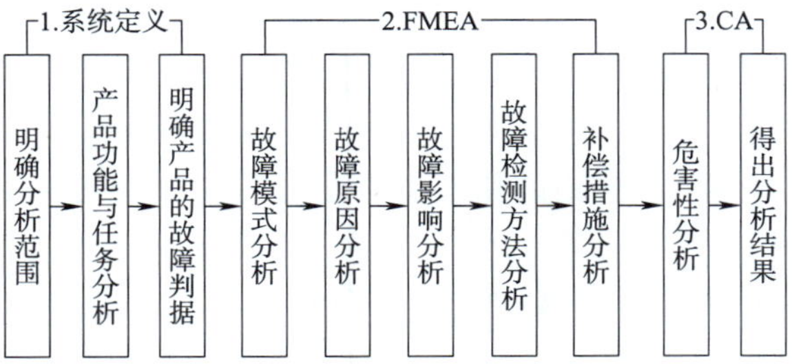

图 3-6 FMECA 分析具体流程

① 故障模式影响分析 FMEA 表

将 FMEA 分析的各要素整理成表格,并附加必要的说明,见表 3-15。

表 3-15 FMEA 分析表

初始约定层次产品: 任务: 审核: 第 页 共 页

约定层次产品: 分析人员: 批准: 填表日期:

代码	产品或功能标志	功能	故障模式	故障原因	任务阶段与工作方式	故障影响			严酷度类别	故障检测方法	补偿措施	备注
						局部影响	高一层次影响	最终影响				
1	2	3	4	5	6	7	8	9	10	11	12	13
对每一产品的每一故障模式采用一种编码体系进行标识	记录被分析产品或功能的名称与标志	简要描述产品所具有的主要功能	根据故障模式分析的结果简要描述每一产品的所有故障模式	根据故障原因分析结果简要描述每一故障模式的所有故障原因	简要说明发生故障的任务阶段与产品的工作方式	根据故障影响分析的结果,简要描述每一个故障模式的局部、高一层次和最终影响并分别填入第 7 栏~9 栏			根据最终影响分析的结果按每个故障模式分配严酷度类别	简要描述故障检测方法	简要描述补偿措施	本栏主要记录对其他栏的注释和补充说明

②危害性分析(CA)表

将 CA 分析的各要素整理成表格,见表 3-16。

表 3-16 CA 分析表

初始约定层次产品： 任务： 审核： 第 页 共 页

约定层次产品： 分析人员： 批准： 填表日期：

代码	产品或功能标志	功能	故障模式	故障原因	任务阶段与工作方式	严酷度类别	故障概率等级	故障率 λ_P	故障模式频数比 α	故障影响概率 β	工作时间 t	故障模式危害度 $C_m(j)$	产品危害度 $C_r(j)$	备注
1	2	3	4	5	6	7	8	9	10	11	12	13	14	15

2. 危害控制方法

危害控制的方法及流程如图 3-7 所示，采用避错、纠错、容错的控制手段，循序渐进地进行危害控制。

(1)避错：通过技术评审、系统测试和正确性证明等技术，在系统正式运行之前避免、发现和改正错误。

(2)纠错：纠错可以使程序自我改正错误、减少错误危害程度。

(3)容错：指系统在运行过程中发生一定的硬件故障或软件错误时，仍能保持正常工作而不影响正确结果的一种性能或措施。容错的关键思想是冗余，通过增加多余的资源获得高可靠性。

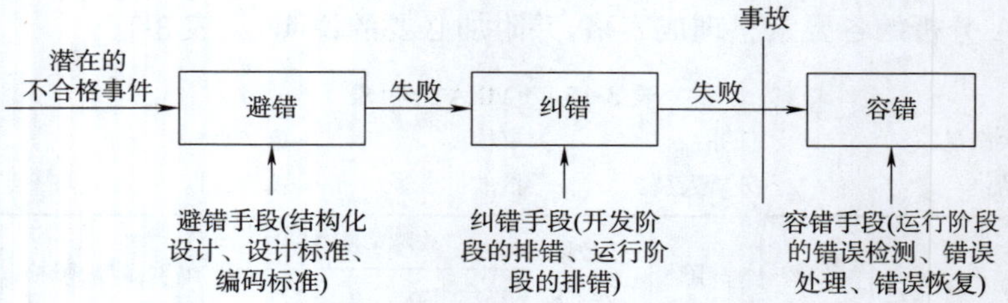

图 3-7 危害控制的方法及流程

3. SIL 确定方法

(1)风险降低 EPC 法

风险降低 EPC 法主要确定 E、P、C 三个参数：

① 危险暴露程度 E

$E=1$：考察对象会频繁地或永久地暴露于危险情况下。

$E=10^{-1}$：仅在例外情况下，考察对象偶尔会暴露于危险情况中(例如折返列车上的乘客、走进隧道的乘客等)。

$E=10^{-2}$：考察对象仅在极少数情况下会暴露于危险情况中(例如车辆段内的乘客等)。

②事故概率降低 P

$P=1$：不存在有效的额外措施，能够降低危险演变成事故的可能性。

$P=10^{-1}$：存在某一种措施，能够使某种危险演变为事故的可能性明显降低(例如，在已分析的故障的基础上增加额外的避障方法、驾驶员注意到定位故障并手动纠正、车上/站内人员注意到列车发车时未被检测到的车门打开等)。

$P=10^{-2}$：存在两种独立的措施，可以明显降低使某种危险演变为事故的可能性（例如，车上/站内人员在列车发车时注意到一个原本未检测到的门被打开，而独立的门联锁在列车发车前检测到打开的门）。

③后果降低概率 C

$C=1$：考察对象（例如乘客）难以避免遭受到某种危险。

$C=10^{-1}$：存在某种措施，使考察对象（例如乘客）能够避免遭受到某种危险（例如，在低车头列车运行时，乘客可能会爬出车站轨道或移动到紧急停机位，此时司机注意到超速防护系统故障并手动降低自己的速度以避免灾难性事故和碰撞，这种情况下的严重度等级为 SL3 而不是 SL4）。

$C=10^{-2}$：存在两种独立且有效的措施，使考察对象能够避免遭受到某种危险。例如，在有轨电车运营时，轨道上的乘客可以离开轨道，此时司机可以及时停止列车，或者在注意到轨道末端的超速保护故障（SL4→SL3）后进行手动减速，这样可以将后续产生的后果的严重度等级降低到 SL2）。

因此，可以计算出系统的安全完整性等级（计算公式：$\mathrm{THR}=\dfrac{\mathrm{THR}_i}{E\times P\times C}$），具体分析步骤如图 3-8 所示。

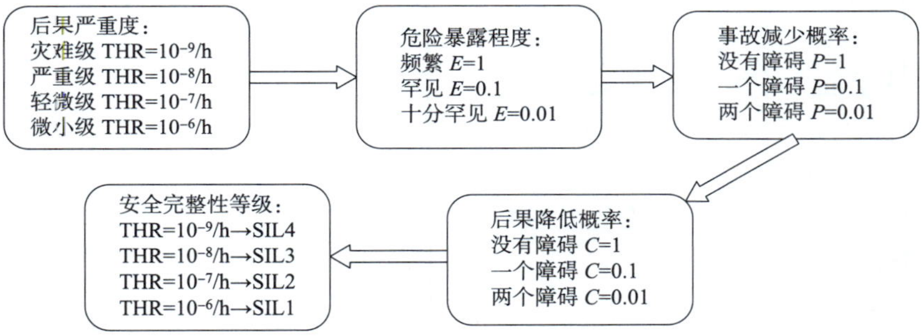

图 3-8　EPC 分析步骤

以进路转换设备（转辙机）状态丢失的状况为例进行 EPC 分析，具体的分析步骤及分析结果见表 3-17。

表 3-17　EPC 分析实例

安全功能名称	进路设置
功能描述	调度员通过 HMI（人机接口）手动排列进路或系统自动排列进路
可能的错误侧失效	进路转换设备（转辙机）状态丢失（如信号系统无法检测转辙机实际位置）
危险状态	列车通过未经联锁验证的非安全进路转换设备
可能的危害后果	列车脱轨（因转辙机位置错误导致轮对挤岔）
危害发生的可能性	中高概率：转辙机状态检测系统故障或通信中断可能导致状态误判（例如每年发生概率约 10^{-5}）
事故减少概率	多重冗余检测：系统通过冗余传感器和周期性自检降低状态丢失风险（概率降低至 10^{-7}）

续表

安全功能名称	进路设置
后果降低措施	1. 紧急制动触发：车载 ATP 检测进路异常后立即触发全常用制动； 2. 物理防护：道岔区段设置护轨及脱轨器，限制脱轨后横向位移
严酷度	灾难性(可能导致人员伤亡及重大财产损失)
初始 THR	10^{-9}(每小时危险失效概率要求)
风险降低因素	E(暴露率)：1(每次失效均暴露于危险)；P(规避概率)：0.1(人员难以主动规避)；C(后果严重度)：1(最高等级)
最终 THR/SIL	10^{-8}/SIL3(通过冗余检测及防护措施，系统满足 SIL3 级安全完整性要求)

(2)风险图法 Risk Graph

风险图法主要确定如下四个基本参数 S、A、G、W。

S 为后果危害与严重性，分四个等级：

S1：轻微伤害；

S2：一人或几人遭受严重的不可逆伤害，或致一人死亡；

S3：致几人死亡；

S4：造成灾难性的影响，致多人死亡(该等级不常用于交通运输领域，通常用于核能造成的灾害)。

A 为暴露于危险的程度，分为两个等级：

A1：极少或不经常暴露于危险；

A2：经常或持续暴露于危险。

G 指风险降低的可能性，分为两个等级：

G1：可能；

G2：几乎不可能。

W 为隔离防护可能性，分为三个等级：

W1：非常低(两层隔离防护)；

W2：低(一层隔离防护)；

W3：相当高(没有额外的隔离防护)。

风险图基本结构如图 3-9 所示。

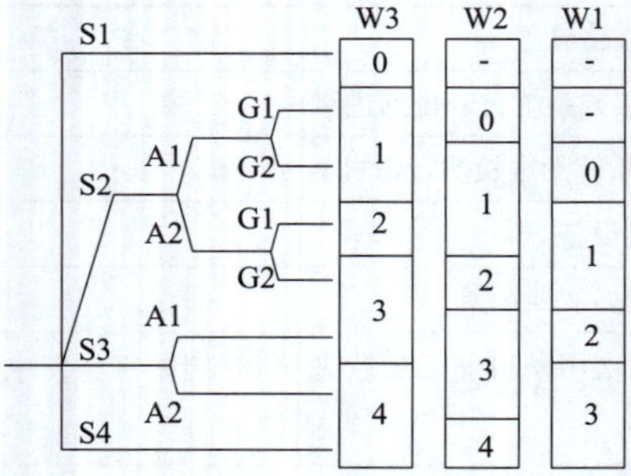

(a)风险图基本结构

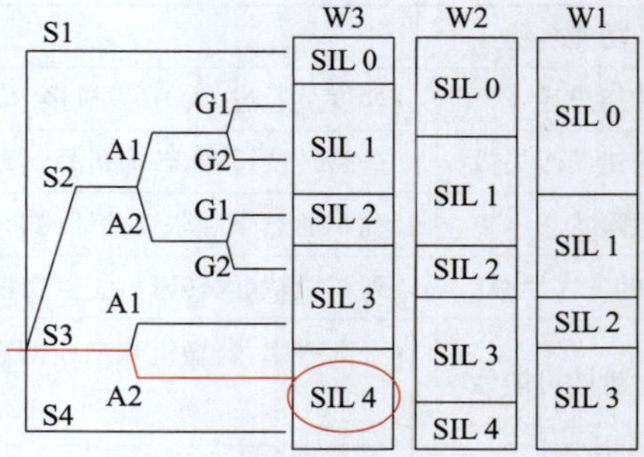

(b)超速分析参数确定示例

图 3-9　风险图法分析步骤

下面以超速检测为例通过分析图法来确定其 SIL 等级，其分析基本步骤见表 3-18，通过查表法确定 SIL 等级的过程如图 3-8 所示。

表 3-18　表超速检测风险图分析步骤与参数确定

项目	技术描述与分析逻辑	参数取值
S-危害严酷度分析	错误侧失效模式：超速检测功能失效（未触发报警或制动），导致列车实际速度超过允许速度曲线。潜在危害：相邻列车因速度异常（过高）缩短安全间距，引发追尾风险。后果预测：若以 30 km/h 速度发生碰撞或脱轨，可能导致乘客伤亡及设备损毁	S3
A-暴露频率	暴露场景：因自动驾驶模式下无人工干预（如司机手动调速），且高峰时段乘客滞留概率高（>90%），失效暴露频率判定为“经常”	A2
G-后果减缓可能性	约束条件：在超速检测失效且自动驾驶系统（如 TIAS）无冗余控制策略时，无主动减缓后果的技术手段	—
W-风险屏蔽措施	措施局限性：当前系统设计中，既无司机手动降速机制，也未配置备用测速单元（如多普勒雷达）或动态限速算法覆盖超速检测失效场景	W3

（3）安全完整性需求示例

以列车运行安全防护相关功能为例，可通过风险降低 EPC 法或者风险图法，获得各子功能的安全完整性等级，部分功能的安全完整性等级见表 3-19。

表 3-19　铁路信号系统中列车运行安全防护相关功能的安全完整性等级

序号	安全相关功能	安全完整性等级 SIL				
		GoA0	GoA1	GoA2	GoA3	GoA4
1	检查可用进路	—	4	4	4	4
2	进路设置	3	4	4	4	4
3	进路监视	—	4	4	4	4
4	平交道口监视	—	3	3	—	—
5	进路锁闭	—	4	4	4	4
6	进路释放	—	4	4	4	4
7	初始化报告列车位置	—	4	4	4	4
8	确定列车方向	—	4	4	4	4
9	确定实际的列车运行方向	—	4	4	4	4
10	确定列车位置	—	4	4	4	4
11	通过轨道区间对未上报车辆定位	—	4	4	4	4

注：表中“—”表示无该功能。

3.2.3　安全技术措施与方法

本节通过标准规范从硬件、软件与通信层面介绍目前应用的安全措施和方法。

1. 信号相关电子系统硬件安全（IEC 62425）

GB/T 28809 标准（或 IEC 62425/EN 50129 标准）：即铁路应用可靠性，可用性、可维护性和安全性(RAMS)的规范和示例，重点着眼于确保铁路系统在设计、开发和操作阶段达到一定的可靠性和安全性水平。

在该标准规范中，列举了安全计划和质量保证活动；系统需求规范；安全组织；系统/子系统/设备的结构；设计要点；失效和危害分析方法；系统/子系统/设备的设计和开发；设计阶段的文档；系统和产品设计的验证和确认；实施、运行和维护，十项内容在不同的 SIL 完整性等级下，不同的技术手段是否应该被采用。

(1)系统结构(表 3-20,GB/T 28809 表 E. 4)

表 3-20　系统/子系统/设备的结构

序号	技术/措施	SIL1	SIL2	SIL3	SIL4
1	分离安全相关系统和非安全相关系统	R	R	HR	HR
2	带自检和监测的单电子结构	R	R	—	—
3	双电子结构	R	R	—	—
4	基于具有故障—安全比较的组合故障-安全的双电子结构	R	R	HR	HR
5	基于内在故障—安全的单电子结构	R	R	HR	HR
6	基于反应式故障—安全的单电子结构	R	R	HR	HR
7	带故障—安全比较的不同电子结构	R	R	HR	HR
8	通过硬件可靠性定量分析来证明结构合理性	HR	HR	HR	HR

注：表中 2～7 部分中所有技术是可选择的。“HR”表示该技术或措施在该安全完整性等级下是极力推荐的。如果该技术或措施没有使用，那么没有使用的理由宜另外给出。“R”表示该技术或措施在该安全完整性等级下是推荐使用，但它低于“HR”的推荐度，并且这些标记为“R”的技术可组合使用。“—”表示该技术或措施既不推荐使用，也不反对使用。

在该表格中，列出了不同结构类型所拥有的安全完整性等级。表格中提及的故障—安全原则，是指在发生随机硬件故障直至可能的系统性故障时，系统/子系统/设备需持续满足规定的安全需求。在发生单个随机故障时，应确保系统/子系统/设备满足规定的容许危害率。当可识别的任何一种单一随机硬件故障发生时，应保证 SIL3 和 SIL4 等级的系统保持安全。被证明其影响可被忽略的故障可以不予考虑。这种故障—安全的机制有几种实现方式：

①组合式故障—安全：采用这种技术时，每个安全相关功能应至少由两个对象来执行。各对象之间应相互独立，以避免共因失效。只有当必要数量的对象取得一致时，才允许进行非限制行为。应能检测出一个对象中的危害故障并在足够的时间内加以拒绝，以避免第二个对象发生相同的故障。

②反应式故障—安全：这种技术允许一个安全相关功能由单个对象执行，前提是需要通过快速的危害故障检测和故障抵御来确保它的安全操作(例如通过编码、多路计算和比较，或通过连续的测试)。尽管只由一个对象实施实际的安全相关功能，但检查/测试/检测功能应被看作第二对象。检查/测试/检测功能应是独立的，以避免共因失效。

③内在式故障—安全：这种技术允许一个安全相关功能由单个对象执行，前提是假定对象的所有可信失效模式均为非危害的。内在式故障—安全也可用在组合式和反应式故障-安全系统的某些功能中，例如用来确保各对象之间的独立性或在检测到一个危害故障时强制关闭的功能。

无论使用哪种技术或其组合，都应使用适当的结构分析方法来证明，以确保单个硬件元件的随机失效模式是非危害的。注：应使用一个“自顶向下”的失效分析方法，如故障树分析(FTA)，在必要时可辅之以“自底向上”的方法，如失效模式和影响分析(FMEA)。

(2)失效与危害分析方法(表 3-21，EN 50129 表 E.6)

失效分析应是定性的，并且在可以得到可信的数据时进行定量化。如有可能，随机硬件失效率或元器件的失效概率应基于现场数据来确定。分析应证明失效模式之间元器件失效率分配的合理性。

表 3-21　系统/子系统/设备失效与危害分析方法

序号	技术/措施	SIL1	SIL2	SIL3	SIL4
1	初步危害分析 PHA	HR	HR	HR	HR
2	故障树分析 FTA	R	R	HR	HR
3	马尔可夫状态图	R	R	HR	HR
4	失效模式、影响和危害性分析 FMECA	R	R	HR	HR
5	危害性和可操作性研究(HAZOP)	R	R	HR	HR
6	因果图	R	R	HR	HR
7	事件树	R	R	R	R
8	可靠性方框图	R	R	R	R
9	分区分析	R	R	R	R
10	接口危害分析	R	R	HR	HR
11	共因失效分析	R	R	HR	HR
12	历史事件分析	R	R	R	R

2. 铁路控制与防护系统软件安全(GB/T 28809/IEC 62279)

GB/T 28809 标准(或 IEC 62279/EN 50128 标准)：是铁路设施通信、信号和处理系统，铁路控制和保护系统用软件的规范和示例，重点着眼于确保铁路系统在设计、开发和操作阶段达到一定的可靠性和安全性水平。

在该标准中，给出了推荐的生命周期和文档集。生命周期包括系统开发阶段、软件需求规范阶段、软件结构和设计阶段、软件模块设计阶段、编码阶段、软件模块测试阶段、软件集成阶段、软件/硬件集成阶段、软件确认阶段、软件评估阶段、软件维护阶段。将软件生命周期的各阶段及每一阶段中所需完成的工作进行整理，得到软件生命周期 V 流程模型，如图 3-10 所示。

标准针对不同的软件安全完整性等级明确制定了各种技术和措施表格。包括：生命周期和文档、软件需求规范、软件结构、软件设计和实施、验证和测试、软件/硬件集成、软件确认、需评估的条款、软件评估的评估技术、软件质量保证、软件维护、设计和编码标准、动态分析和测试、功能/黑箱测试、程序语言、建模、性能测试、半形式化方法、半形式化方法、模块化方法。下面对软件结构和软件评估的评估技术进行说明。

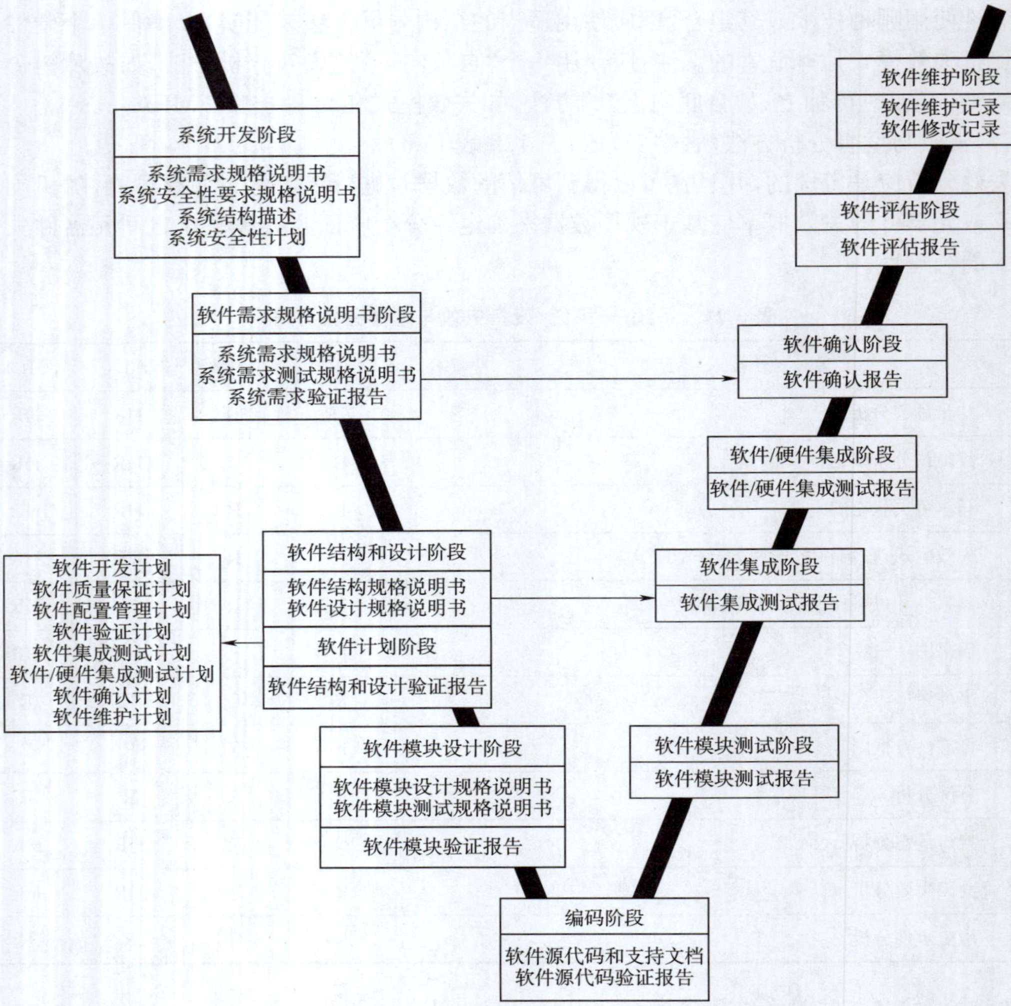

图 3-10　软件生命周期 V 流程模型

(1)软件结构(表 3-22,GB/T 28809 表 A. 3)

表 3-22　软件结构

序号	技术/方法	SIL0	SIL1	SIL2	SIL3	SIL4
1	防御性编程	—	R	R	HR	HR
2	故障检测和诊断	—	R	R	HR	HR
3	纠错码	—	—	—	—	—
4	检错码	—	R	R	HR	HR
5	失效断言编程	—	R	R	HR	HR
6	安全袋技术	—	R	R	R	R
7	多版本技术	—	R	R	HR	HR
8	恢复程序块	—	R	R	R	R

续表

序号	技术/方法	SIL0	SIL1	SIL2	SIL3	SIL4
9	后向恢复	—	NR	NR	NR	NR
10	前向恢复	—	NR	NR	NR	NR
11	重试故障恢复机制	—	R	R	R	R
12	执行路径记忆	—	R	R	HR	HR
13	人工智能故障纠正	—	NR	NR	NR	NR
14	软件动态重构	—	NR	NR	NR	NR
15	软件错误影响分析	—	R	R	HR	HR
16	故障树分析	R	R	R	HR	HR

注:“NR”表示该技术或措施在当前安全完整性等级下是肯定不推荐的。

依据软件结构规范的规定,应根据软件安全完整性等级要求确定软件开发的策略。软件结构规范应按以下原则来表达和构造:

(a)完整、清楚、准确、无歧义、可验证、可测试、可维护以及可实现;

(b)可追溯到软件需求规范。软件结构规范应证实在避错和容错策略的选择中所采取的平衡措施是合理的。

软件结构规范应证实所选的技术和措施形成的组合满足所需软件安全完整性等级要求的软件需求规范。其中防御性编程、故障检测和诊断、纠错码和检错码、失效断言编程等被强力推荐用于 SIL4 等级软件编码。

①防御性编程

防御性编程是一种编程范式,它强调在设计和编码过程中假设输入数据是错误的,并尽可能在程序运行期间检测和处理这些错误。这种方法的目的是使程序对于任何不期望的输入都更加健壮和容错。在实践中,防御性编程通常涉及输入验证、错误处理、异常处理和日志记录等技术。例如,当用户输入数据时,程序应该验证输入是否符合预期的格式或范围。如果输入不符合要求,程序应该能够适当地处理错误,而不是直接崩溃或产生不可预测的结果。

②故障检测与诊断

故障检测和诊断是软件工程中的重要技术,用于识别和解决程序中的错误或问题。这通常涉及监视程序的运行过程,以及收集和分析关于程序状态和行为的度量数据。例如,程序可能会监视其自身的内存使用情况,以便在内存泄漏发生时进行诊断和修复。此外,程序可能会记录其运行过程中发生的事件,包括错误和异常,以便在以后进行故障诊断和性能分析。

③纠检错编码

纠错码和检错码是两种用于检测和纠正数据传输过程中错误的技术。纠错码能够在接收端纠正传输过程中的错误,而检错码则只能检测到错误但无法纠正它们。系统中纠错码可以在处理过程中纠正数据包中的错误,以确保数据的完整性。检错码则可以用于检测处理过程中是否有数据丢失或损坏,并根据检错结果进行相应的应对。

④失效断言编程

失效断言编程是一种编程范式,在编码过程中明确代码的预期,并在发现预期与实际不符时立即报告错误。这种方法通常需要断言程序的一部分在特定情况下执行,并且如果这些断言失败了(即程序的行为与预期不符),那么程序就会立即停止并报告错误。例如,在编写一个函数时,可能会要求断言函数的输入参数应该满足特定的条件。如果这些条件不满足,程序就会立即停止并报告错误。这种方法可以更快地发现和修复错误。

⑤多版本技术

在多版本策略下,只有当并发操作试图把同一个对象版本的同一个属性改变成不同的值时,才会发生意愿分离,并把具有这种关系的操作称为冲突操作。冲突操作的执行效果不可能共存于同一个对象,因此,要保证冲突的操作在不同的协作节点上的执行效果一致并保证操作各自的意愿,有效的方法是从原始对象复制出两个对象,冲突的操作分别在各自的对象上执行,这种方法称为多版本技术。

⑥软件错误影响分析

识别软件模块及它们的关键程度;提出检测软件错误、增强软件健壮性的方法、评估多种软件组件所需的确认量。

⑦故障树分析

从一个可能是危害或严重后果直接原因的事件(顶事件)开始,沿着一个树路径实施分析。复合原因以逻辑运算符(与、或等)的形式描述,中间原因以相同方式分析,如此直到基本事件才终止分析。故障树方法是图形化的,需要采用一套标准化符号画出故障树。故障树主要是用于硬件系统分析,但是也有人尝试将这种方法应用于软件失效分析。

(2)软件评估的评估技术(见表 3-23,GB/T 28809 表 A.9)

表 3-23　软件评估的评估技术

序号	技术/方法	SIL0	SIL1	SIL2	SIL3	SIL4
1	检查表	HR	HR	HR	HR	HR
2	静态软件分析	R	HR	HR	HR	HR
3	动态软件分析	—	R	R	HR	HR
4	因果图	R	R	R	R	R
5	事件树分析	—	R	R	R	R
6	故障树分析	R	R	R	·	HR
7	软件错误影响分析	—	R	R	HR	HR
8	共因失效分析	—	R	R	HR	HR
9	马尔可夫模型	—	R	R	R	R
10	可靠性方框图	—	R	R	R	R
11	交付前现场试验	R	HR	HR	HR	HR

3. 安全相关通信技术(IEC 62280)

GB/T 24338(或 IEC 62280/EN 50159 标准):即铁路应用—通信、信令和处理系统,传输系统中的安全相关通信的规范和示例,重点着眼于确保通信系统在传输信息时具备高度的安全性,以支持铁路系统的可靠运行。

在该规范中说明,信号系统的内部接口及各子系统间安全相关的外部接口,基本采用基于继电器的硬线接口。近年来,全自动运行系统的外部系统间也开始逐步采用数据通信接口。该数据通信应用安全协议并以安全编码的方式进行传输，满足SIL4级功能所需的信息交互安全要求。目前，全自动运行系统中常见的安全协议有FSFB2、SACEM、RSSP-Ⅰ和RSSP-Ⅱ等，其中RSSP-Ⅰ和RSSP-Ⅱ是我国针对铁路安全应用，在GB/T 24339（IEC 62280）中针对封闭式传输系统和开放式传输系统分别制定的安全通信协议，两个系统的区别在于连接的设备数量是否已知，以及能否忽略外部非法访问的风险。开放式的传输系统面临着比封闭式传输系统更多的威胁和风险。下面对其安全防御技术分别进行介绍：

（1）封闭式传输系统安全防御方法

封闭式传输系统指连接的设备数量固定或最大数量固定、有已知且固定的特性的传输系统，对于此系统可以忽略非法访问的风险（GB/T 24339.1）。RSSP-Ⅰ协议规定了信号安全设备之间通过封闭式传输系统进行安全信息交互的功能结构，针对封闭传输网络存在的可能威胁（如重复、删除、插入、重排序、损坏、延时），采用从接收方角度设计的保护算法，要求接收方必须对接收到的信息检查发送方的身份信息（真实性）以及信息帧的正确性（完整性）、时效性（实时性）和正确性（有序性）。

针对封闭式传输网络，目前采取序列号、时间戳、超时、源标识、反馈报文和双重校验等安全防御技术，概括如下：

①序列号与时间戳防护技术：时间戳由两个32位长的伪随机数表示，用于确认在每个软件周期内的强制增量；外加一个32位计数器，用作代数比较。计数器采用的是系统软件内部周期序号，故既可作为系统发送消息时的序号，也可作为存储在本地存储器中的消息超时。时间戳与计数器周期同步递增。

②超时防护技术：控制信息要求从生成时刻起的有限时间段内保持有效。所有接收消息经检验确认后，去除发送源的时间戳，改用本地时间标记存储。使用以下两种机制执行超时处理：本地时效检验，若超时，完全清除消息数据；发送方时效检验，若超时，须启动时序校正机制，接收方才会接受消息。

③源标识符SID防护技术：所有发送节点均有一对唯一的32位长SID，随同安全数据一起发送。

④反馈消息防护技术：时间戳同时包含序列信息，随同安全数据一起发送。若接收方校验到发送消息序列预期内的增量，则启动时序校正交互。接收方只对特定发送方发送时序请求，发送方则按接收方要求反馈时序应答，接收方再根据时序应答消息重新计算发送方的时序同步位置。

⑤安全编码—双重校验防护技术：双重校验防护技术采用两个32位长CRC确保安全传输所要求的漏检差错概率，另加两个32位长的固定系统校验字，随同安全数据一起发送。系统校验字用于标识安全层协议的正确特性。

将封闭式传输网联安全防御技术中的各种技术及其特点罗列如下，见表3-24。

表3-24 封闭式网络安全防御技术

威胁	防御					
	序列号	时间戳	超时	源和宿标识符	反馈报文	安全编码
重复	√					
删除	√					

续表

威胁	防御					
	序列号	时间戳	超时	源和宿标识符	反馈报文	安全编码
插入	√			√	√	
重排序	√					
损坏						√
延时	√	√	√			

(2)开放式传输系统安全防御方法

该协议基于冗余编码技术，通过对系统中所有变量进行唯一性标识，以此防止因硬件或软件故障引起的操作数、操作符及运算错误。

①安全编码-三重冗余编码：与封闭式网络不同，开放式网络安全防御在编码技术上进行了优化，从而提升了系统的安全性和可靠性。采用了三重冗余编码技术，即对每个数据包进行三次编码，然后将三次编码的结果进行比较，以确保数据的正确性。相比于双重冗余编码技术，三重冗余编码技术能提供更高的安全保障。

②加密技术：RSSP-Ⅱ协议采用了对称加密或非对称加密技术，以防止未经授权的人员获取数据的原始内容，并对发送方和接收方采用数字证书或口令认证的方式进行身份验证，以确保数据传输的安全性和可靠性。RSSP-Ⅱ协议还包括消息完整性验证和对等实体验证两部分。消息完整性验证是指通过计算消息验证码来验证消息的完整性。在对等实体验证中，利用通信双方会话过程中的随机数完成会话密钥的生成。

将开放式网络威胁防护矩阵中的各种技术及其特点罗列如下，见表3-25。

表3-25　开放式网络威胁防护矩阵

威胁	防御							
	序列号	时间戳	超时	源和宿标识符	反馈报文	认证过程	安全编码	加密技术
重复	√	√						
删除	√							
插入	√			√	√	√		
重排序	√	√						
损坏							√	√
延时		√	√					
伪装					√	√		√

3.3 运控系统韧性提升

3.3.1 韧性概念定义与度量

1. 韧性概念定义

韧性这个词语最早起源于拉丁语“resilio”，英文中写作“resilience”，其含义是“恢复至初始状态的能力”,通常被理解为某一对象从灾害事件中恢复的能力。根据汉语词典中的解释,“韧性”指的是物体受外力作用时产生变形但不折断的性质。在农业百科全书里,“韧性”表示木材吸收能量,抵抗反复冲击或瞬时超过比例极限的荷载的能力,通常韧性还表示木材难以劈开,或在严重破坏后不立即断裂的性质。从上述三种定义中可以看出,一个事物如果具备“韧性”,则应该包含,①其在面对冲击破坏时,不应该立即变为不可用或者损坏,在之后的一段时间内若没有遭受更大的冲击,其也不应该变为不可使用的状态。②在遭受冲击后,其应该具备从冲击中恢复到初始状态的能力。

“韧性”概念最早在生态科学研究中被提出,2009 年联合国国际减灾战略署提出“韧性是系统、社区或社会在受到干扰时,能够及时通过有效的方式抵抗、吸收,适应外部变化,并从其影响中恢复的能力”。随后韧性被引入到城市领域,进而提出了“韧性城市”和“城市韧性”概念;此后,又被引入到交通领域,由此出现了“韧性交通”和“交通韧性”概念,交通韧性是指交通系统在面对内、外部相关系统和因素的扰动时,所具有的抵御、保持、适应、吸收、应对、调整、恢复的能力。描述系统的韧性特征大致可分为以下十类:冗余性、多样性、高效性、各组成部分的独立性、健壮性、适应性、协作性、机动性、安全性和快速性。其中,冗余性(Redundancy)、健壮性(Robustness)、机动性(Resourcefulness)和快速性(Rapidity)是最为重要的四个特性,被合称为“4R 特性”,其中后两个特性又可称为可恢复性(Recovery),也被部分学者定义为 3R 理论。

系统韧性主要强调 3 种能力,包括吸收能力、抗毁能力和恢复能力,如图 3-11 所示。其中,吸收能力强调的是系统在面临扰动时的可靠性,即系统在面临微小扰动时能将总体性能维持在一个基准的水平,使扰动对系统造成的影响微乎其微甚至可以忽略不计。抗毁能力强调的是城市轨道交通系统面对外部冲击或内部扰动的强大的抵御能力,即减少冲击造成的影响并将性能损失控制在一定的区间内。恢复能力强调的是交通系统在突发事件后所展现的强大的恢复能力,即能够快速将系统性能恢复常规水平。

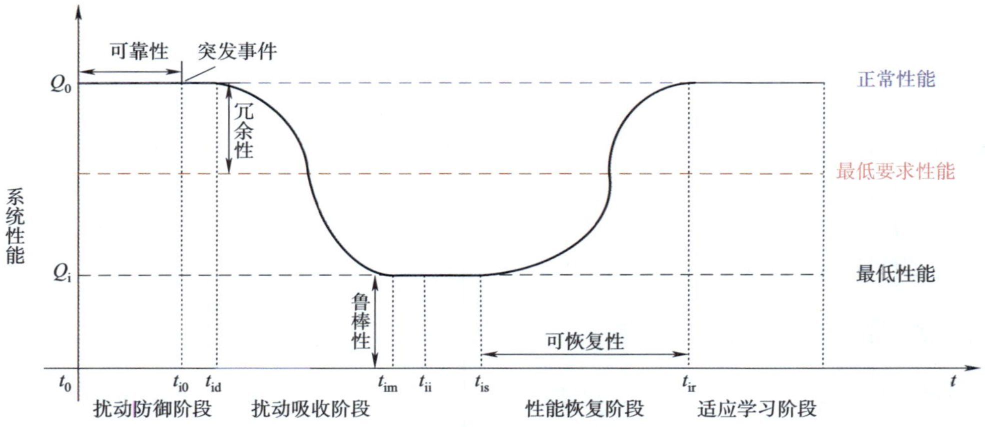

注:t_{i0}——故障 i 发生时间;t_{id}——能力开始下降时间;t_{im}——能力降到最低点时间;t_{ii}——故障 i 被识别时间;t_{is}——开始回复时间;t_{ir}——能力完全恢复时间;P_0——系统初始能力;Q_i——系统最低能力。

图 3-11 系统韧性特性图示

2. 韧性度量

为简单起见，将上述的扰动过程中系统韧性的响应过程简化为三个阶段，此三阶段可以用一个梯形来表达(图 3-12)。图中纵坐标 Q 为系统的性能，t_0 为系统受事件干扰开始时间，其初始性能为 Q_0。

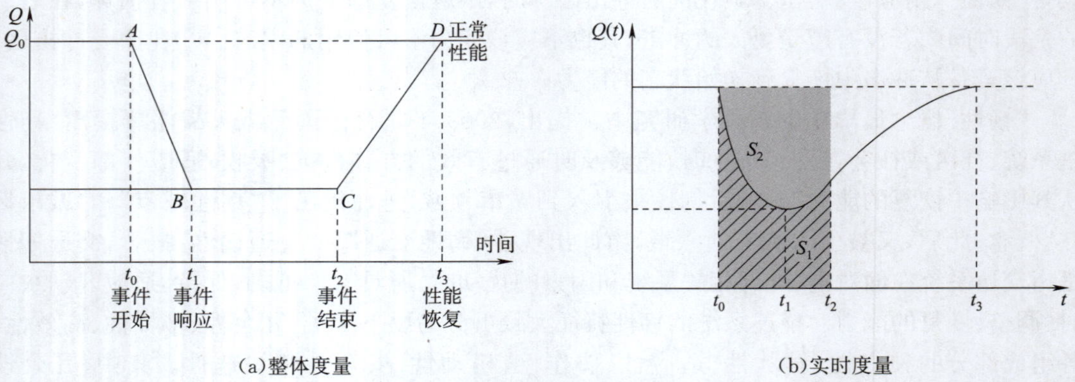

图 3-12　韧性度量与计算

从图中可以看出，三阶段分别为：响应阶段(从 $t_0 \sim t_1$)、处置中的持续阶段(从 $t_1 \sim t_2$)和处置结束后的恢复阶段(从 $t_2 \sim t_3$)，设该三阶段对应的系统平均性能分别为 $\overline{Q}_1$、$\overline{Q}_2$、$\overline{Q}_3$。因此突发扰动下，系统的韧性 R 可以表示为

$$R=\frac{\overline{Q}_1\times(t_1-t_0)+\overline{Q}_2\times(t_2-t_1)+\overline{Q}_3\times(t_3-t_2)}{Q_0\times(t_3-t_0)}=\frac{\overline{Q}}{Q_0} \tag{3-1}$$

$\overline{Q}$ 为突发事件发生过程中系统平均性能。然而一般情况下，系统的性能曲线不能用一个标准梯形来表达，而是一条曲线，这样突发事件发生后某时刻 t 的系统韧性 R_t 可以表示为

$$R(t)=\frac{\int_{t_0}^{t} Q(\tau)d\tau}{Q_0(t)(t-t_0)},\quad t_0\leqslant t\leqslant t_3 \tag{3-2}$$

$Q_0(t)$表示 t 时刻期望系统达到的性能，一般满足 $Q_0(t)=Q(t_0)$；τ 为积分变量。从式中可以看出，分子表示从 t_0 到 t 时刻系统的累积性能，分母表示从 t_0 到 t 时刻期望达到的理想性能。$R(t)$的物理内涵如图 3-12(b)所示，直观来看，$R(t)$可表示为斜线区域的面积 S_1 与整个阴影区域(包含斜线区域)的面积 S_2 的比值。

3.3.2　运控系统综合韧性评估

突发事件的发生会对运控系统的系统性能产生影响，进而最终导致的行车影响。

1. 系统性能及扰动影响

(1)单车运行性能——运行速度

单列车完成运输任务，其运行性能可以从起终点间考察，也可细化为站间运行性能考察。由于运行距离 S 确定，平均运行速度 $\overline{V}$ 直接决定了站间时间 $T=\frac{S}{V}$，由于扰动导致列车运行速度下降，进而增加站间运行时间，而增加的运行时间通常称为延误 T_D。

(2)线路运营性能——通行效率

对于轨道交通线路来说，线路运营性能指在保障安全情况下单位时间能完成的运输总里程，可以定义为通行效率 Q，它指单位时间内完成的车公里，表达为单位时间内通过列车数与列车平均车速的乘积。轨道交通运控设备故障类型不同，行车影响也不一样，有的仅仅降低列车的运行速度，有的导致系统降级运行进而扩大行车间隔，有的两者均会影响。设列车运行平均速度为 $\overline{V}$，运行密度为 D，则线路运营性能通行效率可表示为

$$Q=\overline{V}\times D \tag{3-3}$$

(3)系统扰动及行车影响

轨道交通运行中，系统设备故障与行车事件均会影响列车运行。轨道交通运控系统的故障根据设备类型不同，主要包括 ATS 设备故障、联锁设备故障、车载设备故障、轨旁 ATP 设备故障、轨旁 DCS 设备故障、电源设备故障、道岔转换设备故障、信号机设备故障、计轴设备故障、维护监测设备故障等，部分信号设备故障导致的系统扰动对运行性能的影响、以及大致的时间与空间影响范围见表 3-26。

表 3-26　信号设备故障类型及其影响

设备类型	故障类型	故障影响描述	性能影响		影响运行范围	
			速度 v	运行密度 D	时间 T	空间
ATS 设备	中央 ATS 应用服务器完全故障	行车中断＋降级追踪	√	√	>30 min	全线
联锁设备	联锁主机单系故障	无行车影响	—	—	—	—
	联锁主机双系故障	行车中断＋降级追踪	√	√	>30 min	多站区
车载设备	列车定位丢失	行车中断＋降级追踪	√	√	15～30 min	某区间
	列车 TCMS 完全故障	追踪降级	√	√	15～30 min	某地点
	ATO 牵引电流环命令接口完全故障	行车中断＋降级追踪	√	√	5～15 min	某地点
	车载无线单元双系故障	行车中断＋降级追踪	√	√	15～30 min	某区间
	车载无线单元单系故障	单车运缓		√	0～5 min	某地点
	车载控制器冗余完全故障	行车中断＋区间限速	√	√	15～30 min	某区间
	车载控制器与 TCMS 通信故障	行车中断＋降级追踪	√	√	5～15 min	某地点
	关键微型断路器断开故障	行车中断		√	15～30 min	某区间
	接近传感器完全故障	区间限速	√	√	5～15 min	某区间
	速度传感器冗余完全故障	行车中断＋降级追踪	√	√	5～15 min	某区间
	AM 模式不可用，CM 模式可用	单车运缓＋降级追踪	√		0～5 min	某地点
	AM 模式可用，CM 模式不可用	单车运缓		√	0～5 min	某地点

续表

设备类型	故障类型	故障影响描述	性能影响		影响运行范围	
			速度 v	运行密度 D	时间 T	空间
车载设备	AM 模式、CM 模式均不可用	单车运缓＋降级追踪	√		0～5 min	某地点
	RM 模式不可用	降级追踪	√	√	5～15 min	某区间
	车门锁闭状态丢失	行车中断		√	5～15 min	某区间
	一扇或多扇车门故障	单车运缓		√	0～5 min	某地点
	列车所有车门无法正常开启/关闭	单车运缓		√	0～5 min	某地点
	逃生门关闭状态丢失	行车中断	√	√	15～30 min	某区间
	车载电台故障	无行车影响				
	客室广播失效	无行车影响				
	烟火报警系统故障	无行车影响				
	客室摄像头故障	无行车影响				
轨旁 ATP 设备	区域控制器(ZC)完全故障	行车中断	√	√	＞30 min	多站区
	区域控制器(ZC)单系故障	无行车影响				
	紧急关闭按钮装置故障	行车中断		√	15～30 min	多站区
	人员防护开关(SPKS)装置故障	行车中断		√	15～30 min	多站区
	轨旁设备控制单元(ECU)完全故障	降级追踪	√	√	5～15 min	多站区
轨旁 DCS 设备	车地通信故障	行车中断＋降级追踪	√	√	15～30 min	某区间
	LTE_A 网 EPC 故障	无行车影响				
电源设备	信号电源故障	行车中断		√	15～30 min	多站区
	UPS 冗余完全故障	无行车影响				
道岔转换器、信号机、计轴器等	道岔失去表示	行车中断		√	15～30 min	某区间
	信号机红灯断丝	行车中断		√	5～15 min	某地点
	计轴受扰与故障(区段有非通信车)	行车中断		√	5～15 min	某区间
维护监测设备	中央综合监控设备完全故障	追踪降级	√	√	＞30 min	全线
	车站综合监控设备完全故障	无行车影响				
外围接入设备	站台门关闭且锁闭接口电路故障	行车中断＋降级追踪	√	√	5～15 min	某区间
	全列站台门无法正常关闭	区间限速	√	√	0～5 min	某区间
	全列站台门无法正常开启	单车运缓	√	√	0～5 min	某地点

2. 单事件下韧性度量

(1)单车视角列车运行韧性

针对单个突发事件，对单列车的性能影响主要为运行速度，以某时间段为考察范围，事件发生过程中的某个时刻 t 的列车运行韧性可表达为

$$R(t)=\frac{\int_{t_0}^{t} v(\tau)\mathrm{d}\tau}{v(t)(t-t_0)},\quad t_0 \leqslant t \leqslant t_3 \tag{3-4}$$

以 CBTC 系统车—地通信故障为例，该故障发生后引发列车紧急停车，确定故障后，切换驾驶模式降速运行，设备修复前持续该过程，最后设备修复后恢复正常运行，因而总体来说分故障响应、故障处置与恢复运行三阶段。

单车视角系统性能运行速度变化示意如图 3-13 所示。

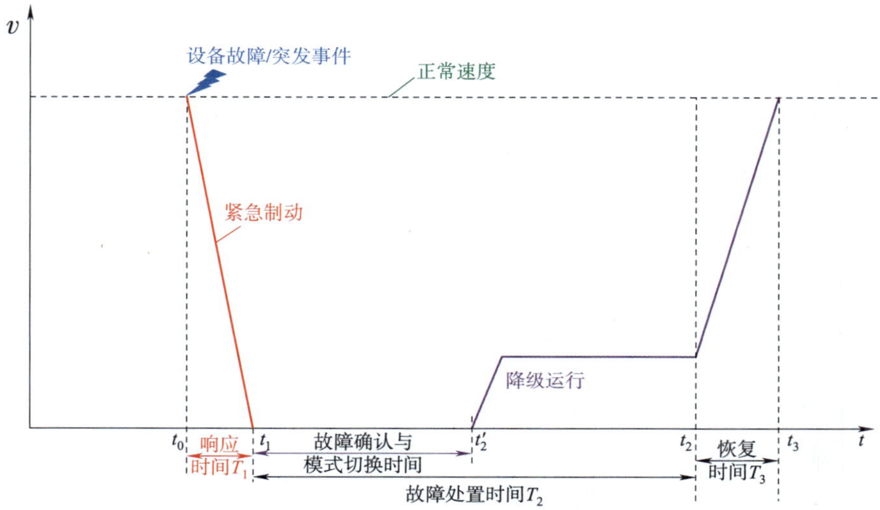

图 3-13 单车视角系统性能运行速度变化示意图

如果在 3.3.1 节中，单列车在故障持续时间内的运行效率由故障响应时间 T_1 内的运行效率、故障处置时间 T_2 内的运行效率和性能恢复时间 T_3 内的运行效率三个部分组成。根据韧性度量定义，可得单车视角列车运行韧性为

$$R=\frac{S_{\text{事故后实际}}}{S_{\text{无事故下计划}}}=\frac{\sum_{i=1}^{n}\overline{V}_i\times T_i}{V_0\times T_{\text{总}}}=\frac{\overline{V}_1\times T_1+\overline{V}_2\times T_2+\overline{V}_3\times T_3}{V_0\times(T_1+T_2+T_3)} \tag{3-5}$$

如式(3-5)所示，将韧性定义为故障时剩余性能与期望性能的比值，其中 $\overline{V}_i$ 表示系统在每一韧性阶段 i 的平均剩余性能；T_i 为每一韧性阶段 i 的持续时间；$S_{\text{无事故下计划}}$ 表示系统正常状态下的期望性能；V_0 表示正常状态下的列车平均运行速度；$\overline{V}_1$、$\overline{V}_2$、$\overline{V}_3$ 分别表示故障情况下，列车在故障响应时间 T_1、故障处置时间 T_2 和性能恢复时间 T_3 内所具备的平均速度。

(2)系统视角下线路运营韧性

系统视角下线路通行效率 Q 变化示意如图 3-14 所示。

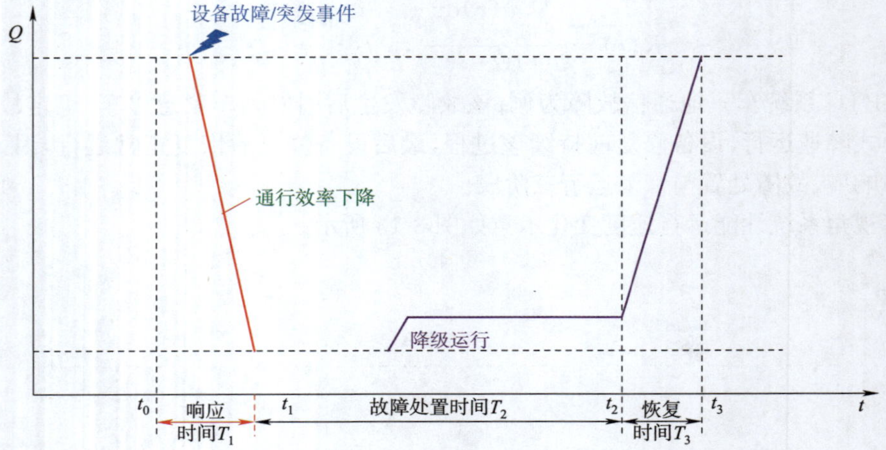

图 3-14　系统视角下线路通行效率变化示意图

因而，系统视角下线路通行效率的韧性定量计算公式为

$$R_{\text{track}}(t)=\frac{\overline{V}_1'\times\overline{D}_1\times T_1'+\overline{V}_2'\times\overline{D}_2\times T_2'+\overline{V}_3'\times\overline{D}_3\times T_3'}{V_0\times D_0\times(T_1'+T_2'+T_3')} \tag{3-6}$$

V_0 表示正常状态下的列车平均运行速度，$\overline{V}_1'$、$\overline{V}_2'$、$\overline{V}_3'$ 分别表示故障情况下，线路上所有列车在故障响应时间 T_1、故障处置时间 T_2 和性能恢复时间 T_3 内所具备的平均速度，$\overline{D}_1$、$\overline{D}_2$、$\overline{D}_3$ 分别对应时间段内线路上的平均行车密度。

3. 运控系统综合韧性评估

(1)系统综合韧性概念

对于整个运控系统来说，要综合考虑设备故障全概率事件来进行评估，对于任何的设备故障 k，设其发生概率为 P_{k}，该故障条件下单车视角下列车运行韧性值为 $R(k)$，系统视角下线路运营韧性为 $R_{线}(k)$，则系统的综合韧性指标可定义为

$$\overline{R}_{车}=\sum P_{\text{k}}\cdot R(k) \tag{3-7}$$

$$\overline{R}_{线}=\sum P_{\text{k}}\cdot R_{线}(k) \tag{3-8}$$

显然，要全面统计所有的设备类型故障，过于繁多。因而本文提出如下的贝叶斯分类估计的定量评估方法。

(2)贝叶斯网络分析法

贝叶斯网络是一种表示随机变量之间依赖关系的概率图模型。这种网络由节点和有向边组成，其中节点代表随机变量，边则代表变量之间的概率依赖关系。贝叶斯网络是处理不确定知识的有力工具，它结合了概率论的严谨性和图论的直观表示。

为分析轨道交通系统的整体韧性，可采用与贝叶斯网络分析法类似的方法，将轨道交通系统中可能发生的基本故障、故障类型以及可能导致的延误后果作为节点，当两个节点间有因果关系时，就用一条有向边相连。以此节点和有向边表示成网络图的形式。

①贝叶斯网络结构分析

首先定义贝叶斯网络结构中的节点。根据列车故障时长可对延误事件进行分类，将故

障 0～5 min 的事件定义为 G_1，故障 5～15 min 的事件定义为 G_2，故障 15～30 min 的事件定义为 G_3 以及故障 30 min 以上的事件定义为 G_4。根据对行车影响的严重程度将可能发生的基本故障分为运行中断（S_1）、区间降速（S_2）、单车运缓（S_3）、降级追踪（S_4）和无行车影响（S_5）五类，并将每一类故障类型下的基本故障定义为 $S_{i,j}(i=1,\cdots,5,j=1,\cdots,n_i)$。

这里假设基本故障间相互独立。其次确定父节点与子节点。节点之间的有向边方向可以“由因索果”地确立。例如，当故障联锁双系故障发生时，其可能会引起列车运行中断，进而导致可能的故障 0～5 min。因此故障联锁双系故障可看作父节点，相应的列车运行中断及延误可看作其后代节点。通过类似的分析可确立其他基本故障与延误时长间的有向边方向。由此本文建立的贝叶斯网络主要结构如图 3-15 所示。

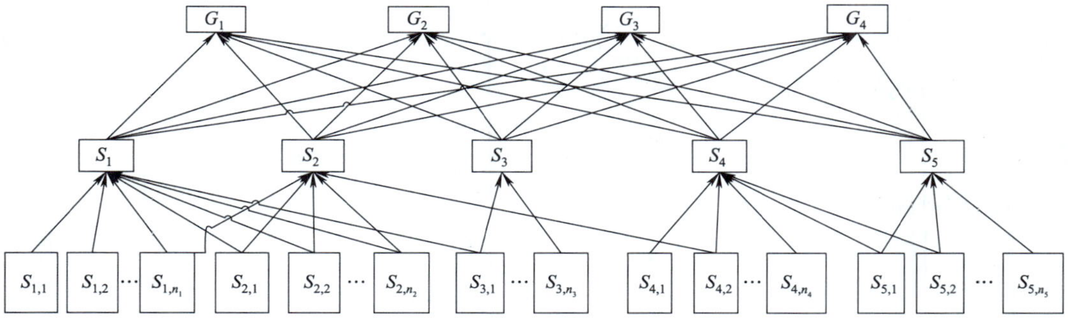

G_1—0~5 min；G_2—5~15 min；G_3—15~30 min；G_4—30 min以上；
S_1—运行中断；S_2—降级追踪；S_3—区间限速；S_4—单车运缓；S_5—无行车影响；
$S_{1,1}$—VOBC死机；$S_{1,2}$—接触网故障；S_{1,n_1}—RM模式不可用；$S_{2,1}$—道岔失去表示；$S_{2,2}$—车载控制系统故障；
S_{2,n_2}—列车定位丢失；$S_{4,1}$—部分站台门无法开启/关闭；$S_{4,2}$—列车车门无法开启/关闭；
S_{4,n_1}—全列站台门无法正常开启；$S_{3,1}$—异物入侵；S_{3,n_1}—弓网拉弧；$S_{5,1}$—受电弓异常(不影响行车)；
$S_{5,2}$—牵引异常(不影响行车)；S_{5,n_1}—ZC单系故障。

图 3-15　贝叶斯网络结构

②节点间概率计算

下面计算出各基本故障发生的基本概率以及不同故障类型导致不同时长延误的条件转移概率。首先可根据事件是否发生将本文构造的网络节点看作两个值的随机变量

$$G_i=\begin{cases}G_i^1,\text{事件 } G_i \text{ 发生}\\ G_i^0,\text{事件 } G_i \text{ 未发生}\end{cases} \tag{3-9}$$

通过对铁路线路行车故障数据的观察、采集和分析，可得到各类基本故障发生的先验概率以及每个子节点的条件概率表。

令
$$X=\{G_1,G_2,G_3,S_1,S_2,S_3,S_4,S_{1,1},\cdots,S_{5,n_5}\}$$
表示所有节点的集合，则可计算出各个节点的联合分布概率

$$P(X)=\prod_i p(X_i \mid X_{\text{par}(i)}) \tag{3-10}$$

式中 $X_i\in X$，$X_{\text{par}(i)}$ 表示节点 X_i 的所有父节点。根据联合分布概率和条件概率表可计算出每个事件发生的概率。例如，对于故障时长 G_i，其概率可通过联合概率的变量消元得到

$$P(G_i)=\sum_{X\setminus\{G_i\}} P(X)=\sum_{X\setminus\{G_i\}}\prod_i p(X_i \mid X_{\text{par}(i)}) \tag{3-11}$$

事实上，当网络的规模足够大时，通过公式的推导过于烦琐。目前已有成熟的软件可计算贝叶斯网络的节点概率。例如可采用 Netica 软件进行正向、反向推理，确定各个节点发生的概率。

③系统韧性计算

在通过式(3-11)计算得到各个事件可能发生的概率后，可计算不同影响时间下的性能余量

$$Q(G_i)=\sum_{k=1}^{5}P(S_k^1)\cdot Q(S_k)\cdot \overline{T}_{G_i}\cdot P(G_i^1\mid S_k^1) \tag{3-12}$$

式中，$Q(\cdot)$为相应故障单位时间下的韧性值，$\overline{T}_{G_i}$ 为G_i 下的平均故障持续时间。根据不同故障持续时间下的性能，可评估整个系统的平均剩余性能

$$Q_{余}=\sum_{i=1}^{4}Q(G_i)\cdot P(G_i^i) \tag{3-13}$$

从而可根据如下系统韧性度公式

$$系统韧性度=\frac{平均剩余性能}{正常情况系统总体平均性能} \tag{3-14}$$

计算得到系统韧性度(%)

$$系统韧性度=\frac{Q_{余}}{\sum_{i=1}^{3}Q\cdot T_{\overline{G}_i}\cdot P(G_i^1)} \tag{3-15}$$

式中 Q 表示系统在正常情况下单位时间的性能。

3.3.3 运控系统韧性提升方法

通过前述的韧性度量可知，系统韧性体现了在异常情况下，通过损失一定的系统性能，仍保障系统安全运行的能力。因此对于轨道交通运控系统，当发生故障时，系统需要具备“故障—持续运行”即防御能力、“故障—降级运行”抗毁能力和“故障—恢复”恢复能力 3 种性能。下面从三方面探索韧性提升方法：

1. 冗余能力保持

为保证全自动运行功能在部分设备或系统(包括子系统)故障情况下仍能达成运行任务，一般对关键设备和系统进行冗余设计，包括设备级的冗余和(子)系统级的冗余，以下仍以信号系统为例对系统的冗余度进行说明。

(1)设备级冗余

设备级冗余是针对通信、运算、执行等关键功能所承载的设备进行的冗余设计，包括设备对应的硬件、软件和配置数据。设备级冗余方式的关键指标是系统功能因部分单元故障受到影响的时间，系统实时性的要求越高，对于影响时间的要求也就越高。根据时间的长短不同，可分为热备、温备和冷备这三种方式，热备方式须实现零影响，冷备方式所需时间最长，温备方式介于两者之间。设备级冗余架构通常采用 KooN(K out of N，N 取K)方式，该架构可保证其配置的 M 个单元中只要有 K 个单元工作正常即可维持功能，如图 3-16(a)所示，其中 $SP_i[i=(1,2,\cdots,n)]$为第 i 个单元。考虑到费效比，在工程应用时实际配置通常为 1oo2(1 out of 2，2 取 1 即双机热备)架构或 2oo3(2 out of 3，3 取 2)架构。

①1oo2 架构

1oo2 架构是目前国内应用较为广泛的双系热备冗余方式，该双机热备系统由两个独立单元组成，各单元硬件结构相同，能独立完成规定的同样功能，其结构框图如图 3-16(b)所示。模块正常工作时两系均处于正常运行状态，若其中一系故障，仍可维持模块正常工作；若两系同时故障，模块将变成不可用状态。1oo2 模块 M_{1oo2} 可表述为式(3-16)。

$$M_{1oo2}=SP_1 \cup SP_2=1-\overline{SP}_i, i=(1,2) \tag{3-16}$$

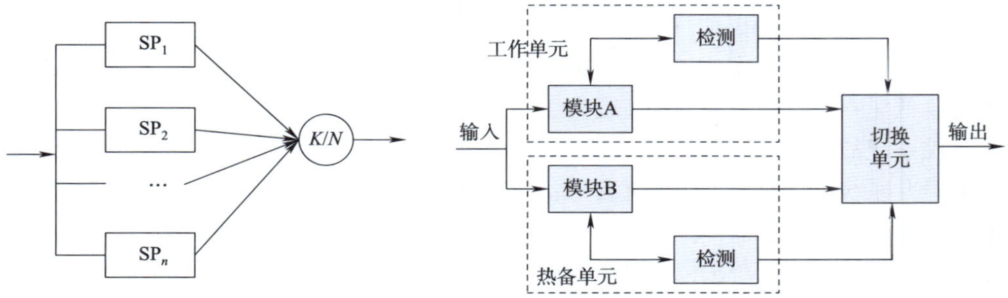

(a)KooN 冗余逻辑架构　　(b)双机热备冗余系统的结构框图

图 3-16　设备级冗余架构

②2oo3 架构

2oo3 架构为 3 取 2 冗余方式。模块正常工作时三系均处于正常运行状态，其中一系故障时，能够以 2 取 2 运行状态维持正常工作；若两系及以上同时故障，模块将变成不可用状态。2oo3 模块 M_{2oo3} 可表述为式(3-17)。

$$\begin{aligned}M_{2oo3}=&(SP_1 \cap SP_2 \cap SP_3)\cup(SP_1 \cap SP_2)\cup(SP_1 \cap SP_3)\cup(SP_2 \cap SP_3)=\\&1-\overline{SP}_i \cap \overline{SP}_j, i,j=(1,2,3)\text{且 } i\neq j\end{aligned} \tag{3-17}$$

(2)(子)系统级冗余

设备级冗余极大缓解了设备故障带来的影响，但无法应对因设备所在的区域出现紧急状况(如火灾、水灾、地震等灾害)导致运营受到的影响，要解决这种情况，需要进行系统级的冗余设计。

以控制中心为例，全自动运行系统的列车运行完全依赖于控制中心，如果控制中心因各种原因而不可用，会导致全线列车运行和车上乘客的服务中断，严重影响运营安全。为防止这种情况的发生，全自动运行系统的控制中心采用了系统级冗余设计，设置主用控制中心(OCC)和备用控制中心(BOCC)，正常情况下由 OCC 管理线路的全自动运行，当 OCC 不可用时，可立即启用 BOCC 来维持线路的全自动运行。

2. 降级运行

(1)运营环境匹配降级

运控系统在面对不同情况时能够灵活应对，通过降级措施来保障铁路运输的安全、高效和稳定运行。一方面，雨雪天气、施工区域下穿运行等线路运营条件异常的情况下，运控系统能响应需求，通过安全限速调整以保障列车安全运行；另一方面，为实施非高峰时段的节能运行，在一定运营间隔要求下可调整列车的运行等级。

(2) 设备故障下模式降级

① 列车单车故障

此处的单车故障特指只对单车的运行产生影响的故障类型，如车载信号设备故障等。列车的驾驶模式表达了列车司机的一种选择行为，但部分驾驶模式一般是在故障条件下选择，因此，此处依据驾驶模式来分析单车故障时降级运行模式下的性能损失。

一般 CBTC 运控系统有 4 种驾驶模式，FAO 系统则在 4 种驾驶模式的基础上增加了 2 种。这六种模式中的列车自动运行模式（AM）、列车自动防护模式（CM）、全自动驾驶（运行）模式（FAM）为正常模式，列车可按照设计速度运行；而限制人工驾驶模式（RM/RSRM）、非限制人工驾驶模式（EUM）与蠕动驾驶模式（CAM）为降级模式，降级模式下列车运行速度要低于一个固定的低速（一般为 20 km/h）。

②运控系统故障

为了提升系统的健壮性，目前所有的信号系统都规定必须有降级模式。为避免单制式信号系统失效，信号系统可采取不同制式异构融合的方式来实现其多功能性。通过多模车载信号系统，以及能够自动适配 2 种或 2 种以上不同系统制式或控制模式的轨旁信号系统，来实现列车运行过程中的自动安全防护功能。多套或多模车载信号系统均可以在不同模式的信号系统中自适应运行，目前常见的运控系统多功能性设计包括 CBTC＋联锁控制、BM＋CBTC、TBTC＋CBTC、CTCS2＋CTCS3、CTCS2＋CBTC、CBTC＋TACS 等。显然，多功能系统在高级别系统异常时，能够在损失一定的系统能力的基础上降级到低级别系统运行。

3. 快速能力恢复

(1)故障处置

故障发生后，系统在降级条件下运行，系统能力的总损失不仅与能力下降数值有关，还与故障持续时间有关。因而，要想提升系统的韧性，另一个有效的措施是减少 MTTR 时间，即提升系统的可维护性。有关可维护性的相关理论方法不在本书阐述。

(2)能力恢复

当故障只影响到单车运行时，按照一般的处置流程就能恢复系统的能力。当故障影响扩大导致列车出现连带晚点时，需要基于系统韧性理论进行运行调整，相关方法将在第 4 章中单独论述。

3.3.4　基于多模列控的韧性提升示例

本节以多模列控为例，分析其在不同故障条件下，通过系统降级方式运行后性能得损失与系统韧性度。

1. 多模列控系统架构简介

(1)单 CBTC 系统架构

单 CBTC 系统包含调度系统 ATS、计算机联锁 CI、轨旁 ATP 控制器、车载 ATP/ATO 控制器、数据通信系统 DCS 等子系统，一般还配置维护监测子系统，其中 ATS、CI、ATP 和维护监测子系统通过单独组网的 DCS 子系统相互连接，其系统功能架构如图 3-17 所示。

计算机联锁 CI 负责轨旁基础设备的管理，根据调度系统 ATS 的列车运行计划，控制并锁闭轨旁基础设备。轨旁 ATP 控制器根据计算机联锁 CI 提供的轨旁资源的分配及锁定的信息、车载控制器主动列车定位信息或轨旁检测的列车位置信息计算列车移动授权，防止列车进入轨旁资源未锁闭的区域，同时需要预防列车之间发生对撞、侧冲和追尾的风险。车载控制器主要包括安全防护和自动运行两大功能，其中 ATP 提供安全防护功能，ATO 提供辅助司机驾驶的自动运行功能。单 CBTC 系统故障后，通常降级为联锁级控制。

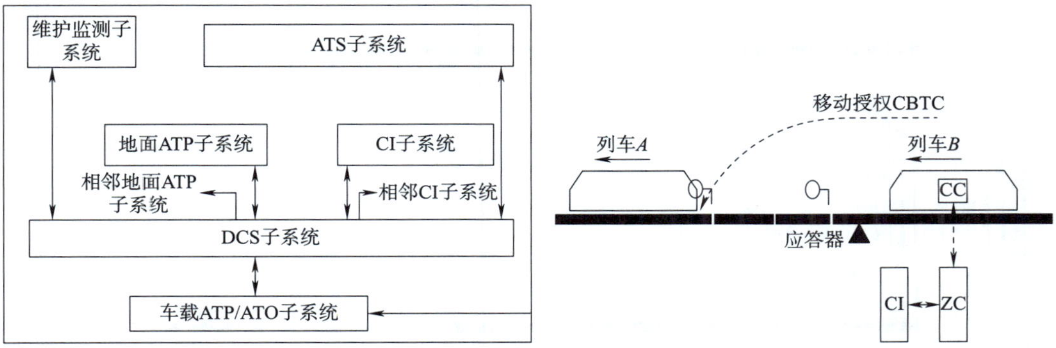

图 3-17　单 CBTC 系统功能架构与系统结构

CBTC 系统为移动闭塞制式，由列车主动进行位置计算并报告给轨旁资源管理器 ZC 进行列车间隔计算并通过车—地无线发送给该车以实现 ATP 防护，后车可以追踪到前车的尾部。CBTC 系统的轨旁列控和车载列控间采用 WLAN、LTE 或其他自由无线系统进行通信，实现双向、高速、实时连续传输。

(2)CBTC+ BM 系统架构

如图 3-18 所示，BM+CBTC 是“基于轨旁检测和固定闭塞的点式控制”与单 CBTC 融合的系统，因而在单 CBTC 结构的基础上增加了图中 BM 设备。

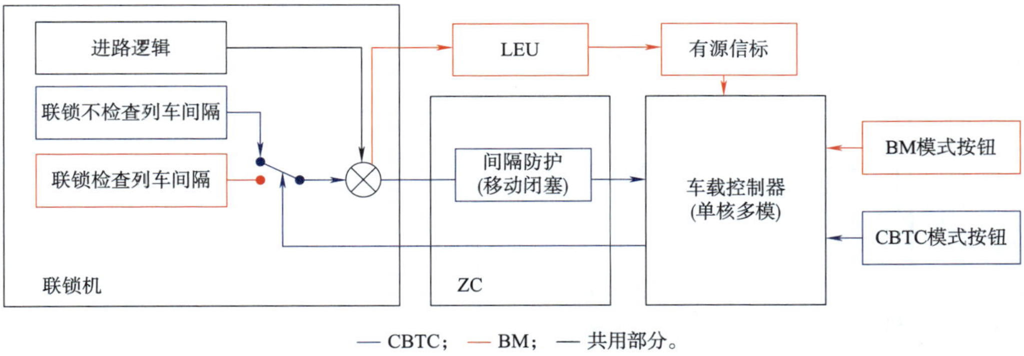

图 3-18　BM+CBTC 系统功能架构

显然，BM+CBTC 车载控制系统可自动适应不同的轨旁控制模式，如轨旁信号系统可提供移动闭塞模式和进路闭塞模式，轨旁的特定执行设备可根据车站值班员的操作或司机的模式选择自动适配对应的控制模式。

BM+CBTC 系统结构如图 3-19 所示，移动闭塞的移动授权信息经区域控制器 ZC 计算后，经由车地自由无线系统传递至车载控制系统 CC；固定闭塞的点式变量信息经由 LEU 和轨道上的应答器传递至车载控制系统 CC。当该系统存在在轨旁的区域控制器故障或车地无线通信无法使用导致列车控制系统无法工作的问题时，降级为 BM 模式。

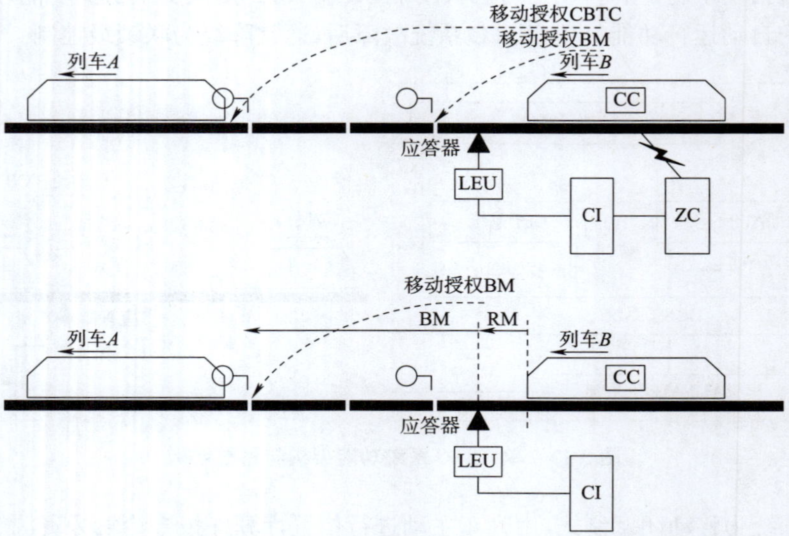

图 3-19　BM＋CBTC 系统结构图及模式切换过程示意

(3)CBTC＋TBTC 系统架构

TBTC＋CBTC 是“基于轨旁检测和准移动闭塞的连续式控制”与单 CBTC 相融合的系统，如图 3-20 所示，联锁机负责进路逻辑的管理，CBTC 和 TBTC 的轨旁 ATP 分别负责各自闭塞制式下的间隔防护计算，由车载控制器根据列车的控制模式选用相应制式下的移动授权。

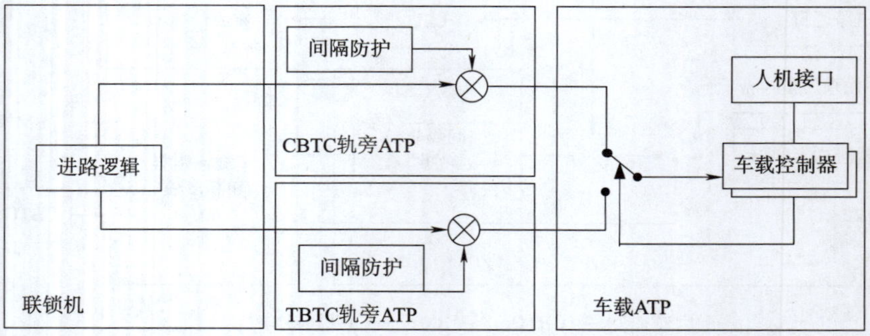

图 3-20　TBTC＋CBTC 系统功能架构

TBTC 系统工作在准移动闭塞制式下，由轨旁的轨道电路进行列车位置检测，并经资源管理器进行列车间隔的防护计算，计算结果经由轨道电路传递给车载列车运行控制系统以实现 ATP 防护。与固定闭塞模式相比，准移动闭塞可以按照区段进行列车间隔的防护，后车可以追踪到前车所在区段的入口处。

3. 多模列控系统模式转换特性分析

(1)模式转换时间分析

①单 CBTC 系统:单 CBTC 系统故障后,系统通常降级为联锁防护控车模式。CBTC 切换至联锁模式行车,一般是与调度中心人工确认后,司机驾驶列车在联锁模式下运行,切换时间与运营规范有关,通常为 6~8 min。反之,当故障恢复后,列车可自动从联锁模式切换至 CBTC 模式运行,该切换为实时切换,时间延时可近似为零。

②CBTC+BM 系统:当 BM 切换至 CBTC 时,CBTC 模式采用连续的无线传输。当列车在 BM 模式下运行时,车载列控仍然可以随时接收轨旁列控发送的信息。一旦接收到有效的 CBTC 移动授权,列车就可自动切换至 CBTC 模式运行。该切换为实时切换,时间延时近似为零。当 CBTC 切换至 BM 时,BM 模式并不能立即可用,这是由于 BM 是基于非连续式传输的控制系统,需要在指定点收到允许信号后才能生效。当 CBTC 切换至 BM 模式时,切换过程可以通过建立分层赋时有色 Petri 网模型进行分析,按照系统参数设置(如 CBTC 模式和 BM 模式最高速度 80 km/h、RM 模式最高速度 25 km/h、CBTC 模式列车运行设计间隔 2 min),在 BM 模式列车运行设计间隔分别为 2 min、3 min、5 min 时,通过模型分析与仿真,可得 90%置信区间内,切换时间分别约为 4.8 min、6.6 min、10.5 min。

③CBTC+TBTC 系统:由于两者均有连续的信息传输模式,因此无论是 TBTC 切换至 CBTC,还是 CBTC 切换至 TBTC,均为实时切换,时间延时可近似为零。

(2)运行速度变化分析

①单 CBTC 系统:单 CBTC 系统故障后切换为联锁控制模式,该模式下列车车载控制模式改为 RM,根据相关的行车运行规则,限制为 20 km/h。

②CBTC+BM 系统:CBTC 主系统故障后切换到 BM 降级模式,首先在 RM 模式下运行到具备切换条件的位置,等切换完成后,列车可以恢复正常速度运行。因而仅仅在切换过程中运行速度降低。

③CBTC+TBTC 系统:该系统的正常工作模式为主系统 CBTC,当主系统 CBTC 故障后切换到降级模式 TBTC,该模式下列车可以保持正常速度运行。

(3)行车密度变化分析

从运营的角度出发,不同制式列车运行控制系统的区别体现在它们可实现的线路最小运行间隔不同,这也将决定线路的运营间隔。

单 CBTC 系统:该系统正常工作时,行车密度为 CBTC 系统的设计间隔(通常为 120 s 左右),当单列车发生故障后,故障车只能降级为人工驾驶模式,此时故障车与前行列车的间隔会缩小至运行规章定义的范围,同时考虑到故障车模式切换的时间,通常与前行列车的间隔会长达 300 s 以上,故障车的后续列车也会因故障列车而增加防护距离,导致其运行间隔增至 180 s 以上。

CBTC+BM 系统:该系统正常工作时,行车密度为 CBTC 系统的设计间隔(通常为 120 s 左右),当单列车发生故障后,故障车可降至 BM 模式,此时故障车与前行列车的间隔会降至 BM 的设计间隔,通常为 180 s 左右,BM 车的后续列车也会因此而增加防护距离,导致其运行间隔增至 180 s 左右。

CBTC+TBTC 系统:该系统正常工作时,行车密度为 CBTC 系统的设计间隔(通常为 120 s 左右),当单列车发生故障后,故障车可降至 TBTC 模式,此时故障车与前行列车的间隔会降至TBTC的设计间隔,通常为140 s左右,TBTC车的后续列车的运行间隔也是140 s左右。(TBTC由于是固定闭塞模式,设计间隔与轨道区段的长度有关,城市轨道交通的依据需要的设计间隔140 s,方向部署轨道区段的长度(250～300 m)。

(4)模式转换特征对比

综上,对三种模式不同故障下的工作模式、故障响应方式、列车运行速度、模式切换时间、行车密度等进行对比分析,结果见表3-27。

表3-27　三种运控系统主备模式性能对比

条件	系统名称	工作模式	行车间隔(s)/行车密度	故障响应	模式转换时间(s)	运行速度(km/h)	故障时长	恢复转换
主模式正常	CBTC+TBTC	CBTC	120/30	—	—	80	—	—
	CBTC+BM							
	单CBTC							
主模式故障	CBTC+TBTC	TBTC	140/25	EB,缓解后切换至降级模式	即时切换	80	MTTR	即时
	CBTC+BM	BM	180/20		设计间隔2倍	80		即时
	单CBTC	联锁	300～400/12～9		运营流程相关6～8 min	<20		即时

3. 单事件韧性提升效果对比

在轨道交通系统中,单列车通过设置后备模式应对各类突发故障。在发生故障之前,列车在CBTC模式下以正常速度运行;当列车遭遇突发异常时,列车安全防护系统会立即启动紧急制动,使列车迅速平稳停下,确保列车运行安全。随后,根据异常程度和故障状态,进入TBTC、BM或RM等后备模式,并逐步加速至不同后备模式允许的运行速度。在后备模式下,系统可以逐步排除异常,缓解突发异常对列车运行的影响,实现平稳过渡,直到恢复至正常运行模式。这保证了异常情况不会破坏系统的基本运行逻辑,从而实现了在多种异常情况下的韧性安全运行,提高轨道交通系统面对突发事件时的恢复能力。

(1)单车视角列车运行韧性

从单车视角看故障响应阶段T_1:系统遭受扰动后,列车经紧急制动,车速降至零,此时单列车运行效率为紧急制动时的平均速度与紧急制动时间的乘积

$$\overline{V}_1 \times T_1 = V_0 \times \frac{1}{2} \times T_{紧急制动} \tag{3-18}$$

故障处置阶段T_2:列车降低至零速后,在故障维修过程中切换至后备模式,并加速至各后备模式的技术速度V_{fau}运行;此时单列车运行效率为列车加速阶段运行效率与列车在技术速度V_{fau}下匀速运行阶段的运行效率之和

$$\overline{V}_2 \times T_2 = V_{fau} \times \frac{1}{2} \times T_{加} + V_{fau} \times (T_2 - T_{rm} - T_{加}) \tag{3-19}$$

式中,$T_{加}$为运行中断后,列车重新加速至各模式下技术速度的时间;T_{rm}为各模式下的模式切换时间。

性能恢复阶段T_3:故障处置完成后,运行模式恢复至CBTC模式,列车由后备模式技术速度V_{fau}加速至CBTC模式的技术速度V_0运行

$$\overline{V}_3 \times T_3 = (V_0 + V_{fau}) \times T_3 \times \frac{1}{2} \tag{3-20}$$

综合以上公式，得到单车运行韧性的具体定量计算公式为

$$R_{\text{train}}(t)=\frac{\overline{V}_1\times T_1+\overline{V}_2\times T_2+\overline{V}_3\times T_3}{V_0\times(T_1+T_2+T_3)}=$$

$$\frac{V_0\times\frac{1}{2}\times T_{\text{紧急制动}}+V_{\text{fau}}\times\frac{1}{2}\times T_{\text{加}}+V_{\text{fau}}\times(T_2-T_{\text{rm}}-T_{\text{加}})+(V_0+V_{\text{fau}})\times T_3\times\frac{1}{2}}{V_0\times(T_1+T_2+T_3)}$$

(3-21)

对于单车运行韧性的计算，CBTC 模式下的正常运行速度 V_0、紧急制动减速度 $a_{\text{减}}$、启动加速度 $a_{\text{加}}$、各后备模式下的模式切换时间 T_{rm} 及技术速度 V_{fau} 已知，影响不同模式下系统韧性的主要因素是故障持续时间 T_2。

设 $V_0=80$ km/h、紧急制动减速度 $a_{\text{减}}=1.2$ m/s^2、启动加速度 $a_{\text{加}}=0.6$ m/s^2，可得系统韧性度及剩余性能随故障持续时间的变化如图 3-21 所示，其中虚线表示各后备模式下的系统韧性度，实线表示各后备模式下系统剩余性能，即列车完成的公里数。

由图 3-21 可得，随着故障处置时间 T_2 增加，列车韧性度逐渐趋于稳定，并且多模列控系统下在提升韧性方面的效果愈发显著；相较于单 CBTC 模式，多模列控系统下的单车运行韧性得到了显著提升，其中 CBTC+TBTC 模式下的韧性提升效果最佳。当 $T_2=30$ min 时，相较于单 CBTC 模式，单列车韧性度提升了约 60%。

(2)系统视角线路运营韧性

对韧性过程三个阶段的线路运营效率进行具体计算如下：

(1)故障响应阶段 T_1'：系统遭受扰动后，线路上的行车密度由 CBTC 模式下的 D_0 降低至最低值。

$$\overline{V}_1'\times\overline{D}_1\times T_1'=V_0\times\frac{1}{2}\times\overline{D}_1\times T_1' \quad (3\text{-}22)$$

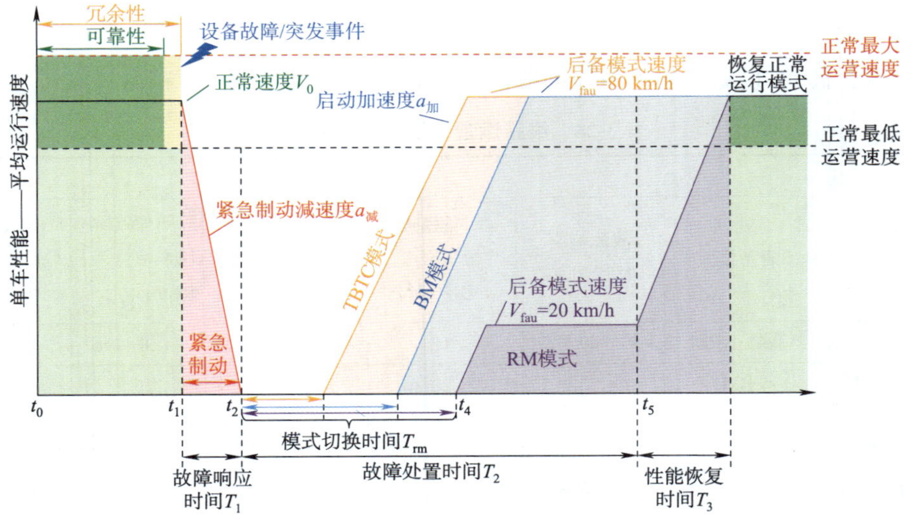

(a) 列车运行性能变化图

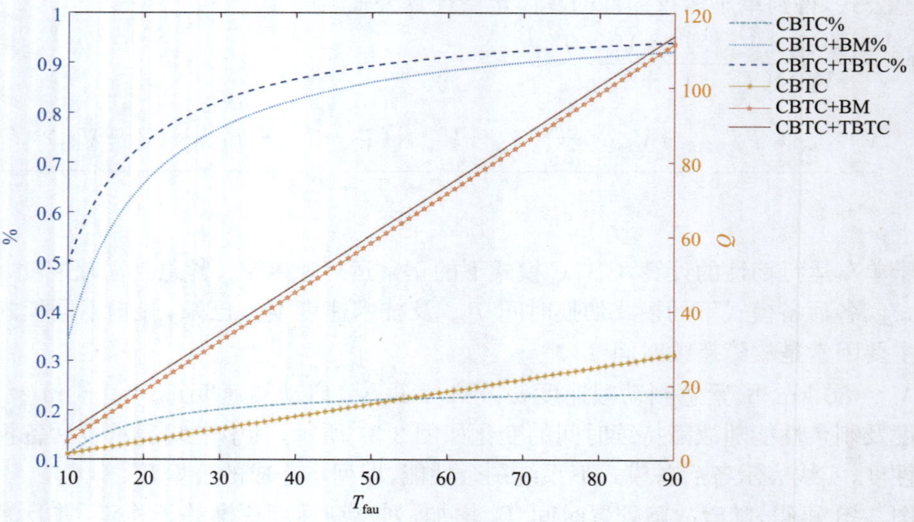

(b)列车运行韧性与故障持续时间关系图

图 3-21　单事件下多模列控降级运行后运行性能对比

(2)故障处置阶段 T'_2:线路运行中断后,在故障维修过程中切换至后备模式,行车密度逐渐恢复为后备模式的行车密度 D_{fau}。

$$\overline{V}'_2\times\overline{D}_2\times T'_2=\frac{V_{fau}\times\frac{1}{2}\times T_{加}+V_{fau}\times(T'_2-T_{rm}-T_{加})}{T'_2-T_{rm}}\times\overline{D_2}\times T'_2 \tag{3-23}$$

(3)性能恢复阶段 T'_3:故障处置完成后,运行模式恢复至 CBTC 模式,行车密度逐渐恢复为 CBTC 模式下的行车密度 D_0。

$$\overline{V}'_3\times\overline{D}_3\times T'_3=V_0+V_{fau}\times\frac{1}{2}\times\overline{D}_3\times T'_2 \tag{3-24}$$

综合以上公式,设定各输入参数的取值见表 3-28。

表 3-28　线路运营韧性计算输入参数

模式	参　数					
	后备模式	故障响应时间 T'_1/s	后备模式行车密度 D_{fau}/对	故障响应阶段平均行车密度$\overline{D}_1$/对	故障处置阶段平均行车密度$\overline{D}_2$/对	性能恢复阶段平均行车密度$\overline{D}_3$/对
CBTC	联锁+RM	60	12	15	8	21
CBTC+BM	BM	60	20	15	10	25
CBTC+TBTC	TBTC	60	25	15	18	28

不同后备模式下,系统韧性度及剩余性能随故障持续时间的变化如图 3-22 所示。其中虚线表示各后备模式下的系统韧性度,实线表示各后备模式下系统剩余性能,即列车完成的公里数。

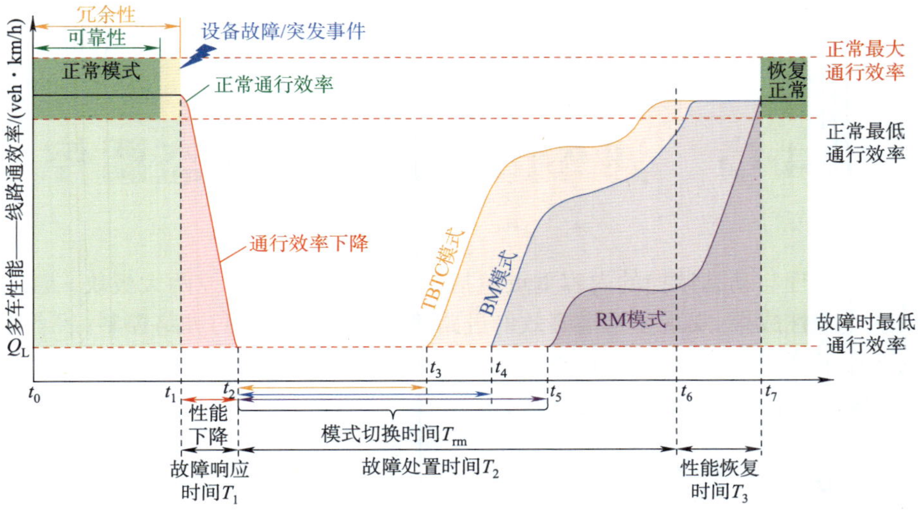

(a)单故障下线路运营性能变化图

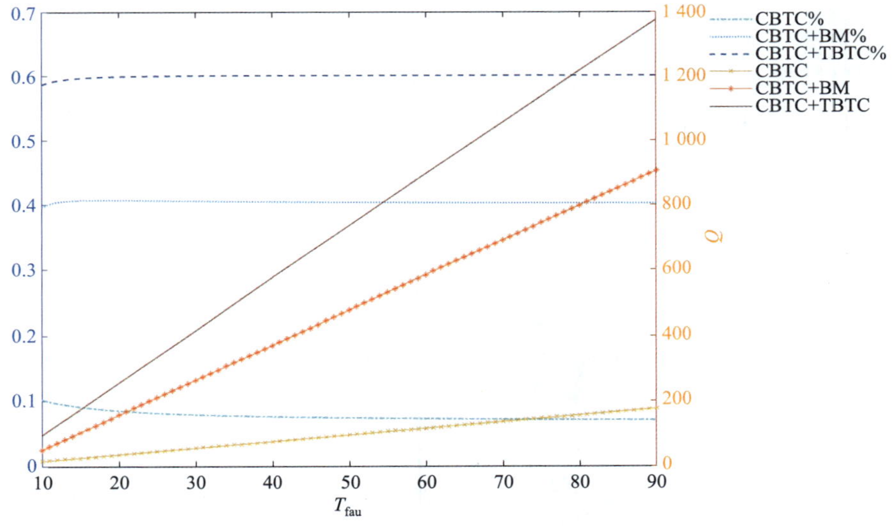

(b)线路运营韧性与故障持续时间关系

图 3-22　单事件下线路运营性能变化对比

由图 3-22 可得,随故障处置时间 T_2 增加,线路韧性度逐渐趋于稳定,并且多模列控系统下的韧性提升能力愈发显著;相较于单 CBTC 模式,多模列控系统下的线路运营韧性得到了显著提升,其中 CBTC+TBTC 模式下的韧性提升效果最佳。当 $T_2=30$ min 时,CBTC+TBTC 模式相较于单 CBTC 模式韧性度提升了约 50%。

第 4 章　列车运行管理与动态调控

列车运行管理与动态调控的内容重点包括常态管控和动态调控两大板块。前者作为计算机时代的代表性成果，实现了精准高效的进路管理与安全可靠的进路控制；后者则是智能化时代的核心发展方向，通过人工智能和大数据技术赋能，推动轨道交通列车调度向智能化升级，全面提升整体运营效率和安全水平。

4.1　列车运行管理与调控基本问题

4.1.1　列车运行常态管控

1. 列车运行管控基本要求

行车调度指挥系统的主要职责是对列车运行实施常态化监控与管理。如图 4-1 所示，列车运行监控、自动进路控制和运行时刻表管理等共同构成了轨道交通行车调度的核心职能体系。该系统以确保列车高准点率和高兑现率为目标，保障列车运行的安全性和时效性。

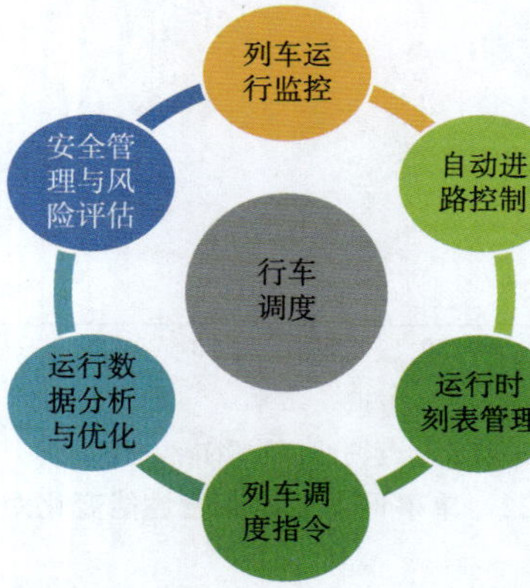

图 4-1　轨道交通行车调度的主要功能

(1)列车运行监控

行车调度指挥系统在站场布置图上实时展现正线列车运行状态及信号设备信息，主要包括列车位置及车次号、信号显示、道岔位置、轨道电路状态、进路开通方向、车站控制状态(站控/遥控)、行车闭塞方式、站台车辆状态、信号设备报警等。调度员可根据需要监控车辆段内的列车运用状况，并生成各类运行报告。通过对列车运行数据的实时监测，调度员能够及时掌握列车运行计划的执行情况和各列车的延误状态。一旦发现异常，调度员可迅速采取调整措施，确保列车运行安全与准点。

(2)自动进路控制

控制中心基于当日列车运行计划，实现对列车进路、信号机和道岔的集中控制，主要功能包括：正线各类进路的自动办理、列车进出正线时机的精准控制以及车站列车到发时机的智能管理。

系统支持控制权限灵活转移，可根据需要将操作权限下放至车站。在特殊情况下，调度员可进行人工干预(如手动建立或取消正线进路等)，系统将自动对干预命令进行合理性校验。自动进路控制通过精确生成和发送道岔控制命令，与信号系统协同配合，全方位保障列车运行的准确性和安全性。

(3)运行时刻表管理

控制中心计算机系统集成多套基于客流量分析的运行图方案，由时刻表编辑员制定并存入数据库。ATS系统通过实时比对车次号和列车位置，持续监测时刻表执行情况。当检测到列车运行偏离计划(提前或延误)，系统不仅会即时向调度员发送预警信息，还会自动生成修正方案，及时调整运行时刻表。

系统具备实况运行图自动绘制功能，实现计划与实际状态的动态比对。一旦出现偏差，自动调整子系统将启动即时纠偏机制。同时，调度系统面向乘客实时推送列车运行信息，包括列车最新时刻表、列车实时位置及预计到站时间等。此类信息服务有助于乘客实时掌握列车动态，合理安排出行计划。

(4)列车调度

调度员可根据实际运行情况和乘客需求灵活下达调度指令，例如临时调整运行计划、优化列车交路安排或机动加开运力补充。具体调度措施包括：优化列车停站时间、调整列车运行速度(适用于自动驾驶线路)等。通过科学调度列车安全运行，有效提升系统运行效率，增强运营服务的韧性和可靠性。

(5)运行数据分析与优化

列车运行管理系统实时采集和存储大量与列车运行相关的运营数据，如列车运行里程、实际运行计划、计划偏差时间、设备运行状态及故障预警信息、调度指令执行记录、重大事件纪实等。基于大数据分析方法，系统可以识别运营瓶颈、预警潜在风险以及生成优化方案，从而持续提升整体轨道交通系统运行效率和服务品质。

(6)安全管理与风险评估

调度系统构建了全方位的安全监控体系，持续监测设备运行状态、信号系统干扰和关键节点参数，确保列车始终处于安全防护状态。系统配备智能预警机制，可实现安全隐患识别、故障实时诊断和精准定位分析，并自动触发报警提示。通过预测性维护和主动防控策略，有效提升系统运行的安全性、韧性和可靠性。

2. 常态管控核心问题

(1)线路资源管理—自动排列进路

在列车运行过程中，各车站的接车、发车、通过和折返作业，以及列车出入库作业，均需合理安排列车进路。系统需及时发现并疏解进路冲突，确保进路在时间和空间维度上相互独立，从而保障进路排列的安全性。

(2)线路资源控制—进路安全卡控

调度系统需通过实时识别列车位置信息及其所处轨道区段状态,自动生成前方道岔进路指令。系统应在多重安全约束下,智能控制道岔转换和信号机开放时序,实现列车运行的全程安全防护。

4.1.2 列车运行动态调控

当轨道交通系统出现列车延误、设备故障、交叉冲突等突发事件时,系统将启动实时响应机制。考虑到新运行图的制定涉及信息收集、方案制定和协调通知等复杂环节,难以快速实施,调度系统采取对原有运行计划进行动态调整的策略。系统根据实时监测数据,灵活调整行车间隔和停站计划,最大限度减少突发事件对系统运行的影响,确保轨道交通运营的安全性和连续性。

1. 突发事件类型及影响

(1)突发事件类型

轨道交通系统由车辆、线路、车站、信号和供电等多个子系统构成,各系统间紧密关联、相互影响。任一子系统的异常都可能引发连锁反应,导致系统性风险。同时,外部环境因素如恶劣天气、人为破坏和其他突发事件等,也会对系统运营造成冲击,引发车辆延误、列车停运或乘客滞留等情况。这种系统性特征和外部环境的不确定性,使得轨道交通运营极易受到干扰和影响。

轨道交通运营中的非正常情况主要包括:设备故障(如信号、供电、通信和轨道设施异常)、列车故障(涉及动力、制动和控制系统)、乘客突发事件(如疾病、异常行为)等内部运营风险。同时还存在诸如自然灾害(暴雨、大雪、台风等)、线路施工(设备更新、轨道维修)、交通事故(列车相撞、脱轨)、火警以及其他突发事件等外部风险。这些情况都可能导致列车延误、运行受阻或需要采取紧急处置措施。

(2)事件行车影响

《上海轨道交通全自动运行运营场景及功能分配》和《城市轨道交通智能行车调度指挥系统设计导则》明确了 32 类应急场景和 98 类故障场景,并详细说明了各非正常场景下的动态调控要求。通过深入分析这些场景对列车运行的影响,可以将影响列车运行的动态调控场景进一步划分为区间/车站中断、单车下线运营、区间降级追踪、区间/车站限速、单车运行缓慢、车站跳停和列车救援等类型。图 4-2 展示了信号系统不同类型故障以及各类行车影响场景的占比分布。

2. 动态调控核心问题

轨道交通运营调度面临单车状态恢复和线网秩序恢复两大核心挑战。

(1)单车状态恢复

单车状态恢复针对列车出现延误或故障的情况。系统需快速识别故障原因(如信号、设备或人为因素),并根据影响程度采取动态调整措施,包括优化停站时间、调整发车间隔、规划绕行路线等,最大限度降低对运行图的干扰。

(2)线网秩序恢复

线网秩序恢复则应对因运行异常引发的线网中其他列车运行的连锁反应。调度系统需通过实时监测和分析,统筹协调运力资源,优化列车运行间隔和越行方案,灵活调整受影响区段的运行秩序,确保整个线网快速恢复正常运行秩序。

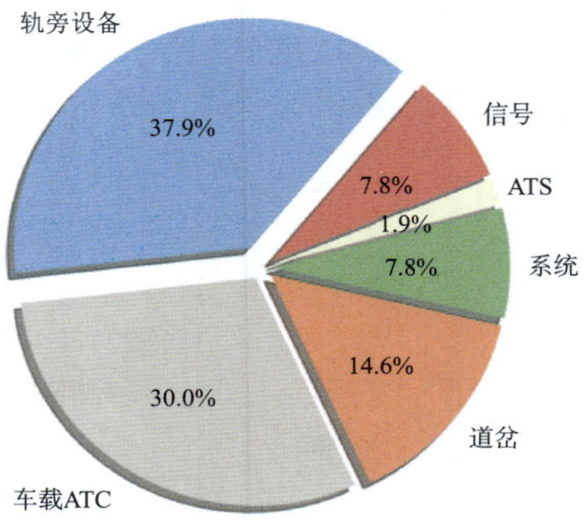

(a)信号系统故障占比

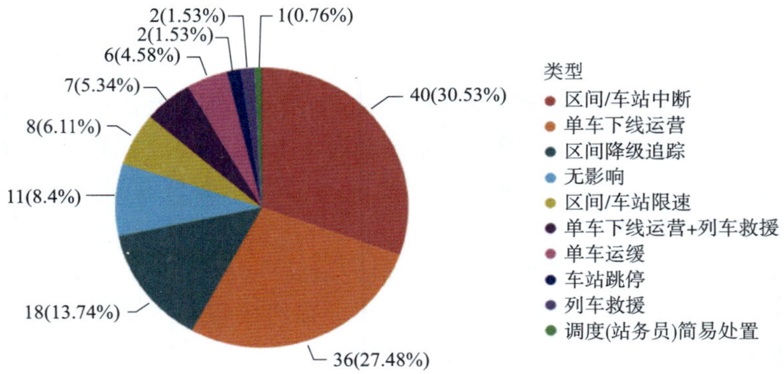

(b)信号故障行车影响类型占比

图4-2　信号系统故障占比及影响

4.2　线路资源管理与控制

多列车在线路上按照一定的次序协同运行时，由于线路资源的独享特性，必须通过管控措施在时间和空间上错开列车占用线路资源的时机，保障列车安全和高效运行。其中，车站作为关键节点，需要重点管控进出站列车的进路排序及其开放时机，以实现列车运行的有序衔接与转换。

4.2.1　线路资源与联锁关系

1. 线路资源与列车进路

(1)列车进路组成

列车行进的路径称为进路，进路定义示例如图4-3所示。按照车站的技术作业类型的不同，进路可以分成列车进路和调车进路两大类。列车进路用于实现列车接、发作业，由列车信号机进行防护，确保列车在车站和区间间安全运行。其根据功能可分为三类：接车进路指列车从进站端通过咽喉区的路径;发车进路指列车从咽喉区驶向出站端的路径;而通过进路则是接车进路和发车进路的组合。以"5G接车进路"为例,该进路由特定的轨道区段、道岔和股道组成,体现为图中蓝色线路所覆盖的区域。每条列车进路都是由不同轨道线路资源组合构成的。

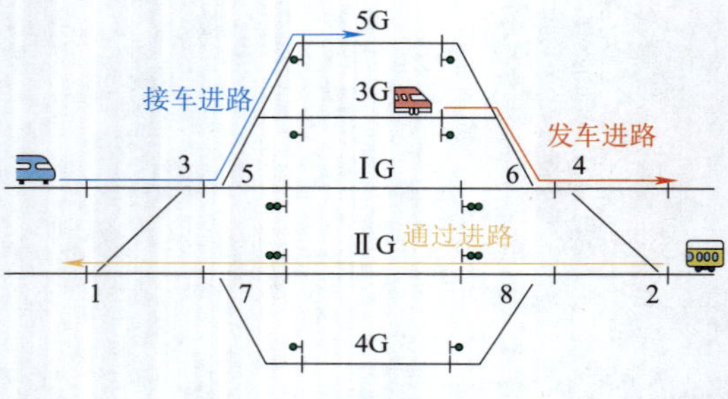

图 4-3 进路定义示例

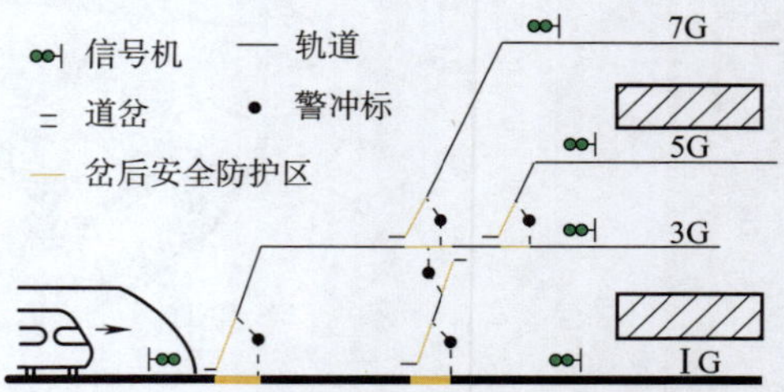

图 4-4 线路资源划分示意

(2)线路资源要素

列车进路是基于线路基础设施特性来划分的。在空间维度上,线路资源被分解为若干基本资源单元,主要包括轨道区段、道岔和信号机等。按照地理位置和管辖范围,这些线路资源可以进一步分为车站资源和区间资源。图4-4所示为线路资源划分示意图。

车站线路资源基本要素包括:

①信号机资源。主要包含各种信号机:包括进站信号机、出站信号机等。

②道岔资源。道岔是最关键的线路资源之一。在传统管理方式下,由于轨道电路设置特征的限制,道岔的可摆动尖轨部分和岔后安全防护区被作为一个不可分割的整体来管理。随着检测精度的提高,现在可以对尖轨与岔后的轨道区段进行分开检查和管理。其中,可摆动的尖轨部分直接关系到列车运行安全,因此需要单独设置管理权限;而岔后安全防护区(即从岔心至岔后警冲标的直股和弯股轨道部分)涉及列车侧冲安全,也需要单独设置管理权限。

③轨道资源。轨道资源可分为站内股道和区间股道两种:站内股道是指车站范围内供列车行驶的不含道岔的轨道资源,包括股道、安全线和无岔轨道等,这些轨道资源承担着连接站内其他资源的功能。区间股道则是区间范围内供列车行驶的轨道资源。根据占用状态,区间轨道资源可分为两类:一类是被列车占用的轨道资源,它随列车运行而移动,其范围等同于列车包络范围;另一类是非列车占用的轨道资源,指随列车运行而变化的空闲轨道资源。

(3)线路资源拓扑图

线路资源拓扑图模型的基础理论是利用图模型理论对线路资源设备进行抽象建模。图模型是由一系列的点和边组成,通过构建每种线路资源的基本模型,并转换为对应的点和边,进而形成图的结构。

在一般信号系统中,对于线路资源的主要关注点在于室外三大件,分别是道岔转辙设备、轨道电路和信号机。通过设置轨道区段来管理这些线路资源。根据图4-5所示的车站传统轨道区段示意图,轨道区段通过绝缘节进行划分,依据其内部是否含有道岔设备分为无岔区段(1/3WG)和有岔区段(1DG、7-9DG等)。在传统轨道区段管理中,通过轨道电路或计轴器来监测列车占用情况。当列车占用轨道区段的任何位置时,整个区段都会显示为占用状态，以防止其他列车进入同一区段而造成运行冲突。

如对图 4-5 及图 4-6 中的咽喉区轨道区段建立微观拓扑模型：假设建立列车从区间进站到 5G 股道停车的接车进路，可以在线网拓扑模型中抽象出该进路。如图中蓝色路径所示，接车进路分别经过了进站信号机 X、1 号道岔、5 号道岔、7 号道岔、9 号道岔以及出站信号机 S_5。通过拓扑图中的节点和边这种简明的方式，不仅可以清晰描述进路，还能直观地观察该进路占用的线路资源，以及其他可能与之产生冲突的进路路径。

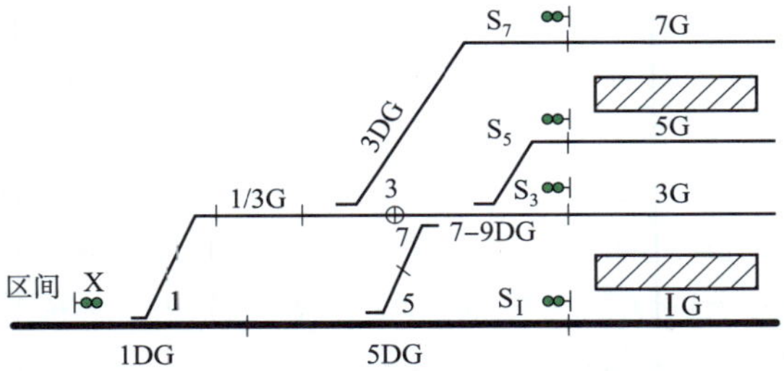

图 4-5　咽喉区轨道区段示意

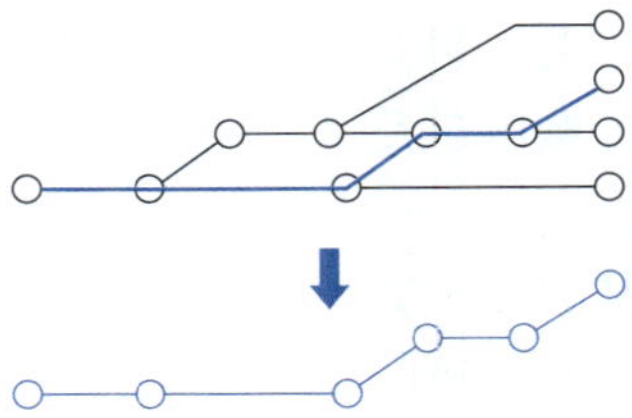

图 4-6　微观拓扑模型及进路示意

2. 联锁关系与联锁表

联锁是指为了保证行车安全，在进路、道岔和信号机之间存在的相互制约关系。联锁必然存在于两个对象之间，主要体现在三个要素(道岔、进路、信号机)之间的基本制约关系。

(1)道岔与进路间的联锁

道岔和进路之间的基本联锁关系体现为：道岔具有定位和反位两个工作位置，而进路具有锁闭和解锁两个状态。它们之间存在相互制约关系：只有当道岔位置正确时，进路才能锁闭；只有当进路解锁后，道岔才能改变其工作位置。这种联锁关系可以通过图表方式直观地表示出来，如图 4-7 所示。

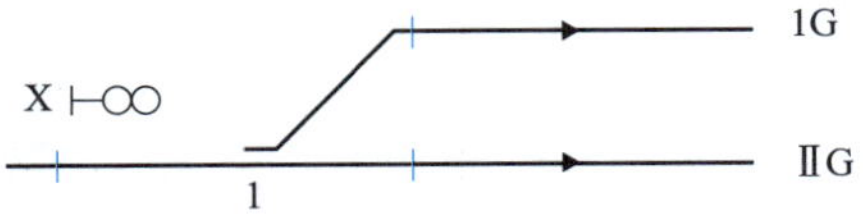

进路号	进路名称	道岔
1	Ⅰ股道下行接车	(1)
2	Ⅱ股道下行接车	1

图 4-7　道岔与进路间的联锁关系示意

图 4-7 展示了两条进路与道岔的联锁关系：进路 1(Ⅰ道下行接车进路)和进路 2(Ⅱ道下行接车进路)。表中用括号表示道岔反位，不带括号表示道岔定位。

具体来看：进路 1 要求道岔 1 处于反位，它们之间存在反联锁关系，即道岔 1 必须在反位时进路 1 才能锁闭，进路 1 锁闭后道岔 1 被锁定在反位不能改变位置。进路 2 则要求道岔 1 处于定位，它们之间存在定位锁闭关系，即道岔 1 必须在定位时进路 2 才能锁闭，进路 2 锁闭后道岔 1 被锁定在定位不能改变位置。

(2)道岔与信号机间的联锁

因为进路是由信号机防护的，所以道岔与进路间的联锁关系可以转换为道岔与信号机间的联锁关系来描述。图 4-8 展示了这种关系：信号机 X 防护着两条进路——1G 下行接车进路和ⅡG 下行接车进路。其中 1G 接车进路要求 1 号道岔反位，ⅡG 接车进路要求 1 号道岔定位。因此，信号机 X 与道岔 1 之间同时存在定位和反位两种锁闭关系，这种同时具有定、反位锁闭关系的情况记作“1,(1)”。

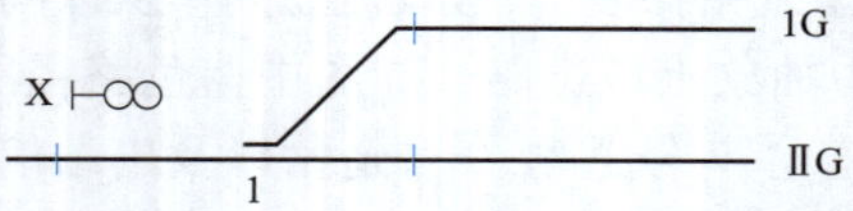

信号机	信号机名称	道岔
X	下行进站信号机	1，（1）

图 4-8　道岔与信号机间的联锁关系示意

(3)进路与进路间的联锁

进路与进路之间存在着两种不同性质的联锁关系：一是抵触进路；二是敌对进路。

①抵触进路

图 4-9 展示了三条下行接车进路(进路 1、进路 2 和进路 3)之间的抵触关系。这三条进路对道岔位置的要求各不相同,且在同一时间内只能建立其中一条进路。当任何一条进路锁闭后,由于相关道岔被锁定在特定位置,其他两条进路就无法建立,必须等当前进路解锁后才能建立其他进路。这种由于道岔位置要求不同而无法同时建立的进路关系被称为抵触进路。

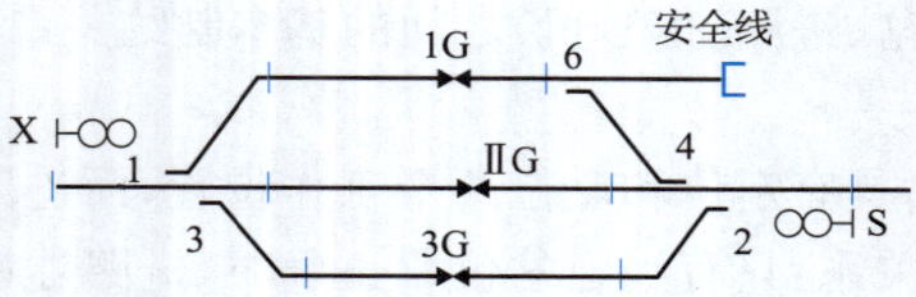

进路号	进路名称	敌对进路	抵触进路
1	1G下行接车	6	2，3
2	ⅡG下行接车	4，5，6	1，3
3	3G下行接车	4，5，6	1，2
4	3G上行接车	2，3	5，6
5	ⅡG上行接车	2，3	4，6
6	1G上行接车	1，2，3	4，5

图 4-9　进路与进路间的联锁关系示意

②敌对进路

敌对进路是指不能通过道岔位置间接控制,但存在敌对关系的两条进路。图 4-9 展示了两组敌对进路关系:进路 5(Ⅱ道上行接车进路)与进路 2(Ⅱ道下行接车进路)是敌对进路,因为它们是同一股道的不同方向接车进路,同时接车会造成危险;进路 5 与进路 3 虽然不是同一股道的接车进路,但由于Ⅰ股道上行端设有安全线,且考虑到下坡道坡度较大可能导致下行列车停不住的安全隐患,如果下行列车进入 3 股道时刹车失效,可能与进入Ⅱ道的上行列车相撞。因此这两条进路也被认定为敌对进路。

(4)进路与信号机间的联锁

由于进路数量较多时,用进路与信号机间的联锁关系来描述进路与进路间的联锁关系会更加清晰,可以避免查找进路号码对应的进路名称。图 4-10 中展示了一个例子,即从 D_{21} 信号机至无岔区段 WG 的调车进路(进路 1)与 D_{23} 信号机所防护的进路互为敌对进路。在这种情况下,D_{23} 信号机就是进路 1 的敌对信号,记作“D_{23}”。

D_{33} 信号机防护着两条进路:一条经由道岔 19 反位,另一条经由道岔 19 定位至无岔区段 WG,由于无岔区段一般较短,故禁止同时由两个方向向该无岔区段内调车。即 D_{21} 信号机至 WG 的调车进路与 D_{33} 信号机 至 WG 的调车进路是敌对进路。但这两条敌对进路只是在 19 号道岔处在定位时才能构成,反之则构不成。

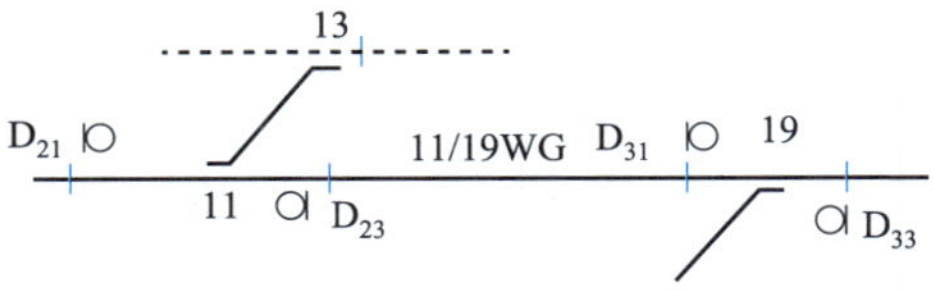

进路号	进路名称	敌对信号
1	D_{21}至11/19WG	D_{23},〈19〉D_{33}
2	D_{33}至11/19WG	D_{31},〈11/13〉D_{21}

图 4-10　进路与信号机间的联锁关系示意

(5)联锁表

联锁表是一种用于展示车站内信号设备之间联锁关系的图表。它系统地反映了车站内进路、道岔、信号机三者之间的基本联锁关系，是描述整个车站联锁系统的重要技术文件。

联锁表按照车站站场线路配置、道岔分布以及信号机布置情况进行编制。它详细的记录了进路方向栏、进路栏、进路方式栏、排列进路按下的按钮栏、信号机栏、道岔栏、敌对信号栏、轨道区段栏之间的关系。车站站场图与联锁表的部分对应关系见图 4-11 和表 4-1。

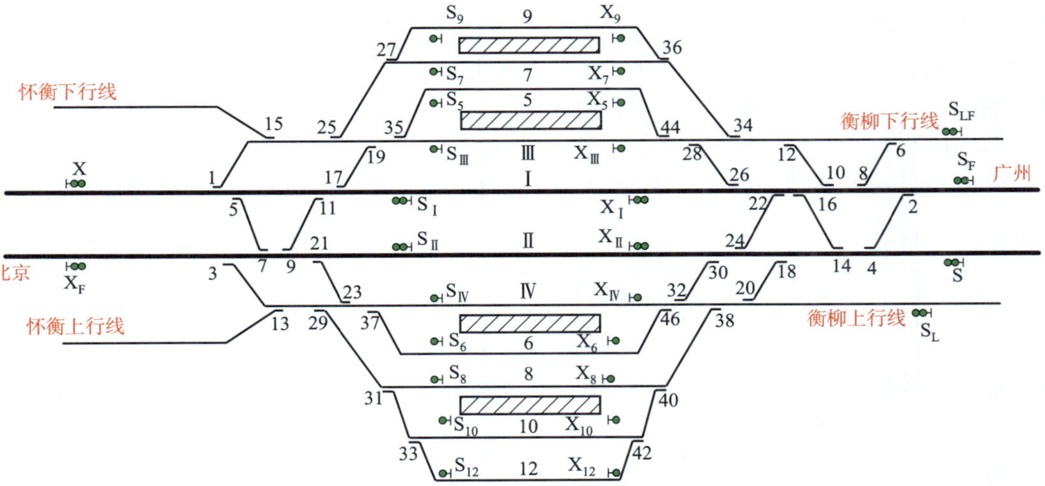

图 4-11　某车站站场图

表 4-1　部分车站联锁表示例

方向	进路	进路方式	按钮	信号机	道岔	敌对信号	轨道区段
下行接车	至ⅢG		XA,$S_Ⅲ$LA	X	1,5-7,9-11,(17-19),35	$S_Ⅲ$L,$S_Ⅲ$D	1DG,5-11DG,17DG,19-35DG,ⅢG
	至ⅢG	变通	XA,D_7BA,$S_Ⅲ$LA	X	(1),15,25,17-19,35	D_7,$S_Ⅲ$L,$S_Ⅲ$D	1DG,117G,15DG,25DG,19-35DG,ⅢG
	至 5G		XA,S_5LA	X	1,5-7,9-11,(17-19),(35)	S_5L,S_5D	1DG,5-11DG,17DG,19-35DG,5G
	至 5G	变通	XA,D_7BA,S_5LA	X	(1),15,25,17-19,(35)	D_7,S_5L,S_5D	1DG,117G,15DG,25DG,19-35DG,5G
	至 7G		XA,S_7LA	X	(1),15,(25),27	D_7,S_7L,S_7D	1DG,117G,15DG,25DG,27DG,7G
	至 9G		XA,S_9LA	X	(1),15,(25),(27)	D_7,S_9L,S_9D	1DG,117G,15DG,25DG,27DG,9G

4.2.2 进路排列与冲突检查

1. 进路搜索与次序优化

(1)进路搜索

传统的联锁系统主要通过进路控制来对资源进行管理。在进路控制中,进路搜索是一个基础核心模块。目前的进路搜索方式有两种:

①预先存储的联锁表型数据搜索。这种方式是将一个车站的全部进路事先由人工编制,并汇总为一个总的进路表。然后,将该表的数据输入到一个静态的进路数据库中。当办理进路时,根据进路操作命令在数据库中查找相应的进路数据,以选出对应的进路。

②利用站场型数据结构进行动态搜索。这种方式使用有向搜索策略,从始端节点开始,根据节点间的连接关系进行逐步搜索,直至到达终端节点。搜索过程中,得到的节点和连接关系就构成了进路的组成部分。

在这些传统方法中,列车的进路是由系统预先定义或者按照静态数据结构搜索得到的,缺乏自主决策能力,从而会在一定程度上降低进出站效率。列车走行径路自主决策是一种新的进路搜索方式,它利用计算机和传感器等智能技术手段,使得列车能够智能化地控制进路。通过这种自主决策,列车可以按照预定的进路序列行驶,从而避免了人为操作带来的潜在风险,并提高了列车通过交叉口和道岔的效率。

车站咽喉区的进路排列既复杂多变,又具有较强的灵活性。首先,一条进路从排定开始到解锁为止,进路上的每个道岔,包括同一道岔组内的其他道岔均不能被其他进路所使用,因此对于同一时间到达的旅客列车,车站值班员必须为它们安排平行进路,以避免列车在站外等候。其次,车站咽喉区是车站行车设备布置最为复杂的区域,布有许多的道岔和渡线,而在一组起讫点(咽喉区线路端点)之间,往往存在很多条可以安排的进路,这就要求车站值班员根据到发线的分配情况,及时选择有利于接发列车的咽喉区进路,使到发线的通过能力达到最优。

目前的进路搜索算法有深度优先搜索算法、A^* 搜索算法、枚举算法等。搜索算法通过对车站已知的基础设备数据进行分析处理确定进路,从而确定需要参与该条进路的道岔以及道岔的开通方向。

关于大型客运站到发线运用优化的研究较为丰富,学者们从不同的优化目标出发,构建了多样化的股道运用模型。这些模型主要通过改进的遗传算法、分支定界算法、启发式算法或蚁群算法等求解,提出的优化方案在实践中取得了不同程度的成效。

在图 4-12 所示的车站平面图中,左侧是下行咽喉,右侧是上行咽喉,下行方向如图中黑色箭头所示。图中共有 8 条到发线,Ⅰ、Ⅱ股道为正线,3、4、5、6、7、9 股道为侧线,整个车站平面图由 22 个道岔组成。图中绿色线路表示,列车从区间由 X 进站口进入车站,走行接车进路{$X \to S_7$:(1-7-9-15-17-19)},到达 7 股道;列车作业结束后走行发车进路{$X_7 \to S_N$:((20-18-14-10-8-2))}进入区间。该列车进站进路中包含 6 个道岔,出站进路中也包含 6 个道岔。各个进路包含的道岔数目不同,且每个道岔的辙叉号各异,导致列车通过不同进路所需时间存在差异。列车在车站的关键时刻定义如下:列车进入 X 进站信号机防护内方的轨道电路时的时刻为列车进站时刻;列车到达 7 股道后停稳时刻为列车到达车站的时刻;列车从 7 股道出发进入 X_7 信号机防护内方轨道电路的时刻为列车的发车时刻;列车彻底出清车站到达区间的时刻为列车的出站时刻。列车在站停靠时间由调度人员根据具体作业需求在运行计划中预先确定。

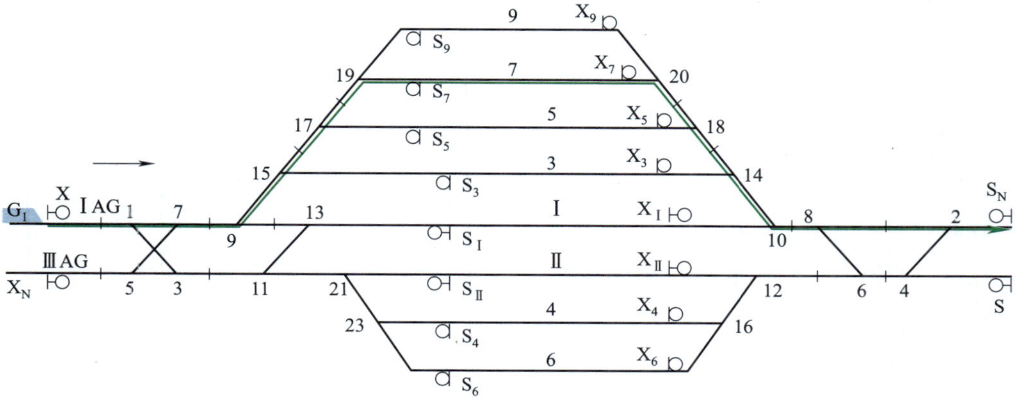

图 4-12 车站平面示意(HY 站)

由图 4-12 可知,列车的接发车作业所走行的进路和到发线并不是唯一的。列车可以被安排到不同的到发线进行作业,且每条到发线可同时进行不同的作业。这种作业方式的多样性意味着需要基于运行计划,对列车接发车进路及到发线进行合理安排,以实现列车有序、有效作业。

(2)进路次序优化

列车运行计划是基于调度人员预先铺画的列车运行图制定的。在已知列车运行计划的基础上,在保持列车运行时刻不变的前提下,可以对列车在车站的咽喉区进路和到发线进行重新分配和优化。这种优化旨在实现进路排列的合理性,为列车的接发作业安排无冲突的进路和站台,从而提升车站道岔设备和到发线使用的均衡性。进路优化主要受到车站资源限制、列车运行计划确定、进路安全约束三个方面的影响。通过建立进路优化模型并采用先进的优化算法进行求解,可以得到最优的进路排列方案,如图 4-13、图 4-14 所示。

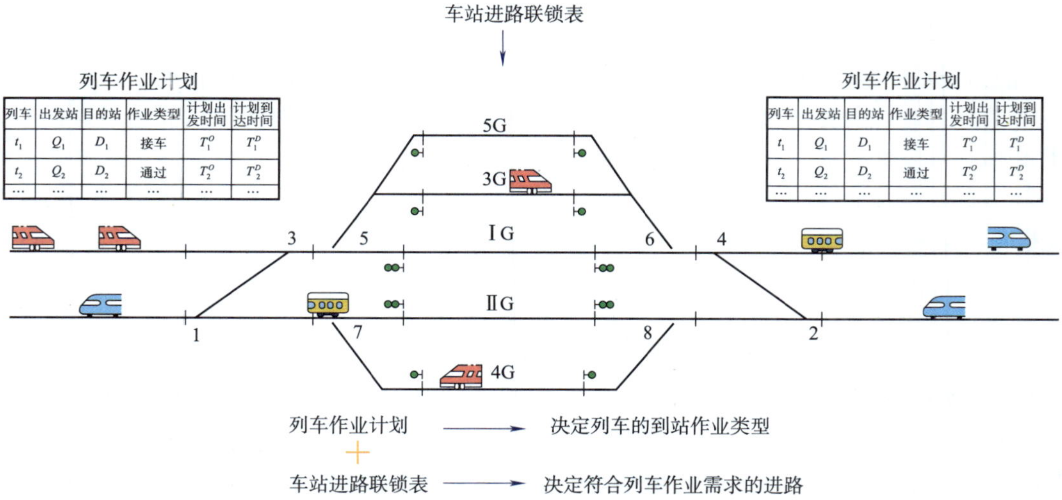

图 4-13 进路次序优化示意

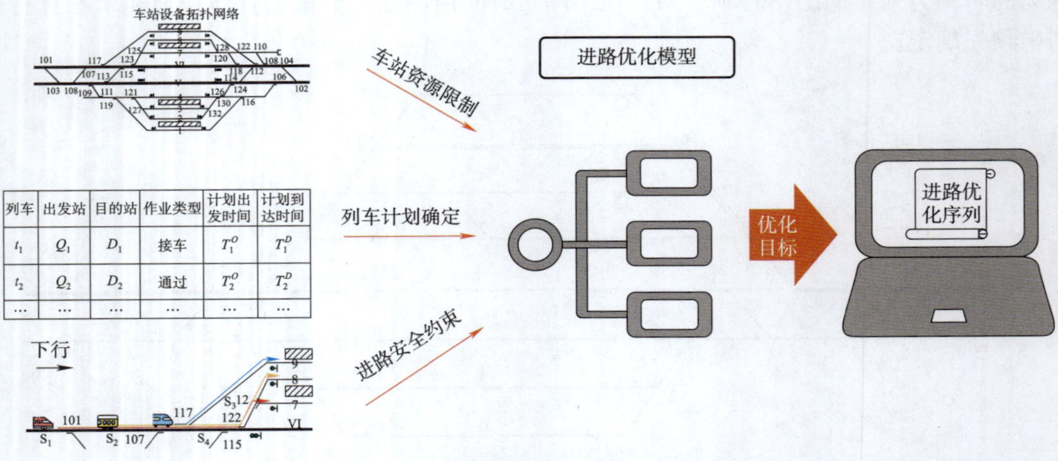

图 4-14　进路排列方案优化方法示意

进路的安全卡控是进路自动排列过程中的关键环节。在为列车选择进路时，必须进行进路冲突检查以确保进路排列的合理性和安全性。冲突检查的核心策略是检查当前待排列进路与已排列进路之间是否存在区段重合。这种检查不仅包括进路内区段的重合情况，还包括进路保护区段的重合情况。

一般来说，进路可以分为平行进路和敌对进路两种。平行进路是指两条进路之间没有共同占用的轨道电路区段或道岔(组)，可以同时占用和办理。敌对进路则指两条进路之间存在共同占用的轨道电路区段或道岔(组)，这类进路不可同时办理或占用，其上的各项列车作业不能同时进行。虽然平行进路允许不同列车可以按照运行图规定的时间同时作业，但由于列车延误等原因，可能导致多条进路在同一时间段内争用车站咽喉区的相同线路资源，从而形成敌对进路。

2. 站线约束与冲突检查

(1)站线约束

①进站约束

根据咽喉区线路资源利用需求可知，列车进站时对道岔组的占用具有唯一性。具体而言，当某一列车在进站时段内占用特定道岔组时，该道岔组在这一时间段内只能被该列车使用，其他列车不能同时占用。对于任意进站列车 l 和任意的道岔组 d，可以用下式来表示唯一性。其中：$l \in \boldsymbol{L}$，$\boldsymbol{L}=\{l \mid l=1,2,3,4,\cdots,m\}$，$d \in \boldsymbol{D}$，$\boldsymbol{D}=\{d \mid d=1,2,3,4,\cdots,n\}$，$\boldsymbol{L}$、$\boldsymbol{D}$ 分别表示所有列车和道岔组的取值集合。

$$[t_{g_1-l}^{S}-T_{\min}\sim t_{g_1-l}^{S}]:\ \sum_{l=1}^{m} S_{d-l} \leqslant 1 \tag{4-1}$$

式中，S_{d-l} 为 0-1 决策变量。当列车占用道岔组 d 时，S_{d-l} 的值为 1，否则为 0。

②停站到发线约束

列车停站时对于到发线的占用同样具有唯一性特征。具体表现为，每列车在停站期间只能占用一条到发线，不能同时占用多条到发线。为了表示列车与到发线的占用关系，引入如下公式。其中，0-1 决策变量 s_g 表征了到发线 g 的占用状态。当到发线 g 空闲时，列车可以占用(s_g 可取 1);当到发线 g 繁忙时,列车不能占用(s_g 必须为 0)。

$$[t_{g_1-l}^S - T_{\min} \sim t_{g_1-l}^E + T_{\min}]: \sum_{l=1}^{m} S_{g-l} \leqslant 1 \tag{4-2}$$

对于上式,当到发线处于繁忙即被占用时,此时应满足对于任意 l,都有 $S_{g-l}=1$。这表明,对于某一到发线,它只能被当前占用的列车使用,其他列车不可对其占用;相反,对于到发线空闲状态,此时需满足对于任意 l,均有 $S_{g-l}=0$,即表示对于某一到发线,它此刻处于可用状态,允许被延误列车占用。与此同时,在列车停站时,一条到发线在同一时间只能被一列列车占用,不允许出现多列列车占用情况。因此,对于进站的列车,需要对它进行到发线分配,为此,引入如下公式

$$[t_{g_1-l}^S - T_{\min} \sim t_{g_1-l}^E + T_{\min}]: \sum_{g=1}^{r} S_{g-l} = 1 \tag{4-3}$$

③出站咽喉约束

当列车出站时,唯一性体现在同一时间段内,同一列车只可能占用同一道岔组,而不会出现同一道岔组被多列列车占用的情况。同样,为了对此唯一性进行客观描述,引入如下公式

$$[t_{g_1-l}^E \sim t_{g_1-l}^E + T_{\min}]: \sum_{l=1}^{m} S_{d-l} \leqslant 1 \tag{4-4}$$

(2)冲突检查

进路之间的冲突可分为接车进路—接车进路冲突、接车进路—发车进路冲突和发车进路—发车进路冲突。图 4-15 所示为其中两种典型冲突类型的示意图:接车进路—接车进路冲突和接车进路—发车进路冲突。这些冲突产生的根本原因是不同进路在同一时间段内争用相同的道岔或轨道区段资源。

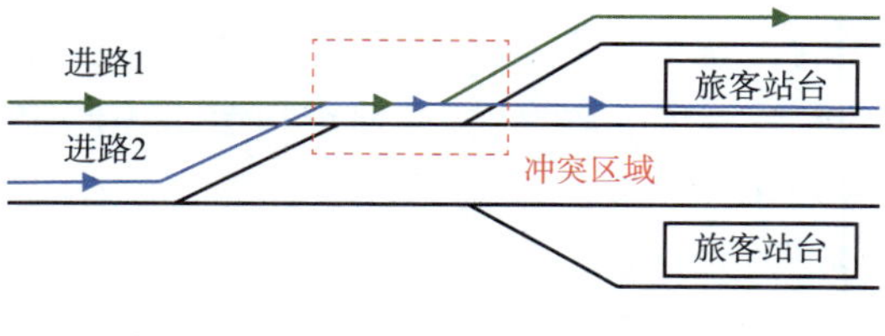

(a)接车进路—接车进路冲突

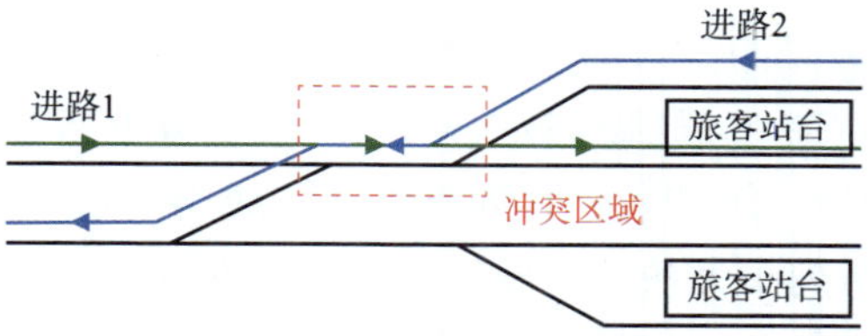

(b)接车进路—发车进路冲突

图 4-15 进路冲突示意

判断进路对是否构成冲突进路对主要基于时间和空间两个维度。时间维度体现为进路对之间在时间上的重叠或交叉;空间维度体现为进路对之间是否共同占用一个或多个轨道区段资源。当两列车的进路在时空上发生重叠,且共用的轨道区段等运输资源不能被同时占用时,这两列车的进路即构成冲突进路。进路冲突疏解的目标是通过合理调整列车运行时刻或改变进路方案,以减少或消除进路间的时空冲突,使相关进路不再占用相同的轨道区段等运输资源。

以图 4-16 为例,列车停靠 3 号到发线占用的接车进路为 r_1,停靠 5 号到发线占用的接车进路为 r_2;列车从 5 号到发线出发占用的发车进路为 r_3,从 7 号到发线出发占用的发车进路为 r_4。各进路使用的轨道区段编号集合如下所示

$$r_1=(3,4,17,18,19,16,12,15), r_2=(3,2,5,7,8,9,12,13,14),$$
$$r_3=(14,13,12,9,8,7,5,1), r_4=(11,10,8,7,5,1) \tag{4-5}$$

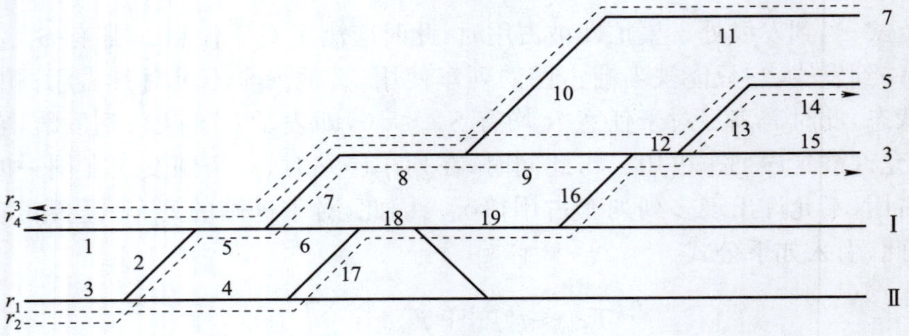

图 4-16 进路冲突示意

分析上图和轨道区段集合可知，$r_1 \cap r_4=\varnothing$，故接车进路 r_1 和发车进路 r_4 之间不存在接车进路—发车进路冲突。此时，占用这两条进路的接车作业和发车作业可以同时进行办理。其余进路对均或多或少拥有相同的轨道区段编号，即占用了相同的轨道区段，故构成了冲突进路对。

列车进出站过程中可能发生的冲突分为完全冲突和部分冲突。完全冲突是指两列列车在整个进出站过程中同时占用同一到发线。部分冲突则指两列列车在进出站时间上存在部分重叠。为了避免冲突，在为列车分配到发线时，除考虑列车本身占用时间外，还需要额外设置一定的缓冲时间，以确保列车运行安全和维持运输秩序稳定。

4.2.3 一种自主式精细化线路资源管控方法

在轨道交通运营中，列车易受到不可控因素的干扰而出现运行延误。这种延误会在线路中进行传播导致连带延误，从而降低运输服务水平。在正常情况下，列车按照事先制定好的运行图和进路计划有序使用线路资源，保证多列车在线路上的运行安全。但当发生延误时，列车无法按照原有计划使用线路资源，连带延误会导致其他列车偏离计划，造成多列车对同一线路资源的需求出现时空上的重叠，即产生资源竞争冲突。

本小节聚焦于多车角度下对走行路径资源的申请冲突进行冲突化解。具体方法是通过分析资源竞争场景，构建列车运行过程微观模型，定义冲突判断依据，并对冲突资源制定基于博弈理论的冲突化解策略。

1. 精细化线路资源拓扑建模

由于各车站的信号平面布置图整体结构类似，选择一个典型车站的信号平面布置图(图 4-17)来构建其下行咽喉区的精细化资源拓扑模型。

在这个资源模型中，信号机、资源左端点和资源右端点的类型定义为节点(Node)，而线资源本身的类型定义为边(Edge)。每个节点 Node 都包含基础参数，如 ID、节点名称、节点坐标和节点状态。同样，每个边 Edge 也包含基础参数，如 ID、边名称、边长度和边状态。这样的设计能够充分表达线路资源的特性和状态。据此，各线路资源转换后的基础模型结构信息见表 4-2。

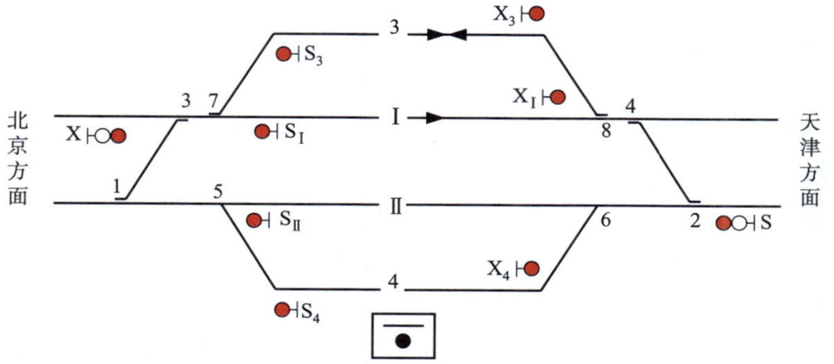

图 4-17　某典型车站站场平面图

表 4-2　线路资源元模型信息表

资源类型		资源特征	元模型结构	表示名称
信号机		单点资源	本身(Node)	信号机名称
道岔		线资源	左端点(Node)	岔尖节点
			本身(Edge)	道岔号-JG
			右端点(Node)	岔心节点
岔后安全防护区	岔后直股	线资源	左端点(Node)	岔心节点
			本身(Edge)	道岔号-ZG
			右端点(Node)	岔后直股界点
	岔后弯股	线资源	左端点(Node)	岔心节点
			本身(Edge)	道岔号-WG
			右端点(Node)	岔后弯股界点
轨道	无岔轨道	线资源	左端点(Node)	左侧道岔岔尖节点
			本身(Edge)	轨道名称
			右端点(Node)	右侧道岔岔尖节点
	股道	线资源	左端点(Node)	左侧出站信号机
			本身(Edge)	股道名称
			右端点(Node)	右侧出站信号机

关于表 4-2 中所述的基础模型结构信息，有以下几点需要阐明：

①表中所述的“左”“右”均是以线路下行方向为正方向来进行界定。

②资源的左右端点应以实际布置情况为准，表中给出的只是通常情景，例如针对进站信号机内方第一个无岔轨道，其信号机方向的端点应设置为端点信号机。

③对于无岔轨道的表示名称，定义其命名公式为“左侧资源-右侧资源 G”，依据无岔轨道连接的两侧资源对象决定，如“道岔号-道岔号 G”“道岔号-信号机名称 G”等。

④对于道岔相关的节点名称作以下定义：

岔心节点名称，记作“道岔号-0”；

岔尖节点名称，记作“道岔号-1”；

岔后直股界点名称，记作“道岔号-2”；

岔后弯股界点名称，记作“道岔号-3”。

⑤特别地，针对双动道岔的渡线弯股的建模，为了保证列车在双动道岔处的运行安全，本文将双动道岔作为一个整体进行处理。其渡线弯股由两侧道岔岔心节点和本身组成，记为“道岔 1 道岔号/道岔 2 道岔号 G”。

依据上述定义的线路资源基础模型，其中信号机、资源左端点和资源右端点构成线路资源模型中的点集合，线资源本身构成线路资源模型中的边集合，参照其物理连接关系，图 4-17 中所示的下行咽喉区可以被抽象为图 4-18 中所示的无向拓扑结构模型。

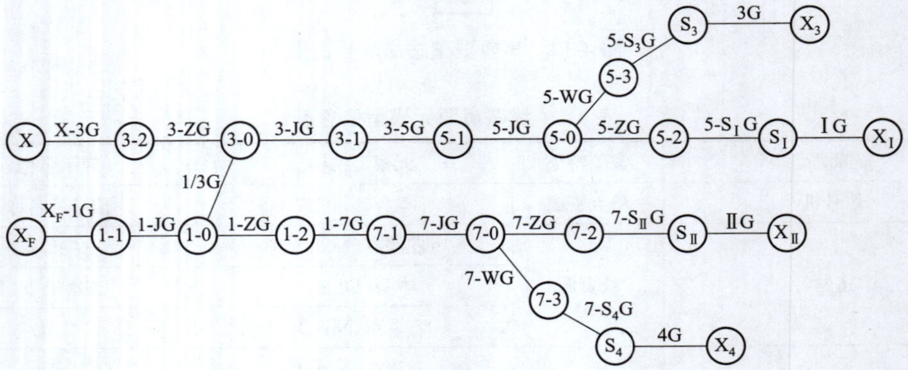

图 4-18　HSX 下行咽喉区的无向拓扑模型

考虑到列车作业具有上、下行之分，无向拓扑模型不能很好地适应这种对方向敏感的问题。因此，本章进一步根据列车运行的方向构建下行有向拓扑模型和上行有向拓扑模型(图 4-19、图 4-20)，使得列车在执行路径搜索时能更快依据自身方向性需求来选择更优的模型。

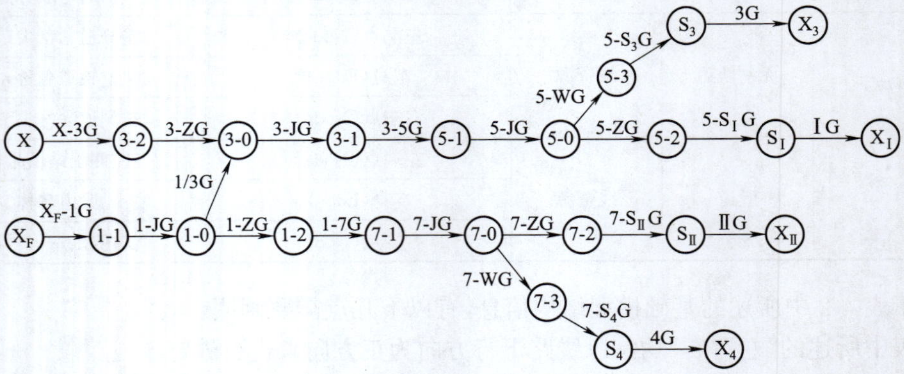

图 4-19　下行有向拓扑模型

在有向拓扑模型的基础上，为表征列车在运行过程中走行路径以资源本身为单位的时空需求，并为后续资源冲突检测与化解提供数学基础，需要进一步对有向拓扑模型进行数学抽象。

使用点集合 $N=\{n_1,n_2,\cdots,n_m\}$ 来表征各种节点对象，例如信号机和线资源的左右端点。每个节点本质上是一个质点集合，具有位置坐标和占用状态属性，其中占用状态参数与

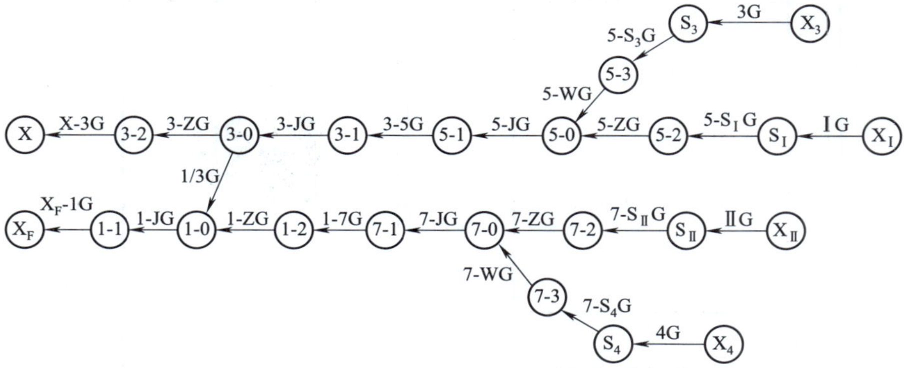

图 4-20　上行有向拓扑模型

节点所从属的线资源状态绑定。同时，使用边集合 $\boldsymbol{E}=\{e_k=\langle n_i,n_j\rangle \mid n_i,n_j\in N\}$ 表示具有一定长度范围的线资源对象。线路资源包含资源长度、资源限速和允许运行方向等静态参数，这些参数预先配置在对应的线资源对象 e_k 中。

在线路资源拓扑模型中，列车在资源 e_k 上的运行是从一个节点 n_i 向另一个节点 n_j 的单向步进过程，体现了有向拓扑模型的方向性。为计算列车在资源上的运行估计时间 w_{e_k}，可以根据资源长度和相关限速参数，定义边权值集合 $\boldsymbol{W}=\{w_{e_1},w_{e_2},\cdots,w_{e_m}\}$。边权值代表列车从车头进入资源到车头离开资源的时间。特别规定，如果资源处于占用状态，则对应的边权值为 $w_{e_k}=\infty$。

综上所述，有向拓扑模型 $\boldsymbol{G}$ 由点集合 $\boldsymbol{N}$、边集合 $\boldsymbol{E}$ 和边权值集合 $\boldsymbol{W}$ 构成，记为 $\boldsymbol{G}=\{N,E,W\}$。线路资源的布设关系可以抽象为图 4-21 所示的模型示例。

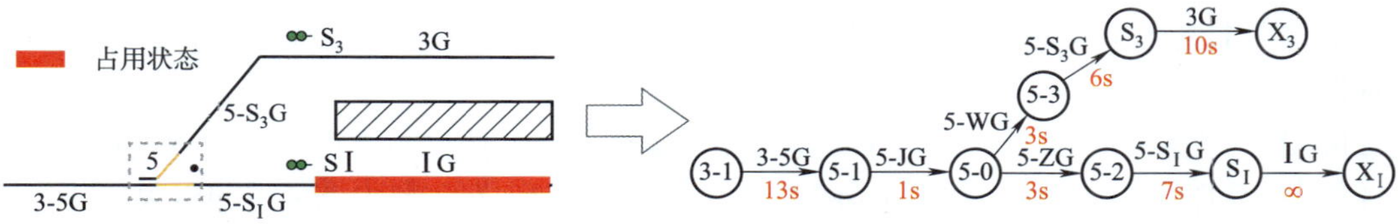

图 4-21　线路资源模型示例

2. 走行路径自主决策与搜索

(1)走行路径决策子系统

走行路径决策子系统是列车自主运行控制系统中实现线路资源权限管理的系统模块，由列车和地面的功能模块共同构成。其中，车载设备中新增车载走行路径决策系统，负责线路资源决策的主体功能，如待申请的资源确定、资源权限的申请及走行路径的延伸等；地面设备中新增地面线路资源管理系统，由 RMC 和轨旁设备的 OC 组成，RMC 负责线路资源状态的监测与权限信息的分配，OC 则负责相关设备的操作。走行路径决策子系统的具体功能模块架构组成如图 4-22 所示。

①车载走行路径决策

车载走行路径决策系统是走行路径决策的主体系统，承载着大部分的功能计算任务，其

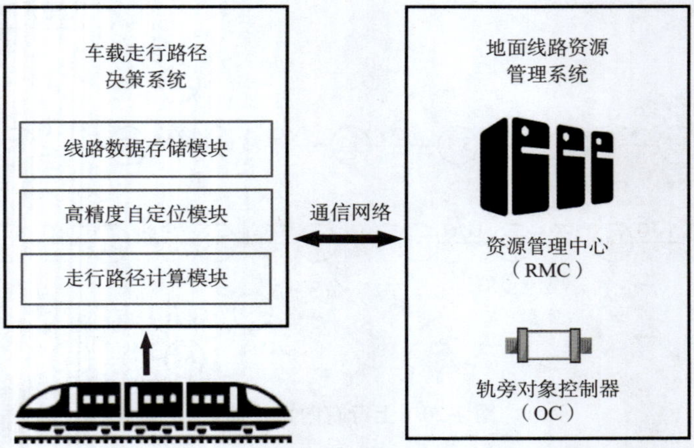

图 4-22　走行路径决策子系统功能模块架构

内部功能模块主要包括车载线路数据存储模块、车载高精度自定位模块和车载走行路径计算模块。

车载线路数据存储模块主要用于实现线路数据拓扑的静态信息存储，即记录所运行线路上所有的资源拓扑结构以及坡度、曲率半径等静态信息，是列车能够自主进行路径搜索的基础数据来源；车载高精度自定位模块用于实现列车位置的高精度检测，为确定列车实时位置与资源的占用状态提供依据；车载走行路径计算模块用于实现列车走行路径的计算与生成，在另外两个模块提供的数据支撑下，实现列车作业解析、走行路径预延伸范围计算、资源权限申请、道岔控制和走行路径延伸等重要功能，以下对这些功能作简要说明。

a. 列车作业解析：车载走行路径计算模块依据 ITS 下发的作业计划进行作业解析，获取列车接下来的作业类型和作业车站等信息，为列车自主搜索走行路径提供目标节点和搜索依据。

b. 走行路径预延伸范围计算：车载走行路径计算模块按照自身作业需求向列车前方搜索可行路径，根据自身牵引特性和安全策略确定一段距离，即列车将要申请的资源权限范围。

c. 资源权限申请：车载走行路径计算模块依据计算出来的预延伸范围向相关资源发送权限申请信息，即申请相关的道岔锁。列车的走行路径仅能延伸至已获得使用权限的资源，若权限申请未获批准，则列车将执行制动操作。

d. 道岔控制：车载走行路径计算模块对申请到的道岔资源进行位置判断，若道岔位置符合列车作业需求则保持，否则向负责该道岔资源的 OC 发送道岔控制命令。

e. 走行路径延伸：车载走行路径计算模块通过判断预延伸范围内的线路资源的权限状态和道岔位置状态，确定列车可驶入的资源范围，据此决定是否进行走行路径延伸。

②地面线路资源管理

地面线路资源管理系统的内部功能模块主要包括 RMC 的资源管理器和 OC 的道岔资源控制模块，其中资源管理器还包括资源状态管理模块和资源安全冲突检测模块。

资源管理器主要用于实现走行路径资源的管理监测功能，其中资源状态管理模块用于实现走行路径资源状态的实时监测以及实现走行路径资源使用权限的登记与注销；资源安全冲突检测模块用于实现走行路径资源的安全冲突检测。

道岔资源控制模块用于实现对道岔资源的动作控制。在执行道岔动作前，需先检查道岔动作条件是否满足安全要求，只有在满足安全条件时才允许道岔执行动作。

(2)面向列车自主运行的线路资源决策

列车走行路径的策定过程涉及列车、地面和资源设备三方，其中列车是决策主体，整个流程包括三个阶段：

①线路资源需求确定阶段。在此阶段，列车通过与地面的 RMC 通信获取前方线路资源的状态参数，由车载系统计算自身走行路径的待延伸范围，并对相关线路资源进行权限申请。

②线路资源权限分配阶段。在此阶段，RMC 结合列车的申请信息与资源的状态参数进行线路资源权限的分配，并将资源权限的授予结果反馈给列车。

③线路资源状态确认阶段。在此阶段，列车对所申请的线路资源进行权限、位置、状态等信息的确认，并在具有线路资源使用权限且设备位置正确的前提下延伸自身的走行路径。

结合上述走行路径决策子系统的功能模块，整个走行路径决策的信息流如图 4-23 所示。

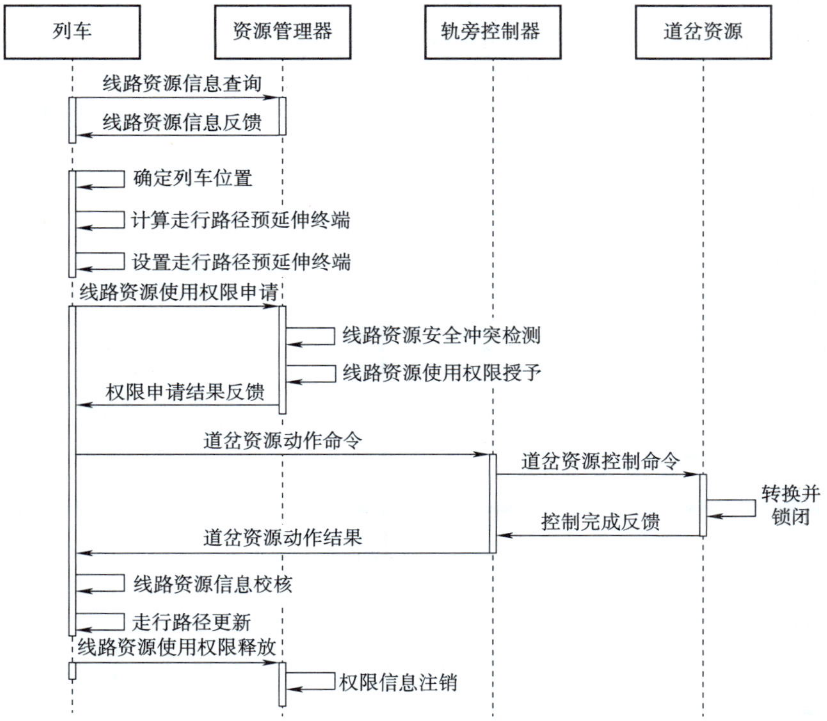

图 4-23 走行路径决策信息流

传统联锁系统采用“进路”机制实现资源权限管理，确保进路范围内的所有资源仅被单一列车占用，防止其他列车进入造成碰撞。这种机制的另一优点是，当列车因不可控因素发生故障停滞在咽喉区时，仅锁定该列车所占用的进路资源，其他可用进路仍能正常使用，有效避免了咽喉区堵塞的情况。列车走行径路自主决策方法摒弃了传统的进路控制模式，转而采用以资源为占用主体的方式。这转变可能会引发隐性冲突：当多列车同时延伸走行范围时，可能产生资源占用的对冲情况。

为避免多列车驶入同一资源范围造成冲突，通过资源锁控制和基于资源权限和占用状态的路径搜索算法来规避冲突。同时，重点考虑了对向道岔对预延伸范围的特殊影响，并专门制定了基于对向道岔的预延伸范围终端确定准则，具体准则如下：

①搜索到第一对向道岔资源前，已搜索到走行计划终点/前方列车，则将走行路径预延伸终端设置为走行计划终点/前方列车包络范围尾部。

②搜索到第一对向道岔资源，若为站场对向道岔且列车还未接近车站，则将走行路径预延伸终端设置为站场入口。

③搜索到第一对向道岔资源，若为站场对向道岔，且列车将要进入车站或已在车站范围内，进一步搜索是否有第二对向道岔资源，搜索到第二对向道岔资源前，已搜索到走行计划终点，则将走行路径预延伸终端设置为走行计划终点。

④搜索到第二对向道岔资源，则将走行路径预延伸终端设置为第二对向道岔的岔后安全防护区资源。

为避免咽喉区因前方列车故障而瘫痪，系统允许后方列车通过对向道岔绕行。为保障这一机制的安全性，制定了特殊规则：列车在驶入第一对向道岔前，必须先获得第二对向道岔的资源权限。这一规则既确保了列车绕行的可行性，又维持了咽喉区运行的安全和效率。示例场景如图 4-24 所示，列车 B 将进站至 5G 进行作业，当前走行路径终端为前方第一对向道岔，所以列车 B 所计算出的待延伸范围终端即为前方第二对向道岔的岔后安全防护区（图中红色虚线范围）。

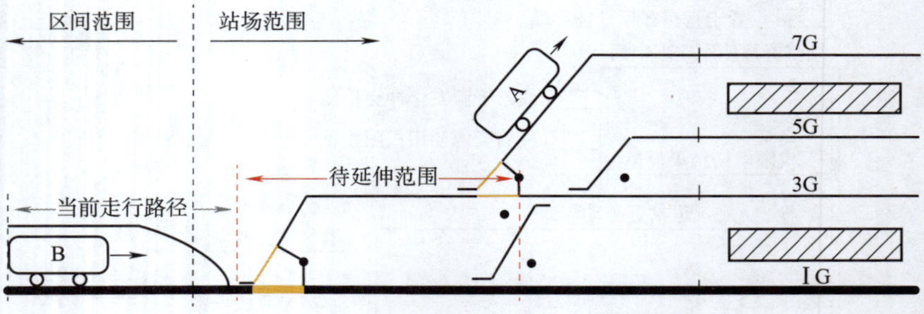

图 4-24　列车待延伸范围计算示意图

(3)面向决策的走行路径实时搜索

常用的径路搜索算法包括 Dijkstra 算法和广度优先搜索（BFS）算法等。这些算法可以找到从起点到终点的路径，但却没有考虑启发式信息，导致搜索效率可能较低。对于大规模轨道交通网络和复杂的动态环境，这种非最优性可能会导致列车行驶效率低下。本小节采用 A^* 算法实现列车走行径路的快速搜索。该算法结合了广度优先搜索和最佳优先搜索的优势，能够更高效地找到从起点到终点的最优路径。

A^* 算法最早是由 Hart 和 Nilsson 提出来的一种面向多节点静态网络模型的最优寻径算法，利用启发式函数 $f(n)$ 估算从当前节点到目标节点的代价。依据启发式估计函数，算法可以优先探索可能通向最优路径的方向，从而提高搜索效率。

估值函数的形式为

$$f(n)=g(n)+h(n) \tag{4-6}$$

式中 $f(n)$——节点 n 的综合路径代价值，一般在拓展下一待考察节点时选取 $f(n)$ 最小的节点；

$g(n)$——从起点到节点 n 的实际路径代价；

$h(n)$——节点 n 到目标节点的估计路径代价，也是估值函数中的启发函数。

A^* 算法具有以下性质，在此假设节点对 (n_i,n_j)，其中节点 n_j 为节点 n_i 的任意一个后序节点。

①一致性

如果启发函数 $f(n)$ 对于任意节点对 (n_i,n_j)，满足：

$$h(n_i)-h(n_j)\leqslant c(n_i,n_j) \tag{4-7}$$

其中，$c(n_i,n_j)$ 表示节点 n_i 到节点 n_j 的边代价，此时称 $h(n)$ 满足一致性，也叫作单调非递减性。

根据式(4-7)中定义，依据 $g(n_j)=g(n_i)+c(n_i,n_j)$，可进一步推导得到 $f(n_i)\leqslant f(n_j)$，以此表明，对于图中搜索到的任意一条可达路径，其任意节点到达目标节点的最小代价估值不会大于至后续节点的边代价与后序节点到达目标节点的最小代价估值之和。

②可接受性

对于启发函数 $f(n)$，若满足：

$$h(n)\leqslant \hat{h}(n) \tag{4-8}$$

则称 $f(n)$ 是可接受的，其中 $\hat{h}(n)$ 表示从节点 n 至目标节点的实际代价。此性质表明，在搜索空间中若存在从起始节点至目标节点的路径，A^* 算法一定能够在有限步内找到最佳路径。

③信息性

对于启发函数 $f(n)$ 来说，最重要的是 $h(n)$ 的确定，因为其携带启发性信息，在满足可接受性的前提下，$h(n)$ 的值越逼近 $\hat{h}(n)$，算法搜索速度越快，所需遍历的节点数也越少，越容易得到最优解。此性质称为 A^* 算法的信息性。

在解决路径搜索问题时，A^* 算法的启发函数 $h(n)$ 一般都采用实值函数的形式，即距离实值。对于本小节建立的走行路径线路资源模型，假设 n_j 为模型路径搜索中的节点，坐标参数为 (x_j,y_j)；n_i 为 n_j 的前序节点，坐标参数为 (x_i,y_i)；n 为当前遍历的节点，坐标参数为 (x_n,y_n)；n_D 为目标节点，坐标参数为 (x_D,x_D)。考虑到在轨道交通应用场景中，由于轨道线路的固定性，角度和横纵坐标的因素不影响列车的路径选择，同时综合 A^* 算法的可接受性和信息性，本小节采取欧几里得距离作为启发函数 $h(n)$，因其能较好地逼近实际轨道距离。对于 $g(n)$ 的选择，本小节采取累加计算的方式，并得到最后的 $f(n)$，即

$$f(n)=\sum\sqrt{(x_i-x_j)^2+(y_i-y_j)^2}+\sqrt{(x_n-x_D)^2+(y_n-y_D)^2} \tag{4-9}$$

$$g(n)=\sum\sqrt{(x_i-x_j)^2+(y_i-y_j)^2} \tag{4-10}$$

$$h(n)=\sqrt{(x_n-x_D)^2+(y_n-y_D)^2} \tag{4-11}$$

由以上的设定可得基于 A^* 算法的列车走行路径搜索算法流程为：

(1)选取符合列车作业方向的资源模型,并检查其路径搜索始终端节点是否有效。

(2)建立待遍历节点记录表 OPEN 和已遍历节点记录表 CLOSED,将搜索起始节点 S 放入表 OPEN 中。

(3)循环操作以下步骤,若表 OPEN 为空或者目标节点在表 OPEN 中则结束算法执行:

①选择表 OPEN 中的第一个顶点 n,将其移出表 OPEN 并移入表 CLOSED;

②拓展顶点 n 的后序顶点移入表 OPEN,并将顶点 n 与这些后序顶点通过指针进行连接,顶点 n 为父节点,后序顶点均为子节点;

③对新加入表 OPEN 中的节点进行占用判定,若该节点在模型中的状态为占用状态则将该节点移除;

④按照定义的 $f(n)$ 计算表 OPEN 中各节点的 f 值并按照从低到高升序排列。

基于 A^* 算法的走行路径搜索算法流程如图 4-25 所示。通过对于 A^* 的调整和设置,最终构建了一套面向列车走行路径的搜索算法流程。

3. 多请求下的资源占用时空冲突检测

目前的轨道交通运行系统中,为了尽可能减少列车延误对总体上层运行计划的影响,一般由调度集中系统(CTC)执行对列车进路计划的监视。对于发生延误而造成的进路计划偏离并产生隐性进路冲突的情况,一般是由调度人员根据列车到达冲突资源的时间先后进行临时调整。调整策略主要包括两种方式:调整进路办理次序,或在保持原定次序下对延误列车进行提前或延后调整。这些策略严重依赖调度人员的经验,缺乏经验的调度可能做出不当决策,进一步扩大延误影响范围。

列车自主运行控制系统以列车为核心,减少了人工干预。在正常运行状态下,列车能够按照既定计划自主计算走行路径和申请资源范围,不会出现资源冲突。但当突发事件导致运行延误时,列车偏离原定计划将不可避免地引发资源竞争,产生隐性冲突。

列车自主运行控制系统中,资源管理方式发生根本转变:由传统联锁的进路管理模式,转变为列车自主逐段申请资源的模式。由于列车无法获知远方资源的权限信息,在持续运行过程中,不同列车的资源申请范围不可避免地出现重叠。这种重叠区域内的资源竞争关系,需要通过明确的权限决策机制来确定资源使用的优先顺序,以保障列车运行安全

以图 4-26 中所示的资源竞争场景为例,列车 B 原为线路 2 运行列车,在下行 5G 执行换端作业,此时 B 已产生运行延误,预从 5G 出发前往线路 1 上行区间运行,其预行路线如图中蓝色箭头轨迹;下行列车 A 为线路 1 上正常运行列车,预从下行区间进站前往 3G 进行作业任务,其预行路线如图中紫色箭头轨迹。假设两列车的任务执行等级相同,不存在必须优先执行的情况,且两列车的作业执行时间靠近,对图中红色虚线框部分的资源产生需求竞争,导致线路资源的时空冲突。

由于车站的设备限制,两列车均无其他平行路线可选,此时需要对产生需求冲突的资源进行权限分配决策。若将红色虚线范围内的资源优先分配给列车 A 使用,可保证列车 A 能按时到达 3G 进行作业,但列车 B 的运行延误将继续扩大;若将红色虚线范围内的资源优先分配给列车 B,可避免列车 B 的运行延误继续扩大,但会一定程度上造成列车 A 的作业延误。

鉴于轨道交通运行的安全需求,同一资源在同一时刻只能供一个列车对象使用,所以无论哪种决策方式都会对列车运行产生影响。在无法避免运行影响的情况下,需要在保证安全的前提下,权衡两种决策方式的优劣,以实现最小化运行影响和最大化咽喉区利用效率。

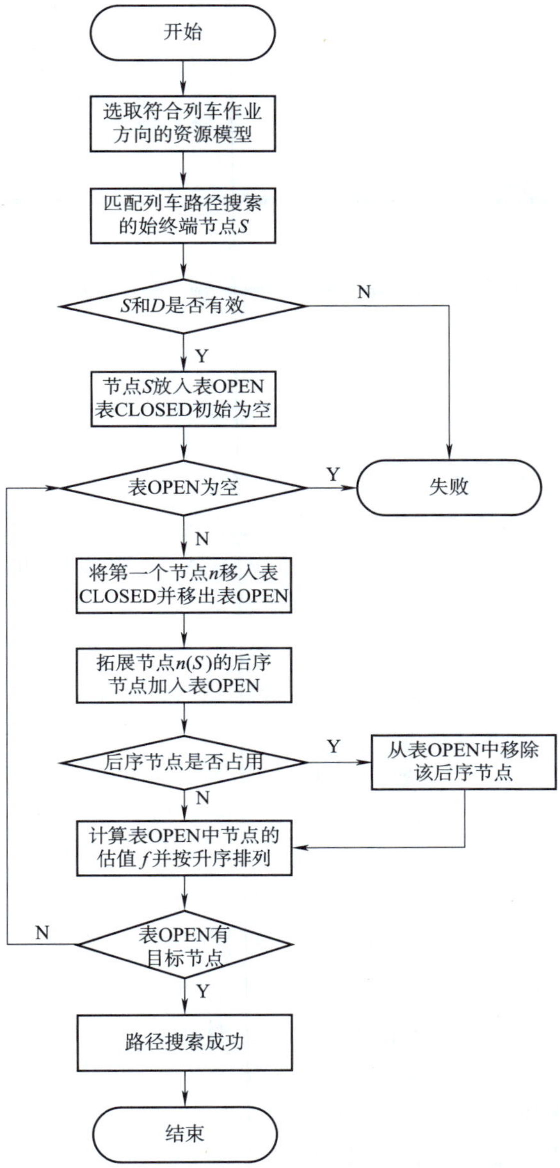

图 4-25 基于 A* 算法的走行路径搜索算法流程

这是解决多请求资源冲突问题的关键。

列车在进行作业时，将根据自身计算的资源申请范围对涉及的资源进行权限征用与锁闭。在权限许可的情况下，列车不断向前步进并释放使用完毕的资源。线路资源冲突体现在时间和空间两个维度。资源冲突的判断需要同时考虑空间维度上哪些资源存在多方需求，以及时间维度上多方需求时间是否重叠。从资源角度分析，空间冲突直接反映在资源的列车请求信息中，时间冲突则通过资源的预计需求时间参数体现。通过对这两个维度进行重叠性检查，可完成资源冲突的检测。

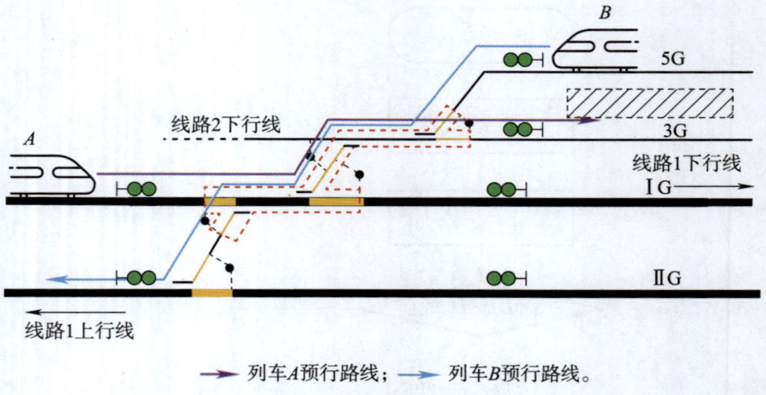

图 4-26　资源竞争下的冲突场景示例

(1)线路资源的时间需求描述

基于4.2.1小节给出的带有时间边权值的线路资源拓扑模型，在此对列车走行路径上涉及的线路资源时间需求进行描述。假设列车 A 对线路资源 e_k 在时间区间 $T_{e_k}^A$ 内有需求，则将 $T_{e_k}^A$ 表达如下

$$T_{e_k}^A=[t_{e_k,\text{start}}^A,t_{e_k,\text{end}}^A] \tag{4-12}$$

式中，$t_{e_k,\text{start}}^A$ 表示列车A预计车头部分驶入资源 e_k 始端的时间点，$t_{e_k,\text{end}}^A$ 表示列车A预计车尾部分驶离资源 e_k 终端的时间点。

考虑到轨道交通资源独占性，资源在同一时间内只能分配给一辆列车使用，所以车尾部分驶离资源 e_k 终端的时间点 $t_{e_k,\text{end}}^A$ 与车头部分驶入资源 e_k 始端的时间点 $t_{e_k,\text{start}}^A$ 存在以下关系

$$t_{e_k,\text{end}}^A=t_{e_k,\text{start}}^A+t_{e_k,\text{run}}^A+t_{e_k,\text{stay}}^A+t_{e_k,\text{clear}}^A+t_{e_k,\text{extra}}^A \tag{4-13}$$

式中，$t_{e_k,\text{run}}^A$ 表示列车 A 在资源 e_k 上的走行时间，取车头进入资源 e_k 至车头离开资源 e_k 的时间差值，为简化求值，可取资源 e_k 的线路限速为速度参照值；$t_{e_k,\text{stay}}^A$ 表示列车 A 在资源 e_k 上的停留时间，一般指因作业任务而停留在股道的时间；$t_{e_k,\text{clear}}^A$ 表示列车 A 的车身完全出清资源 e_k 所需要的时间，取车头离开资源 e_k 至车尾离开资源 e_k 的时间差值；$t_{e_k,\text{extra}}^A$ 表示列车 A 在资源 e_k 上运行时因牵引制动策略导致的额外偏差运行时间。

进一步的，由于线路资源之间是连续的，当前资源的终端就是下一个资源的始端，因此每个资源的车头驶入时间 $t_{e_k,\text{start}}$ 是可以通过时间边权值建立联系，即可表示为

$$t_{e_k,\text{start}}=t_{e_{k-1},\text{start}}+w_{e_{k-1}} \tag{4-14}$$

只需获取列车 A 前方第一个线路资源的始端时间，结合上述时间需求的描述，即可在拓扑模型中表示该列车预申请范围内所有线路资源的时间需求。

(2)基于时空占用的资源冲突判断

基于线路资源时间需求的定义，可以确定列车前方走行路径上各资源的时空需求。由于列车是依据已获得授权的走行路径来运行，因此列车在走行路径上步进的过程可以看作列车逐段占用资源的过程。同时，列车进行预延伸的资源范围也可以视作列车未来需要去占用的范围。可将列车在线路上运行的过程离散分解为对一个个资源的占用过程，从而构

建基于占用事件(Occupation Events)的资源时空需求模型,定义如下

$$O^A=\{(e_k,T_{e_k}^A)\mid k=1,2,\cdots,|e|\} \tag{4-15}$$

式中,O^A 表示列车 A 的占用事件集合,包含其可走行路径和预延伸路径上所有的资源占用事件;$(e_k,T_{e_k}^A)$表示列车 A 对资源 e_k 的占用事件,即列车 A 需要在时间区段 $T_{e_k}^A$ 内对资源 e_k 进行占用;$|e|$表示与走行路径有关的线路资源的总数。

由于线路资源的安全唯一性,资源在同一时间内只能由一辆列车独占,所以可以进一步通过列车占用事件是否发生重叠(重叠性检查)来判定是否有线路资源产生了冲突。

列车资源使用冲突的宏观判断依据 $\Omega_{A,B}$ 为

$$\Omega_{A,B}=\begin{cases}0,O^A\cap O^B=\varnothing\\1,O^A\cap O^B\neq\varnothing\end{cases} \tag{4-16}$$

式中,$\Omega_{A,B}=0$ 表示两列车不存在资源的时空冲突,$\Omega_{A,B}=1$ 表示两列车在未来存在资源的时空冲突。

线路资源 e_k 处发生资源使用冲突的微观判断依据为

$$T_{e_k}^A\cap T_{e_k}^B\neq\varnothing \tag{4-17}$$

即两列车对资源 e_k 的预计需求时间区段存在重叠,构成时空冲突。

4. 基于合作博弈的资源占用冲突化解方法

博弈论根据关注点(个体利益或整体利益)可分为非合作博弈和合作博弈。为避免过分追求单列列车效益而影响其他列车运行计划,选择合作博弈模型更符合追求整体效益的目标。

合作博弈模型的重点在于首先保证博弈参与者自身的收益最大化,其次关注整体收益的期望最大化,即加入合作联盟的收益应高于个体独立收益。通过合作博弈所产生的额外收益,需要根据一定的规则分配给联盟中的各个成员。目前 Shapley 估值分配定理应用较为广泛,因此本小节选择 Shapley 估值定理进行博弈决策。

(1)Shapley 估值定理

Shapley 估值定理基于参与者在不同规模联盟中的边际贡献来分配整体收益。个体获得的额外收益与其贡献度正相关,通过该定理计算得到的收益分配指标称为 Shapley 值。对于 Shapley 值的计算表达式定义如下,在此假设向量 $X=\{x_1,x_2,\cdots,x_n\}$为模型计算得到的一组解,若满足式(4-18),则该组解即为 Shapley 值

$$x_i=\frac{1}{n!}\sum_{S\subseteq N\backslash i}|S|!\ (|N|-|S|-1)!\ [v(S\cup\{i\})-v(S)] \tag{4-18}$$

式中,N 表示不含参与者 i 的联盟子集;$v(S\cup\{i\})-v(S)$表示对于联盟 S 若加入参与者 i 所产生的边际贡献量;$|S|!$ 表示联盟 S 所有可能的次序排列组合。

(2)模型优化目标

在处理咽喉区的资源冲突问题时,联盟总运行成本等于各参与者运行成本之和,其 Shapley 值反映了各参与者对联盟成本的贡献度。规定 Shapley 值越小的参与者需承担的运行成本越少,其对咽喉区的运行安全与效率贡献越大。

将资源冲突化解问题从追求最大运营收益转化为寻求最低运行成本,并在博弈周期内基于 Shapley 估值定理寻找最优方案。假设 $\varphi_i(s_1,s_2,\cdots,s_n)$是列车 i 在策略集合$(s_1,s_2,\cdots,s_n)$下所计算得到的运行成本,则在整个博弈交互过程中各博弈列车所创造的运行成本集合为

$\boldsymbol{\phi}=[\varphi_1,\varphi_2,\cdots,\varphi_n]$。

其中，

$$
\varphi_i=p_i q_i^{\mathrm{T}}
$$
$$
p_i=\frac{|S|!\ (|N|-|S|-1)!}{n!} \tag{4-19}
$$
$$
q_i=v(S\cup\{i\})-v(S)
$$

以此为基础，构造具有约束的多目标优化问题，实现最低运行成本，并确定优化依据为

$$
(s_1,s_2,\cdots,s_n)=\operatorname{argmin}\sum_{i=1}^{n}\varphi_i(s_1,s_2,\cdots,s_n) \tag{4-20}
$$
$$
\text{s. t.}\ \ 1\leqslant s_i\leqslant n, i=1,2,\cdots,n
$$

在轨道交通运行中，同站作业列车的数量有限，且因竞争同一资源造成冲突的列车组合规模不大。因此，可通过列举所有可能的列车使用次序，计算各组合的总运行成本，从而确定最佳化解方案。

(3)资源冲突化解的算法设计

基于上述博弈模型特征函数和优化目标，针对多请求下的走行路径资源冲突化解问题的要素汇集如下

$$
\begin{cases}
\text{博弈列车}: G=\{\text{Train\_1},\text{Train\_2},\cdots,\text{Train\_}n\} \\
\text{策略集合}: S=\{\text{优先级 1},\text{优先级 2},\cdots,\text{优先级 }n\} \\
\text{收益}: R_1=v_1(S), R_2=v_2(S),\cdots,R_n=v_n(S)
\end{cases} \tag{4-21}
$$

在资源冲突化解过程中，设计准点性(f)、效率性(g)和安全性(h)三个特征指标函数，共同构成博弈列车的收益特征函数：

$$
\begin{cases}
v(\varnothing)=0 \\
v(\{i\})=\alpha f(S_i)+\beta g(S_i) \\
v(\{i,j\})=(\alpha f(S_i)+\beta g(S_i)-\gamma h(\Delta T_{ij}))+(\alpha f(S_j)+\beta g(S_j)-\gamma h(\Delta T_{ij})) \\
v(\{i,j,k\})=(\alpha f(S_i)+\beta g(S_i)-\gamma h(\Delta T_{ijk}))+(\alpha f(S_j)+\beta g(S_j)-\gamma h(\Delta T_{ijk})) \\
\qquad\qquad +(\alpha f(S_k)+\beta g(S_k)-\gamma h(\Delta T_{ijk})) \\
\cdots \\
v(\{N\})=(\alpha f(S_i)+\beta g(S_i)-\gamma h(\Delta T_N))+(\alpha f(S_j)+\beta g(S_j)-\gamma h(\Delta T_N)) \\
\qquad\qquad +\cdots+(\alpha f(S_n)+\beta g(S_n)-\gamma h(\Delta T_N))
\end{cases} \tag{4-22}
$$

结合合作博弈模型和列车自主走行路径搜索算法，基于 Shapley 估值定理的多请求下资源冲突化解的决策过程如图 4-27 所示。

该决策算法具体执行过程描述如下：

步骤 1：在线列车依据走行路径搜索算法确定符合自身作业需求的预走行路径。

步骤 2：对各列车申请的资源进行冲突判断(重叠性检查)，若不存在时空冲突，则按列车到达资源的时间先后分配权限；若存在时空冲突，则进入步骤 3，进行合作博弈并确定资源冲突化解策略。

步骤 3：采用合作博弈求解资源冲突化解方案，首先计算所有竞争当前资源的博弈列车

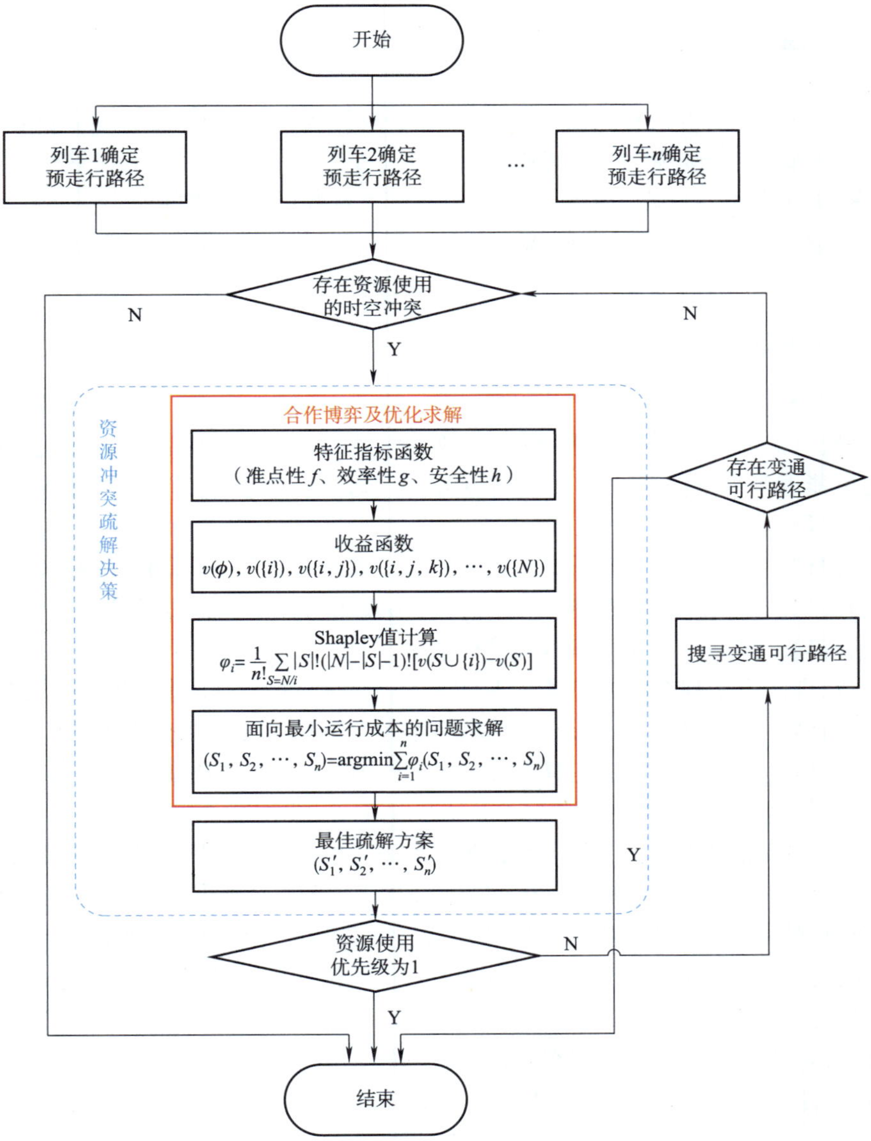

图 4-27　基于合作博弈的资源冲突化解决策过程

的三个特征指标函数 f、g、h，得到不同联盟规模下的收益（运行成本）；其次计算博弈列车的 Shapley 值；最终遍历所有可能的资源使用次序组合，计算各联盟总收益（运行成本）。

步骤 4：选择运行总成本最小的方案作为资源冲突化解方案，并将资源的权限授予资源使用优先级最高的列车。

步骤 5：未拿到资源授权的博弈列车再次通过走行路径搜索算法搜索是否有其他变通可行路径，若存在则转回步骤 2；若不存在则保持当前预走行路径，进行共享锁的申请或等待前方授权资源的权限释放。

步骤 6：当不存在未授权资源的竞争需求时，算法结束。

4.3 列车运行动态调控

轨道交通是现代城市交通的核心组成,直接影响居民出行质量。然而,系统运行常受信号故障、道岔问题、设备故障、天气影响和突发事件等多种干扰因素影响。这些干扰可能引发列车延误、拥堵及安全隐患。如何在复杂多变的干扰环境中有效调控列车运行,提升效率和安全性,已成为运营管理的关键挑战。本节将重点探讨延误传播与消散、故障与应急辅助决策两个核心问题。

4.3.1 延误传播与消散机理

1. 延误传播机理

延误是轨道交通运营中的常见现象。当发生干扰事件时,不仅直接导致受影响列车产生延误,还可能由于列车间关联性和线路资源占用限制,使延误从前行列车传播至后续列车,形成连带延误效应。

列车延误传播是指由于受到行车约束导致延误作用于目标列车和其他相关列车从而引发一系列延误的产生,使得延误在路网中发生传播现象。列车延误传播具有 3 个要素:

①初始延误。即一个延误传播链路的传播源。

②行车约束。由于列车对轨道等资源的占用具有时间和空间的限制,列车将按某种时序运行,因此在发生初始延误后,行车约束将可能引起后行列车连带延误的产生。

③传播方向。列车延误传播是具有方向的,延误经由车站在列车之间进行传播,经由列车在车站之间传播。

列车延误传播是初始延误引起一系列连带延误,并在整个路网中引起连锁反应的传播现象。列车延误传播的本质是一种延误的关联关系:基于车站维度,延误通过行车约束传播给后行列车,该传播方式称为横向延误传播;基于列车维度,延误随着列车开行传播给下游车站,由此将延误传播扩散至全线路,该传播方式称为纵向延误传播。

(1)横向延误传播

横向延误传播刻画了由一列列车将延误传播给其他列车的过程。如图 4-28 所示,列车 T_1 在车站 S_2 发生延误,受到列车之间最小间隔时间的限制,列车 T_2 和 T_3 相继发生延误。

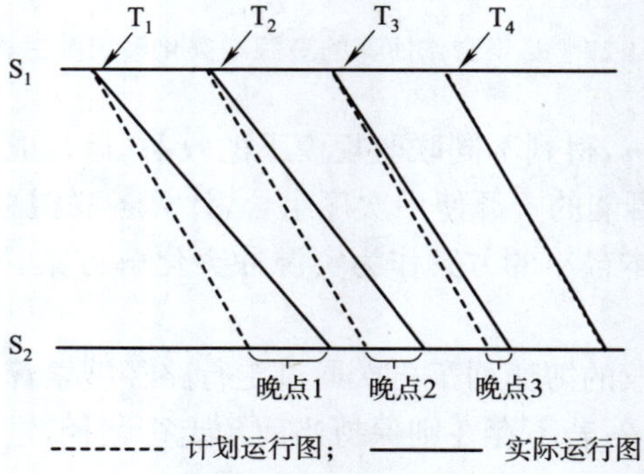

图 4-28 横向延误传播

(2)纵向延误传播

纵向延误传播刻画了由一列列车将延误传播给下游车站的过程。如图 4-29 所示,列车 T_5 在车站 S_2 发生初始延误,并随着列车开行,列车在下游车站 S_3、S_4 相继发生延误。

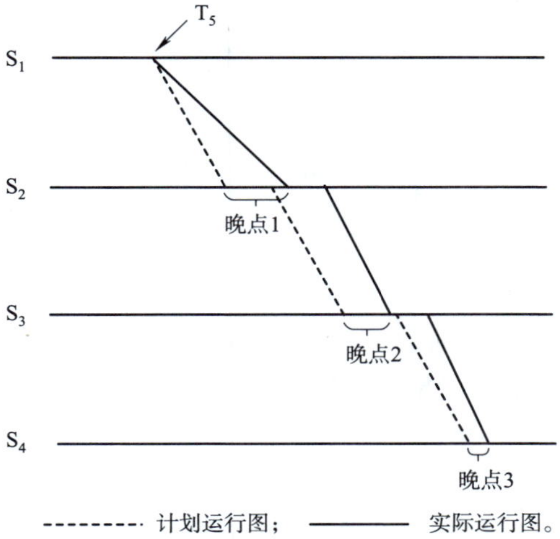

图 4-29 纵向延误传播

影响延误传播的因素很多,主要包括路网的拓扑结构,行车约束以及运行图的缓冲时间,具体的:

①路网拓扑结构。静态路网拓扑决定了运输能力,如车站咽喉区是运输能力的瓶颈,车站股道数提供了资源利用和列车调整的空间。

②行车约束。为了确保列车在车站作业和区间运行的安全,新增的行车约束在一定程度下会降低线路通过能力,如在发生延误传播时,后行列车需要增加线路资源使用的额外等待时间,将进一步加剧运行延误。

③缓冲时间。主要包括区间缓冲时间和车站缓冲时间。缓冲时间是列车发生延误后可以被利用进行延误恢复的调整资源,在一定程度上能吸收延误造成的影响。

由于列车运行过程中受到的扰动具有随机和偶发特性,延误传播过程并不是单一扰动因素作用下的结果,其具有扰动累积和动态变化的特点。因此,延误传播过程的本质是影响延误程度增加和减少的因素之间的动态博弈。如图 4-30 和图 4-31 所示,Δ_1^t、Δ_2^t 分别为横向延误传播过程中前行列车和后行列车的延误时间,Δ_1^s、Δ_2^s 分别为纵向延误传播过程中列车在上游车站和下游车站的延误时间。沿不同的延误传播方向,延误传播过程均有可能呈现出 3 种结果:增晚传播、等值传播、恢复传播。

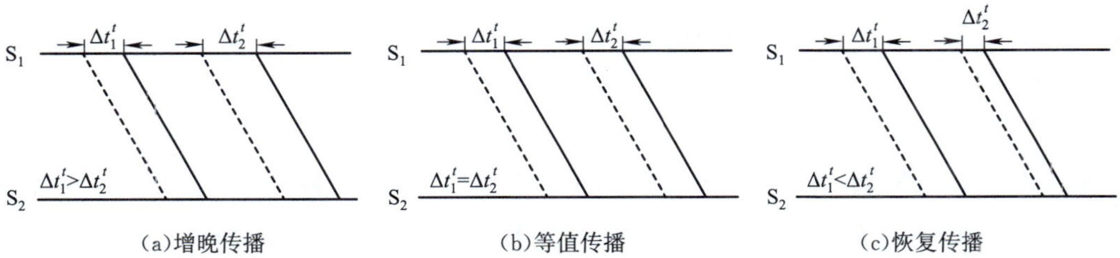

图 4-30 横向延误传播类型

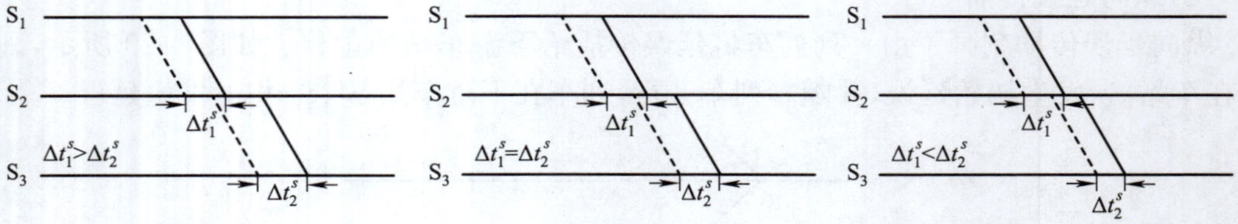

(a)增晚传播 (b)等值传播 (c)恢复传播

图 4-31 纵向延误传播类型

2. 延误类型

列车延误是一种“状态”描述，是列车运行过程中受到扰动后出现的与图定时刻表发生时间偏移的结果。根据延误的传播效应，可以将列车延误分为 4 类。假设列车 T_1、T_2、T_3 是按照计划运行顺序的 3 列列车，将分别在车站 S_1、S_2、S_3 完成停站或通过作业，在该运营场景下，分别给出 4 种延误类型描述。

(1)初始延误

初始延误是由列车运行过程中的延误致因事件直接造成的列车延误。该延误不源于其他延误列车的影响。值得注意的是，初始延误的产生并不一定导致延误传播，但其共性均为车站维度的始端延误事件。为了区别始端延误是否产生延误传播，特将构成延误传播的始端延误称为初始延误。如图 4-32 所示，列车 T_1 在车站 S_2 发生延误，并由于传播效应造成列车 T_2、T_3 在车站 S_2 发生延误，因此将列车 T_1 在车站 S_2 的延误事件定性为初始延误。

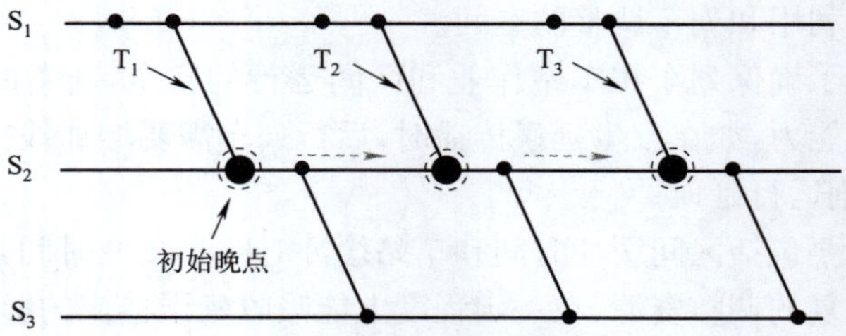

图 4-32 初始延误

(2)连带延误

连带延误是指列车在运行过程中受到初始延误后在传播效应的影响下造成的延误。受到传播效应影响，列车在车站维度形成一组延误事件序列，将初始延误后的延误事件称为连带延误。进路冲突与排队等待是发生列车连带延误的主要原因。如图 4-33 所示，列车 T_1 在车站 S_2 发生初始延误，并由于传播效应造成列车 T_2、T_3 在车站 S_2 发生延误，因此将列车 T_2、T_3 在车站 S_2 的延误事件定性为连带延误。

(3)零散延误

相较于初始延误，零散延误同样是由列车运行过程中的延误致因事件直接造成的列车延误，区别是零散延误并未构成延误传播。如图 4-34 所示，列车 T_1 在车站 S_2 发生延误，列车 T_2、T_3 未发生延误，因此将列车 T_1 在车站 S_2 的延误事件定性为零散延误。

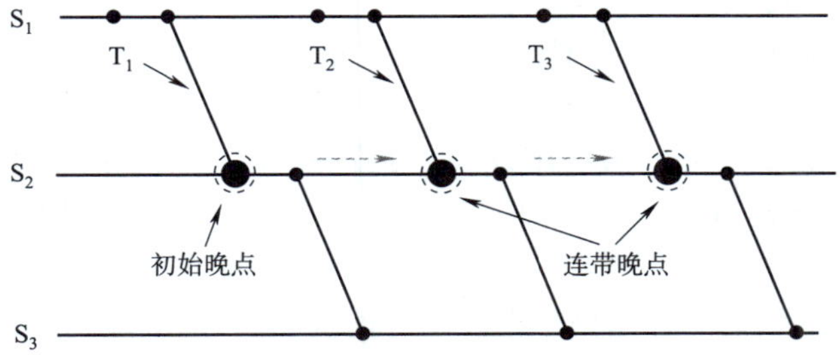

图 4-33　连带延误

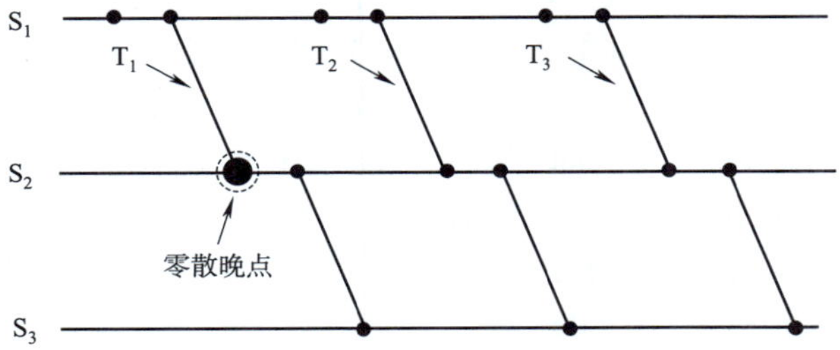

图 4-34　零散延误

(4)调整延误

调整延误是由列车调度导致列车接发顺序发生变动引起的延误。在实际运营过程中，调度指挥工作人员依据自身经验人工调图，改变列车在车站的接发车顺序，在该过程中导致的延误存在非自然演变的特点。如图 4-35 所示，车站 S_2 的图定接发车顺序为列车 T_1、T_2、T_3，实际接发车顺序为列车 T_2、T_1、T_3，即列车 T_2 被提前接车，列车 T_1 被推迟接车。若列车 T_1、T_2、T_3 均发生延误，认为列车 T_1、T_2、T_3 在车站 S_2 的延误事件定性为调整延误。

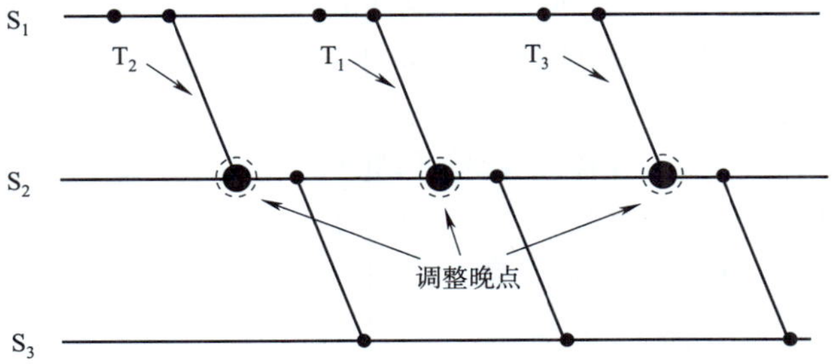

图 4-35　调整延误

3. 延误消散机理

列车延误消散是指发生延误传播后的恢复过程。我国轨道交通线路依照“按图行车”的基本原则，即列车必须严格执行调度中心制定的行车计划。由于列车正点是调度质量的重要考核指标，因此轨道交通调度总是期望通过行车组织的方式将列车从延误状态恢复至正点运行，按照是否变更列车到发顺序可以分为两种类型，即未变更列车到发顺序的行车调度和变更列车到发顺序的行车调度。

(1)未变更列车到发顺序的行车调度

未变更列车到发顺序的行车调度是利用单列车运行过程中的缓冲时间进行调度的方式。缓冲时间由区间缓冲时间和车站缓冲时间两部分组成。具体来说：

①区间缓冲时间。为了吸收或缓解延误造成的影响，提高列车的正点率，通常在列车图的编制环节会加入列车运行的冗余时间，使列车在线路区间上的计划运行时间大于最小运行时间。欧洲国家在运行图编制过程中通常依据列车速度对区间缓冲时间进行取值，取值范围为列车走行时间的3%～7%，列车在区间的速度越大，其缓冲时间的比例越大。

②车站缓冲时间。车站缓冲时间可以用于多种延误场景，如列车受外部环境影响导致实际速度低于计划运行速度从而导致发生延误时，车站缓冲时间可以有效提升对延误的容忍能力；在一些大型车站，客流量较大，停站时间可能会超出计划时间，此时车站缓冲时间可用于站停补偿；此外，车站缓冲时间的引入还可以为列车调整提供时间余量。

缓冲时间能起到预防初始延误产生和限制延误传播的作用，但是会对旅行速度和车站通过能力造成一定程度的影响，因此缓冲时间的设置需要权衡效率与安全。在发生初始延误后，行车调度可以利用经由车站和区间的缓冲时间，降低连带延误的影响，进而缩小延误传播的时空范围。若列车的实际到发顺序与计划相同，则认为是未变更列车到发顺序的行车调度。

(2)变更列车到发顺序的行车调度

变更列车到发顺序的行车调度是指在列车运行紊乱时调度人员通过对列车到发顺序进行重新规划的调度方式。仅依靠缓冲时间难以有效恢复，原定的列车到发顺序可能无法实现线路资源的高效利用。此时，调度人员需要基于调度规则制定新的列车接发作业方案，以优化资源配置。

①调度规则。对于不同等级列车：原则上认为低等级列车不得引起高等级列车连带延误；高等级列车在必要时可接受低等级列车一定程度的连带延误。对于相同等级列车：原则上正点列车优先，延误列车后行；列车按照最早可能出发时间顺序出发；部分有特殊需求的列车可优先排列。对于跨线列车：原则上调整优先级高于本线列车。

②调度措施。主要措施为变更列车到发顺序和变更列车到发时刻，在特殊情况下也可采取如改变车站行车方式，变更到发线使用等措施。

变更列车到发顺序的行车调度是调度员基于调度规则采取调度措施以实现对列车延误态势进行主观调控的调度方式。相较于依赖于缓冲时间的未变更列车到发顺序的行车调度方式，该调度方式能提高线路资源的利用率，但由于其调度过程中引入了复杂的人为干预，变更列车到发顺序的行车调度在一定程度上存在不可预知的特点。

4.3.2 列车运行调控模型

列车运行调控模型是一类数学或计算机模型，旨在模拟和优化轨道交通运输中的列车运行情况。这些模型综合考虑了列车运行的物理特性、信号系统、线路状况等多个要素，运用数学算法和仿真技术对各种调度与控制策略进行数字化和模型化，从而实现对列车状态的精准预测、规划和优化。通过这一方法，模型能够有效解决运行计划中的实时冲突和潜在延误，提高轨道交通系统的运行效率与安全性。

1. 调控目标

列车运行调控模型的核心在于设定明确的调控目标，以引导系统运行并达到最佳效果。

这些调控目标旨在多个层面上提升列车运行的质量和效率。目前常用的调控目标按照出发点的不同可以划分为如下三类调控目标。

(1)准时性调控目标

准时性优化目标致力于确保列车按照预定计划准时到达和离开各个站点。系统需要通过合理规划列车在各车站的到达时间和出发时间,灵活运用预留的冗余能力以及列车之间的越行关系,实现突发事件下的动态调整。具体量化指标包括首末站总延误时间、实际运行计划与原始运行计划的偏差、列车准点率、运行计划兑现率等。

(2)能源效益调控目标

能源效益优化目标重点在于通过优化列车运行参数降低系统的能源消耗,提升系统的可持续性。系统需要通过调整列车的运行速度和能量回馈制动效率,制定最优速度控制曲线以满足运行时间要求。具体的量化指标包括列车再生制动率、牵引总能耗、单位能耗运输效率等。

(3)乘客服务调控目标

在城市轨道交通系统中,由于车厢席位为现售且乘客流动性较大,优化目标同时关注乘客在乘车过程中的微观体验。这些目标具体包括车厢拥挤度、站台等待时间和换乘信息的准确性等。优化的核心在于提升乘客的实时出行体验,相关的量化指标包括列车的平均载客率、站台的平均等待时间及乘客换乘等待时间等。

2. 基本策略

轨道交通系统中的列车运行常常会受到不同程度的延误影响。为有效应对这些延误,调度员需根据具体情况制定灵活的调整策略。尽管可采用多种调整策略,如增减列车和加开备用车等,本小节主要关注在原始运行计划框架内进行的调整措施。在不增加额外资源的前提下,重点分析这些调整策略对恢复线路通行能力和减少延误传播的直接影响。这些调整措施包括赶点运行、扣车、跳停和变更交路等策略。

(1)赶点运行策略

赶点运行策略是轨道交通日常运营中广泛采用的一种运行调整策略,通常在列车延误时间较短的情况下使用。图 4-36 中展示了赶点运行策略的基本原理。

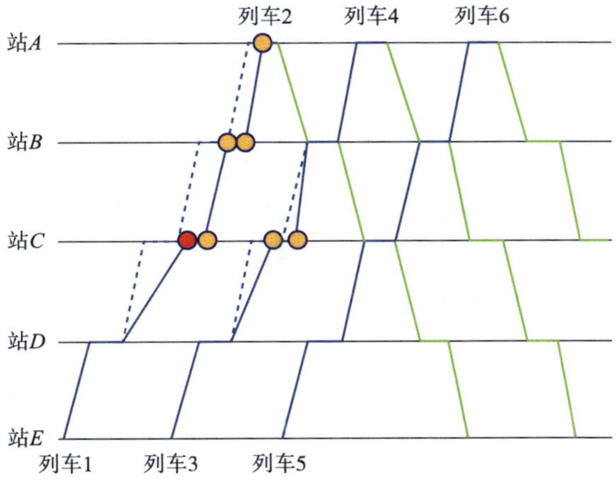

图 4-36　延误列车赶点运行示意

从线路通行能力补偿的角度来看，赶点运行策略通过提高列车区间运行速度、减少车站停站时间和缩短运行间隔等方式，能够迅速弥补因列车延误导致的通行能力不足，使得线路通行能力得以快速恢复。这种策略在短时间内有效补偿了缺失的线路通行能力，从而保证了整体运行计划的准时性。

然而，赶点运行策略在应对较长时间延误时，其通行能力补偿效果往往非常有限。单纯依靠提高运行速度和减少停站时间，可能会带来安全性和服务质量的下降。因此，当列车发生较长时间延误时，通常需要结合其他非常规调整策略，以全面补偿线路通行能力的不足，确保整个轨道交通系统的运行效率和稳定性。

(2)扣车策略

当列车面临较长时间延误时，调度员可采取扣车策略，让列车在车站临时停留，以确保区间运行安全，避免列车在区间内被迫停车。扣车策略的实施原理如图 4-37 所示，其中列车 1 在站 C 发生了初始延误。

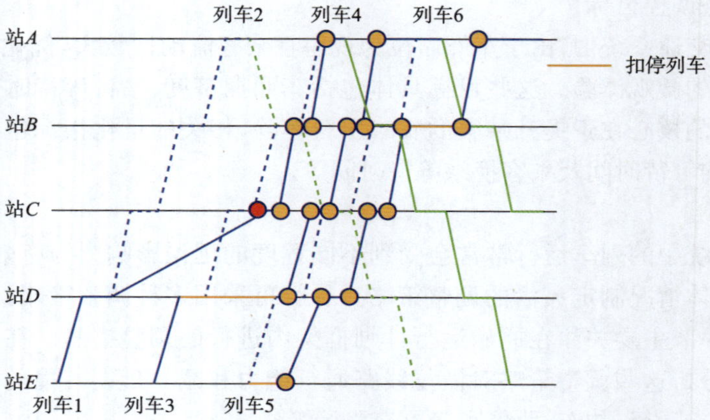

图 4-37　延误列车扣停示意

在实施扣车策略时，调度人员需要综合考虑延误影响程度、车站股道占用等因素。当初始延误超过一定阈值时，调度员会对后续列车采取扣车策略，通过适当延长后续列车在相应站点的停站时间，避免列车因无法及时进站而在区间内滞留。例如，通过延长列车 3 在站 D、列车 5 在站 E 和站 B 的停站时间，确保前方线路资源具备通行条件后再安排列车离站，从而避免运行冲突。

从安全角度来看，扣车策略通过延长部分列车的停站时间，确保列车之间的作业间隔得到有效维护。尽管扣车策略在确保作业间隔和提升安全性方面表现出色，但它也会暂时降低线路的通行效率。因此，在实施扣车策略时，需要在保证安全的前提下，综合考虑其对乘客体验和整体运营效率的影响，找到最优的调整方案。

(3)跳停策略

跳停策略是指列车经过某车站时不停车，直接通过该站。图 4-38 展示了该调整策略的实施案例，其中列车 1 在站 C 发生了初始延误。当该列车的延误超过了一定时间时，调度人员即可考虑对后行列车实行跳停策略。

从线路通行能力补偿的角度来看，跳停策略能够显著提升线路的通行能力。通过减少

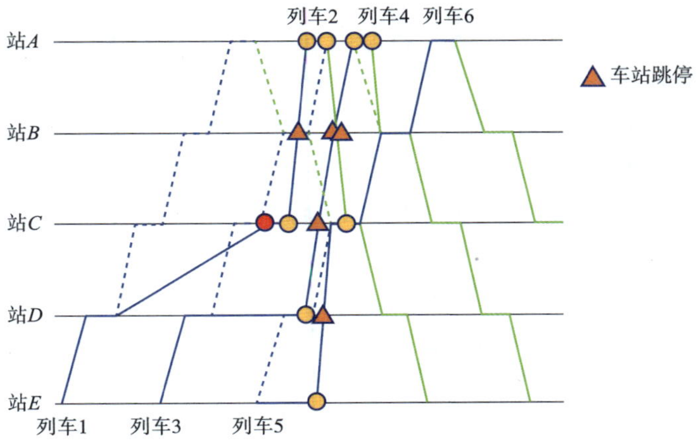

图 4-38　延误列车跳停运行示意

列车的停站次数和停站时间,列车可以更快速地通过受影响区段,从而有效弥补延误造成的通行能力损失。这种策略不仅加快了延误列车的运行恢复速度,还优化了线路资源的整体利用率。

然而,跳停策略也带来了一些问题。由于跳停可能会增加站台乘客的候车时间,并延长那些终到站被跳停的乘客旅行时间,因此在实施该策略时,必须提前告知乘客并做好疏导工作。需要在提高线路通行能力和保障乘客服务体验之间找到适当的平衡,确保系统在实施跳停策略时能够尽可能维持高水平的服务质量。

(4)变更交路策略

在列车发生较长时间延误或某区段发生故障以至于无法通行的情况下,可以考虑变更交路策略。图 4-39 展示了该调整策略的实施效果,其中列车 1 在发生较长时间延误后,放弃从原计划的站 A 折返,转而在具备折返条件的站 B 提前进行折返并接续反向列车 2,而避免延误向后续运行计划传播。

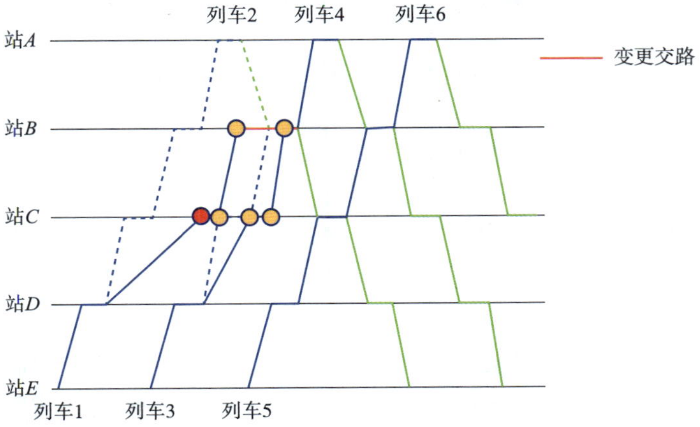

图 4-39　延误列车变更交路示意

从线路通行能力补偿的角度来看,变更交路策略展现出显著的优势。通过在中间站提前折返，延误列车能够迅速脱离受阻区域，恢复正常运行。该调整策略不仅能有效减少延误对系统整体的连锁影响，还能缩短系统的恢复时间。通过合理选择折返站，还可以最大限度地优化线路资源的利用效率，保持系统局部路段的通行能力。

然而，在选择临时折返站时，必须考虑其对整体线路和乘客的影响。特别是在折返可能影响到的车站，需提前告知乘客，并实施有效的疏导和服务调整，以减轻因折返造成的行程不便。同时，还需综合权衡临时折返的频率，以确保调整策略的实施既能提升系统的通行能力，又能最大限度地维持乘客服务的质量。

3. 求解方法

图 4-40 展示了非正常情况下列车运行计划调整的核心思路。当发生非正常事件时，系统迅速调用后台存储的列车、车站、区间等多源信息，并结合历史和实时数据，通过列车智能调整方法对运行计划进行优化。优化结果输出至调度台后，经过人工确认和调整，形成最终的处置时刻表，以维持路网的良好运行状态。

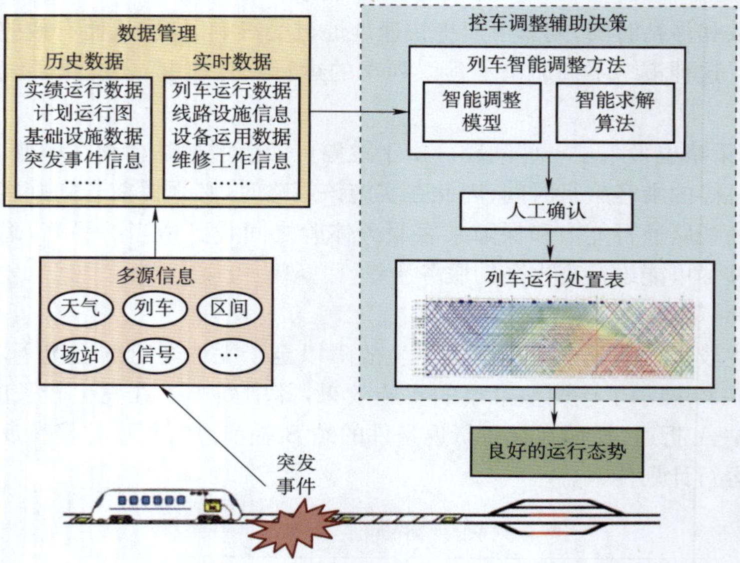

图 4-40　非正常情况下动态调控方法应用架构

图 4-40 中涉及的列车调整智能模型按照使用方法的不同可分为四大类：

(1)数学规划方法：专注于在有限资源条件下做出最优决策。在轨道交通调控中，数学规划通过数学建模和优化技术，明确定义调度问题的优化目标。通过考虑列车运行的物理特性、信号系统、线路情况等多方面因素，将问题抽象为决策变量和约束条件的组合。该方法具有建模准确、计算可控、适用性广等特点。

(2)模拟仿真方法：通过构建系统模型和事件仿真，对干扰事件下的运行图执行过程进行模拟。该方法能够快速评估不同策略效果，为情景分析和决策提供辅助。虽然在复杂问题中可能无法提供最优解，但适用于系统行为可视化和调度方案初步评估。

(3)专家系统方法：利用专家经验和知识库，构建一套规则和推理机制来辅助决策。该方法通过形式化专家知识处理常见或固定情况，为决策提供指导。该方法在处理规律性事件时表现优异，但面对复杂多变的大扰动事件时可能存在知识获取和表达不充分的局限。

(4)智能计算方法：包括机器学习、深度学习和遗传算法等人工智能技术。该方法通过学习历史数据和处理实时信息做出决策，具有较强的自适应能力，适用于大规模数据处理和对复杂系统的高度自适应需求，但在可解释性上存在不足。

综上所述，这四类模型方法在列车运行调控中各具特点，可根据实际情况选择单一方法或采用多种方法的组合应用，从而更好地满足轨道交通系统的调度需求。

4.3.3 扰动下动态调控方法

在列车运行过程中，各种不可避免的扰动因素不断对系统产生影响，这些扰动因素主要分为大扰动和小扰动两大类。小扰动主要是由列车运行中的正常波动和自然误差引起的，例如区间开行速度的正常波动、到达车站报点时间的自然误差等。相对而言，大扰动则是由人为原因、设备原因、环境原因、管理原因等导致的非正常行车情况，可能引发更大范围的列车延误问题。针对这两类不同性质的非正常情况，需要采取差异化的动态调控策略。下面将以图4-41为例，详细说明扰动状态下的动态调控方法。

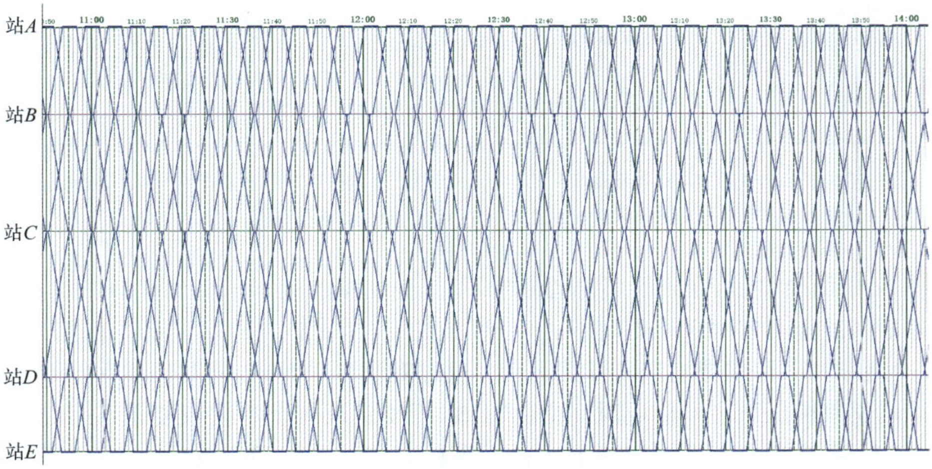

图4-41 计划运行图示例

1. 小扰动下的ATO自动调控

针对小扰动事件，现代轨道交通系统引入了自动列车运行系统(automatic train operation，ATO)。该系统通过计算机控制和传感器技术实现列车的自动驾驶，能够根据小扰动情况自动调整运行曲线，实现自动贴图调整，从而有效应对小扰动带来的影响。具体来说，针对小扰动事件，ATO系统的自动贴图调整过程包含以下重要环节：

①实时数据监测：通过传感器和监测设备实时采集列车的速度、位置、到站时间等运行数据。

②预测和优化：采用智能算法和优化模型，基于实时数据预测列车运行状况，分析和预测区间速度波动、到站时间误差等小扰动的影响。

③贴图调整策略：根据预测结果制定调整方案，包括微调运行速度、调整发车间隔、优化

停站时间等，以应对作业时间的变化。

④自动化执行：系统自动将调整策略应用于运行图，并针对实时情况动态调整列车的发车时刻、速度和停车时间等参数。

⑤监控和反馈：系统将持续监控调整后的运行情况，当出现异常或不符合预期时及时反馈，便于人工干预和优化。

通过上述自动贴图调整过程，ATO 系统能够准确应对小扰动事件，有效降低其对列车运行的影响，减少列车延误。图 4-42 展示了一个具体实例：当某列车在车站 B 发生 2 min 延误时，系统通过压缩区间运行时间，以及同步压缩区间运行时间和车站停站时间两种方式进行调整后的运行图。

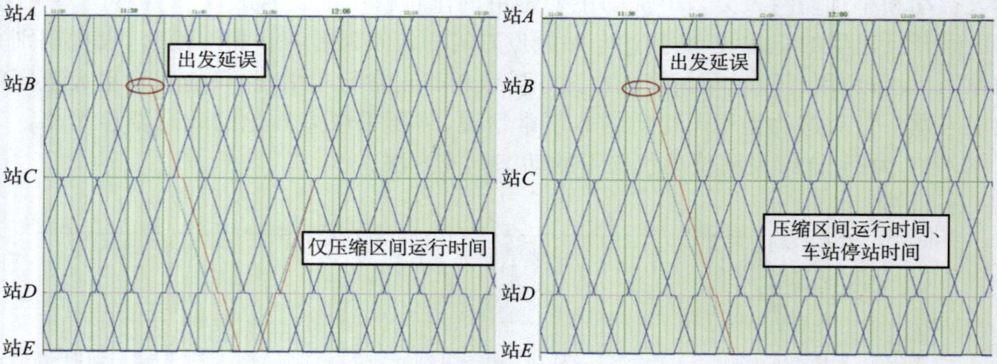

注：蓝线表示调整后的与计划作业相同的运行线，红线表示调整后的与计划作业不同的运行线。

图 4-42　小扰动下的 ATO 自动调控结果

图 4-42 中结果显示，在延误事件的影响下，其他列车的运行未受到显著影响，其延误时间能够逐渐恢复至正常水平。得益于 ATO 系统的支持，受影响的列车能够通过压缩剩余运行区段的作业时间，可以快速恢复计划运行。通过对比可以发现，同时压缩区间和车站作业时间的策略比单纯压缩区间作业时间更为有效，能使延误列车更快恢复正点运行。这充分体现了 ATO 系统在应对不同规模的小扰动事件时的灵活性和高效性。ATO 系统的应用不仅有效减轻了人工调度的负担，实现了列车运行的自动化和智能化，还为乘客提供了更优质的出行体验，有效保障了轨道交通系统的稳定运行。

2. 大扰动下的辅助调控

当发生大扰动事件时，仅依靠 ATO 系统的自动调节功能无法完全恢复列车运行计划。在这种情况下，需要根据具体的事件场景采用特定的调度策略，以迅速疏解事件影响。虽然轨道交通运营管理部门已针对各类突发事件制定了应急预案，但在大规模扰动事件发生时，若仅依靠人工方式调整运行图，将面临巨大挑战。

在大扰动事件发生时，调整原有运行计划的核心任务是重新规划各列车对线路资源的占用时间和占用次序，必要情况下可通过取消部分运行计划，以实现快速恢复正常运营的目标。假设将列车对每个资源的占用过程抽象为到达事件和出发事件，将列车在线路资源的位移过程抽象为一系列活动。通过构建一个由事件和活动组成的网络 $N=(E,A)$（图 4-43），可以清晰地描述所有列车在线路上的运行过程。

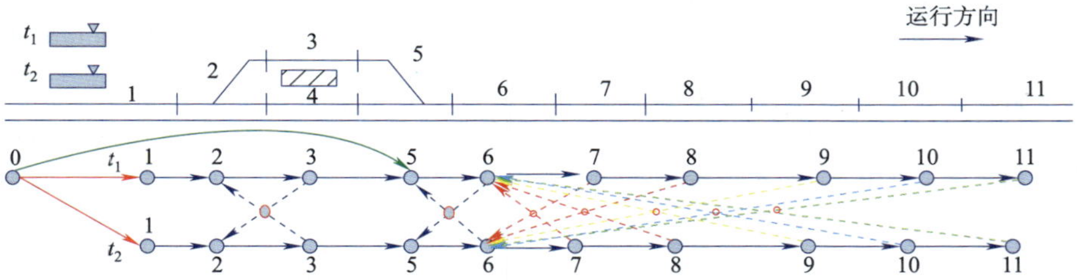

图 4-43　基于“活动—事件”网络的列车运行行为刻画

进一步规定各个资源点的到达事件或出发事件为 $e\in E$，连接两个事件的线段为活动 $a\in A$。图 4-43 中，连接两个事件的实线表示同一列车主体在任意车站或任意区间的运行活动 $a\in A_{列车}$；连接两个事件的虚线表示相邻的不同列车主体发生的事件间隔活动 $a\in A_{间隔}$。

通过调整列车在各资源点的到发时间，可实现对运行计划的有效调整。这一调整过程需同时满足运行时间和间隔时间两类约束条件，从而确保调整后的运行计划不会产生冲突。

运行时间约束主要针对单列车的作业过程，即图 4-43 中的实线段。假设同一列车主体先后发生的事件为 e_1 和 e_2，可用如下公式约束两个事件必须保持的最小作业时间 $T_{作业}$

$$x_{e_2}-x_{e_1}\geqslant T_{作业},\quad \forall (e_1,e_2)\in A_{\text{train}} \tag{4-23}$$

式中，x_e 表示经过调整后的事件 e 的发生时间。

间隔时间约束主要针对多列车的追踪过程，即图 4-43 中的虚线段。由于需要约束前后列车的作业间隔，因此需要引入前后列车在同一资源作业的次序 λ_{e_1,e_2}。选用 0 和 1 两个状态来表示两列车作业次序的关系。λ_{e_1,e_2} 等于 1 表示事件 e_1 发生在事件 e_2 之前；λ_{e_1,e_2} 等于 0 表示事件 e_1 发生在事件 e_2 之后。由此，便可利用如下公式约束两列车任意两个事件必须保持的最小间隔时间 $T_{间隔}$

$$x_{e_2}-x_{e_1}+M(1-\lambda_{e_1,e_2})\geqslant T_{间隔},\quad \forall (e_1,e_2)\in A_{\text{headway}} \tag{4-24}$$

$$\lambda_{e_1,e_2}+\lambda_{e_2,e_1}=1,\quad \forall (e_1,e_2)\in A_{\text{headway}}$$

通过确定每个 x_e 和 λ_{e_1,e_2} 的取值，可得到调整后的运行图。以延误时间为例，调整后运行图的各项指标可通过下列公式，对所有相关事件的运行参数进行统计计算。

$$\theta_i=\sum_{e}(x_e-o_e) \tag{4-25}$$

式中，θ_i 表示指定的评价指标；o_e 表示事件 e 的原计划发生时刻。

由于构建的调整模型，涉及了离散型整数变量和连续型实数变量，属于混合整数规划模型(mixed integer programming，MIP)范畴。这种混合的特性使得 MIP 问题在求解时比纯线性规划(只涉及连续型变量)更具挑战性。MIP 问题的求解方法可以分为以下几类：

①分支定界法(branch and bound)：这是解决 MIP 问题的经典方法之一。通过将问题分解为子问题，并基于上下界来决定是否继续搜索，分支定界法首先对问题进行松弛处理，将整数变量松弛为连续变量，求解得到一个上界。然后，通过分支操作将问题划分为子问题，每个子问题在特定整数约束条件下求解，直到找到可行解或证明无解。

②切割平面法(cutting plane)：切割平面法通过在每次迭代中添加额外的约束条件(即切割平面)，逐步削减可行解空间，逼近最优解。这种方法通过减少分支定界法所需的迭代次数，显著提高了求解效率。

③分支定价法(branch and price):这是针对某些特定类型的MIP问题设计的高级求解方法,尤其适用于列生成问题。分支定价法通过动态生成列(即变量)来求解问题,避免显式枚举所有整数变量的可能取值,适用于结构化的MIP问题。

④启发式算法(heuristic algorithm):对于大规模和复杂的MIP问题,精确求解方法(如分支定界法或分支定价法)可能需要极长时间。启发式算法作为一种替代方案,通过启发式初始化和搜索,在合理时间内提供接近最优解的解决方案,适用于快速求解的场合。

在实际应用中,主流商业求解器(如CPLEX、Gurobi、SCIP等)通过集成和优化多种求解方法,为MIP问题提供了高效可靠的求解方案。这些求解器采用先进的算法组合和并行计算技术,能根据问题结构智能选择最适合的求解方法,并可动态调整求解策略以提高效率。经过多年改进,商业求解器在处理复杂MIP问题时展现出显著的性能优势,因此在实际应用中被广泛采用。

这里同样选择示例运行图作为案例,以车站中断事件为大扰动事件,应用以上的建模思路构建调整模型,并调用商业求解器Gurobi进行求解。图4-44展示了采用两种不同调度策略(扣停和变更交路)的调整结果。

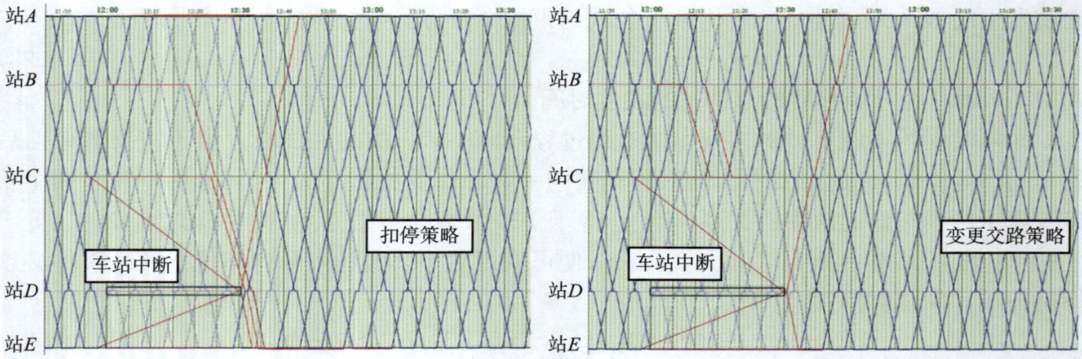

注:蓝色实线表示调整后的与计划作业相同的运行线;红色实线表示调整后的与计划作业不同的运行线;蓝色虚线表示原计划中的运行线。

图4-44　大扰动下的辅助调控结果

可以看出,大扰动事件为车站D从12:00至12:30发生了车站中断,所有列车在该时间范围内无法通过中断车站。该事件首先对在车站D临近区间内运行的列车产生直接影响,接着逐渐波及其他列车,引发了二次延误。在采用扣停策略的情况下,由于车站D无法通行,为确保安全,上、下行列车需依次在车站扣停,等待事件恢复后方可继续行车。调整结果显示,最终的运行图中有大量虚线,标志着多条列车运行线被取消。这种大规模的列车停运对乘客服务造成了显著影响。相比之下,采用变更交路策略时,列车能够提前在具备折返能力的车站进行折返,然后继续执行对向列车的运行计划。调整结果显示,由于车站C具备折返能力,扰动事件仅对车站C和车站E之间的运行产生了影响。采用变更交路策略后,下行列车因可在车站C提前折返,有效地缩小了受影响列车的范围,减少了取消列车运行线的数量。

上述的辅助调控模型和求解方法能够在面对大扰动事件时协助调度员迅速生成指定调度策略下的列车运行计划调整结果。这不仅有助于减轻调度员的工作负担,还能够提高列车准点率和运输效率。这种方法的实施对于应对突发情况、保障交通系统正常运行具有重要意义。

4.3.4 普适化城轨动态调控算法案例

现阶段针对突发事件下列车动态调控方法的研究大都基于各自事件场景提出调整模型和求解算法,这导致现有各类模型与算法之间适用性较差,难以进行合并统一。当新的事件发生时,需要花费大量精力对事件场景进行重新建模,大大增加了软件后期整合与维护的人力、物力成本。本节将从突发事件共性影响的角度提出一套普适化城轨动态调控算法,为各事件场景下的全过程调度决策提供多种决策方案。

1. 列车调控普适模型构建

普适模型采用"列车运行共性模型+突发事件行车影响约束+调度策略个性组合"的方式,通过在列车运行的共性模型中添加针对特定突发事件行车影响约束和个性化的调度策略组合的方式,实现调度策略的通用化设计。整体模型架构如图 4-45 所示。

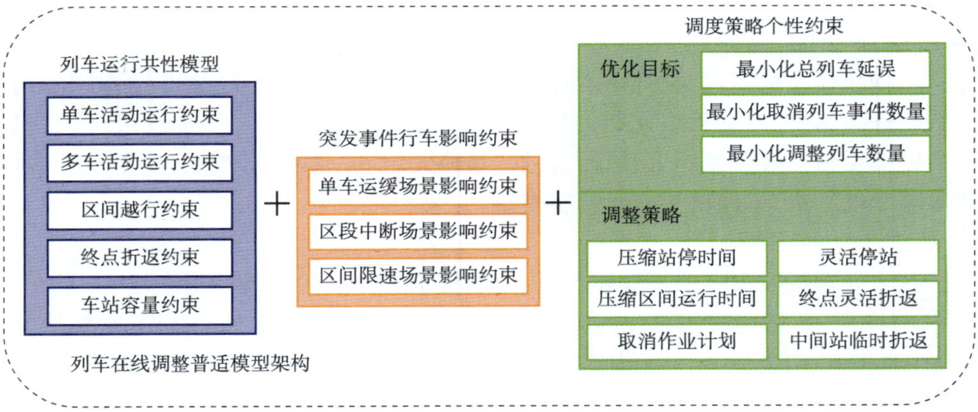

图 4-45 多目标控车调整融合模型架构

该模型首先确立了一个围绕列车运行共性的基础模型,该基础模型包含一系列约束条件,旨在解决列车运行中可能出现的冲突,并生成无冲突的运行计划。随后,模型引入调度策略个性组合的约束,这些约束着重于解决方案的安全性和优越性问题。可以通过设计优化目标和调整手段的多种组合为相同的场景生成不同的调度方案。最后,突发事件行车影响约束的加入将各类突发事件对线路运行能力和列车运行能力的影响具体化,为列车运行优化提供具体场景。

整体模型的构建以基础约束和变量为核心,通过调度策略和突发事件的处理对基础模型进行扩展。这种架构设计使模型能够根据不同事件类型,灵活生成具有不同优化目标和调整手段的列车运行方案。同时,在实际运营中,可通过扩展优化目标和调整手段的适用关系来满足新的调整需求,无须重建模型架构,从而保证了较强的灵活性和扩展性。

普适模型的构建过程主要分为如下 3 个步骤。

(1)列车和路网资源的特征提取

调度决策的有效实施在很大程度上依赖于路网各资源的布置方式。因此,需从路网资源的角度出发,结合列车的静态性能参数和预定的调度策略,进行通用化特征提取。例如,考虑列车运行过程中所必需的作业径路(包括通过、停站和折返等),可将路网线路资源根据最大无冲资源的划分方式生成最小节点集合;考虑列车的运行特征,构建列车对象的最小属性集合(如最高速度、制动性能等),以细化列车运行过程的参数;此外,考虑列车追踪方式的变更时,还需同步调整路网资源中的冲突节点。

(2)"策略元组"的关联网络构建

现有调度决策通常由多个基本策略单元组合构成。以中断运行场景为例,按站停车策略包括对受影响首站实施扣车,根据后续车站状态决定是否放行等基本单元。为避免多个调度策略间的冲突,需要将当前采用的策略拆解为最小单元(包含策略内容和实施对象),并基于其对路网资源的占用及控制主体(列车、车站、区间等)建立策略关联网络。其中,策略单元与实施对象的对应条件包括:交路变更需考察作业车站条件、ATO 等级变更需验证信号系统条件等。策略单元间可能存在冲突关系(如"删线—扣线")、平行关系(如"跳停—限速")或替代关系(如调整等级、终点、停站时间等)。

(3)通用化列车调整的模型设计

运用"活动—事件"网络模型对列车间资源占用关系和策略元组进行建模。首先,根据资源冲突点构建模型约束,刻画列车运行的共性模型(单车运行约束、多车追踪间隔约束、车站能力约束等);其次,根据策略元组的控制逻辑,按照"施加对象+施加约束"的方式,分别设计各策略元组的对应模型约束;最后,参照"策略元组"关联网络,按照"列车运行共性模型+调度策略个性约束"思路搭建列车调整模型。

2. 敏捷求解算法设计

为了有效处理突发事件的不确定性,提出敏捷求解算法的反馈控制流程。

如图 4-46 所示,敏捷求解算法的反馈控制流程主要包含以下步骤:当突发事件发生后,系统首先获取事件初步信息和受影响的路网数据,然后根据选定的控车策略和调整目标构建列车调整模型并求解。求解结果直接应用于相应的控制对象。在后续运行过程中,系统持续接收控制对象的实时路网状态和事件更新信息(如事件结束时间)。敏捷算法通过对比当前状态与已生成调度结果间的偏差,决定是否需要重新求解。当发现较大偏差时,算法将基于最新的路网数据和事件信息重新生成调整方案,以更好地适应实际运行情况。

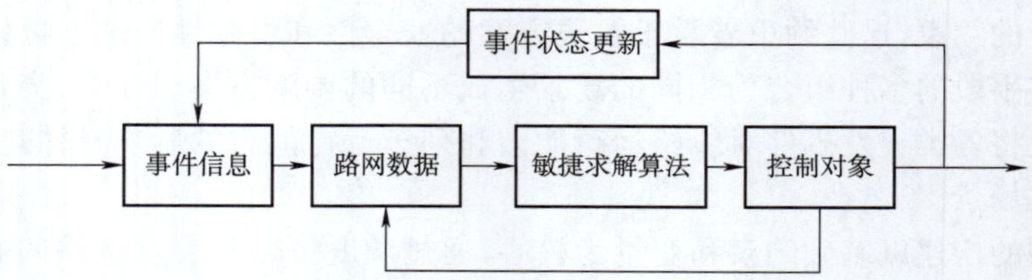

图 4-46　敏捷求解算法反馈控制流程

在敏捷算法的设计方面,由于现阶段对于控车调整模型的求解实时性很大程度上取决于调整问题的模型规模,因此设计了基于滚动优化理论的算法内核,对原问题进行阶段划分,将原始的大规模问题拆分成可以短时求解的小规模问题。敏捷求解算法框架如图 4-47 所示。

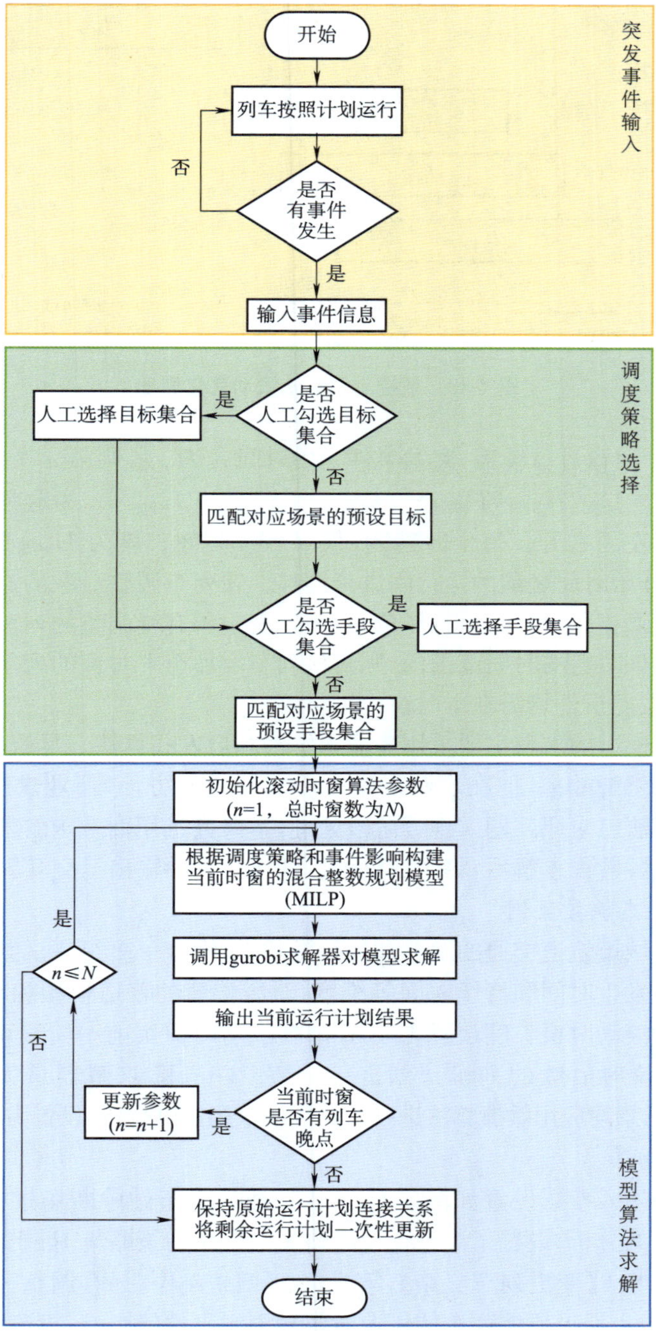

图 4-47　控车调整模型敏捷求解算法框架

滚动优化原理如图 4-48 所示。当突发事件发生时，首先对后续需要求解的运行计划划分多个时窗，每个时窗的时间长度为 $H_{时窗}$。

后一个时窗的开始时间为前一时窗开始时间增加滚动时间长度 $H_{滚动}$。假设待求解的

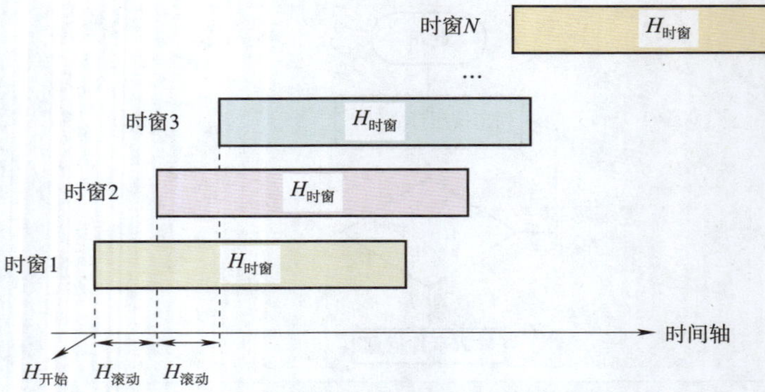

图 4-48　敏捷求解算法滚动优化原理

运行计划可用 N 个时窗进行覆盖，突发事件开始时间为 $H_{开始}$，则第 n 个时窗的时间范围可表示为$[H_{开始}+(n-1)\cdot H_{时窗}, H_{开始}+(n-1)\cdot H_{滚动}+H_{时窗}]$。为避免时窗范围重合，统一规定时间范围取左闭右开。每个时窗内，仅对后续时间长度为 $H_{滚动}$ 的运行计划进行调整，不再对该时窗开始时间之前的运行图进行调整。在列车调整对象的选择方面，为了使时窗内各列车调整结果更贴合实际运行场景，对于计划中所有待调整的列车，若其有一个事件的计划作业时间在该时窗的时间范围内，则将该列车增加至本时窗的列车调整对象集合，其运行线上各站的到、发事件均需在本时窗内进行调整。

混合整数规划模型的求解主要采用商业求解器和启发式算法。尽管启发式算法在某些问题上具有较高的求解效率，但在求解质量和算法稳定性方面，商业求解器仍具有明显优势。考虑到敏捷算法已对原问题实现分阶段处理，本研究选用商业求解器 Gurobi 进行模型求解。算法在完成各阶段求解后，将生成调整后的运行图并输出至交互界面。

3. 突发事件动态调控案例

本节基于上海城市轨道交通的线路和运行图数据，设计了多组测试案例，通过不同的事件类型、发生地点、发生时间和持续时间等维度，对所构建的普适模型和敏捷算法进行性能测试。测试过程将滚动时窗长度设置为 1 h，每次滚动时保留前一阶段调整结果前 30 min 的运行计划不变，仅对后续的列车计划进行调整。Gurobi 求解器最大求解时间设置为 2 min。所有测试场景均应用敏捷算法进行 4 次滚动求解，优化目标设置为总延误时间最小。

(1)车站中断场景

车站中断事件输入参数设置如图 4-49 所示。通过对车站中断场景各子故障场景下实际采用的调度策略的分析，设置了 3 种预设策略集。分别为策略集 1【调整站停时间、调整区间运行时间】，策略集 2【变更列车交路】，策略集 3【调整站停时间、调整区间运行时间、变更列车交路】。策略集 1 通过压缩列车的作业时间来消减事件的影响；策略集 2 通过改变原有列车交路计划来减缓延误传播；策略集 3 则合并前两个策略集，进一步提升列车恢复正点运行的能力。

图 4-49　车站中断场景事件参数

经测试，使用策略集 1、2、3 的算法每个时窗平均求解时间为 82.7 s、30.7 s、24.5 s，平均 Gap 值为 1.09%、0、0。其中 Gap 值是指优化问题的目标值与理论最优解之间的差距或容忍度，也被称为优化间隙(optimality gap)。使用策略集 2、3 的算法在每个时窗内均找到了最优值，而使用策略集 1 的算法由于延误事件无法在短时间内消散，因此需要调整的列车数量逐渐增加，使得算法无法在较短时间内搜索到最优解。但考虑到 gap 值在 1%左右，说明当前解已经充分接近理论最优解了。三个策略集下的调整结果如图 4-50 所示。

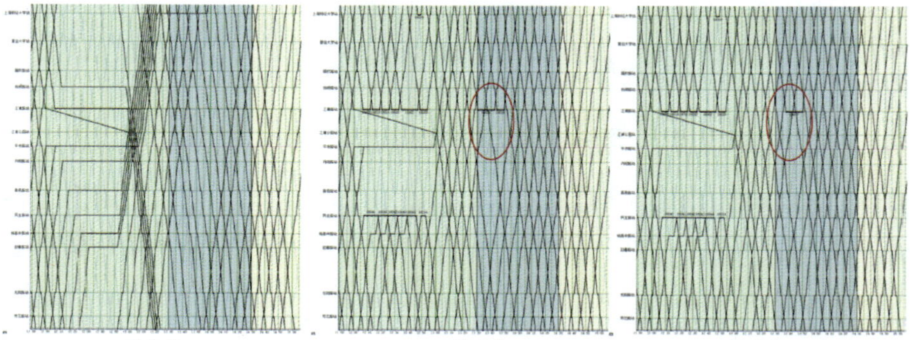

策略集1　　策略集2　　策略集3

图 4-50　车站中断场景测试结果

结果分析表明，策略集 1 导致大量列车运行计划被取消，受中断影响的列车数量显著增加。相比之下，策略集 2 和策略集 3 通过在中断车站前实施临时折返，虽然增加了作业复杂度，但有效降低了中断事件的影响范围。其中，策略集 3 由于采用了更灵活的区间运行时间调整，相较策略集 2 能更快实现列车正点运行。通过对比可见，这三种策略集分别适用于车站中断事件的小、中、大三种不同影响程度。

(2)区间中断场景

区间中断事件输入参数设置如图 4-51 所示。区间中断场景的预设策略集设置同车站中断场景。选取“杨高中路站—迎春路站”区间双向 1 小时中断事件对模型性能进行测试。

图 4-51　区间中断场景事件参数

经测试，使用策略 1、2、3 的算法每个时窗平均求解时间分别为 71.3 s、3.6 s 和 5.4 s，平均 Gap 值为 0.69%、0、0。具体的调整结果如图 4-52 所示。

区间中断场景的测试结果与车站中断场景表现出相似特征。采用策略集 1 时，由于列车无法通过中断区间，待调整列车数量随时间累积增加，导致模型求解时间显著高于策略集 2 和 3。

(3)区间限速场景

区间限速事件输入参数设置如图 4-53 所示。区间限速场景相对区间中断场景对列车运行的影响相对较小，但考虑到长时间的限速，会使得后续运行列车因前方通过能力下降，逐渐积压在车站股道。因此，在该场景下同样在预设策略集中设置了“增停、跳停”策略。具

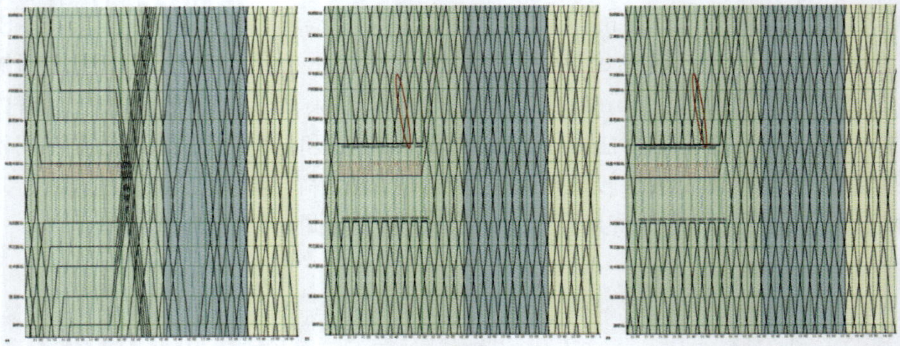

策略集1　　策略集2　　策略集3

图 4-52　区间中断事件测试结果

体为策略 1【赶点运行-仅调整区间运行时间】、策略 2【赶点运行(调整站停时间、调整区间运行时间)】、策略 3【赶点运行、增停、跳停】。选取“御桥站-康桥站”区间的限速事件进行测试。

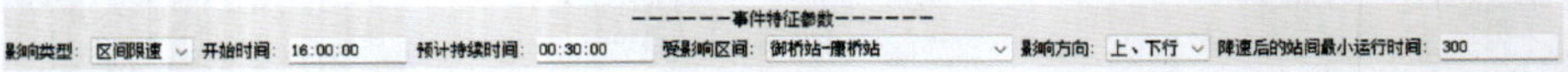

图 4-53　区间限速场景事件参数

经测试,使用策略集 1、2、3 的算法每个时窗平均求解时间为 120 s、120 s、92.3 s,平均 Gap 值为 44.83%、35.65%、0.01%。三种策略下的调整结果如图 4-54 所示。

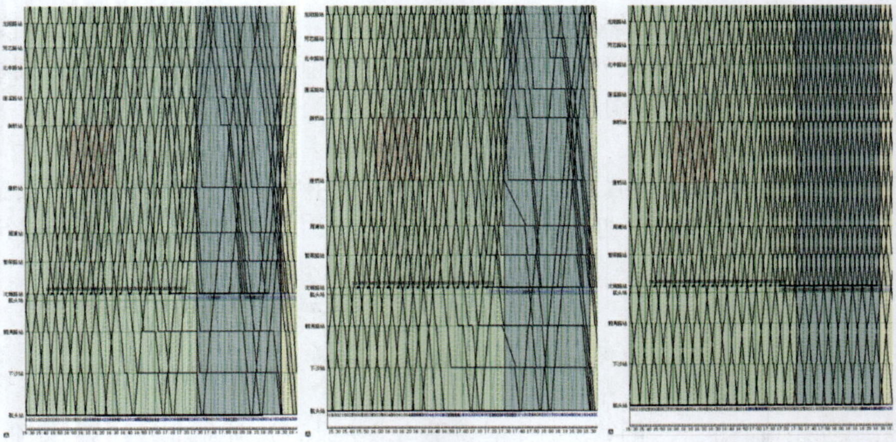

策略集1　　策略集2　　策略集3

图 4-54　区间限速事件测试结果

由于测试线路上几乎所有车站仅有一条股道供同一方向的列车行驶,因此可以看出在不使用“增停、跳停”策略时,通过限速区间的列车会因折返能力的限制,使得列车依次扣停在部分车站,从而产生了更为严重的连带延误。此时,使用策略集 1 和 2,算法在达到求解时间阈值时虽然搜索到了可行解,但优化效果不理想。而策略集 3 通过“增停、跳停”策略,使受限速影响的列车能在通过限速区间后快速恢复正点运行,有效降低了对后续列车的影响。实验结果表明,对于较严重的限速事件,采用“增停、跳停”策略能带来显著的优化效果。

第 5 章　列车运行安全防护

列车运行安全防护 ATP 是指由对列车运行造成的风险或因列车运行带来的风险进行的防护。对非全自动运行系统而言，列车运行中风险是由系统和司机来共同防护，全自动运行系统则需要由系统对所有风险进行防护。本章将从全自动运行系统中列车运行中的风险防护角度出发，对列车运行安全防护的基本问题、原理和方法三个方面进行分析说明。

5.1　列车运行风险防控基本问题

5.1.1　安全风险及其类型

由第三章的运控系统安全部分可知，轨道交通的安全风险类型除了火灾、爆炸等外部环境风险外，内部风险主要分碰撞、脱轨与人身伤害三大类。

1. 碰撞

列车运行控制系统中，根据被碰撞对象的不同可将碰撞分为以下几类：

(1)列车与列车碰撞

迎面碰撞：是指相向而行的两列车的碰撞，如图 5-1 中的列车 T_1 和列车 T_3 发生的车头相互碰撞。为避免发生迎面碰撞，需严格管控列车的运行方向，单线线路需要管控好列车运行次序，复线线路则重点管控意外的倒溜。

追尾碰撞：是指同向而行的两列车的碰撞，如图 5-1 中的列车 T_2 的车头和列车 T_1 的车尾发生的碰撞，重点需要管控好两列车的安全间隔。

侧面碰撞：是指两列车在道岔的侧冲区域发生的碰撞，如图 5-1 中的列车 T_3 和列车 T_4 发生的碰撞。侧面碰撞需要对道岔侧冲部分进行线路资源独占使用的监控防护。

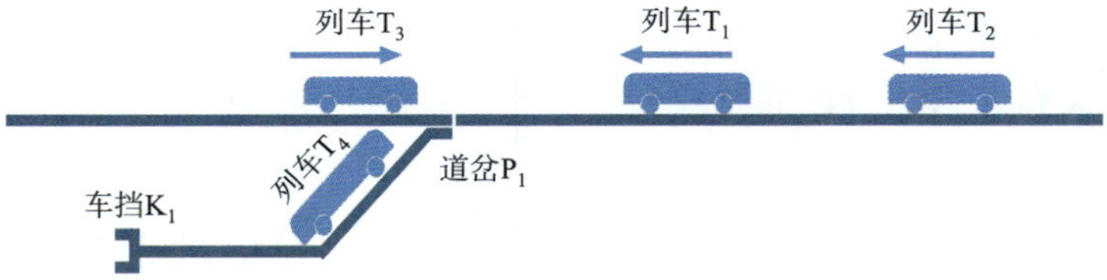

图 5-1　列车碰撞类型示意

(2)列车与地面物体碰撞

列车与地面物体的碰撞指列车与其运行区域内（通常被称为“轨行区”）固定设施或侵入的异物发生的碰撞。可能碰撞的固定设施包括线路终端的车挡（如图 5-1 中车挡 K_1）、未准备就绪的洗车机、未完全打开的库门等，侵入的异物包括施工遗留的器具、高空坠物、轨旁或列车因固定不良而掉入轨行区的设备设施、工地施工侵入隧道的钻头等。

列车与地面物体的碰撞可通过对列车运行区域内的线路资源监控防护和列车运行危险点监控防护来进行风险防范。固定设施的危险状态监测可通过常规手段来安全地实现，侵入的异物的监测则相对困难。全自动运行系统中，司机监护职能已转移到系统，因此全自动运行系统需要更加关注主动障碍物监测防护功能。近年来，随着人工智能的发展，基于雷达、视频等识别手段的障碍物检测被越来越多地应用于异物侵入的主动监测，为防控列车与地面物体碰撞提供了更多的手段。

(3)列车与人员碰撞

列车与人员的碰撞包括了乘客在疏散区被列车碰撞和工作人员作业时被列车碰撞，两者均可通过对疏散区、作业人员保护区的线路资源监控防护来进行风险防范。

2. 脱轨

脱轨是指列车在运行过程中轮对因故脱离钢轨的现象，包括轮对跌落轨面和轮缘顶部高于轨面等情况，导致列车颠覆造成乘客伤害和设施受损。引起脱轨的主要原因包括：

(1)列车经过的道岔不在期望的位置。道岔可动部分作为列车运行过程中的危险区域，需要在列车进入前将其设置于规定的位置，且在列车的最后一个轮对通过之前确保其始终处于该位置。为此，需要对道岔可动部分进行线路资源监控防护。

(2)列车速度超速。列车超速指列车超出了它所在的位置(如弯道、坡道或限速道岔)的限速值。为保证运行安全，需要保证当前列车的速度不超过该处最严苛的允许速度值，对列车进行速度监控防护。

(3)列车越过线路的终端。虽然线路终端都设置有车挡，但是列车越过车挡则会导致脱轨。为此，需要将线路的终端作为危险点进行安全防护。

3. 人员伤害

人员伤害除了前述已提及的乘客或工作人员被列车碰撞外，还存在着因车门或站台门非安全开关带来的伤害。这类伤害需要通过对车站和站台门进行监控防护来防范，以保证乘客在站台的上下车安全、在列车运行过程中不因车门因故打开而跌落、在列车疏散过程中不会受到意外伤害。

站台上下车乘客的安全防护包括列车停站时乘客安全地上下列车、列车在进出站过程中对乘客因故从站台跌入轨行区的风险进行防护。该防护是通过车门和站台门的管理来实现的，一方面系统仅在确认列车停准且停稳的条件下才允许打开车门和站台门，乘客在上下车过程中列车应始终保持静止状态；另一方面系统在未确认车门和站台门均处于关闭且锁闭状态时禁止发车。当列车在进出站过程中，若乘客因故跌入轨行区时，可通过站台的紧急关闭按钮来进行站台区域的封锁，此时未进入站台区域的列车不应进入站台区域，已经进入或可能会进入站台区域的列车应立即施加紧急制动。

车门监控防护须保证仅在列车处于停稳状态时方可打开车门，当列车在运行过程中若车门失去关闭状态，则列车应输出紧急制动以防止乘客从运行的列车上跌落。

5.1.2 ATP 安全防护原则与方法

1. 安全防护原则

针对上述列车运行过程中可能出现的脱轨、碰撞和人员伤害的安全风险，列车运行安全防护基本任务是通过对列车速度、线路资源、间隔、车门和站台门进行监控防护。为确保列车在运行过程中不超速、超运行终点、通过非安全授权的区域，保证乘客在列车停站上下车和运行过程中的安全，列车运行应遵守以下基本防护原则：

[SR_1]列车在任意点的实际速度均不得超过其所在位置最严苛的速度限制。

[SR_2]列车不得进入或运行于未处于安全状态的区域。

[SR_3]列车在任意点的运行速度还应确保其与前方危险点的安全间隔。

[SR_4] 在不能确保乘客上下车安全时，禁止车门或站台门打开。

2. 安全防护系统逻辑关系

对于列车运行安全防护系统，要保证以上原则得到遵守就需要将其分配到系统中，图 5-2 是列车运行安全防护的示例模型。根据安全防护原则，该模型分为速度监控防护、线路资源监控防护、间隔监控防护、车门站台门监控防护这 4 个模块，并通过安全制动防护模块和车门站台门监控防护模块最终执行。

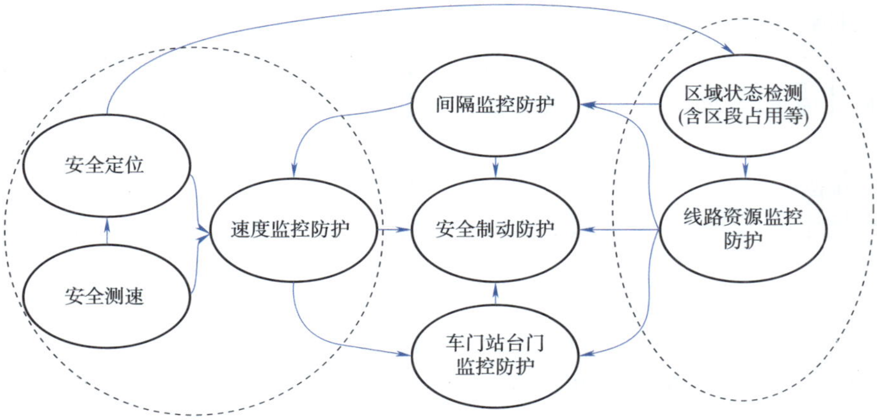

图 5-2 安全防控系统逻辑关系示意

基于运行安全防护原理针对威胁列车运行安全的基本问题可采取相应的列车运行安全防护方法。目前广泛应用且被证明行之有效的防护方法包括联锁、闭塞和速度防护方法。通过联锁和闭塞功能，系统可计算出列车可安全运行的线路区域范围，该区域的终点被称为移动授权限制点。由联锁来保证在列车当前位置至移动授权点间的所有线路资源已分配给了该列列车且未得到该列车的释放请求前不会被释放，通过闭塞功能来保证该区域不会存在其他会碰撞可能的列车。当车载系统收到移动授权点信息后会根据移动授权点位置计算列车的紧急制动曲线用来作为控车曲线的依据。列车运行安全防护方法及其基本功能见表 5-1。

表 5-1　列车运行安全防护方法及其基本功能

安全防护的基本问题		防护类型	防护方法
脱轨	列车进入未安全授权区域，如非受控道岔等	线路资源监控防护	联锁
脱轨	列车运行超过线路或车辆速度限制	速度监控防护	超速防护
碰撞	列车与列车或危险点安全间隔不足	间隔监控防护	闭塞
碰撞	列车进入未安全授权区域，如已占用的侧冲区域等	线路资源监控防护	联锁
人员伤害	人员在车门或站台门区域主动或被动地非安全上下车	车门站台门监控防护	联锁

5.2　速度监控防护

5.2.1　列车测速与定位

1. 列车安全测速

列车的速度可由安装于列车上的设备对速度进行直接测量，也可由轨旁安装的设备对列车速度进行间接测量再发送给列车。由于间接测量的可靠性、准确度均劣于直接测量，因此应用广泛的仍为直接测量。用于列车直接测量的测速传感器可以分为两大类，即轮轴型测速传感器与非轮轴型测速传感器。轮轴型测速传感器：如测速电机、光电式速度传感器；非轮轴型测速传感器：多普勒雷达、惯性加速度传感器、GNSS（全球导航卫星系统）、激光测速传感器等。

（1）轮轴型测速

理想情况下利用轮轴速度传感器推算出的列车运动学模型为

$$V=\frac{60\pi Df}{P} \tag{5-1}$$

$$S=N\times(\pi D/n) \tag{5-2}$$

式中，S 为列车走行距离；N 为计数脉冲个数；D 为轮轴直径；n 为脉冲转速传感器旋转一周的输出脉冲个数；P 为每转光栅数（默认 200）；f 为传感器输出脉冲的频率。可知列车的速度 V、位置 S 与轮轴的直径 D、检测脉冲频率密切相关。当轮径出现磨损、滑行和空转时，轮径 D 与检测脉冲与实际不符，对速度 V 和位置 S 的测量将会产生较大的误差。

轮轴速度传感器误差的主要因素：轮径磨损误差、滑行误差、空转误差、蠕滑误差。对于轮径磨耗误差补偿问题，可以根据概率分布进行名义轮径的修正，通过不断地修正测速轮对的名义轮径来减少轮径磨耗带来的误差，轮径误差相对而言较小。在以轮轨为基础构件的行驶状态中，轮轨间势必会发生空转以及滑行。其中空转通常活跃于列车启动阶段，表现为测速结果比实际运行速度偏高；滑行往往形成于列车制动阶段，使得其测速结果比实际运行速度要低。与此同时，在进行拐弯时，因外轨比较高且轨间距出现改变，也极易发生空转或者滑行问题。蠕滑误差往往是因轮轨间未保持良好滚动联系而引起的，对于列车而言，相对于空滑（空转和滑行）误差来讲，蠕滑误差对测速测距影响较小。

对于速度测量输出及其测量误差，可以用式（5-3）表示

$$\begin{cases} v(t)=v_{\text{real}}(t)+e_v(t) \\ e_v(t)=v_{\text{slide}}(t)+v_{\text{slip}}(t)+w(t)+n(t) \end{cases} \tag{5-3}$$

式中，v 为测量输出速度，v_{real} 为实际速度，e_v 为测量误差，v_{slide} 为滑行误差，v_{slip} 为空转误差，w 为传感器误差，n 为量化误差。

速度测量误差输出，除空滑导致的误差外，可以将误差分为以下三类：

①线性比例因子误差，即测量速度与实际速度比例不为 1 导致的误差；

②零位误差，即传感器输出固定零位偏差；

③测量白噪声误差，即测量随机误差，用白噪声近似表示。

在基本无空滑情况和不考虑白噪声影响可简化测量误差 e_{wheel} 为

$$e_{\text{wheel}}(t)=v_{\text{wheel}}(t)-v_{\text{real}}(t)=k_{\text{wheel}}v_{\text{real}}(t)+\text{bias}_{\text{wheel}} \tag{5-4}$$

式中，k_{wheel} 为比例因子误差系数，$\text{bias}_{\text{wheel}}$ 为轮轴传感器的零位误差。

列车运行时严重的打滑、空转都可以容易地检测出来并进行补偿，可是微弱的空转打滑是不容易计算出来且其带来的定位误差是致命的。因此，对于空滑的检测是减小轮轴式速度传感器误差的关键。

(2)加速度测量

对于安装在车厢底部的加速度计，其测量加速度输出与列车实际运行加速度之间的误差主要来源于：

①加速度计传感器误差：加速度计本身的误差包括零位误差漂移、温度漂移、测量白噪声、非线性等误差；

②安装误差：由于安装误差使加速度计敏感轴方向与实际列车行进方向之间存在误差角，从而带来误差；

③轨道坡度误差：由于轨道坡度的存在，使加速度计敏感轴与水平面间存在夹角，实际测量的加速度值中包含有重力的分量，因而带来误差；

④振动引起的误差：由于列车在轨道上行进，存在横向的摇摆加速度与垂直方向的振动加速度，这些加速度在加速度计敏感轴上的分量将影响加速度计的输出。

不考虑安装误差与进行坡度补偿后的加速度计误差模型可表示为

$$a_A(t)=(1+k_a)a_{\text{real}}(t)+\text{bias}_A(t)+\sigma_A w(t) \tag{5-5}$$

式中，$a_A(t)$为加速度计测量值，k_a 为加速度计比例因子误差系数，$a_{\text{real}}(t)$为实际加速度，bias_A 为零位误差，σ_A 为白噪声均方差，$w(t)$为测量误差。

(3)雷达测速

多普勒雷达测速传感器通过无线发射高频振荡器发射的电磁波信号，其中小部分信号耦合到混频器中作为本振信号，并与天线接收到的反射电磁波信号进行混频，得到两个频率的差值，即多普勒频移。该频移正比于列车的运动速度，设雷达发射电磁波的频率为 F，在介质中传播速度为 c，发射角为 α，当雷达以速度 V 平行于轨道运动，则雷达的发射波与接收波之间的频移为

$$f=F\frac{2V\cos\alpha}{c-V\cos\alpha}\approx F\frac{2V\cos\alpha}{c} \tag{5-6}$$

因式中列车速度 $V\ll c$，即发射波与接收波之间的频移 f 与雷达速度 V 沿发射方向的分量大小成正比，如果发射角固定，则频移与雷达速度成正比，只要测得频移就可以计算出雷

达的运行速度，由此可以算出列车的运行速度。

雷达运行时的误差来源是列车振动误差、安装误差等，当发射角为45°时，由列车振动造成的误差近似为

$$\left|\frac{\Delta f}{f}\right|=\left|\frac{V_{\mathrm{h}}}{V}\right| \tag{5-7}$$

式中，Δf 为频偏值；V_{h} 为列车速度。式中可见由列车振动造成的误差是很大的，而列车运行时振动是无可避免的，而且比较频繁，所以列车振动引起的测量误差是不可忽视的。

由前述多普勒速度测量误差输出，可以将误差主要分为以下三类：

①线性比例因子误差：即测量速度与实际速度比例不为1导致的误差；

②零位误差：即传感器输出固定零位偏差；

③测量白噪声误差：即测量随机误差，用白噪声近似表示。

当列车运行在正常无测量失速且不考虑白噪声影响时，误差模型为

$$e_{\mathrm{radar}}(t)=v_{\mathrm{radar}}(t)-v_{\mathrm{real}}(t)=k_{\mathrm{radar}}v_{\mathrm{real}}(t)+\mathrm{bias}_{\mathrm{radar}} \tag{5-8}$$

式中，k_{radar} 为雷达传感器的比例因子误差，$\mathrm{bias}_{\mathrm{radar}}$ 为雷达传感器的零位误差。

雷达测速置信区间计算：根据雷达模型，在制动时，若工作在正常阶段，可以计算出雷达取不同置信度时的最大最小速度 v_{radarmax} 和 v_{radarmin}。列车安全速度将由轮轴测速置信区间和雷达测速置信区间取并集获得。以下为不同情况下的计算示例：

①大蠕滑的情况。若判断非小蠕滑情况，且不存在打滑，则认为可能处于大蠕滑状态。

轮轴置信区间：对于轮轴最大安全速度取测速加15%补偿，可以认为满足SIL4要求。

雷达置信区间：对于雷达，则同样按照SIL4要求，求取满足 10^{-9} 区间，例如取6倍噪声方差区间。

此时，列车的安全速度计算如下

$$v_{\mathrm{trainmax}}=\min(v_{\mathrm{wheelmax}},v_{\mathrm{radarmax}}) \tag{5-9}$$

$$v_{\mathrm{trainmin}}=\max(v_{\mathrm{wheelmin}},v_{\mathrm{radarmin}}) \tag{5-10}$$

②打滑情况。打滑情况的计算分为最大安全速度计算和最小速度计算。

最大速度计算当检测出轮轴存在滑行时，采用如下方法对轮轴滑行时最大速度进行补偿

$$v_{\mathrm{wheelmax}}=v_{\mathrm{wheelmax}}(\mathrm{t\_before\_slide}) \tag{5-11}$$

由于制动阶段，列车速度必然下降，因此该速度为最大安全速度符合SIL4。

之后做如下计算：当雷达工作正常时，打滑阶段采用安全区域融合方法计算最大安全速度。即由轮轴固定速度法获得轮轴最大置信速度，雷达取置信区间为 10^{-9} 的速度区间，其最大速度与轮轴的最大速度取小。

$$v_{\mathrm{trainmax}}=\min(v_{\mathrm{radarmax}},v_{\mathrm{wheelmax}}(\mathrm{t\_before\_slide})) \tag{5-12}$$

当雷达工作异常时，打滑阶段采用轮轴固定速度法获得最大安全速度。对于最小安全速度计算，为防止滑行导致最小安全速度过小，可以做进一步改进。

雷达工作正常时：对雷达取置信区间为 10^{-9} 的最小速度，则安全速度为轮轴的最小速度与雷达的最小速度取大。

$$v_{\mathrm{trainmin}}=\max(v_{\mathrm{radarmin}},v_{\mathrm{wheelmin}}) \tag{5-13}$$

当雷达工作异常时，轮轴的最小速度减去补偿量即为列车的最小安全速度，此时满足安

全性要求，但速度偏小。

$$v_{\text{trainmin}}=v_{\text{wheelmin}}-\Delta v_{\min} \tag{5-14}$$

由于加权因子为传感器随机噪声方差，但此参数未知，因此采用传感器测量残差进行实时估计，并基于此实现自适应加权融合计算。

(4)轮轴与雷达组合测速

显然，前述各类测速定位传感器的误差影响因素和范围存在较大的差异。采用多传感器组合进行测速定位，一方面可以利用信息融合提高测速定位的精度，另一方面是利用信息融合实现故障诊断，提高安全性和完整性。轮轴测速传感器安装在制动轴上，通过列车的速度和运行时间计算列车的位移，惰性牵引阶段测速精度较高，制动阶段可能受打滑影响；雷达测速传感器在惰行和牵引阶段精度不及轮轴，但是不受列车空滑的影响，因而，以轮轴速度传感器和多普勒雷达为数据源，对传感器数据的可用性进行分析后，进行打滑判断、传感器故障的检测以及融合处理，获得更高精度的测量速度。

传感器残差计算[下标 r、w 分别代表雷达和轮轴，$\hat{V}(k)$代表列车速度估计值]

$$\tilde{Z}_{\mathrm{r}}(k)=V_{\mathrm{r}}(k)-\hat{V}(k)$$

$$\tilde{Z}_{\mathrm{w}}(k)=V_{\mathrm{w}}(k)-\hat{V}(k) \tag{5-15}$$

用平均残差估计零位误差

$$r_{\mathrm{r}}(k)=\frac{\sum_{k-N+1}^{k}\tilde{Z}_{\mathrm{r}}(k)}{N}$$

$$r_{\mathrm{w}}(k)=\frac{\sum_{k-N+1}^{k}\tilde{Z}_{\mathrm{w}}(k)}{N} \tag{5-16}$$

均值(常值)误差迭代计算方法

$$\mathrm{r}_{r}(k)=\frac{k}{k+1}r_{\mathrm{r}}(k-1)+\frac{1}{k+1}\tilde{Z}_{\mathrm{r}}(k)$$

$$r_{\mathrm{w}}(k)=\frac{k}{k+1}r_{\mathrm{w}}(k-1)+\frac{1}{k+1}\tilde{Z}_{\mathrm{w}}(k) \tag{5-17}$$

用残差均方值估计方差

$$\hat{\sigma}_{\mathrm{r}}(k)=\frac{\sqrt{\sum_{k-N+1}^{k}\hat{Z}_{\mathrm{r}}^{2}(i)}}{N}$$

$$\hat{\sigma}_{\mathrm{w}}(k)=\frac{\sqrt{\sum_{k-N+1}^{k}\hat{Z}_{\mathrm{w}}^{2}(i)}}{N} \tag{5-18}$$

自适应加权因子融合算法：根据前述计算的传感器随机噪声均方差估计值，可以实现如下自适应加权因子融合计算

$$\hat{v}_{\text{real}}=\beta_{\mathrm{w}}\hat{v}_{\mathrm{w}}+\beta_{\mathrm{r}}\hat{v}_{\mathrm{r}} \tag{5-19}$$

式中

$$\begin{cases}\beta_w=\dfrac{\hat{\sigma}_r^2}{\hat{\sigma}_w^2+\hat{\sigma}_r^2}\\ \beta_r=\dfrac{\hat{\sigma}_w^2}{\hat{\sigma}_w^2+\hat{\sigma}_r^2}\\ \beta_w+\beta_r=1\end{cases}$$

因此，获得自适应加权因子融合算法步骤如下：对轮轴传感器进行故障诊断，确认可用性；对雷达速度传感器进行故障诊断，确认可用性；对轮轴传感器输出按照误差模型进行补偿；对雷达速度传感器输出进行延时补偿；进行轮轴传感器的均方差估计：采用估计残差的标准差估计其实际均方差；进行雷达的均方差估计：采用估计残差的标准差估计其实际均方差；基于估计的两个均方差，对两路传感器输出数据按自适应加权因子进行加权平均，求得融合结果。

2. 车载主动安全定位

列车定位可分为车载列车定位和轨旁列车定位，其中车载列车定位为主动定位，是车载进行主动安全防护的基础，轨旁列车定位为间接定位，用于轨旁子系统在配合车载子系统进行危险点防护和能量防护时使用。本节主要论述的速度防护，此处仅描述车载主动列车定位，轨旁间接列车定位将放在下一节进行描述。

车载主动定位方法是利用轨旁安装的固定标志物来获取绝对位置，再辅以列车的速度测量获取相对位置，进而可连续获得列车的实时位置。轨旁安装的固定标志物有交叉环线、S棒、标志板等，但应用最为广泛的还是信标，也被称为应答器。采用信标定位的基本原理是：轨旁预先安装信标，并将信标编号和位置以数据地图的方式存储于车载，当列车通过信标时，由于车载信标天线会与轨道上安装的信标产生电磁感应，使得车载可以读取到信标编号；车载基于该编号搜索线路地图获取到该信标所在区段编号及其在区段内的相对位置，从而获得列车所在的位置信息；当经过第二个信标时，车载读取第二个信标的编号，并基于该编号搜索线路地图获取到该信标所在区段编号及其在区段内的相对位置，进而推导出列车运行方向，完成列车初始定位。当列车完成初始定位后，再次经过下一个信标时，就会利用该信标进行重定位并更新位置。当列车运行过程中处于两次重定位之间时，车载会根据之前读取到的信标位置，辅以速度传感器获得的走行距离信息来获得列车在线路上的位置。

信标定位子系统由轨道上安装的信标、车载信标天线和处理单元构成，在列车不断接近以及离开轨旁信标过程中，信标定位子系统通过相应的时间、里程信息对列车所处位置进行估测。信标定位误差往往和列车经过信标时的运行速度之间具有密切联系，基于欧洲标准ETCS Subset-036的信标估测位置与真实位置的最高误差值 L_{err}（单位：m）为

$$|L_{err}|=\begin{cases}0.2, 0\ \text{km/h}\leqslant v<40\ \text{km/h}\\ 1.1\times10^{-3}v+0.15, 40\ \text{km/h}\leqslant v\leqslant 500\ \text{km/h}\end{cases} \tag{5-20}$$

对于城市轨道交通，在速度100 km/h时信标的最大定位误差小于0.2 m，但只有在信标所在的点才能获取到定位信息。

5.2.2 安全制动防护

列车作为轨道交通系统中的运动设施，须受到运动学相关的制约如紧急制动保障率、紧

急制动响应时间、构造速度、列车完整性等，除此之外，还应遵守线路对列车运行的制约，防止出现超速、超能或超出危险点的情况。为防止危害列车运行安全场景的发生，列车运行控制系统始终要保证最差情况下的列车速度及其可运行距离符合所有制约关系的要求，其防护依赖于安全制动模型和安全制动距离的计算。

1. 安全制动模型

在既有系统列车追踪运行的场景中，后车的移动授权终点是前车车尾位置，系统要求此处的限速为绝对零速。后车根据自身实时位置和速度，假定在最不利条件下输出紧急制动，估算列车停车后是否会冒进限制点。如果冒进，说明存在追尾的风险，应立即输出紧急制动，否则无须输出紧急制动。

安全制动模型定义如 IEEE 1474 标准，如图 5-3 所示的紧急制动曲线是紧急制动指令输出后在最不利条件下列车从当前速度降为零速的全过程，该模型考虑了列车的位置偏差及系统设计中使用的其他额外测量误差裕度。紧急制动触发曲线是根据紧急制动曲线计算出来的速度—距离曲线，确保列车在任何时刻触发紧急制动，其最高速度均不会超过紧急制动曲线对应时刻的速度值。当列车在运行过程中，系统速度超过了紧急制动触发曲线，系统立即请求紧急制动，车辆开始由牵引状态向紧急制动状态切换，并以不超过紧急制动曲线的速度紧急停车，保障列车的运行安全。紧急制动曲线包含初始的牵引切除、惰行、制动开始施加直到制动完全施加几个阶段。

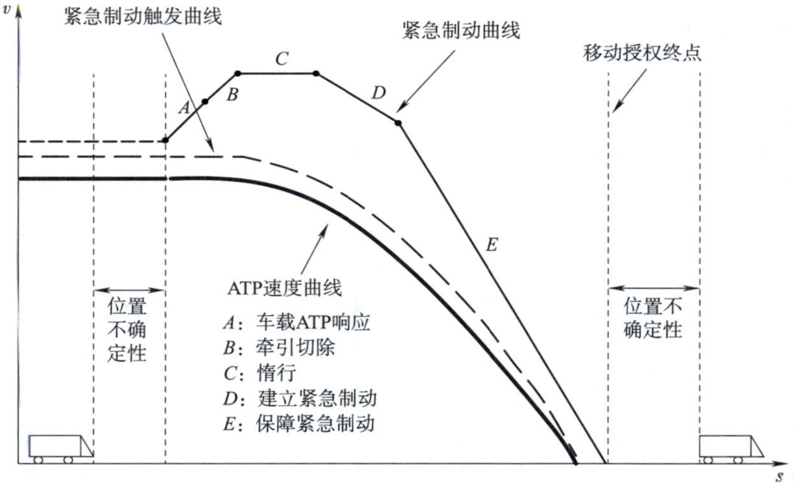

图 5-3　IEEE 1474.1 安全制动典型模型

ATP 速度曲线是一条接近但不会触发紧急制动的速度—距离曲线，它是列车运行过程中的允许速度曲线，也是 ATP 的基本曲线。当列车收到移动授权终点且需要制动时，列车可以按照 ATP 速度曲线进行正常制动，可以在授权终点前方安全地停车。图 5-3 描述的列车紧急制动过程共分为如下 5 个阶段：

(1)车载 ATP 响应阶段 *A*

列车运行过程中，车载 ATP 实时监控列车位置和速度，并将列车当前位置下的速度与紧急制动触发曲线进行实时比较，只要列车速度低于该处的紧急制动触发曲线，即使列车速度超过 ATP 曲线，系统也不会触发紧急制动，因为该速度仍低于紧急制动触发速度。车载 ATP 在进行速度监控时需要考虑最不利的速度和位置测量的误差(即速度和位置的不确定性)，这将导致列车的位置和速度与实际测得的位置和速度有所不同，系统将基于最不利的工况进行过估或低估。在考虑最不利工况下过估/低估的位置和速度后，若列车速度超过紧急制动触发曲线，则车载 ATP 将立即启动紧急制动请求。自紧急制动触发条件发生至车载 ATP 发出紧急制动请求的时间被称为紧急制动响应时间，紧急制动响应时间与信号系统的性能密切相关。

(2)牵引切除阶段 B

牵引切除阶段是指列车接收到信号发送的紧急制动请求后，自开始切除直到牵引为 0 的阶段，由于这一阶段牵引仍然存在，因此列车可能会继续加速。牵引切除时间及后续几个阶段的时间参数均是车辆系统的重要性能参数，直接影响到列车间的间隔大小。

(3)惰行阶段 C

惰行阶段是指列车牵引为 0 至列车施加制动之前的这一阶段，在这一阶段，列车无牵引但仍可能存在一定的势能。

(4)建立紧急制动阶段 D

紧急制动建立阶段又称制动施加阶段，是指制动率由 0 至施加到 10%的阶段，此时列车开始进入制动工况。

(5)保障紧急制动阶段 E

保障紧急制动阶段，列车制动率从 10%逐渐施加至 90%，此时的列车将以保障紧急制动率持续制动直到列车的速度为 0。

2. 保障紧急制动率 GEBR

保障紧急制动率 GEBR 是列车在最不利条件下实施紧急制动时所能达到的最大减速度，它直接影响着列车在紧急制动情况下的制动距离与制动时间，是安全间隔防护和安全速度防护的基础。GEBR 参数的确定需要考虑最不利的运营和环境条件，如最大载客质量(加上冰雪负载)、最小预期的黏着等级和最大设计尾风等因素。为了确保车辆实现预期的制动率，必须保证一个有效的制动力，这个制动力必须基于足够的黏着力。实际上，当车轮在钢轨上滚动时，轮轨之间的接触会发生弹性变形，形成椭圆形的接触面。在这种接触状态下，轮轨接触区总会出现微小的纵向或横向滑动，即所谓的“蠕滑”。研究表明，在蠕滑状态下，轮轨之间的摩擦系数达到最大值，这个最大值被称为黏着系数，用 μ 表示。在设计过程中，必须确保制动力不会超过黏着力，即轮轨之间的实际黏着系数大于制动设计时所需的计算黏着系数，否则轮轨之间将发生相对滑动，破坏黏着状态，车辆就可能会发生滑行。在这种情况下，车辆的防滑系统会立即启动以纠正这种滑行状态。为了纠正滑行，防滑系统的基本措施是减少制动力，从而导致实际制动率减小。不同的黏着水平会导致不同的制动减速率。实际上，列车的最大制动力是受到黏着力的限制的，这意味着在发生滑行时，制动减速率必然会小于在最大黏着力作用下所能达到的最大减速度。理论上，紧急制动率可以通过式(5-21)计算

$$a=\mu \cdot g \cdot \eta \tag{5-21}$$

式中，μ 代表黏着系数，它描述了轮轨之间的摩擦性能；g 是重力加速度，其值通常为 9.8 m/s^2；η 是防滑效率，它反映了制动防滑系统能够有效利用黏着力的程度。根据相关的测试报

告,制动防滑系统的效率通常不低于 85%。

3. 安全制动距离

本节将结合图 5-4 所示的满足安全制动模型的紧急制动过程展开列车紧急制动距离的计算。

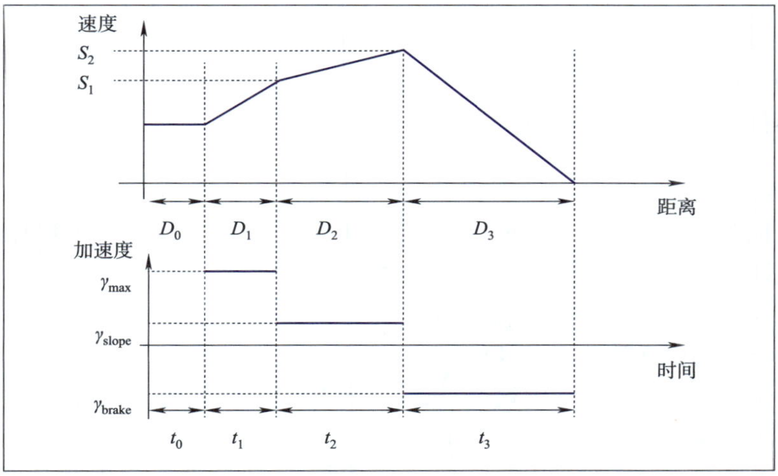

图 5-4 紧急制动过程

根据绝对制动距离安全模型可以进行列车紧急制动距离计算如下

$$D_{PV\_EB}=D_1+D_2+D_3 \tag{5-22}$$

其中,D_{PV_EB} 为紧急制动距离,D_1、D_2 和 D_3 为根据列车安全制动模型所需考虑的三段距离,如图 5-4 所示,分别为 t_1、t_2 和 t_3 期间列车所行驶的距离。t_1 是车载 ATP 计算出列车速度已超过限制速度至切断牵引之间的延迟,在此期间,列车经历最大加速度(机车车辆提供的最大加速度而可能加速);t_2 是牵引切除断至完全制动力(90%)施加之间经过的时间,它取决于 EB 命令状态变化和制动施加间的延迟,以及制动施加时间;t_3 是从制动力施加至 90%至列车完全停止所需的时间。

D_1 的计算如下

$$D_1=S_0t_1+\frac{\gamma_{max}}{2}t_1^2 \tag{5-23}$$

式中,$\gamma_{max}=a_{PV\_max}+\gamma_{slope}$,$a_{PV\_max}$ 为机车车辆提供的最大加速度,γ_{slope} 为考虑最坏情况下最大坡度(下坡)提供的加速度;S_0 是触发紧急制动(EB)的速度,其用于保证在最恶劣的条件下列车速度均不会超过项目定义的最大速度 S_{max},S_0 计算公式如下

$$S_0=S_{max}-t_1\gamma_{max}-t_2\gamma_{slope} \tag{5-24}$$

D_2 的计算如下

$$D_2=S_1t_2+\frac{\gamma_{slope}}{2}t_2^2 \tag{5-25}$$

式中,$S_1=S_0+t_1\gamma_{max}$。

D_3 的计算如下

$$D_3 = S_2 t_3 - \frac{\gamma_{\text{brake}}}{2} t_3^2 \tag{5-26}$$

式中，$S_2 = S_1 + t_2 \gamma_{\text{slope}}$；$\gamma_{\text{brake}}$ 为 t_3 期间列车的减速率，需要考虑最大坡度导致的加速度情况下的最小减速率，即

$$\gamma_{\text{brake}} = a_{\text{PV\_EB\_min}} - \gamma_{\text{slope}} \tag{5-27}$$

式中，$a_{\text{PV\_EB\_min}}$ 为列车最小紧急制动率。

5.2.3 超速防护方法

1. 速度监控防护原理

速度监控防护是列车运行安全的基础，需保证基本防护原则 SR_1 所要求的列车在任意点的实际速度均不得超过其所在位置最严苛的速度约束，即

$$v(x) \leqslant \min\{v_{\text{line}}(x), v_{\text{rs}}(x), v_{\text{dm}}(x), v_{\text{tsr}}(x), \cdots\} \tag{5-28}$$

式中，$v(x)$——列车在位置 x 的速度值；

$v_{\text{line}}(x)$——位置 x 处的线路限速值，是该位置线路因曲线、超高、站台门、特定区域要求等线路因素所要求的不可逾越的速度值；

$v_{\text{rs}}(x)$——位置 x 处的车辆限速值，是车辆的制动触发速度、解体速度等诸多速度条件下的最大允许速度值；

$v_{\text{dm}}(x)$——位置 x 处时控制列车的驾驶模式的限速值，如 RM 限速、蠕动模式限速、远程限制模式限速、联挂限速等；

$v_{\text{tsr}}(x)$——位置 x 处的临时限速值，是线路因施工、路基沉降等各种因素产生的需要进行临时限制的速度。

在速度监控防护过程中，最严苛的速度限制值是预先可以确定的，关键是要确定列车的位置和速度。列车位置和速度是其运动学的基本参数，列车的位置是基于基准位置的列车走行距离，列车的速度是指列车单位时间内的走行距离。由于基准位置、走行距离和时间在测量时不可避免地存在着误差，同时测量传感器和计算处理单元间也存在时间延迟，这些测量误差和时间延迟都将影响到列车速度和位置的可信性，为此需要对测量值进行过估或低估处理，以保证列车位置和速度处于确保安全的可信区间内。

2. 列车速度防护方法

当列车实际速度超过线路或车辆的限速时，会存在脱轨或车辆解体的风险；当列车超过因联锁条件或间隔防护生成的紧急制动触发曲线所允许的速度时，会存在列车脱轨或碰撞的风险。列车速度防护受到列车定位方式和车—地通信方式的影响可分为目标速度防护和目标距离防护两种方式，如图 5-5 所示，在轨旁列车定位和车地单向通信系统中，列控以目标速度控制方式或准移动闭塞的目标距离方式来防护列车；如图 5-6 所示，在车载列车定位和车地双向连续通信的系统中，列控以移动闭塞的目标距离控制方式来防护列车。

(1)目标速度控制

轨旁列车定位系统中的列车占用体现为区段的占用，此时轨旁列控系统根据列车当前占用的区段和列车可安全运行的距离，基于闭塞设计计算出列车在各区段允许运行的最高速度，并以“入口速度/出口速度”的格式发送给车载。如图 5-5 所示，当列车 1 占用 TC_0 区

段时，考虑到列车位置检测的不确定性，TC_1 区段被设置为保护区段，其他列车不应进入 TC_1 区段，因此 TC_1 区段的入口和出口速度均为 0，即 TC_2 区段为该场景下后续列车允许进入的最后一个区段，因此 TC_2 区段的入口和出口速度分别为 25 km/h 和 0。依此类推，TC_3、TC_4 和 TC_5 区段分别为 45/25、65/45 和 65/65。

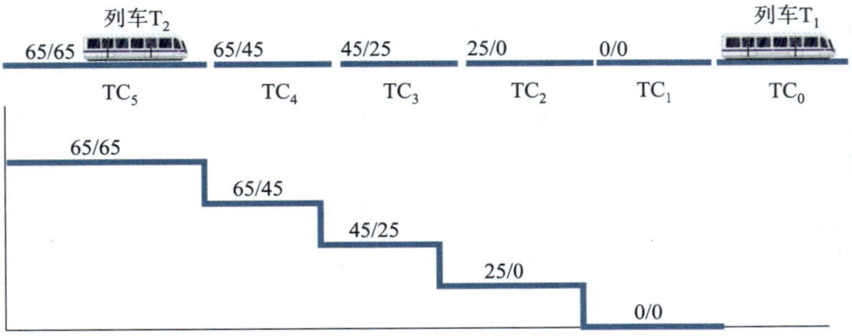

图 5-5　目标速度控制

(2)目标距离控制(固定点)

目标距离控制可分为准移动闭塞制式(又被称为“一次制动”制式)和移动闭塞制式。由于轨旁列车定位方式仅能按区段提供列车的占用信息，因此后续列车的目标距离点仅能以区段的终点为单位，由此被称为准移动闭塞制式。对于车载定位的控制系统，由于系统可连续获得前行列车的实时位置，后续列车的目标距离可始终追踪至距离前车尾部一定安全距离的点并实时更新，由此被称为移动闭塞。准移动闭塞和移动闭塞两种制式除了目标距离的颗粒度和更新的实时性不同以外，在控制方式上并没有差别。

目标距离方式根据线路等级速度和超速防护触发速度，确定线路的最高安全防护顶棚速度，这是最高限制速度(MRSP)，列车在行驶过程中，如果列车的行驶速度超出了顶棚速度，会进行紧急制动防护。在安全制动模型中，顶棚速度是紧急制动曲线 A 段起点的速度。根据顶棚速度，将列车在顶棚速度前后的区域分为顶棚速度防护区和速度—距离防护区。在顶棚速度防护区域，如图 5-6 中[p_0，p_1]，列车的允许速度曲线应为综合考虑线路允许速度、临时限速、车辆限速等因素得出的最低值。速度—距离防护区是指列车防护速度按照一次速度距离曲线下降最终到达零的区域，如图 5-6 中[p_1，p_2]，在此区域内，列车按照速度—距离曲线行驶。由于列车位置和设备之间存在一定的测量误差，因此列车行车许可终点和危险点之间增加一段小的保护距离，如图 5-6 中[p_2，p_3]。

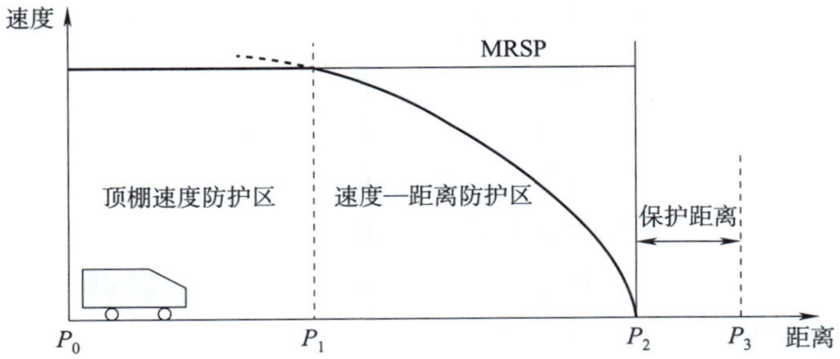

图 5-6　速度防护曲线

根据物理意义，任意时间段(t_x,t_y)内加速度a、速度v、位移s满足如下关系

$$\begin{cases} s=\int_{t_x}^{t_y} v\,\mathrm{d}t \\ v=v_x+\int_{t_x}^{t_y} a\,\mathrm{d}t \end{cases} \tag{5-29}$$

其中，速度v是初速度v_x与在t_y-t_x范围内速度变化量的和，位移是速度v在t_y-t_x时间范围内的积分。

安全制动模型中的紧急制动曲线被分为3个阶段，根据阶段的划分，设列车触发紧急制动时刻的速度、时间分别为(v_0,t_0)，第一阶段结束时列车的速度、时间分别为(v_1,t_1)，第二阶段结束时列车的速度、时间分别为(v_2,t_2)，第三阶段结束时列车的速度、时间分别为(v_3,t_3)。

根据对三个阶段的分析，对每个阶段的加速度进行简化可得

$$a=\begin{cases} a_{\mathrm{T}}-r_1, & t\in[t_0,t_1) \\ -r_2, & t\in[t_1,t_2) \\ -B_{\mathrm{e}}-r_3, & t\in[t_2,t_3) \end{cases} \tag{5-30}$$

式中，a_{T}为列车最大牵引加速度；r_1为第一阶段等效坡度加速度；r_2为第二阶段等效坡度加速度；r_3为第三阶段等效坡度加速度；B_{e}为列车可保证的紧急制动率。各阶段的时间T_i可以表示为

$$T_i=t_i-t_{i-1},i\in\{1,2,3\} \tag{5-31}$$

代入上式，分别求得五个阶段的运行距离(S_1,S_2,S_3)和各个阶段的速度，进一步可得：

$$\begin{cases} S=S_1+S_2+S_3 \\ v_3=0 \end{cases} \tag{5-32}$$

式中，S为列车在五个阶段中，从紧急制动触发时刻到紧急制动停车点的行驶距离。进一步，可得紧急制动触发速度v_0与列车到停车点的距离S之间的关系可表示为

$$\begin{cases} S=\int_{t_0}^{t_3} v\,\mathrm{d}t \\ v=v_0+\int_{t_0}^{t_3} a\,\mathrm{d}t \end{cases} \tag{5-33}$$

按照列车与停车点之间的距离S的不同取值，即可得到速度—距离防护区各点的紧急制动触发速度值。

3. EB速度防护曲线计算

EB速度防护曲线是列车在最不利情况下触发紧急制动的起点曲线。当列车速度超过了当前位置的EB防护速度，车载ATP就会输出紧急制动命令，控制列车在安全停车点之前停车。紧急制动是列车最高级别制动，其目的是确保列车在允许范围内降到安全速度或停车，是防护列车安全的最后一道防线。因此，这是列车永远不能超过的安全曲线。

EB速度防护曲线是基于列车紧急制动曲线通过反推法计算得到的，而列车的紧急制动曲线是已知的。EB防护曲线的计算方法如图5-7所示。设紧急制动速度曲线上的一个点为(v_i,s_i)，可以反推得到EB防护曲线上对应的点为(v_j,s_j)。

由于列车测速存在一定的误差，考虑最不利的运行情况，列车紧急制动过程计算的起点

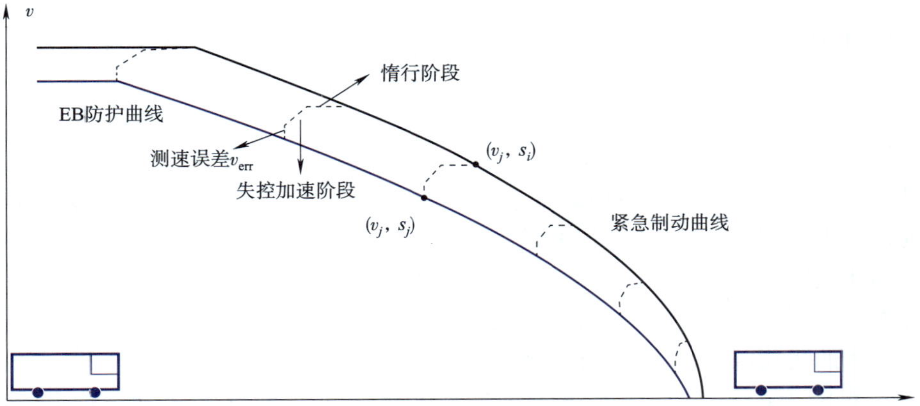

图 5-7 EB 防护曲线的计算方法

速度应该为 v_j+v_{err}。根据安全制动模型,当列车车速超过紧急制动触发曲线时,车载 ATP 将启动紧急制动。

在列车紧急制动过程中,列车首先会经过一段失控加速。失控加速阶段,列车 ATP 输出紧急制动命令,列车进行牵引切除工作。该阶段总时间为系统输出制动命令响应时间、牵引切除(即从最大牵引力到牵引力为零的过程)时间之和。失控加速阶段的总时间为 t_1,则失控加速阶段的末速度为

$$v_1=v_j+v_{err}+\gamma_{max}t_1 \tag{5-34}$$

式中,$\gamma_{max}=a_{PV\_max}+\gamma_{slope}$,$a_{PV\_max}$ 为机车车辆提供的最大加速度,γ_{slope} 为考虑最坏情况下最大坡度(下坡)提供的加速度;失控加速阶段列车走过的距离

$$s_1=s_j+(v_j+v_{err})t_1+\frac{1}{2}\gamma_{max}t_1^2 \tag{5-35}$$

在列车牵引完全切除之后,列车会经历从牵引切除到制动建立的惰行阶段,在此阶段中,列车受到的加速度为坡度阻力加速度以及空气阻力加速度。惰行阶段的终点为紧急制动曲线的起点,即(v_i,s_i)

$$v_i=v_1+\gamma_{slope}\times t_2 \tag{5-36}$$

$$s_i=s_1+v_1t_2+\frac{1}{2}\gamma_{slope}t_2^2 \tag{5-37}$$

由失控加速度阶段、惰行阶段以及列车紧急制动曲线倒推可以得到 EB 防护曲线上的点(v_j,s_j)

$$v_j=v_i-\gamma_{max}t_1-\gamma_{slope}t_2 \tag{5-38}$$

$$s_j=s_i-\left[(v_j+v_{err})t_1+\frac{1}{2}\gamma_{max}t_1^2+v_1t_2+\frac{1}{2}\gamma_{slope}t_2^2\right] \tag{5-39}$$

当在紧急制动曲线上以一定的 $\Delta s(\Delta s\to 0)$取一系列的点(v_i,s_i),$i=1,2,3,\cdots$时,就可以通过计算得到对应的一系列点(v_j,s_j),$j=1,2,3,\cdots$。将得到的紧急制动触发曲线的点由平滑曲线连接,即可得到紧急制动触发曲线。

5.3 线路资源监控安全防护

5.3.1 区域监控防护原理

区域监控防护是为了防止列车运行于线路上未安全授权的非受控区域，如未锁闭在规定位置的道岔尖轨、侧冲位置已占用的道岔区域、红灯信号机保护的进路区域、未关闭且锁闭的站台门所在区域、已激活紧急关闭区域/工作人员防护区、未准备就绪的洗车机、未完全打开的防淹门/库门等。区域监控防护通过设置移动授权终点（能量限制点）的方式禁止列车进入非受控的线路区域，并在运行的全过程中实时监控区域的受控情况，通过回撤移动授权终点或触发紧急制动的方式进行安全防护。区域监控防护本质是车—线耦合安全制约关系的管理。

1. 车—线耦合安全

车—线耦合安全制约要素如图 5-8 所示，主要由“车”和“线路”组成。为防止出现列车碰撞或脱轨的风险，列车运行安全防护系统需按基本原则 SR_2（列车不得进入或运行于非安全状态的区域）的要求，建立“车”和“线路”之间的相互制约关系，并确保该制约关系在最坏条件下均须被遵守。

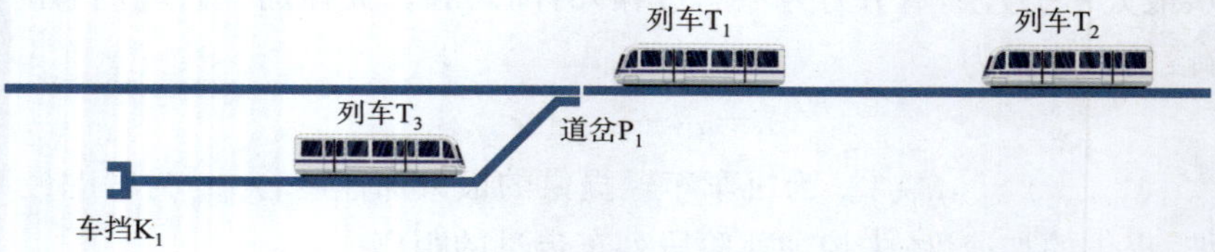

图 5-8 列车运行系统关键要素示意

RC_1：列车仅在其期望进入的线路区域已被设置为期望的安全状态后才可进入；

RC_2：某线路区域一旦被列车设置成其期望状态后，仅在确认改变其状态不会对该车产生危害时才能改变其状态，否则该区域必须保持此状态；

RC_3：已被某列车设置成其期望状态的线路区域因故发生状态变化时，设置该区域状态的列车应立即调整其可安全运行的线路区域范围。

车—线耦合安全基于以上列车和线路间相互制约的关系建立起约束条件，在细化分解约束条件的基础上，构建成 SIL4 级功能防护模块，表 5-2 为列车与线路间约束条件及其分解构建功能模块的示例。

表 5-2 列车与线路间约束条件示例

约束条件	分解示例	既有系统示例
RC_1	区域锁闭于期望路径	进路锁闭或资源征用模块
RC_2	区域根据列车运行情况释放	进路解锁或资源释放模块
RC_3	移动授权根据区域状态实时调整	移动授权管理模块

车—线耦合安全主要体现为区域管理，包括区域的征用与释放等。区域管理是指基于列车运行计划，在遵守列车运行制约的前提下，基于区域资源对线路进行选择、排序、征用、释放等操作，以实现区域资源的互斥和同步管理，防止出现死锁情况。区域管理需要考虑在保证运行安全的前提下如何更加高效地利用资源，以保证安全高效地服务于可持续列车运行。

2. 区域类型与特征

区域是线路资源管理的基本单位，如何对区域进行利用决定着该线路在运行安全的前提下所能提供的最大运能。

(1)类型

根据区域的物理形态和逻辑功能可将其分为道岔、区段和功能区域三大类。

①道岔

轨道作为物理线路资源，除了为列车运行提供支撑外，还需要根据列车的运行目的地将不同路径的轨道连接起来，这些具备连接功能的可移动轨道及其附属部分被称为道岔。根据轨道上是否存在道岔可将线路资源分为无岔区域和道岔区域，常见的道岔有单开道岔、双动道岔、交分道岔、三开道岔等。无论哪种类型的道岔均可分为可动区域和侧冲区域，下面以图 5-9 所示的单开道岔进行说明。可动区域是连接不同路径轨道的关键区域，当可动区域未处于列车运行所期望的位置时存在列车脱轨的风险。侧冲区域是列车限界在轨道上的投影区域，当列车经由定位侧冲区域运行时，若反位侧冲区域有车会导致两车相撞，反之亦然。

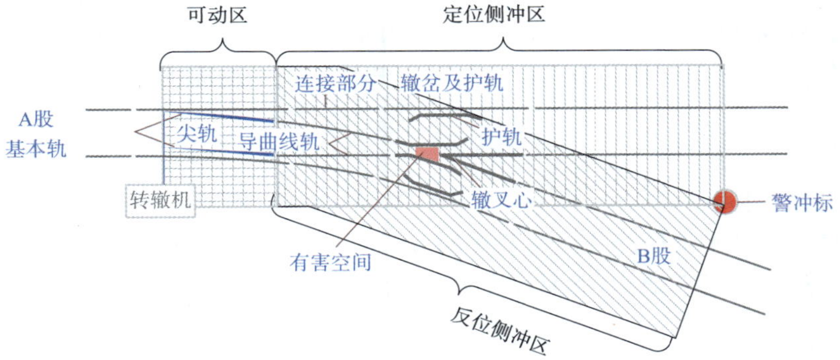

图 5-9　单开道岔区域示意

②区段

区段作为线路资源的基本单元，是系统进行区域监控防护的基础。无论是无岔区域还是道岔区域，要保证运行安全就需要确保在同一时刻仅有一列车占用该区域的最小单元，对于道岔区域而言，还需要保证列车运行前方的道岔已锁闭于期望的路径且侧冲区域无其他列车占用。理论上最小单元越小越好，但在工程实践中最小单元受到了设备最小可检测精度、安全防护方式等因素的限制。

在基于轨旁设备进行列车占用检测的系统中，设于轨旁的轨道电路、计轴、光栅或 UWB 等设备将无岔区域和道岔区域分隔成一个个的物理区段，这些区段就成了该系统的最小线路资源单元，即道岔区段和无岔区段。道岔区域的可动区域和侧冲区域被作为整体纳入一个道岔区段进行管理。

在基于列车主动定位并由轨旁进行资源管理的系统中，系统将线路上的无岔区域和道岔区域划分成一个个的逻辑区段，道岔区域被分成岔前逻辑区段、岔后定位逻辑区段和岔后反位逻辑区段。列车通过主动定位获取自己的精确位置，并将该位置发送给轨旁设备，轨旁设备在对信息传输延时等因素进行估算后将位置信息转化成列车包络并投影到逻辑区段上，并基于该逻辑区段的占用信息进行资源的管理。

在基于列车主动定位并由车载进行资源管理的系统中，系统不再对无岔区域进行物理或逻辑划分，仅道岔区域从逻辑上被划成了可动区段和侧冲区段。列车通过主动定位获取自己精确位置后自行管理资源，具体的方式是通过与轨旁或相邻列车直接交互来实现的。

③功能区域

功能区域是根据对应的功能安全防护的风险源划分的最小管理单位，如：

(a)为避免乘客在站台候车时的风险，需定义站台门对应的功能区域。

(b)为避免区间内逃生的乘客与列车发生冲突，需定义乘客逃生对应的功能区域。

(c)为避免通风井处因多列车进入而阻滞了有害空气的疏散，需定义通风井功能区域等。

功能区域与物理区段或逻辑区段并非一一对应的关系，如防淹门相关的功能区域可由若干个无岔和道岔区段组合配置。同理，人员防护区域相关的功能分区也可基于多个区段根据实际项目组合配置。对于配置防淹门的区域，当紧急情况发生，在关闭防淹门的情况下，该防淹门所属的区段将被封锁，禁止列车通过防淹门区域。人员防护区域相关的功能分区与防淹门区域的功能遵循同样原理。若一段功能区域属于防淹门防护区域和人员防护开关防护区域的交集，则只有在防淹门和人员防护开关都恢复正常状态时，才能自动解除该区段的封锁状态。

(2)特征

区域具有以下特征：

①方向性。多列车征用同一线路资源时，应通过列车运行方向确定列车之间的冲突关系。若两列车运行路径有交集，并且交集部分的运行方向不一致，则交集区域属于“冲突”区域。

②独占/共享。当前后列车在一段线路区域内追踪运行时，该段线路区域需要为这两列车分配线路资源。后车基于信号系统计算得到与前车尾部间的安全距离追踪前车运行。该运营场景下，这段线路区域的线路资源的当前状态为“共享”；当在一段线路区域内仅允许一列车运行时，该段线路资源若未经区域内列车释放，不得给其他列车使用，此时该线路区域状态为“独占”。

线路资源的“共享”是指对于某一线路资源最小单元，若前后车运行任务经过该单元的方向一致且道岔位置一致，则可同时共享该单元的线路资源。通过前后车实时交互列车定位信息计算两列车的安全距离，以确保前后车追踪间隔。该运营场景下，对于这两列车，这段共同的线路区域资源状态为“资源征用”状态，并且运营路径中的每个单元基于前后列车的顺序排序。线路资源的“独占”是指对于某些线路资源，只允许唯一列车占用该单元，该单元应被定义为独占资源。以通风井区域为例，当前行列车通过通风井关联的逻辑分区时，其目的是为避免通风井处因多列车进入而阻滞有害空气的疏散，与之类似的还有磁浮轨道系统中位于轨道上的供电分区，其作用是规避多列车同时进入一个供电分区，防止超出供电能力而导致断电风险。两者虽然防范风险不同，但共同特点是：一个逻辑分区任意时刻仅允许一列车独占使用，仅在确保后续列车于前车完全驶过通风井区域后才授权进入。另外，资源的共享和独占状态并不是绝对的，在一定条件下它们会发生转化。

③分时复用。城市轨道交通线路资源属于可基于方向和顺序循环重复使用的资源。在有限的轨道线路上，通过恰当的运营调度策略、合理的资源划分和分配机制，可在单位时段内增加线路区段内通过的列车数，以提高线路的运力。

3. 区域监控防护

区域监控防护是对列车运行经过的线路所在道岔、区段和功能区域的管理。

(1)道岔监控防护

道岔监控防护的目标是防止出现列车因非受控道岔而脱轨、列车发生侧冲碰撞的风险。从物理结构上道岔可分为可动区域和侧冲区域，道岔监控防护需要遵守下述原则：

①列车在通过道岔可动区域前，系统需要将道岔转换并锁闭在规定位置，否则应将该道岔可动区域设置为禁止区域。

②道岔可动区域未处于空闲状态时，禁止系统转换道岔。

③列车在通过道岔可动区域前，系统需保证道岔的可动区域处于空闲状态且需要保证该区域在列车通过前始终处于空闲状态，否则应将该道岔可动区域设置为禁止区域。

④列车在通过道岔侧冲区域前，系统需保证道岔的侧冲区域处于空闲状态且需要保证该区域在列车通过前始终处于空闲状态，否则应将该道岔侧冲区域设置为禁止区域。

道岔可动区域和侧冲区域可合并成一个道岔区域进行统一管理，也可以各自分开管理。前者的优点是管理相对简单容易实现，用于传统的信号系统，后者可以提高道岔的利用效率，提升运能，目前已在 TACS 系统中应用。

(2)区段监控防护

区段监控防护的目标是从预防列车碰撞的角度出发为列车设置正确的运行授权终点。区段根据是否被分配或被占用可分为“锁闭”“解锁”“空闲”“占用”四种状态，正常情况下区段监控防护的状态机如图 5-10 所示。

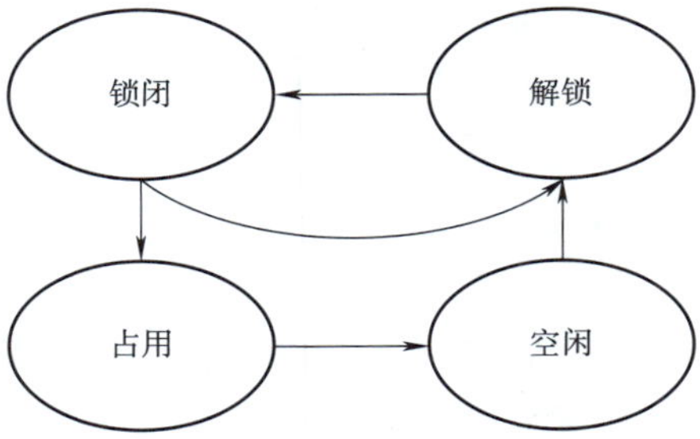

图 5-10　区段监控防护状态机示意

通常情况下区段处于解锁状态，当某列车要通过该区段前，系统会将该区段设置为锁闭状态，其后若该区段无其他限制点则列车会通过该区段，此时该区段为占用状态，列车通过后该区段将重新变为空闲状态，系统将根据区段占用—空闲顺序自动解锁该区段，异常情况下也可以人工解锁该区段。

区段的锁闭是根据列车运行任务来执行的，区段解锁是根据列车完成任务后由系统自动完成的或者在取消列车任务时由人工来完成的，在自动解锁过程中需要考虑列车安全的出清，以确保区段空闲状态的安全性。区段占用检测对于不同的系统而言有不同的处理方式。

①基于轨旁列车定位的区段占用检测

轨旁列车定位作为一种由轨旁进行列车位置检测的方式，通常以区段为单位，采用轨道电路、计轴或光栅等方式来确定列车的位置，得到的是某区段是否被占用的状态信息。

为确保列车定位的安全性，系统需要确保线路上的任何列车均应能被检测到并考虑检测的不确定性。为确保线路上任何列车在任何工况下均能被轨旁列车定位系统检测到，需要轨旁列车定位系统的相邻检测点间的距离 D_{sdd} 不小于线路上所有列车的轮对间最远距离 D_{train_max} 和检测误差 D_{tol} 之和，即

$$D_{sdd} \geqslant D_{train\_max} + D_{tol} \tag{5-40}$$

如图 5-11 所示，检测点 AC_1 与 AC_2 间的距离不得小于运行于该线路的所有列车的轮对间距离（D_2）的最大值，同时还需要考虑由于检测系统的反应时间、同一轮对轮间距离等带来的检测误差 D_{tol}。

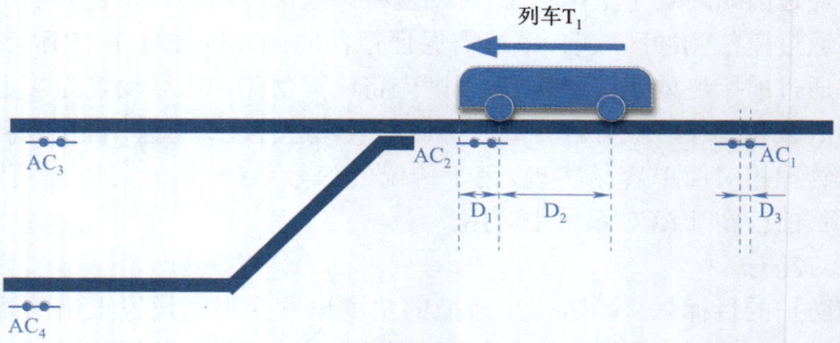

图 5-11　轨旁列车间接定位示意

对于依靠轮对进行检测的轨旁列车定位系统，轮对与列车的端部仍存在一定的距离（如图 5-11 中的 D_1），该距离被称为列车的悬长 $D_{overhang}$，悬长导致了列车实际上已经进入了超过检测点占用下一个区段，但检测系统并不能给出下一个区段被列车占用的状态信息。如图 5-11 中列车端部已越过 AC_2 检测点，但由于车轮对未越过 AC_2 点，导致 AC_2 与 AC_3 和 AC_4 构成的区段实际已被占用但系统未能检测出的情况。除列车的悬长外，检测点本身的安装误差 $D_{install}$、检测点的本身构造偏差 D_{detect} 和检测所需要的反应时间内列车可能走行的距离 $D_{reaction}$ 也会对列车占用区段的状态带来不确定性，导致列车实际占用但在系统中未占用的情况发生，需要在防护中加以处理。

$$D_{uncertainty} \geqslant D_{overhang} + D_{install} + D_{detect} + D_{reaction} \tag{5-41}$$

轨旁列车定位方式尽管定位精度较差且列车无法直接获得自身位置，但由于它是依靠轨旁系统获取的，在用于轨旁安全防护时较主动定位更为可靠，且其定位不受车辆空转打滑

的影响，在传统依靠轨旁进行安全防护系统中得到了广泛应用，也是目前车载定位系统不可用时的一种辅助定位方式。

②基于列车主动定位的区段占用检测

基于列车主动定位的区段占用检测是轨旁子系统根据接收到的列车位置报告，计算列车的最大安全包络，并将该安全包络映射到区段上，从而确定区段的占用状态。轨旁在计算列车安全包络时会考虑列车发来的最大车头位置和最小车尾位置，在此基础上考虑车地间信息传输的延时时间内列车可能移动的范围，列车可能的后溜和允许的退行距离，最终形成如图 5-12 所示的列车安全包络。

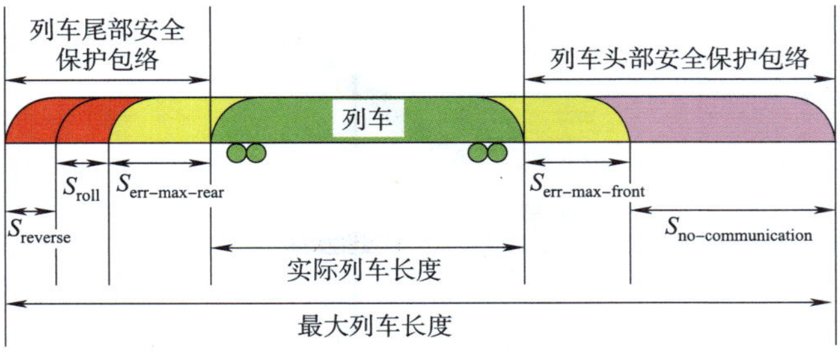

图 5-12　主动列车定位的区段占用检测

(3)功能区域监控防护

功能区域应在列车进入前将该区域设置并锁闭于列车运行安全期望的状态，并在列车通过前保持该区域处于该状态，否则将立即触发列车紧急制动。如站台门关闭且锁闭、紧急制动未激活、疏散区域未激活、工作人员防护区域未激活、防淹门完全打开且锁闭、洗车机就绪、车库门打开且锁闭等。

5.3.2　联锁控制方法

联锁是实现区域监控防护、车门站台门监控防护的主要方法，用以防范可能出现的脱轨、碰撞和人员伤害等安全问题。联锁通过设备间相互联系相互制约的方式实现列车与线路资源的互锁及线路资源间的互锁。

联锁可由轨旁设备来实现，也可由车载设备和轨旁设备协同实现。轨旁联锁以“车—地—车”方式控车，通过轨旁的计算机联锁设备来进行道岔、区段和其他条件的安全监控防护。在此过程中联锁会将线路划分为最小资源单元如物理区段或逻辑区段(包括无岔区段、道岔区段及区段附属的其他约束条件)，再根据拓扑关系将其组合为进路，通过对进路进行锁闭、授权和释放等操作来进行集中管理，线路最小资源单元的管理依附于进路逻辑。车载和轨旁协同联锁以“车—车”“车—地”的模式控车，系统通过车载与轨旁间以及车载与车载之间的交互来管理线路资源。线路资源管理的重点是对可动区域或侧冲区域与列车间的联锁，确保可动区域或侧冲区域的独占性，无岔区域则通过“车—车”交互方式由列车协商资源的使用权。列车基于运行计划中的运动任务根据线路资源的状态进行线路资源的征用、使用和释放。基于车地联锁的资源管理与基于轨旁联锁的资源管理从资源的角度差别不大，仅安全监控防护主体由轨旁变成了车载和轨旁的协同。

1. 道岔监控防护

轨道线路道岔区域通过道岔装置来改变列车的运行方向，通过转换道岔岔尖，使列车完成在不同线路之间的转换。当列车需要通过时，必须锁定在期望的位置上，否则会导致列车脱轨。在道岔区域存在不同方向的轨道，若在道岔侧冲区域轨道上同时存在列车时，则会产生侧面碰撞的风险。如图 5-13 所示，道岔区域分为可动区域、定位侧冲区域和反位侧冲区，非受控的可动区域可能会导致列车脱轨，而未防护的侧冲区则会引发侧面碰撞的风险。

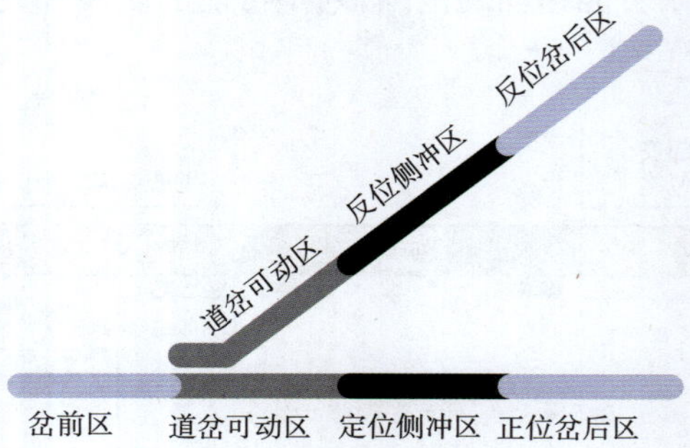

图 5-13　道岔区域示意

道岔安全监控防护要求在同一时刻同一道岔仅能被一辆列车占用并获得控制权限。因此，当列车申请的资源经过道岔，并且道岔可动分区对应的逻辑分区分配给当前列车，则列车获得控制该道岔的权限，若道岔实际的位置与运营路径不一致，则基于道岔允许操纵条件以及列车运营需求对道岔发送相应道岔控制命令，直到道岔转辙机转动至指定位置并锁闭，建立道岔可动区的方向锁闭，建立道岔可动区的方向锁闭，为当前列车建立移动授权并允许列车通过该道岔可动区。

道岔允许操作状态用于确定是否可以安全的操作道岔以规避列车脱轨风险。系统启动后，道岔处于禁止操纵状态。仅在以下所有条件均满足时，道岔操纵状态方可转为允许状态：

①当前道岔可动区域未处于方向锁闭状态；

②当前道岔未处于单锁状态；

③系统处于初始化成功状态；

④当前系统内未处于异常状态。

⑤否则，道岔操纵状态将变为禁止操纵状态。

若以上任何一个条件不满足，则道岔操纵状态将变为禁止操纵状态。

当前道岔处于允许操纵状态，一旦接收到道岔转换命令，道岔根据运营需要转换状态，首先进行道岔状态监测，然后进行相应转换，道岔从定位状态转换到反位状态，或从反位状态转换到定位状态。道岔的状态包括允许操纵状态、道岔故障状态、道岔封锁状态、道岔单锁状态。如图 5-14 所示。根据运营维护作业需要，系统支持对道岔进行单锁、单解以及单封、解封操作。当接收到道岔单锁（封锁）命令时，道岔则进入单锁（封锁）状态。被封锁的道岔不允许为列车分配道岔可动区资源和建立道岔可动区的方向锁闭。处于单锁状态的道岔资源允许为列车分配可动区资源，但不允许被移动。道岔是建立方向锁闭的必要条件之一，道岔可动区域建立方向锁闭的联锁条件是道岔处于正常状态且道岔未处于封锁状态。

道岔监控防护在不同的系统中采用了不同的处理方式，传统信号系统采用了道岔区作为一个整体进行脱轨和侧冲防护的方式，优点是降低了对检测系统的要求并简化了监控防护逻辑，缺点是降低了道岔利用效率导致运能不能充分利用。以 TACS 为代表的新型信号系统对道岔的各个区域进行了分开管理，提升了运营效率，实现了运能的最大化。

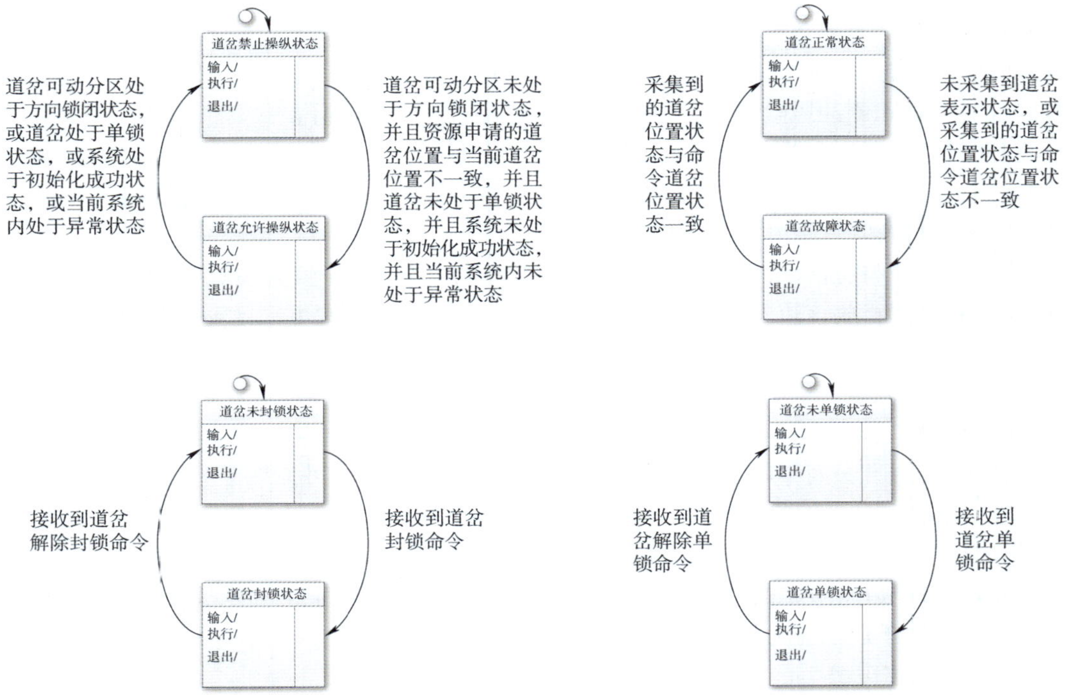

图 5-14　道岔状态转换图

(1)道岔整体监控防护

传统信号系统将道岔可动区域与其侧冲区域进行了合并管理，统一定义为道岔区段按整体进行监控防护，其联锁规则是：

①列车在通过该区段前，该道岔必须锁定在规定的位置；

②该区段被列车占用时，道岔不能动作；

③该区段在列车经过后且没有被任何列车占用时，才能解除对该道岔锁定；

④列车在通过该区段前，该道岔区段必须保证没有其他列车占用；

⑤该区段在列车经过后且没有被任何列车占用时，才能释放给其他列车使用。

传统信号系统采用道岔锁闭和区段锁闭两种方式来分别防止列车脱轨和侧面冲突。因传统信号系统基于轨道电路或计轴判定列车占用和空闲，通过道岔区段与道岔之间的联锁关系实现了道岔锁闭和释放的管理，使得道岔锁闭/解锁和区段锁闭/解锁产生了紧耦合，即使道岔可动区域无车占用，但由于道岔侧冲区域处于占用状态也不能移动道岔。基于道岔区域“独占”的特点，直接影响了轨道资源的利用效率，制约了道岔区段通过能力。不同列车汇合或分叉运行时，必须在当前列车出清道岔所在的轨道区段后，后续列车才可以使用该道岔资源。这种方式，造成了列车折返间隔的加大，成为制约运能提升的瓶颈。

传统信号系统中存在多组道岔组成一个道岔区段，此时需根据情况设置防护道岔，通过道岔隔离可能侵入本线路的非受控列车，进而实现列车的侧面防护，道岔的锁闭位置可确定列车运行方向，列车朝向预定方向运行，有效规避列车侧面冲突风险。另一方面，为满足平行作业的需要，在排列进路时，还需要将某些不在进路上的道岔转换至规定位置并锁闭，以尽可能提升道岔区域的通过能力。

(2)道岔分区监控防护

道岔分区监控防护采用基于资源管理的原理，对可动区域和侧冲区域进行分开监控防护，以规避脱轨和侧冲风险并最大化线路的运能，其主要特点如下：

双动道岔需要拆分为单动道岔，解除资源与双动道岔、防护道岔以及带动道岔之间的耦合关系，减少因道岔转辙机故障对列车运营的影响，减少道岔转辙机转动次数，提高转辙机的使用寿命，以及降低道岔的维护成本。

道岔可动区与道岔侧冲区解耦。在前后列车运营路径不一致的情况下，前车通过了道岔可动区并申请释放该道岔可动区，则可为后续列车分配该道岔可动区，并移动该道岔。列车在驶离道岔侧冲区的过程中与道岔动作并行执行，而无须出清整个道岔区域才允许动作道岔，从而提高运能。

在前后列车运营路径不一致的情况下，道岔侧冲区域(道岔定向侧冲区和反向侧冲区)只能同时分配给唯一列车，前车出清并释放道岔侧冲区域后，方可为后车分配道岔定位和反位侧冲区域的资源。

采用道岔分区管理的方式可避免道岔整体监控防护方式中的带动道岔联锁条件，通过道岔侧防区防护以及资源的冲突有效管理既满足岔区内平行作业的需求又能合理安排道岔转动时机，有助于运输能力的提升。

2. 区段监控防护

区段监控防护为列车设置正确的运行授权终点以防止列车的碰撞，该防护功能可分为轨旁监控防护和车载监控防护两种方式，前者主要用于传统信号系统，后者用于以 TACS 为代表的新型信号系统。

(1)轨旁监控防护

列车运行过程中由计算机联锁根据线路资源的状态进行线路资源的征用，并经由区域控制器将线路资源允许状态提供给列车上的车载控制器，车载控制器为进入区域控制器管辖范围的列车给出线路资源允许状态的区域，以防止车地发生碰撞。在此过程中，进路中所有资源被一次性锁定，随着列车运行逐段释放。联锁通过保证列车对进路上物理区段或逻辑区段的独占性来保障安全。在设置运行授权终点前需要先为该列车建立进路以预防列车冲突。为了防止正面冲突，两条敌对的进路不能同时建立。下列进路规定为敌对进路。敌对进路应相互照查，不应同时开通：

- 同一到发线上对向的列车进路与列车进路；
- 同一到发线上对向的列车进路与调车进路(含非进路调车)；
- 同一咽喉区内对向重叠的列车进路；
- 同一咽喉区内对向或顺向重叠的列车进路与调车进路；
- 同一咽喉区内对向重叠的调车进路；

- 防护进路的信号机设在侵限轨道绝缘节处，不准许同时开通的进路；
- 与延续进路重叠的进路（不含该延续进路始端的顺向列车进路）。

由于两条敌对进路只要有重叠部分即构成敌对，因此对于后行的列车，只能停车等待前行列车通过进路并且正常解锁后，才允许为该后续列车建立进路。

在没有配置移动闭塞的信号系统中，列车进入进路内方，进路在没有完全解锁状态时，为了防止追尾冲突，同方向的进路不允许再次建立。直到列车完全驶离进路并正常解锁后，后续列车的同方向进路才允许再次建立且锁闭。

对于移动闭塞系统，进路锁闭后，由计算机联锁将进路内各区段授权运行及方向的信息提供给区域控制器，由区域控制器根据各区段状态及其接收到的列车报文计算列车授权终点，并将该信息提供给车载。对于固定闭塞或准移动闭塞系统，进路锁闭后，计算机联锁或轨旁列车控制设备还需要根据物理区段的占用信息计算列车可运行的终点，并将该终点信息提供给车载。

(2)车载监控防护

车载监控防护无须进路锁闭逻辑，由相邻列车通过直接的信息交互获取相互之间对于线路资源预期使用情况，并通过协商机制保证不会同时使用同一线路区域。

3. 功能区域监控防护

运营线路上配置有各种与运营或者维护有关的设备，如站台门、防淹门、邻站接口、紧急关闭按钮、工作人员防护开关、洗车机、车库门、分相区等，系统需要实时检测这些设备的状态并映射到相应的功能区域进行监控防护。轨旁监控防护系统可由联锁或区域控制器进行处理，车载监控防护系统则由轨旁采集数据后提供给车载设备直接处理。

当列车运营任务包括配备有站台门的站台区域时，为规避列车进站过程中乘客跌落站台而发生的人身伤害，列车在运行状态中资源管理系统应实时检测站台门关闭且锁闭状态，仅在列车停稳后才授权允许车门和站台门打开。在信号系统中站台门状态和紧急关闭按钮状态与相应站台区关联，形成联锁关系进行防护，当站台门状态不是“关闭且锁闭状态”或紧急关闭按钮为“禁止状态”时，系统应立即封锁紧急关闭按钮对应的逻辑分区，规避列车在相关逻辑分区发生列车与人的冲突。当列车运营任务包括防淹门相关的区域时，为确保列车在防淹门防护区域的运行安全，列车在运行状态中资源管理系统应实时检测防淹门的开门且锁闭到位状态。

轨道交通线路中，为确保在线路上维护人员的安全，通常在站台之间设置人员防护开关(SPKS)，作为对进出轨道运行区域运营人员的重要防护措施。因此，当列车的运营任务包括工作人员防护的区域时，为确保列车在工作人员防护区域的运行安全，列车在运行状态中资源管理系统应实时获取 SPKS 防护状态。相同的防护原则还应用到停线接口，当邻线接口变为“禁止状态”时，则系统应立即封锁与邻线接口相关的逻辑分区，规避与邻区发生正面冲突风险。此外，当调度人员因其他因素确定需要禁止列车进入特定线路时，系统需要支持人工设置逻辑分区封锁的功能，防止列车与当前相关逻辑分区发生其他冲突风险。

功能区域监控防护需要对线路上所有功能区域是否满足列车的安全运行条件进行检查，包括站台门、防淹门、人防门、人员防护区域、人工封锁的区域、紧急关闭区域、邻线接口区域、车库门、洗车机等相关功能对应的逻辑分区资源，一旦上述任意一个功能处于非安全状态，则需禁止列车进入这些功能区域，并确保在这些功能区域内运行的列车激活紧急制动。

5.4 间隔监控防护

为防护列车间的碰撞，须保证列车间有足够的安全间隔并实时对该间隔进行监控防护。

5.4.1 安全间隔界定

列车的安全间隔是指存在迎面或追尾碰撞风险的两列车之间的最小间隔，在采用绝对制动距离进行防护的系统中，如图 5-15 所示，该间隔为以下距离值的总和：

①后车制动所需的可保障安全制动距离 D_{pv_EB}，具体计算可参见安全制动距离章节；

②前车位置估算所需的安全距离余量 D_{T1}；

③后车位置估算所需的安全距离余量 D_{T2}。

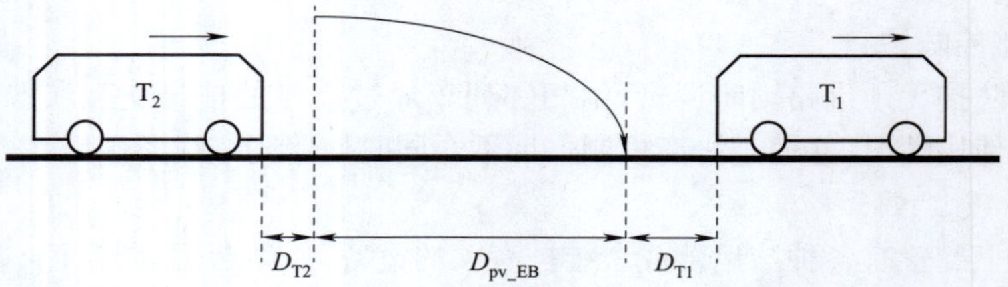

图 5-15　基于绝对制动距离的列车安全间隔界定

安全距离余量的计算和列车位置检测的方式相关，对于车载定位来说主要是信标安装的误差及因测速装置引入的误差，对于轨旁安全定位来说需要考虑轨旁检测装置的安装误差、轨旁检测装置的反应时间及轨旁检测点与列车车头间的距离。

轨旁安全定位由安装于轨旁的检测点及相应的处理单元构成，常见的轨旁安全定位装置如计轴、轨道电路等，其检测原理是通过列车车轮切割计轴磁头产生计轴磁头的电流变化或短路轮对使得轨道电路电压产生变化，从而由处理单元根据变化情况进行处理并给出相应的区段被列车占用与否的状态判断，其典型检测方式如图 5-16 所示。

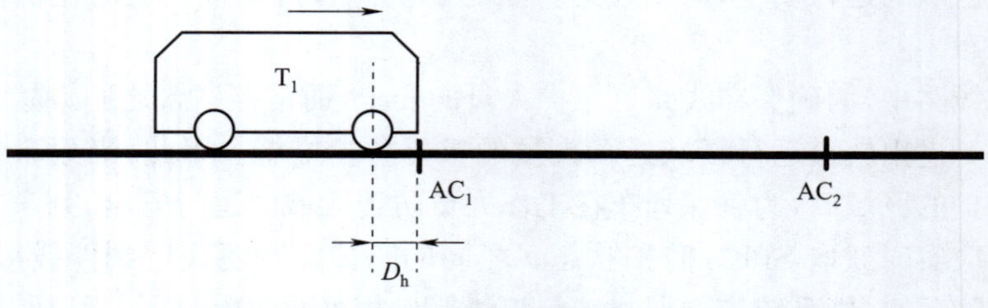

图 5-16　轨旁安全定位装置的列车检测示意

从图 5-16 中可以看出其检测过程中所需要考虑的定位误差包括：

①轨旁检测点安装带来的误差，图中 AC_1 和 AC_2 的安装误差；

②被检测的列车位置与列车端头间的距离，图中的 D_h；

③因检测装置自列车被检测点被检测到至给出检测状态所需要的时间内列车走行的距离。

5.4.2　间隔防护方法

为防护列车碰撞时能量超标导致的破坏性风险，需要对列车的能量进行监控防护。对于未配置物理联挂的系统而言，防护的方式主要是通过控制列车间的安全间隔来防止列车间可能出现的碰撞，即防止不同列车征用的线路资源有交集的情况，实践中通常采用闭塞功能进行防护。

列车安全防护间隔由紧急制动距离和相关测量误差及安全余量组成，但在工程实践时还需要结合具体的技术条件，特别是对于列车位置的检测和支撑运行控制系统的软硬件平台。由于轨旁列车定位系统存在列车定位的不确定性的，系统需要检查额外的防护区段的空闲来防止可能发生的碰撞，空闲防护区段的长度至少要满足式(5-41)中 $D_{uncertainty}$ 的要求。车载测速定位系统由于空转打滑等因素的存在同样需要增加相应的安全余量来保证行车安全。

在不同的时代技术水平条件下，闭塞先后经历过时间闭塞法和空间闭塞法，闭塞方式有单向闭塞和双向闭塞。随着传感器技术、计算能力和通信技术的发展，闭塞效率不断得到提升。如图 5-17 所示，根据列车的定位方式和速度控制方式的不同，目前主流的闭塞制式可分为固定闭塞制式、准移动闭塞制式和移动闭塞制式，其中准移动闭塞基于轨旁列车定位进行目标距离控制，而移动闭塞基于车载列车定位即列车主动定位进行控制，具有更高的运行效率。

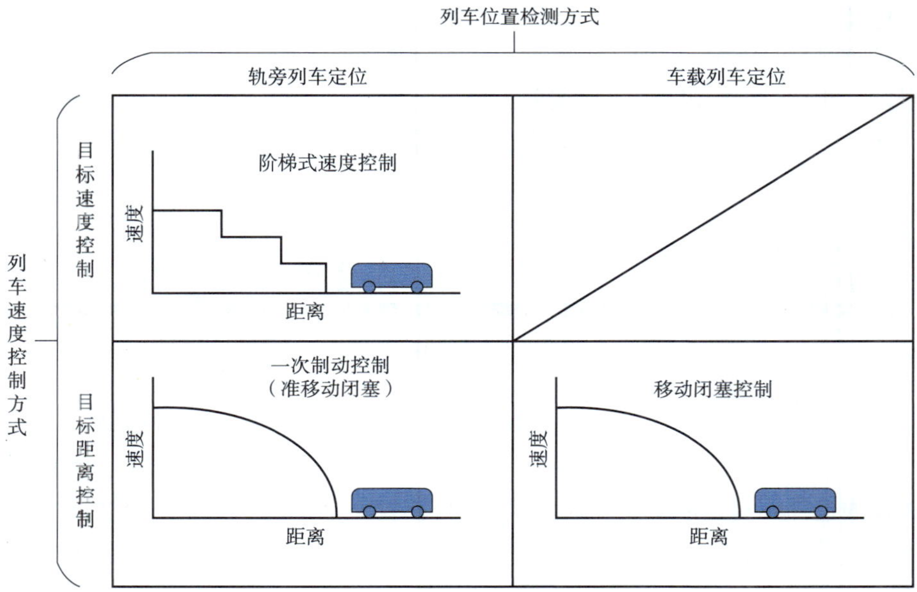

图 5-17　不同闭塞制式下的间隔控制示意

闭塞制式演进的过程如图 5-17 所示，列车速度控制曲线越来越精细，安全间隔越来越小，运行密度可进一步提高，运能不断得到提升。

1. 固定闭塞

固定闭塞系统目前常用于包括 BM 在内的点式系统。通过轨旁信号机向司机提供允许或禁止信号，或由轨旁列控借助有源信标向车载列控传输信息，仅能实现轨旁列控到车载列控单向、非实时且不连续的传输。BM 车载列控仅在列车经过有源信标时才能获得轨旁列控发送的移动授权信息。在 BM 系统中，列车的位置依靠轨旁设置的计轴或轨道电路来检测，在此基础上轨旁列控基于固定闭塞算法计算轨旁信号机状态，并将该状态通过有源信标发送给车载作为列车的移动授权。如图 5-18 所示，列车 *B* 可运行至列车 *A* 所在进路的始端防护信号机处。

对于固定闭塞系统而言，其列车间的间隔为两列车所在区段的边界间的距离，该距离满足后车最小安全制动距离与前后车位置的安全余量，实际应用中会通过闭塞设计计算进行离线计算，并在信号机或点式信标设置时考虑该值进行分隔，以进行列车间隔防护。

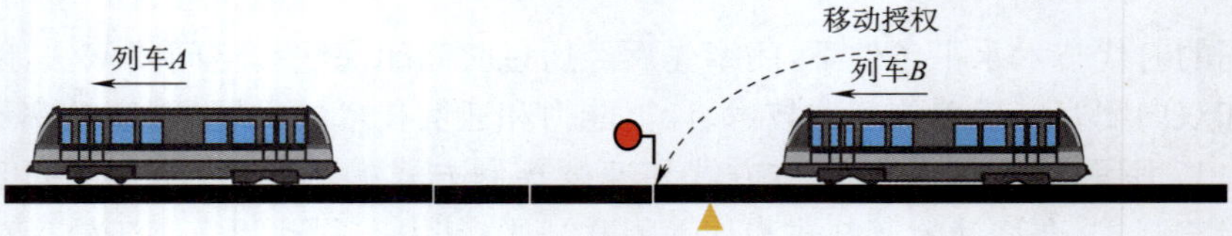

图 5-18　基于固定闭塞的 BM 系统

2. 准移动闭塞

在准移动闭塞制式下，由轨旁的轨道电路进行列车位置检测，经资源管理器进行列车间隔的防护计算，计算结果经由轨道电路传递给车载列车运行控制系统以实现 ATP 防护。与固定闭塞模式相比，准移动闭塞可以按照区段进行列车间隔的防护，后车可以追踪到前车所在区段的入口处。图 5-19 所示为基于准移动闭塞的 TBTC 系统。

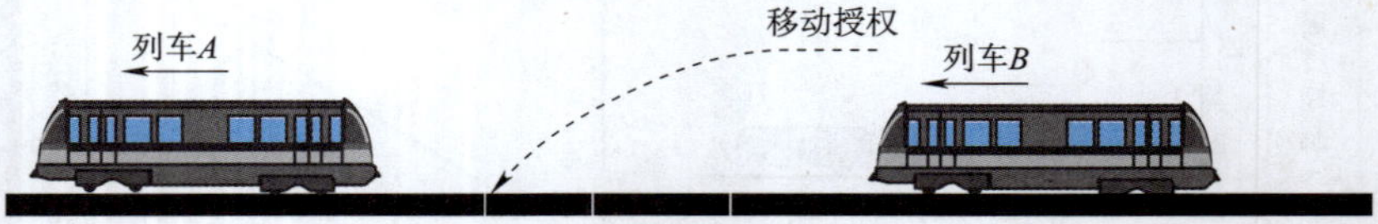

图 5-19　基于准移动闭塞的 TBTC 系统

对于准移动闭塞系统而言，后车(图中列车 *B*)的位置是由列车 *B* 的车载主动定位得到的，而前车(图中列车 *A*)的位置是由轨旁检测到后将信息送给后车的，因此对于后车而言，其移动授权的边界始终是前车所在区段的边界，其安全间隔须保证后车所在的位置至前车所在区段的边界之间的距离，需要满足最小安全制动距离加上前后车的位置安全余量的要求。

3. 移动闭塞

得益于列车主动定位和车地或车车间的实时双向通信，系统能实时获知相邻列车的位置，从而为后车根据前车的实时位置进行追踪运行提供了条件，这种闭塞方式被称为移动闭塞。根据前后车双向通信方式的不同，移动闭塞可分为：

①基于轨旁集中管理的移动闭塞，即前后车的位置均通过轨旁设备进行统一处理后

使用；

②基于车车通信的移动闭塞，即前后车直接交换位置信息并进行间隔防护。

由于通信时延和信息处理时延，基于车车通信的移动闭塞系统与基于轨旁集中管理的移动闭塞系统相比，在通信和处理节点上有所减少，时延更小，因此闭塞间隔也可以更小。

(1)轨旁集中管理

在移动闭塞制式下，由列车主动进行位置计算并报告给资源管理器 ZC 进行列车间隔计算，再将计算结果发给该车以实现 ATP 防护，后车可以追踪到前车的尾部。如图 5-20 所示，列车 B 可实时追踪至列车 A 的尾部，实现小间隔运营。

在轨旁集中管理的移动闭塞系统中，间隔管理设备(通常为区域控制器 ZC)首先需要计算前后车的列车包络，列车包络参见 5.3.1 章节中区段监控防护中的计算方法，在此基础上，ZC 需要保证包络端部间的距离满足安全距离的要求。

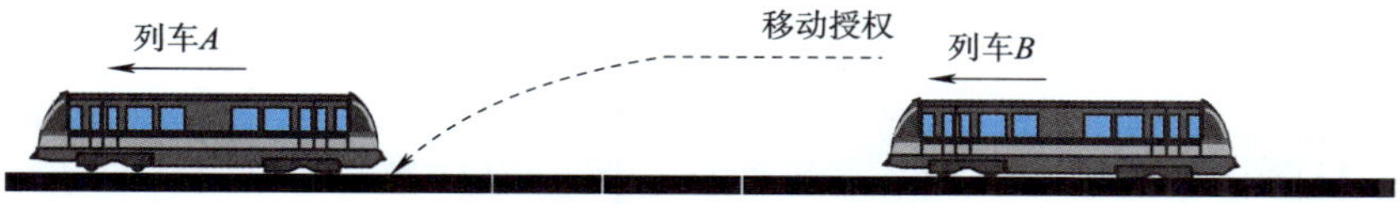

图 5-20　基于移动闭塞的 CBTC 系统

(2)基于车车通信

基于车车通信的移动闭塞系统(TACS)(见图 5-21)中列车主动向相邻列车请求位置信息，并根据相邻列车返回的位置信息主动进行间隔计算，后车可以追踪到前车的尾部，由于车车通信系统的信息流路径比轨旁集中管理系统短，信息较轨旁集中管理系统更加实时，虽然同样采用的移动闭塞模式，但追踪间隔优于轨旁集中管理模式。对于车车通信系统而言，后车可直接获取前车的最小车尾信息，在此基础上考虑前车后溜或允许后退的距离，再加上通信时延内前车最大可能的位移，即可根据安全距离的要求进行后车移动授权的计算。

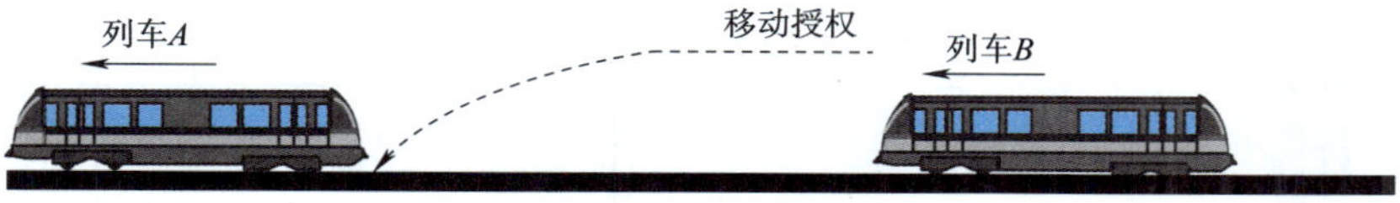

图 5-21　基于车车通信的移动闭塞系统

5.4.3　基于能量监控及相对制动的安全间隔界定方法

相对制动距离安全模型基于前车运行速度不会突然降为零的假定，后车可依据相对制动距离原则计算与前车的安全间距。将后车的移动授权终点由前车尾部延伸至前车所能达到的最大减速度制动停车的车尾位置，如图 5-22 中的 X_{1s} 点。可能的实现方式是后车周期性获知(通过与前车直接通信，或轨旁设备中转)前车的位置、速度、最大制动减速度等参数，结合线路坡度信息，估算出前车以最大减速度制动至停车的运行轨迹。后车据此进行防护，确保不会发生“追尾”。

根据运动学公式，后车 ATP 系统可以计算出前车以及自身的运行曲线。假设 $T_0=0$ 时刻，获知前车车尾的位置和速度为(X_{10},v_{10})，此后假定前车制动直至停车。根据故障导向

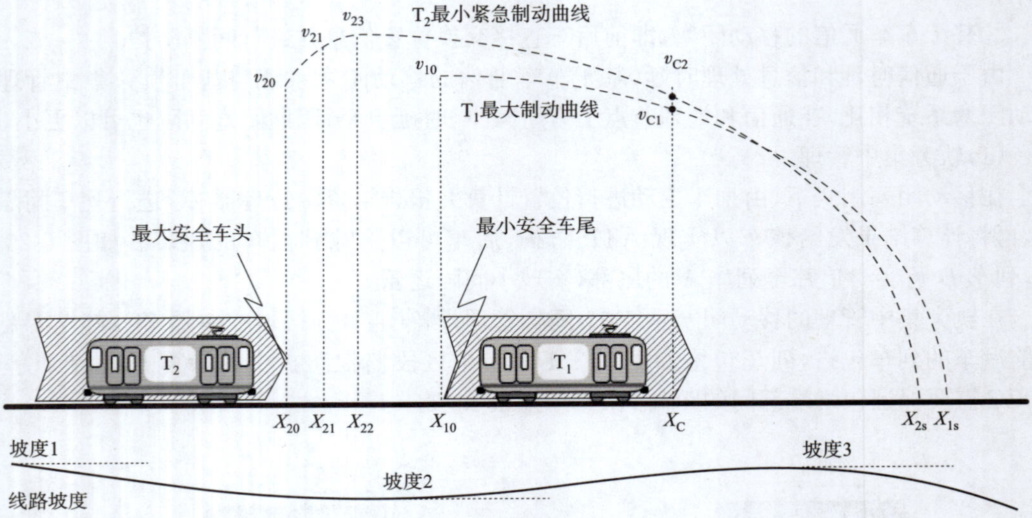

图 5-22　相对制动距离安全模型示意

安全原则，后车 ATP 系统应低估本车的制动能力，计算时取本车的最小紧急制动减速度；在考虑前车时，可认为其牵引切除和空走过程时间均为零，并按照最大制动减速度估算其制动过程。后车对前车的位置 X_{T1} 和速度 v_{T1} 进行估算，可按下式进行描述。

$$X_{T1}(t)=\begin{cases}X_{10}+v_{10}t+\dfrac{1}{2}(a_{1BrkMax}+a_{1Grad})t^2, & t\in[0,T_{1s}]\\ X_{1s}, & t>T_{1s}\end{cases} \tag{5-42}$$

$$v_{T1}(t)=\begin{cases}V_{10}+(a_{1BrkMax}+a_{1Grad})t, & t\in[0,T_{1s}]\\ 0, & t>T_{1s}\end{cases} \tag{5-43}$$

相关参数说明见表 5-3。

表 5-3　相对制动距离安全模型参数说明

前车(T_1)	后车(T_2)	参数含义	前车(T_1)	后车(T_2)	参数含义
	T_{21}	切除牵引的最大时间		X_{21}	牵引切除后的列车位置
	T_{22}	从切除牵引到制动施加的空走时间		v_{21}	牵引切除后的列车速度
	$a_{2TrcMax}$	最大牵引加速度		X_{22}	牵引切除和空走时间后的位置
$a_{1BrkMax}$		最大制动减速度		v_{22}	牵引切除和空走时间后的速度
	a_{2GEB}	最小紧急制动减速度	X_{1s}	X_{2s}	制动后列车停车位置
a_{1Grad}	a_{2Grad}	受线路坡度影响的减速度	T_{1s}	T_{2s}	从初始到列车停车的总时间
X_{10}	X_{20}	初始列车位置	L_{T1}	L_{T2}	考虑定位误差后的车长
v_{10}	v_{20}	初始列车速度			

根据安全制动模型，后车车头位置 X_{T2} 和速度 v_{T2} 的变化过程由下式描述：

$$X_{T2}(t)=\begin{cases} X_{20}+v_{20}t+\frac{1}{2}(a_{2TrcMax}+a_{2Grad})t^2 & ,t\in[0,T_{21}] \\ X_{21}+V_{21}(t-T_{21})+\frac{1}{2}a_{2Grad}(t-T_{21})^2 & ,t\in[T_{21},T_{21}+T_{22}] \\ X_{22}+V_{22}(t-T_{21}-T_{22})+\frac{1}{2}(a_{2GEB}+a_{2Grad})(t-T_{21}-T_{22})^2 & ,t\in[T_{21}+T_{22},T_{2s}] \\ X_{2s} & ,t>T_{2s} \end{cases} \tag{5-44}$$

$$v_{T2}(t)=\begin{cases} V_{20}+(a_{2TrcMax}+a_{2Grad})t & ,t\in[0,T_{21}] \\ V_{21}+a_{2Grad}(t-T_{21}) & ,t\in[T_{21},T_{21}+T_{22}] \\ V_{22}+(a_{2GEB}+a_{2Grad})(t-T_{21}-T_{22}) & ,t\in[T_{21}+T_{22},T_{2s}] \\ 0 & ,t>T_{2s} \end{cases} \tag{5-45}$$

假设 $t=T_C$ 时刻发生追尾，即从初始时刻 T_0 开始，两车经过相同时间，T_2 车头和 T_1 车尾运行到相同的位置 X_C，且 T_2 车速 v_{C2} 大于等于 T_1 车速 v_{C1}，可用下式定义

$$\begin{cases} X_C=X_{T1}(T_C)=X_{T2}(T_C) & ,0<X_C\leqslant\min(X_{1s},X_{2s}) \\ v_{C2}(T_C)\geqslant v_{C1}(T_C) & ,T_C\geqslant 0 \end{cases} \tag{5-46}$$

联立式(5-42)和式(5-43)，判断是否在定义域范围内存在 X_C 的解；联立式(5-42)和式(5-44)，可得到碰撞发生时的车速关系。如果 X_C 有效，就说明可能发生碰撞，后车 ATP 系统应立即输出紧急制动；否则，无须紧急制动。

然而，T_2 的车头位置和速度是分段函数，需要判定碰撞发生在$[0,T_{21}]$、$[T_{21},T_{21}+T_{22}]$、$[T_{21}+T_{22},T_{2s}]$中的哪个阶段，才能根据相应式求解。考虑现代地铁列车性能较好，牵引切除和空走时间均在 1 s 内，可认为如果 $X_{22}>X_{10}$，就判断会追尾。因此，可将式(5-44)、式(5-45)简化为

$$X_{T2}(t)=\begin{cases} X_{22} & ,t\in[0,T_{21}+T_{22}] \\ X_{22}+v_{22}(t-T_{21}-T_{22})+\frac{1}{2}(a_{2GEB}+a_{2Grad})(t-T_{21}-T_{22})^2 & ,t\in[T_{21}+T_{22},T_{2s}] \\ X_{2s} & ,t>T_{2s} \end{cases} \tag{5-47}$$

$$v_{T2}(t)=\begin{cases} V_{22} & ,t\in[0,T_{21+22}] \\ V_{22}+(a_{2GEB}+a_{2Grad})(t-T_{21+22}) & ,t\in[T_{21+22},T_{2s}] \\ 0 & ,t>T_{2s} \end{cases} \tag{5-48}$$

此外，坡度加速度 a_{1Grad} 和 a_{2Grad} 与线路位置有关，ATP 系统需要根据列车制动后所处的位置选取不同的坡度加速度，将前述计算进一步分段求解，这将导致求解过程非常烦琐。

为简化运动学曲线计算中的分段处理，基于相对制动距离计算，可将系统基于速度的防护转换为基于能量的防护。根据安全制动模型定义的过程，下式可表示不同阶段外力做功对列车动能的影响

$$E_k=E_{k0}+W_g+W_{trc}+W_{brk} \tag{5-49}$$

式中，E_k 为紧急制动过程中的列车动能；E_{k0} 为列车初始动能；W_g 为全过程中的重力做功(上坡做负功，下坡做正功)；W_{trc} 为牵引切除阶段的最大牵引力做功(正功)；W_{brk} 为紧急制

动施加后的制动力做功(负功)。

系统需计算移动授权范围内各限制点的最大允许动能,根据限速可计算出限制动能,如下所示

$$E_{\mathrm{lmt}}=\frac{1}{2}m_{\mathrm{train}}v_{\mathrm{lmt}}^{2}+\frac{1}{2}\cdot\frac{J}{R^{2}}v_{\mathrm{lmt}}^{2} \tag{5-50}$$

式中,E_{lmt} 为该限制点的列车动能限制值;m_{train} 为列车质量;v_{lmt} 为限制点列车限速;J 为列车转动惯量;R 为车轮半径。引入 $\beta=1+J/(m_{\mathrm{train}}R^{2})$,表示列车旋转质量系数,将式(5-50)简化为下式

$$E_{\mathrm{lmt}}=\frac{1}{2}\beta m_{\mathrm{train}}v_{\mathrm{lmt}}^{2} \tag{5-51}$$

如果立即施加紧急制动,当列车运行至前方限制点时剩余动能,并将其与限制点的限制能量 E_{lmt} 进行比较,判断下式是否成立

$$E_{\mathrm{k0}}+W_{g}+W_{\mathrm{trc}}+W_{\mathrm{brk}}\leqslant E_{\mathrm{lmt}} \tag{5-52}$$

如果式(5-52)对于所有限制点均成立,就表明列车处于安全状态,无须真正输出紧急制动;否则,若有任意一个限制点不满足式(5-52),则应立即输出紧急制动。

相对制动距离的计算如图 5-23 所示,可根据前车车尾位置 X_{10} 计算此处前车的动能。将前后车参数代入式(5-53),可得到 X_{10} 处的能量,如下所示

$$E_{\mathrm{T1}}(X_{10})=\frac{1}{2}\beta_{\mathrm{T1}}m_{\mathrm{T1}}v_{10}^{2} \tag{5-53}$$

式中,m_{T1} 为前车质量;β_{T1} 为旋转质量系数。

如果仅以 $E_{\mathrm{T1}}(X_{10})$作为后车到 X_{10} 点的限制能量,无法保证安全。原因有以下两点:一是最不利情况下,后车 T_2 的紧急制动力没有 T_1 的最大制动力强,从 X_{10} 开始制动,T_2 的制动距离更长,导致追尾;另一方面,坡度对两车的作用范围不同,T_2 车头从 X_{10} 至停车的过程中,重力对于前后车做功的区域存在差异,如图 5-23 所示。所以,需要考虑这 2 个因素带来的额外能量限制。

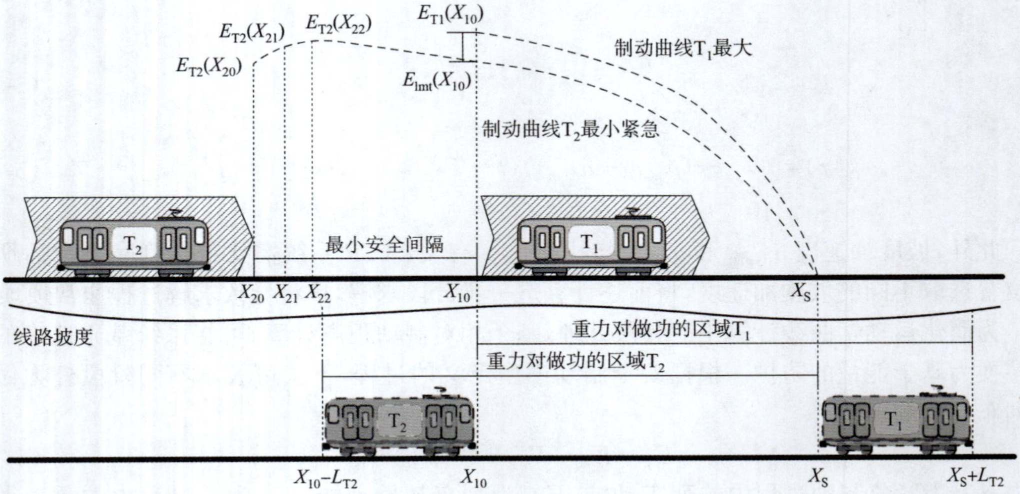

图 5-23　相对制动距离计算场景示例

问题可转换为，两车从相同的位置 X_{10} 制动，经过各自的制动力和重力做功，到达 X_S 时动能均为零，求在 X_{10} 点处 T_2 的限制动能 $E_{lmt}(X_{10})$。$E_{lmt}(X_{10})$的计算式如下所示

$$E_{lmt}(X_{10})=E_{T1}(X_{10})-\Delta W_{brk}-\Delta W_g \tag{5-54}$$

式中，ΔW_{brk} 表示从 $X_{10}\to X_S$ 过程中，两车制动力做功的差异；ΔW_g 表示重力对两车做功的差异。ΔW_{brk} 的计算式如下所示

$$\Delta W_{brk}=[m_{T2}\beta_{T2}a_{2GEB}-m_{T1}\beta_{T1}a_{1BrkMax}](X_S-X_{10}) \tag{5-55}$$

式中，m_{T1}、m_{T2}、β_{T1}、β_{T2} 分别为前后车的质量和旋转质量系数；X_S 为 T_1 从 X_{10} 位置以 v_{10} 为初速度，以最大制动减速度 $a_{1BrkMax}$ 制动停车后车尾的位置。该位置可以由前车计算得到并告知后车。

对于城市轨道交通线路，如果列车类型是同质的，就可认为车重、旋转质量系数、车轮半径等参数均相同，故可将式(5-55)化简为

$$\Delta W_{brk}=m_{T2}\beta_{T2}(a_{2GEB}-a_{1BrkMax})(X_S-X_{10}) \tag{5-56}$$

由此可以看出，在$(X_{10}-L_{T2})$至 X_{10} 区域内，重力仅对 T_2 做功，其中 L_{T2} 为考虑最大定位误差后的后车车长；在 X_S 至(X_S+L_{T1})区域内，重力仅对 T_1 做功，其中 L_{T1} 为考虑最大定位误差后的前车车长；而在 X_{10} 至 X_S 区域内，坡度对两车均做功。因此，ΔW_g 可表示为

$$\begin{aligned}\Delta W_g &= \left(-m_{T2}g\int_{X_{10}-L_{T2}}^{X_S}G(x)\mathrm{d}x\right)-\left(-m_{T1}g\int_{X_{10}}^{X_S+L_{T1}}G(x)\mathrm{d}x\right)=\\ &\left(-m_{T2}g\int_{X_{10}-L_{T2}}^{X_{10}}G(x)\mathrm{d}x-m_{T2}g\int_{X_{10}}^{X_S}G(x)\mathrm{d}x\right)-\\ &\left(-m_{T1}g\int_{X_{10}}^{X_S}G(x)\mathrm{d}x-m_{T1}g\int_{X_S}^{X_S+L_{T1}}G(x)\mathrm{d}x\right)\end{aligned} \tag{5-57}$$

式中，$G(x)$表示对应位置的坡度。

如果为同质列车，$X_{10}\to X_S$ 阶段坡度对于前后两车做的功就可以相互抵消，式(5-57)可以进一步化简为

$$\Delta W_g=m_{T2}g\left(\int_{X_S}^{X_S+L_{T1}}G(x)\mathrm{d}x-\int_{X_{10}-L_{T2}}^{X_{10}}G(x)\mathrm{d}x\right) \tag{5-58}$$

因此，基于以上式子可得到 $E_{lmt}(X_{10})$，后车保证不超过前车停车点 X_S 时 X_{10} 点的限制能量。

综上，可以得到相对制动距离的计算方法：

(1)获取前车当前(即 T_0 时刻)的车尾位置 X_{10}、速度 v_{10}，以最大制动力制动的停车点位置 X_S；

(2)根据公式计算出前车尾部的能量 $E_{T1}(X_{10})$；

(3)对于异质列车，计算出前车尾部对于后车的限制能量 $E_{lmt}(X_{10})$；

(4)对于同质列车，计算出前车尾部对于后车的限制能量 $E_{lmt}(X_{10})$；

(5)将 $E_{lmt}(X_{10})$作为 E_{lmt} 代入公式，判断后车当前是否应输出紧急制动。

为便于量化分析，参照图 5-23 计算两车的最小安全间隔，即 $D_{Safe}=(X_{10}-X_{20})$。根据安全制动模型，这个距离由 $X_{20}\to X_{21}$、$X_{21}\to X_{22}$、$X_{22}\to X_{10}$ 三部分组成，即分别是牵引切除过程、空走过程和制动施加过程。对于前 2 个过程的运行距离，可根据牵引切除时间 T_{21} 和

空走时间 T_{22} 计算得到。

$$D_{X_{20}\to X_{21}}=X_{21}-X_{20}=v_{20}T_{21}+\frac{1}{2}(a_{2\mathrm{TrcMax}}+a_{2\mathrm{Grad}})T_{21}^2 \tag{5-59}$$

$$D_{X_{21}\to X_{22}}=X_{22}-X_{21}=v_{21}T_{22}+\frac{1}{2}a_{2\mathrm{Grad}}T_{22}^2 \tag{5-60}$$

$X_{22}\to X_{10}$ 的第三段距离，也就是后车制动力做功的距离，可由以下公式计算得到

$$E_{\mathrm{k0}}+W_g+W_{\mathrm{trc}}+W_{\mathrm{brk}}=E_{\mathrm{lmt}}\Rightarrow$$

$$E_{\mathrm{T2}}(X_{20})+W_{g(X_{20}-X_{10})}+W_{\mathrm{trc}(X_{20}-X_{21})}+W_{\mathrm{brk}(X_{22}-X_{10})}=E_{\mathrm{lmt}}(X_{10})\Rightarrow$$

$$-W_{\mathrm{brk}(X_{22}-X_{10})}=E_{\mathrm{T2}}(X_{20})+W_{\mathrm{trc}(X_{20}-X_{21})}+W_{g(X_{20}-X_{10})}-E_{\mathrm{lmt}}(X_{10})\Rightarrow$$

$$-m_{\mathrm{T2}}\beta_{\mathrm{T2}}a_{2\mathrm{GEB}}(X_{10}-X_{22})=$$

$$E_{\mathrm{T2}}(X_{20})+W_{\mathrm{trc}}(X_{20}-X_{21})+W_g(X_{20}-X_{10})-E_{\mathrm{lmt}}(X_{10})\Rightarrow$$

$$D_{X_{22}\to X_{10}}=(X_{10}-X_{22})=\frac{E_{\mathrm{T2}}(X_{20})+W_{\mathrm{trc}}(X_{20}-X_{21})+W_g(X_{20}-X_{10})-E_{\mathrm{lmt}}(X_{10})}{-m_{\mathrm{T2}}\beta_{\mathrm{T2}}a_{2\mathrm{GEB}}} \tag{5-61}$$

结合式(5-59)、式(5-60)、式(5-61)，可得到最小安全间隔的计算式

$$D_{\mathrm{Safe}}=D_{X_{20}\to X_{21}}+D_{X_{21}\to X_{22}}+D_{X_{22}\to X_{10}} \tag{5-62}$$

第 6 章　列车自动运行控制

列车自动运行控制(automatic train operation，ATO)系统是列车自动运行系统的核心组成部分。本章从列车自动运行控制基本原理、ATO 目标速度曲线优化以及速度跟踪控制三方面阐述其原理与方法。

6.1　列车自动运行控制基本原理

6.1.1　列车自动运行控制功能

列车运行根据区段划分为正线运行和出入库运行。正线运行包括站间运行和折返运行，其核心目标是在确保速度低于防护曲线速度的基础上，严格按照时刻表要求，实现平稳准时的运行(图 6-1)。

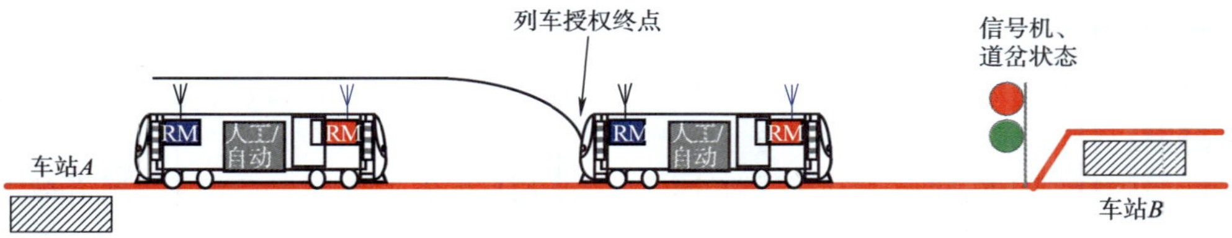

图 6-1　列车站间运行示意

根据驾驶模式的不同，列车运行主要分为人工手动驾驶和自动驾驶。在人工驾驶模式下，司机依据 ATP 提供的速度防护曲线，手动操纵驾驶室控制台的牵引/制动手柄的级位实现加速、惰行、减速，保证车内乘客的舒适性，并准时到达下一站。在自动驾驶模式下，ATO 系统在列车发车前根据运行等级自动生成不同运行等级下的推荐速度曲线(不同运行等级与列车在站间的运行时间相关联)。在列车发车时，ATO 调用所选等级的推荐速度曲线作为跟踪目标曲线，控制列车运行。

人工和自动驾驶均依托 ATP 系统提供安全防护。ATO 基于 ATP 功能，进一步优化运行效率和控制精度。其功能包括牵引、制动、折返、精准停车、车门控制及定位信息反馈，为提升列车准点率和降低能耗提供技术保障。具体功能如下：

1. 发车控制功能

列车在 ATO 模式下运行时，列车驾驶员按压发车按钮启动列车运行，ATO 系统根据 ATP 发送的控制速度和 ATS 系统发送的运行等级，使列车自动运行到下一车站。

2. 区间运行控制

当列车自动驾驶时，其实际运行速度曲线保持在 ATP 限制速度曲线以下，且波动范围较小，使列车运行速度接近 ATP 限制速度，从而最有效地提高列车运行效率，降低列车能耗，减少列车在牵引、惰行和制动状态之间的切换次数，并有效提高乘客的舒适度。

3. 车站精确停车

ATO 系统可以实现列车在车站站台区精确对位停靠，有效提高列车运营效率，方便乘客上下车。

4. 列车折返

列车在 ATO 运行模式下，可在运营线路两端实现列车自动折返作业，操控列车回到下一个运营作业的站台区。

5. 车门控制

ATP 系统监督开门条件，当 ATP 系统给出开门命令时，ATO 系统可以按照事先设定自动打开或关闭车门。

6. 执行跳停和扣车功能

跳停作业是指在线路上运营的列车，在某一指定车站不停车，而是以规定速度通过该车站。ATO 系统接收到 ATS 系统发出的跳停指令后，完成跳停作业。扣车作业是指列车在某站台停靠，不允许列车继续运行。ATO 系统接收到 ATS 系统发出的扣车指令后，执行扣车作业。

6.1.2 列车自动站间运行

一般来说，列车在站间运行过程可以分为三个阶段：车站发车阶段、区间运行阶段和精确停车阶段。

在车站发车阶段，自动驾驶模式下列车须在确认安全条件满足（如接收到有效 MA、ATO 与 ATP 通信正常、运行目的地代码有效等）后，由驾驶员按压发车按钮或由 GoA4 级的 ATO 系统自动启动运行。在区间运行阶段，列车根据 ATP 发送的速度防护曲线和 ATS 提供的推荐速度曲线，调节牵引控制器输出，平稳运行至下一站。精确停车阶段，列车进入站台区域后，ATO 通过精确控制完成停车作业，确保列车与站台准确对位。

区间运行阶段是列车站间运行过程的重要组成部分，该阶段要求列车根据 ATP 提供的速度防护曲线和 ATS 发送的推荐速度曲线调整牵引输出，平稳运行至下一站。在列车运行中，驾驶员或 ATO 发出的控制指令，需要经过牵引传动系统，将牵引电信号转化为同步电机的牵引力，驱动列车运行。在区间运行阶段，列车的运行工况分为四种，如图 6-2 所示。

（1）牵引加速工况：牵引电机通过持续施加牵引力将列车启动，并使列车速度持续提高，最终以一定功率牵引列车运行；

（2）区间巡航工况：列车采用部分牵引或适当的制动来维持列车匀速行驶的过程，使列车在站间平稳运行；

（3）惰行工况：列车完全卸载牵引控制力，仅受到摩擦等阻力影响，速度逐渐降低，该阶段牵引电机不消耗电能；

（4）制动工况：列车在遇到限速要求或者进入停车区间时，逐渐增大制动输出功率，列车速度大幅降低，在靠近停车点时，选择合适的制动输出指令，将列车停稳。

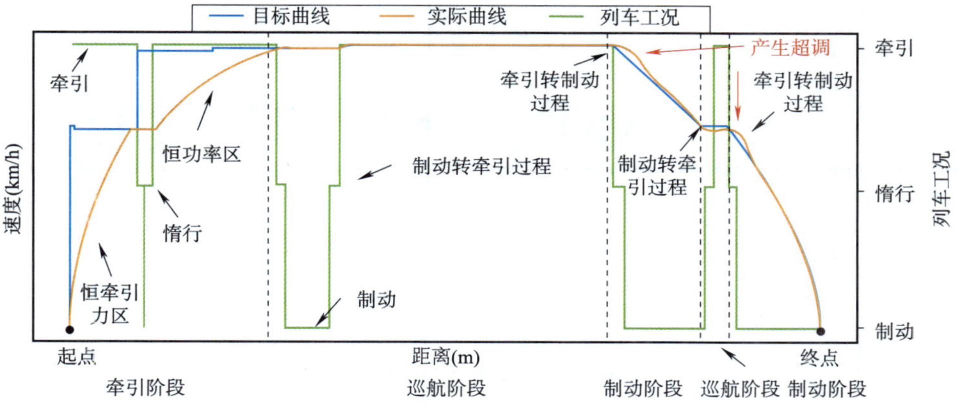

图 6-2　列车区间运行工况转换示意

车站自动精确停车阶段中的列车进站制动的停车精度是衡量列车站间运行性能的重要指标之一。人工驾驶停车时，司机主要采用多次修改制动率的停车策略。一般情况下，司机根据经验，在站前固定的位置，分别进行两次制动，使列车精准停站；有些经验丰富的司机首先将列车进站速度降至很低，在接近停车点时，只需要一次制动，就能够准确地停在站台上，如图 6-3 所示。

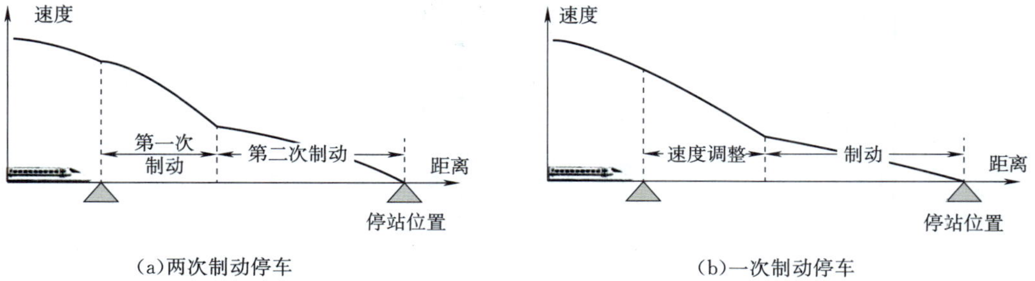

图 6-3　停车策略示意

在 ATO 系统的停车控制中，需要利用车站提前布置的应答器组为列车提供精确的定位信息。在列车进入车站经过第一对信标应答器时，启动定点停车程序，并调用定点停车推荐曲线。ATO 系统根据实时反馈的列车实际速度和列车位置信息，计算所需要的制动指令，实现列车的精确停车，如图 6-4 所示。

6.1.3　ATO 控制逻辑与分层结构

1. ATO 控制逻辑

图 6-5 展示了列车运行控制的基本逻辑结构，主要包括信号系统、列车牵引系统、列车制动控制系统和列车驾驶控制模块的交互过程。

在该逻辑中，ATO 系统根据信号系统提供的前方线路条件和速度命令生成推荐速度曲线，并实时将其与列车的实际速度进行比较，通过牵引或制动控制模块调整列车速度，确保列车按时准点运行。同时，ATP 系统作为安全防护层，实时监控列车运行速度，当速度接近

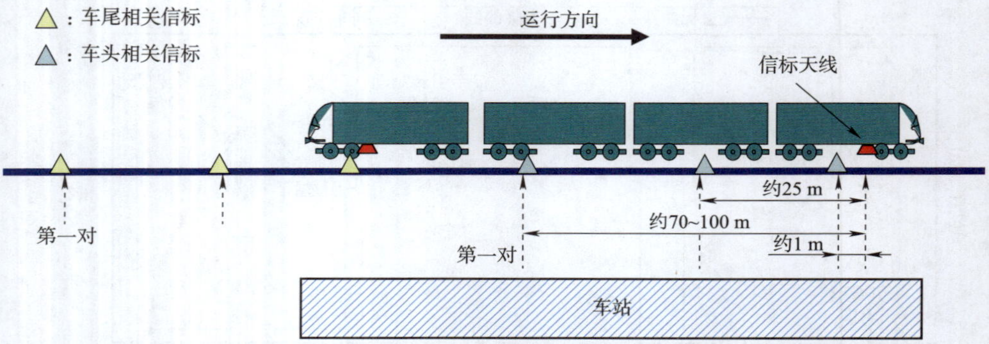

图 6-4　精准停车应答器定位示意

安全限值时发出限速信号或强制制动指令，保证列车运行安全。两者共同作用实现列车的精准驾驶和运行安全控制。

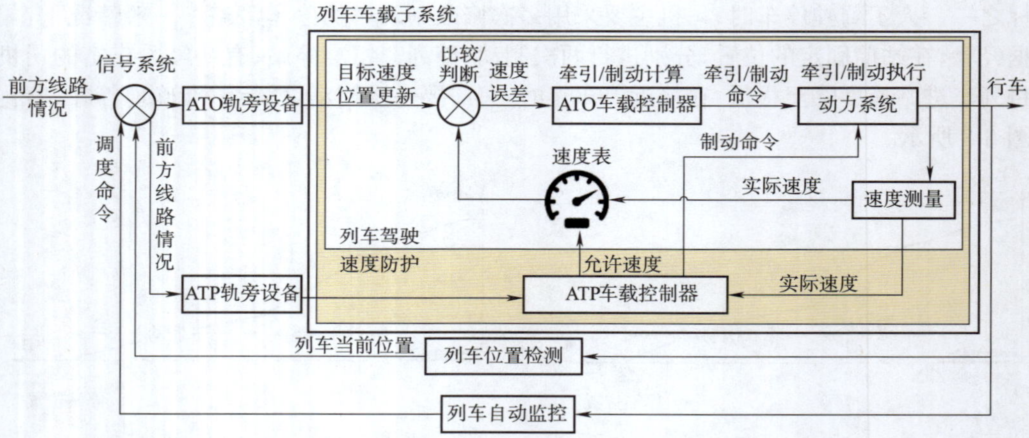

图 6-5　列车运行控制基本逻辑关系

2. ATO 分层结构

ATO 系统，即列车自动运行系统，是一种完整的闭环自动控制系统。典型的 ATO 系统控制结构是一种双层式的控制结构，由优化层和控制层组成，分别负责曲线生成和跟踪控制。ATO 在优化层和控制层协同作用下实现列车站间自动运行，其优化层和控制层示意如图 6-6 所示。

优化层主要负责根据信号状态、线路信息、列车车辆信息、ATP 限速信息和时间调整指令等因素，并结合控制目标（如节能、舒适性、准点性等），进行综合优化，计算最优的推荐运行速度曲线。

为此，优化层利用列车离线数据及在线数据中的线路信息（包括坡度、线路永久限速、线路临时限速等）以及列车的车辆性能（包括牵引响应延时、电制动响应延时、空气制动迟滞性，以及列车能够达到的最大牵引加速度和最大制动减速度等）来确定目标运行速度。计算完成后，优化层将推荐速度曲线传递给控制层。

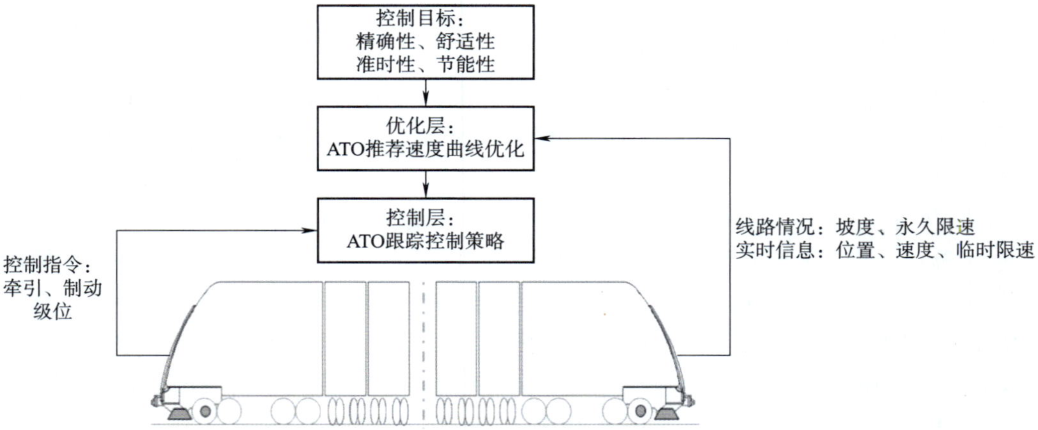

图 6-6　ATO 双层式控制结构

控制层采集列车的当前位置和速度，利用控制算法对目标速度曲线进行跟踪，并将计算得到的控制指令发送给列车，以实现对车辆的牵引或制动。列车随后将其状态反馈给控制层，从而在闭环控制下实现自动运行。

3. ATO 运行等级

最初，ATO 控制采用恒速控制策略，其核心目标是使列车在站间运行时，尽可能长时间保持巡航状态，从而使运行速度始终保持恒定。为满足运行图不同站间运行时间的要求，恒速控制策略通常设置多条对应运行等级曲线。如图 6-7 所示，图中五根蓝色实线为 5 个运行等级曲线。运行等级 1 的巡航平均速度为约 98 km/h，运行等级 5 的巡航平均速度为 60 km/h。显然，等级 1 的运行时间最短，等级 5 的运行时间最长。显然，在区间恒速运行阶段，由于线路坡度的存在，列车需要通过“牵引—制动—惰行”工况切换来维持恒速。

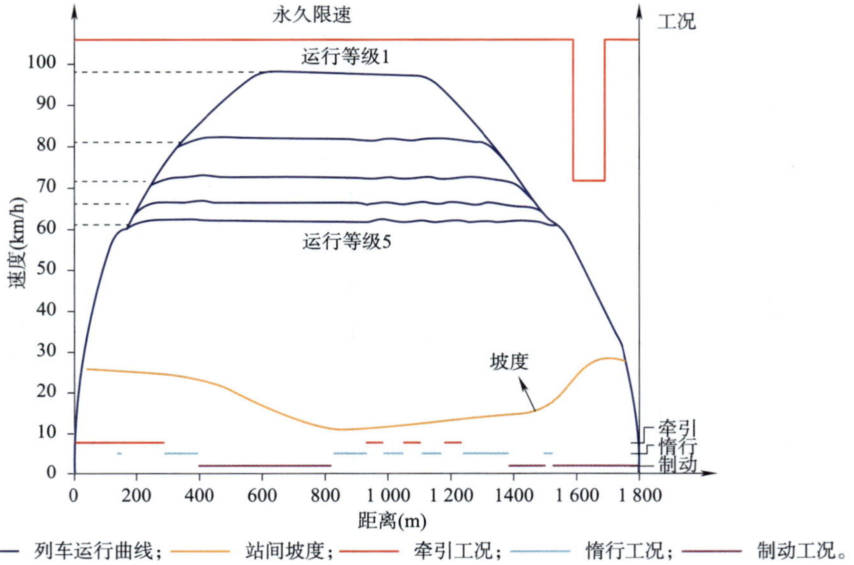

图 6-7　列车运行等级及其速度目标曲线

6.1.4 列车运行性能指标

列车运行控制优化旨在基于已知的线路条件和列车特性，设计一种控制策略以实现多项优化目标，包括安全、准时、舒适、节能及精确停车等。在目标速度曲线的规划过程中，需要综合考虑以下关键因素：

首先，安全运行是优化的基础目标。由于 ATO 系统始终在 ATP 防护下运行，这一需求一般无需由 ATO 单独处理。其次，准时性是衡量 ATO 系统性能的重要指标，直接影响列车的运行效率和乘客体验。同时，停车精度是运行控制中不可忽视的指标，特别是在设有站台门的情况下，对停车位置的精确度要求极高。此外，从乘客舒适性角度出发，需要减少运行过程中牵引制动切换频率和降低冲击感，以提升乘坐体验。最后，从节能角度出发，需要在完成运输任务的同时尽量降低能量消耗，提高运行效率。

因此，列车运行曲线规划需要综合考虑准时性、舒适性、停车精度和节能等目标，通常采用运行时分误差、停车误差、最小能耗、运行工况切换频率及冲击率等指标进行评估。在区间运行阶段，优化主要侧重于准时性、舒适性和节能目标；而在停车控制阶段，则更加关注停车精度，此时可适当减少对准时性和节能的考量，以更好地满足不同阶段的优化需求。

1. 准时性——时间误差

列车准时性直接影响线路运输能力和计划运行图的完成质量，准点运行能够保障轨道交通的高效运作。列车运行准时性通过列车运行全程实际耗时与计划行程时间之间的差异进行衡量，并与列车到站的准点性能进行区分。列车运行准时性被划分为三个等级，其判断条件及对应关系见表 6-1。

表 6-1 准时性评价标准

准时性指标 K_p	判断条件 $T_{err}=\|T_{exp}-T_{rel}\|$	语义
1	$T_{err}\leqslant T^1_{allow\_err}$	优秀
2	$T^1_{allow\_err}<T_{err}\leqslant T^2_{allow\_err}$	良好
3	$T_{err}>T^2_{allow\_err}$	较差

表中，K_p 为准时性指标；T_{err} 为行程时间误差；$T^1_{allow\_err}$ 为一级行程时间误差标准，可取 ±30 s；$T^2_{allow\_err}$ 为二级行程时间误差标准，可取 ±2 min。

特别地，列车在站间运行期间，站间的约束点为开放状态，当 ATO 系统认为有足够的移动授权时，ATO 控制策略会确保按要求的到达时间准点到达。如果列车在站间运行时，接收到更新的调整命令，则 ATO 将首先确保此更新的调整命令符合车辆牵引、制动能力，以及乘客舒适度要求和目标距离要求，随后执行此新的调整命令。总之，ATO 始终试图按照其速度曲线运行，以保证列车准点到站。

显然，对于控制层面，还需进一步精细化准时性指标，可定义 K_t 为列车准时性的评价函数，即

$$K_t=\frac{|T_P-T_a|}{T_p} \tag{6-1}$$

式中，T_P 为计划运行时间；T_a 为实际运行时间。

该评价函数值越小越好。

2. 精确性——停站误差

为了保证乘客安全、减少站台区域与轨行区域之间的冷热气流交换，进而降低环控系统的运营成本，近年来，大部分城市轨道交通项目、部分城际铁路和市域铁路都已安装站台门系统。

理论上，列车正常停靠在站台时，列车所有车门中心线应与屏蔽门中心线重合，以提升乘客上、下车作业效率。但由于车辆电空转换、信号系统的定位误差以及屏蔽门实际安装位置的偏差等因素，车门中心位置和屏蔽门中心位置的偏差不可避免。因此，为了保证乘客的换乘安全性、有效性和列车运行准点率，停站精度性能指标就显得尤为重要。

列车到站后，列车实际停车位置P_{rel}与目标停车点$P_{\exp}$差的绝对值，可表征为列车停站精度 P_{err}，即

$$P_{\text{err}}=|P_{\text{rel}}-P_{\text{err}}| \tag{6-2}$$

表 6-2 所示为停车精度评价标准。表中，K_{PA} 为停车精度指标；P_{err} 为停车误差；$P^1_{\text{allow\_err}}$ 为一级停车误差标准，可取±10 cm；$P^2_{\text{allow\_err}}$ 为二级停车误差标准，可取±30 cm。

表 6-2　停车精度评价标准

停车精度 K_{PA}	判断条件$P_{\text{err}}=\|P_{\text{rel}}-P_{\exp}\|$	语义
1	$P_{\text{err}}\leqslant P^1_{\text{allow\_err}}$	优秀
2	$P^1_{\text{allow\_err}}<P_{\text{err}}\leqslant P^2_{\text{allow\_err}}$	良好
3	$P_{\text{err}}>P^2_{\text{allow\_err}}$	较差

目前城市轨道交通要求在 ATP 系统和 ATO 系统的共同约束下，列车停在停站精度范围(±0.5 m)内时，允许打开车门及站台门；车头位置与停车点距离超过停车精度范围(±0.5 m)时，不允许打开车门及站台门。在保证列车舒适度的要求下，列车在车站站台的停车精度为±0.3 m 时，应保证列车停在该停车精度范围内的概率不低于 99.99%。停车精度为±0.5 m 时，应保证列车停在该停车精度范围内的概率不低于 99.999 8%。

3. 舒适性——冲击率

舒适性是列车运行时，乘客因列车速度的快速变化而感受到的冲击程度。列车在运行过程中，加速度的剧烈变化、列车运行工况的频繁切换以及由于曲线线路而产生的离心力等都会影响到乘客的舒适性。

在保证追踪列车之间的安全行车间隔的同时，乘客舒适性也是列车运行性能指标之一，需要在保证停车精度和准时性的前提下，不会使乘客感到强烈的冲击感。

列车运行加速度变化率定义为加速度变化值与采样间隔 T 的比值，即

$$a_{\text{cc}}=\frac{|a_{i+1}-a_i|}{T} \tag{6-3}$$

以加速度变化率表征列车乘坐舒适性能，国际标准 ISO 2631 给出舒适性指标 K_{C} 按加速度变化率 a_{cc} 大小共分为 6 个等级，其对应关系见表 6-3。

表 6-3　舒适性评价标准

舒适性指标 K_{C}	加速度变化率 a_{cc}(m/s³)	自然语言描述
1	<0.315	非常舒适

续上表

舒适性指标 K_C	加速度变化率 a_{cc}(m/s^3)	自然语言描述
2	0.315～0.63	舒适
3	0.63～1.0	比较舒适
4	1.0～1.6	不舒适
5	1.6～2.5	非常不舒适
6	>2.5	极不舒适

因此，为了满足舒适度要求，城市轨道交通行业规范中规定：列车在常用制动变加速度时的纵向冲击率不超过 0.75 m/s^3。

4. 节能性——运行能耗

由于单位运输能耗低，轨道交通被认为是一种绿色低碳的交通方式，但轨道交通系统庞大，其整体能耗总量不容忽视。列车运行所消耗的牵引能耗是城市轨道交通能耗中的首要组成部分，约占总能耗的 60%。轨道交通运营企业也为此承担巨大的运营成本。因此实现列车的节能驾驶是节能减排的重要途径。

城轨列车运行相关的能量流动为牵引变电所输出端起始的，核心为列车车辆层面的列车吸收能耗。图 6-8 所示为城轨系统能量流示意图。

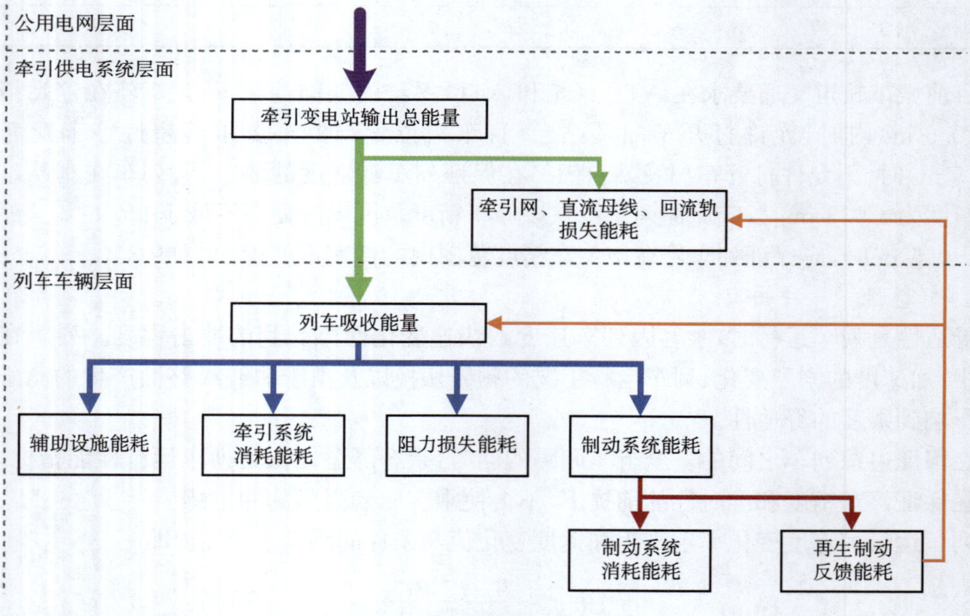

图 6-8 城轨系统能量流示意

当线路限速和坡道条件以及列车性能均已确定，在保证列车停站精度、准时性以及舒适性的前提下，列车运行能耗指标也为列车运行性能指标之一。ATO 的运行速度曲线决定了列车在站间的工况序列，进而影响列车在站间的运行能耗。为了使列车运行能耗降低，需尽可能减少不必要的小级位牵引及制动切换，以提高列车运行惰行比。

运行能耗的评价函数用式(6-4)表示。该评价函数值越小,表示运行能耗越低,列车越节能。

$$E_{mt}=\sum_{i=1}^{n}\Delta E_{mi}=\sum_{i=1}^{n}F_{mt}(v)\cdot v_i \tag{6-4}$$

式中 E_{mt}——列车单位质量牵引能耗;

ΔE_{mi}——单位时间内列车的单位质量牵引能耗;

$F_{mt}(v)$——单位时间内列车单位质量的牵引力;

v_i——列车当前车速。

6.2 ATO目标速度曲线优化

6.2.1 目标速度曲线优化原理与方法

1. 概述

列车在站间运行通常包含加速、匀速巡航、惰行以及制动四个运行模态(工况)。通过分析各模态的切换点,尤其是惰行模态的起始点和结束点之间的关系,可以生成一条优化的目标速度曲线。

对于理想的平直道,问题的关键在于准确地找到两个速度值:一是匀速模态的速度 V_h,二是惰行模态向制动模态切换的制动起始点的速度值 V_b。根据计划运行时分和运行距离,采用匀速值—制动点的二维穷举法可以求出理想平直道的最优目标速度曲线。图6-9展示了在固定运行时分下,不同 V_h 和 V_b 的速度曲线对比,能够直观比较各方案的能耗。然而,该方法虽然能找到最低能耗的速度曲线,但计算量大且假设的平直线路在实际中并不存在。因此,需要结合实际线路、列车特性及信号控制等模型要素,运用最优控制理论以获得目标速度曲线的满意解。

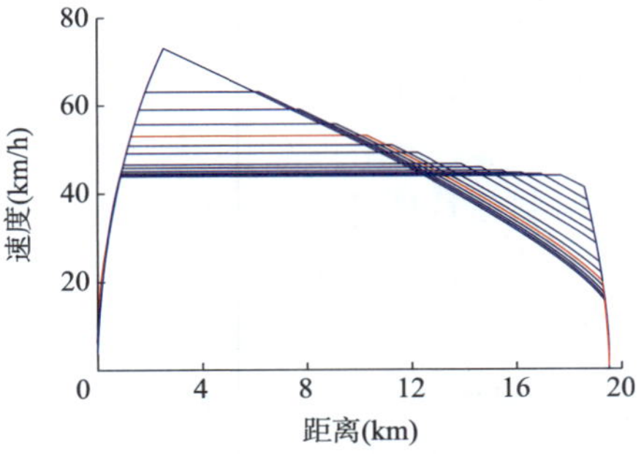

图6-9 平直道匀速值—制动点的枚举示意图

当线路复杂且存在较多限速变化时,上述四阶段模型已无法适用。这种情况下,需要进一步分析与建模,以生成一条满足到站时间要求,兼顾安全性、舒适性和停站精准性的目标参考曲线(图6-10),从而实现对列车运行的高效控制。

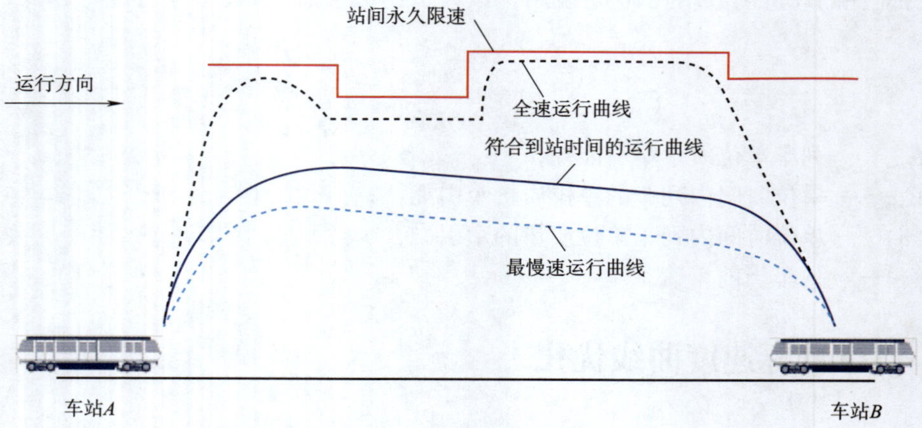

图 6-10　目标速度曲线示意

2. 问题分析与模型框架

单列车目标速度曲线优化的核心是结合列车性能和线路条件，以最小化运行能耗为目标，规划一条满足运行时分约束的列车运行轨迹。随着最优控制理论的发展，该问题通常被建模为最优控制问题以实现求解。

对目标速度曲线问题的优化模型类型，可以按照问题的寻优对象与离散化方式，分为"预设控制序列，寻找控制序列转换点"和"无预设控制序列，离散化距离（或时间）微元，寻找最优控制律"两种类型。在该问题的场景建模过程中，通常考虑的要素包括线路模型、列车模型、闭塞类型等几大类，如图 6-11 所示。

（1）线路模型

线路模型主要考虑列车在行驶过程中所受的线路附加阻力和线路限速信息。其中线路附加阻力包含坡道阻力、曲线阻力以及"道桥隧"附加阻力等。坡道阻力又可以细分为恒定坡道阻力以及变化坡度阻力。线路限速信息常作为列车目标速度曲线规划中的速度约束条件，即列车的目标速度曲线不能高于线路的限速。

（2）列车模型

列车模型是对列车自身牵引制动特性、阻力特性和能耗特性的体现。其中列车牵引制动特性指列车在不同运行速度下能够输出的最大牵引力和制动力；列车基本阻力指列车在不同运行速度下自身车体所受的阻力，通常使用二次戴维斯方程计算；列车长度影响列车所受线路附加阻力的计算，常用单质点模型或多质点/质量带模型；能耗特性指列车在施加牵引的情况下列车消耗的能量、列车再生制动下存在的能量回收以及相关储能设施的能耗。

（3）信号闭塞类型

信号闭塞类型主要分为移动闭塞和固定闭塞。不同的闭塞方式直接影响列车移动授权的计算。

（4）其他要求

除了线路，列车与信号控制的基本要求外，部分场景还有通过时间窗约束、轨迹端点速度非 0 等特殊要求。

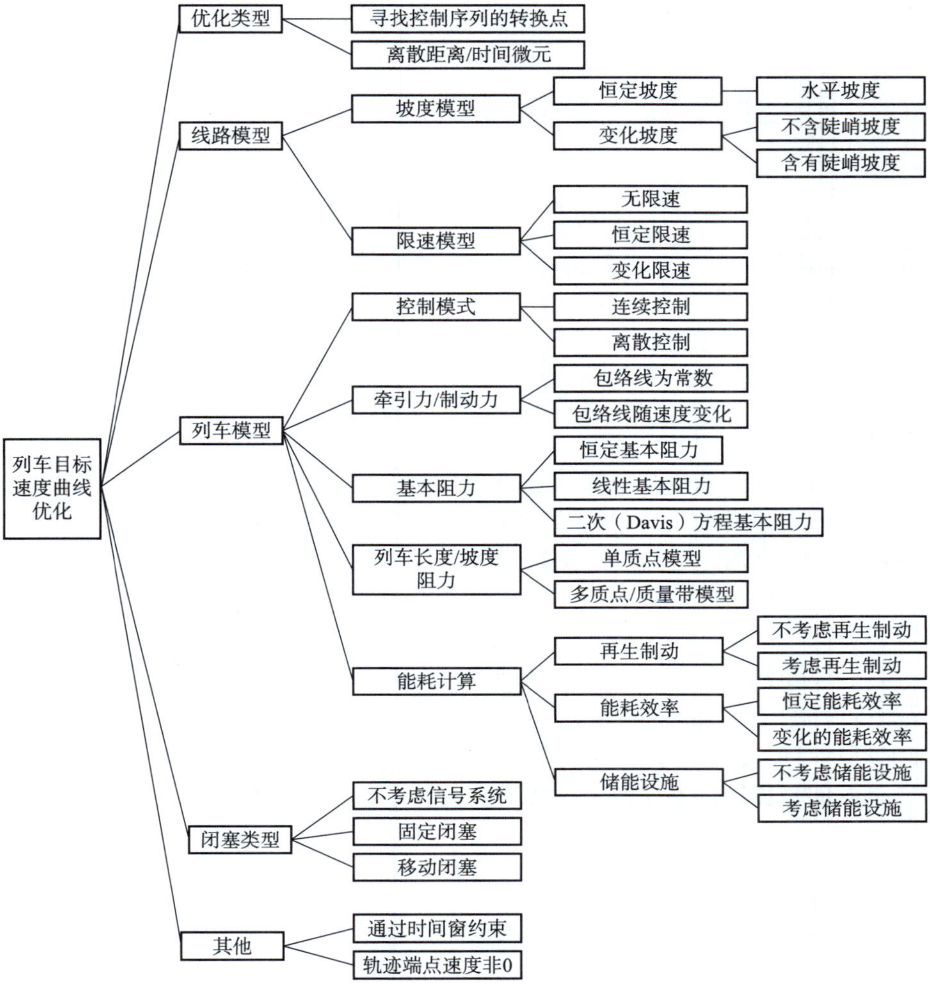

图 6-11　目标速度曲线优化相关要素

3. 多目标优化模型

目标速度曲线是控制系统跟踪的对象，其动态优化涉及运动学分析、能耗机理建模、智能优化等内容。速度曲线的规划可归结为一个具有复杂非线性约束的多目标优化问题，整体求解框架如图 6-12 所示。优化的核心在于准确建立列车运动学模型，并设计与运行目标相匹配的优化指标。

(1)约束

安全性约束：列车在启动和制动过程中的安全性主要取决于列车启动加速度的大小及其变化率，加速度或其斜率过大必然导致列车纵向冲动过大，引起断钩、运输物资的损坏等情况。

动、静态限速：动、静态限速可以描述为

$$0 \leqslant v_i \leqslant v_{\lim}, v_{\lim} = \min(v'_{\lim}, v''_{\lim})$$

式中，$v'_{\lim}$ 为线路限速与列车本构限速等静态限速的统称；$v''_{\lim}$ 为信号控制引起的动态限速。

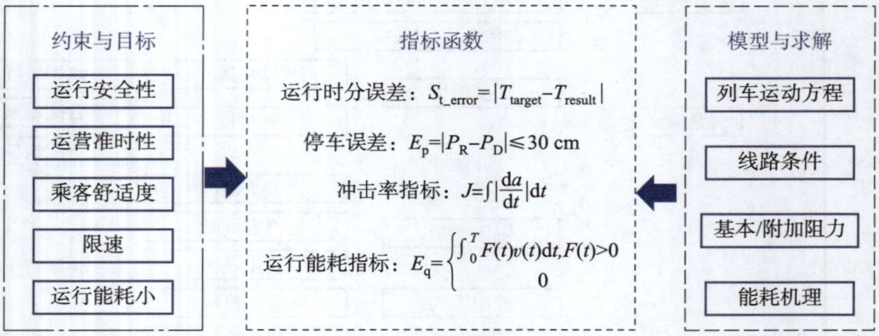

图 6-12　目标速度曲线优化模型框架

(2)优化目标

列车站间运行时间：列车站间运行时间是指列车在某一区间内从起点车站开始运行到终点车站完全停止所经历的时间长度。系统通过对列车运动过程中的时间步长进行累加，直至列车模型检测为停止状态，从而得到站间运行时间。其计算表达式如下

$$T_d=\sum_{n=1}^{N}\Delta t_d=N\Delta t_d \tag{6-5}$$

式中，T_d 为列车站间运行总时间；n 为站间时间序列号；N 为站间运行时间总步长数；Δt_d 为计算模型的时间步长。

列车站间运行能耗：列车站间运行能耗主要考虑由牵引力引起的能耗。能耗通过时间步长驱动，依时间步长逐次累加得到。其计算表达式为

$$E_d=\sum_{n=1}^{N}e_n \tag{6-6}$$

$$e_n=\begin{cases}\dfrac{1}{\eta}F_n(\dot{x}_n\Delta t_d+\dfrac{1}{2}\ddot{x}_n\Delta t_d{}^2) & ,u_n>0\\ 0 & ,u_n\leqslant 0\end{cases} \tag{6-7}$$

式中，E_d 为列车站间运行能耗；e_n 为时间序列号 n 对应的列车运行能耗；N 为列车站间总时间步长数；u_n 为列车牵引制动比例。显然，e_n 只在列车输出牵引力时计算对应的时间步长能耗，即只在该步长的列车牵引制动比例 u_n 大于 0 时进行能耗累加计算。

(3)指标函数

指标函数用于量化目标优化问题的评价标准，其定义和相关内容已在 6.1.4 节中详细描述，读者可参考相关章节。

(4)列车运动学模型

基于第二章的单质点运动学模型，构建用于目标曲线优化的集总模型，以支持具体优化过程的实现。

4. *求解方法*

针对速度曲线优化问题，在求解算法方面，采取的主流算法分为解析法、规划算法、智能算法等几大类，如图 6-13 所示。

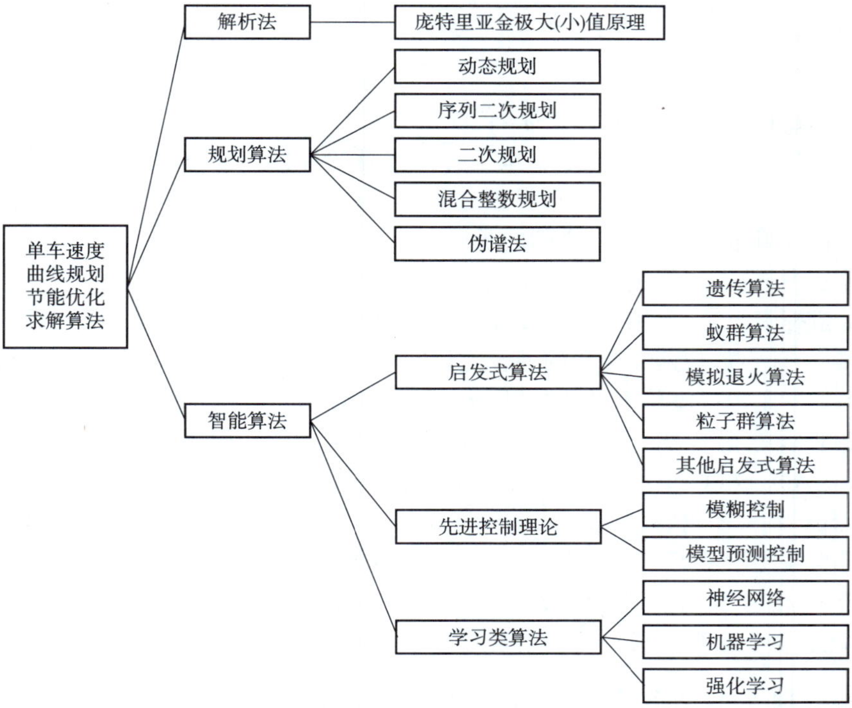

图 6-13　速度曲线优化求解方法类型

(1)解析法

最优控制问题的解析法基于苏联学者庞特里亚金等人在总结并运用古典变分法成果的基础上提出的极小值(有时也称作极大值)原理(pontryagin's minimum principle, PMP)。该方法是在控制向量约束时求解最优控制问题的有效工具,最初运用于连续系统,后来又推广到离散系统。国内外众多学者采用解析法,在速度曲线优化问题上成果显著。有学者构建了连续控制列车,在水平坡度、不考虑限速条件下的节能运行速度曲线的数学模型,并采用 PMP 原理对其最优性条件进行了分析;然而,实际工程中,由于模型误差较大、存在未建模的动态因素以及复杂约束条件的存在,解析法的直接应用存在局限性。

(2)规划算法

规划算法在目标速度曲线优化中也得到广泛应用,其中以动态规划(dynamic programming, DP)、序列二次规划(sequential quadratic programming, SQP)和混合整数线性规划(mixed integer linear programming,MILP)最为常见。

动态规划由 Richard E. Bellman 于 1957 年提出,是一种通过多级决策过程实现全局最优的方法。其核心思想是利用阶段性最优性原则,将问题分解为多个子问题并逐步求解,最终得到全局最优解。序列二次规划是一种处理中小规模非线性规划问题的梯度算法。其基本思想是将非线性规划问题转化为一系列二次规划子问题,通过迭代逐步逼近最优解。由于 SQP 能有效处理非线性约束,因此在节能目标速度曲线问题(energy-efficient train control,EETC)中得到了广泛应用。混合整数线性规划通过将非线性列车模型线性化并对距离进行离散,可以建立混合整数线性规划模型,用于目标速度曲线优化问题。以列车运行能耗、舒适性等为优化目标，研究者使用商业求解器（如 CPLEX、Xpress-MP、GLPK 等）高效求解 MILP 模型。

（3）智能算法

当限速、坡道等约束条件较为复杂，传统的最优控制理论不适用之际，许多学者采用了智能计算对可行操纵策略进行搜索。基于智能计算的优化方法对模型的依赖性比较低，依靠大规模的搜索与比较寻找可行解，且通过程序设计比较容易处理各种约束条件。但该类方法往往存在计算量与计算精度之间的矛盾。

智能算法中，启发式算法是相对于最优算法提出的。启发式算法是一种基于经验或直觉构造的随机搜索算法，适用于处理复杂的非线性优化问题。其不需要梯度或解析目标函数，能够同时处理整数与连续变量的混合优化问题，尤其适用于处理那些没有解析目标函数和无法得到目标函数梯度信息的优化问题。同时，启发式算法还适用于解决同时有整数和连续变量的非线性混合优化问题。常见的启发式算法包括但不限于：遗传算法（genetic algorithm，GA）、蚁群算法（ant colony optimization，ACO）、模拟退火算法（simulated annealing，SA）和粒子群算法（particle Swarm optimization，PSO）等。基于学习的算法中的深度学习与强化学习类方法常应用于求解列车节能目标速度曲线规划问题上。其他类算法包含基于 PMP 原理的分配能量微元的优化求解算法、基于列车运行轨迹数据驱动的列车运行模拟算法、基于多列车模拟器的增强暴力搜索算法等。

6.2.2　城轨单车节能目标速度曲线优化算法示例

1. 单车节能最优控制问题建模

该示例中的单列车节能控制问题聚焦于优化单列车在相邻车站之间的单站间区间运行。其核心目标是在考虑线路条件、列车特性和闭塞制式的前提下，制定一条符合时刻表准点要求的列车目标速度曲线。这一曲线由列车速度 v、列车位置 x、运行时间 t 组成的三元组构成。

在单区间内，节能控制优化是对列车运行轨迹的连续优化过程，本质上属于动态优化问题。这类问题在数学上表现为求解带有约束条件的泛函极值问题。对于每个决策变量（例如 v、x），其解是沿着自变量（例如 t）的一条最优路径：$v(t)$、$x(t)$。最优控制理论以其能处理容许控制域为闭集及非古典特征问题（如拐角解）的优势，成为解决列车节能控制问题的主要方法。

通常，最优控制问题可以由性能指标、系统数学模型、边界条件与目标集和容许控制 4 部分组成。

对应城轨单列车节能控制问题，选取城轨列车的位置 x 作为系统自变量，速度 $v(x)$ 与运行时间 $t(x)$ 为系统状态向量，记为：$y=[v,t]^{\mathrm{T}}$，列车的牵引力使用率 u_t 与制动力使用率 u_b 为系统的控制向量，记为：$u=[u_t,u_b]^{\mathrm{T}}\in\boldsymbol{U}$。其中 $\boldsymbol{U}$ 为控制变量可选择的容许集合。考虑到线路坡度、限速等要素均为列车位置 x 的函数，因此在此处直接选取列车位置 x 为自变量可以有效地简化问题的建模与求解。

（1）性能指标（目标函数）：目标是最小化列车从接触网吸收的能耗，仅考虑牵引能耗。再生制动能耗的反馈利用涉及多列车和牵引供电系统优化，不在本模型范围内。列车吸收的总能耗可表示为

$$E_{\mathrm{abd}}=\int_{T_0}^{T_f} P_{\mathrm{abd}}(t)\mathrm{d}t \tag{6-8}$$

$$P_{\mathrm{abd}}=\frac{P_{\mathrm{req}}}{\eta_{\mathrm{trac}}(v,u_t)}+\frac{P_{\mathrm{aux}}}{\eta_{\mathrm{aux}}(P_{\mathrm{aux}})} \tag{6-9}$$

式中，E_{abd} 为列车需求能耗；P_{abd} 为列车从接触网吸收的总功率；T_0、T_f 为列车开始运行与结束运行时刻；η_{trac} 为牵引部分能耗的总效率，建模时假设其为列车速度 v 和实际牵引力（或牵引力使用率 u_t）的函数；P_{aux} 为辅助设施的用电功率；η_{aux} 为辅助设施部分能耗的总效率。

将式(6-8)、式(6-9)中牵引部分所消耗的能耗改写为以位置微元 dx 进行积分的形式，如式(6-10)所示。

$$\min J=\int_{x_0}^{x_f}\frac{u_t\cdot U_t(v)}{\eta_{\mathrm{trac}}(v,u_t)}\mathrm{d}x+\int_{T_0}^{T_f}\frac{P_{\mathrm{aux}}}{\eta_{\mathrm{aux}}(P_{\mathrm{aux}})}\mathrm{d}t \tag{6-10}$$

式中，x_0、x_f 为列车运行的起止位置。对于辅助设施能耗的计算部分保留为对时间微元 dt 积分的形式。此处我们假设，列车运行的辅助设施功率与列车运行状态无关，因此在相同的运行时间状态下，辅助设施能耗为固定值，不随列车运行轨迹发生改变。因此，式(6-10)可以进一步简化式(6-11)

$$\min J=\int_{x_0}^{x_f}\frac{u_t\cdot U_t(v)}{\eta_{\mathrm{trac}}(v,u_t)}\mathrm{d}x \tag{6-11}$$

(2)系统数学模型（状态方程）：系统状态方程是用以描述系统状态量之间互相联系的方程。选取时间 t 作为自变量时，列车一维纵向运动方程可以表述为

$$\frac{\mathrm{d}x}{\mathrm{d}t}=v \tag{6-12}$$

$$m_t\cdot\frac{\mathrm{d}v}{\mathrm{d}t}=u_t\cdot U_t(v)-u_b\cdot U_b(v)-r(v)-m\cdot g_l(x) \tag{6-13}$$

式中，x 为列车位置；v 为列车速度；u_t、u_b 分别是牵引力与制动力使用比率，它们是实际输出的牵引力（或制动力）与车速 v 下能够输出的最大牵引力 $U_t(v)$[或最大制动力 $U_b(v)$]的比值；m_t 为列车动态总质量，m 为列车静态总质量。

将式(6-12)、式(6-13)改写为以列车位置微元 dx 为形式的微分方程得到式(6-14)、式(6-15)

$$m_t\cdot\frac{\mathrm{d}v}{\mathrm{d}x}=\frac{u_t\cdot U_t(v)-u_b\cdot U_b(v)-r(v)-m\cdot g_l}{v} \tag{6-14}$$

$$\frac{\mathrm{d}t}{\mathrm{d}x}=\frac{1}{v} \tag{6-15}$$

(3)边界条件与目标集：城轨列车在站间运行需要满足的边界条件为，在上游车站 T_0 时刻发车时初速度 $v_0=0$，在 T_f 时刻到达下游车站进站停车后末速度 $v_f=0$，以及运行时间 T_f-T_0 满足时刻表约束，如式(6-16)、式(6-17)所示。

$$y(x_0)=y_0=[v_0,t_0]^{\mathrm{T}} \tag{6-16}$$

$$y(x_f)=y_f=[v_f,t_f]^{\mathrm{T}} \tag{6-17}$$

同时列车在运行过程中，还受到线路限速的限制，为了保证运行安全，列车在位置 x 的运行速度不得超过此处的线路限速 $\overline{V}_l(x)$，如式(6-18)所示。

$$0 \leqslant v(x) \leqslant \overline{V}_l(x) \tag{6-18}$$

通常，线路限速是以表格的形式给出，包含限速起点位置、限速终点位置与限速值。在建模过程中，将线路限速视为关于位置 x 的分段常数函数。

(4)容许控制：在列车运行过程中，列车的实际牵引力、制动力使用(即最优控制问题中的控制变量)均处在一定的范围之内，且受到约束条件的限制，如式(6-19)、式(6-20)所示，实际牵引力与制动力的使用率必须介于 0～100%之间；如式(6-21)，牵引和制动不能同时施加。

$$0 \leqslant u_t(x) \leqslant 1 \tag{6-19}$$

$$0 \leqslant u_b(x) \leqslant 1 \tag{6-20}$$

$$u_t(x) \cdot u_b(x) = 0 \tag{6-21}$$

上述式(6-11)～式(6-21)就构成了城轨单列车节能控制的优化模型。

2. 离散动态规划 DP 算法

离散动态规划算法是 Richard E. Bellman 于 1957 年在《Dynamic Programming》一书中提出的求解多级决策过程最优化的一种数学方法。具体的方法介绍如下：

设一个多级决策系统，如图 6-14 所示，N 为多级决策过程的级数。

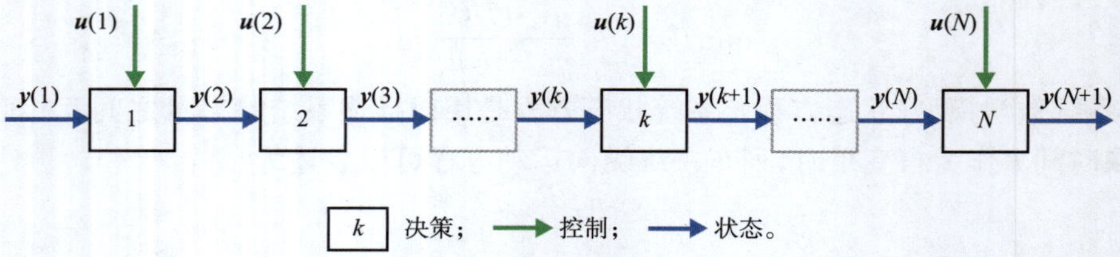

图 6-14 多级决策离散系统示意

非线性离散系统的状态方程为

$$y(k+1) = f[\boldsymbol{y}(k), \boldsymbol{u}(k), k] \tag{6-22}$$

有初始条件 $\boldsymbol{y}(1) = \boldsymbol{y}_0$。式(6-22)中状态约束 $\boldsymbol{y}(k) \in \boldsymbol{Y} \subset R^n$，控制约束 $\boldsymbol{u}(k) \in \boldsymbol{U} \subset R^m$，$k = 1,2,\cdots,N+1$。求最优控制序列 $\boldsymbol{u}^*(k)$，$k=1,2,\cdots,N+1$ 使得复合型代价函数[式(6-23)]极小。

$$J_N[\boldsymbol{y}(0)] = \varphi[\boldsymbol{y}(N), N] + \sum_{k=1}^{N} L[\boldsymbol{y}(k), \boldsymbol{u}(k), k] \tag{6-23}$$

根据 Bellman 指出的多级决策过程的最优性原理：不论初始状态和初始决策如何，当把其中的任何一级和状态再作为初始级和初始状态时，其余的决策对此必定也是一个最优策略。利用离散动态规划求解多级决策过程的基本求解步骤如下：

(1)求第 N 级最优控制律 $\boldsymbol{u}^*(N)$

$$J_1^*[\boldsymbol{y}(N)] = \min_{\boldsymbol{u}(N) \in \boldsymbol{U}} \{L[\boldsymbol{y}(N), \boldsymbol{u}(N), N] + J_0^*[\boldsymbol{y}(N+1)]\} \tag{6-24}$$

式中，$L[\boldsymbol{y}(N), \boldsymbol{u}(N), N]$为本级转移代价；$J_0^*[\boldsymbol{y}(N+1)] = \varphi[\boldsymbol{y}(N+1), N+1]$为目标函数中的终点指标(末端项值)；$\boldsymbol{y}(N+1) = f[\boldsymbol{y}(N), \boldsymbol{u}(N), N]$为后部 0 段子过程初态。通过上式可以得到：$\boldsymbol{u}^*(N) = \boldsymbol{u}^*(\boldsymbol{y}(N))$与 $J_1^*[\boldsymbol{y}(N)]$，它们都是关于状态 $\boldsymbol{y}(N)$的函数。

(2)求第 k 级的最优控制律 $\boldsymbol{u}^*(k)$

$$J_{N+1-k}^*[\boldsymbol{y}(k)]=\min_{\boldsymbol{u}(k)\in U}\{L[\boldsymbol{y}(k),\boldsymbol{u}(k),k]+J_{N-k}^*[\boldsymbol{y}(k+1)]\} \tag{6-25}$$

同理将 $\boldsymbol{y}(k+1)=f[\boldsymbol{y}(k),\boldsymbol{u}(k),k]$ 代入,可以得到:$\boldsymbol{u}^*(k)=\boldsymbol{u}^*(\boldsymbol{y}(k))$ 与 $J_1^*[\boldsymbol{y}(k)]$,它们都是关于状态 $\boldsymbol{y}(k)$ 的函数。

(3)求第 1 级最优控制律 $\boldsymbol{u}^*(1)$

$$J_N^*[\boldsymbol{y}(1)]=\min_{\boldsymbol{u}(1)\in U}\{L[\boldsymbol{y}(1),\boldsymbol{u}(1),1]+J_{N-1}^*[\boldsymbol{y}(2)]\} \tag{6-26}$$

同理将 $\boldsymbol{y}(2)=f[\boldsymbol{y}(1),\boldsymbol{u}(1),1]$ 代入,可以得到:$\boldsymbol{u}^*(1)=\boldsymbol{u}^*(\boldsymbol{y}(1))$ 与 $J_1^*[\boldsymbol{y}(1)]$,它们都是关于状态 $\boldsymbol{y}(1)$ 的函数。

(4)求最优控制序列与最优状态

由已知初始状态 $\boldsymbol{y}(1)=\boldsymbol{y}_0$,顺序求出最优控制序列与最优状态:$\boldsymbol{u}^*(1),\boldsymbol{y}^*(2),\boldsymbol{u}^*(2),\boldsymbol{y}^*(3),\cdots,\boldsymbol{y}^*(N),\boldsymbol{u}^*(N),\boldsymbol{y}^*(N+1)$,以及 N 级过程的最小代价函数 J_N^* 和各段子过程的最小代价函数 $J_{N-1}^*,J_{N-2}^*,\cdots,J_1^*$。

由上述计算步骤可得,使用离散动态规划算法求解最优控制问题需要进行两次搜索。第一次搜索逆向进行(backward search),利用第 $k+1$ 级的最小代价函数 $J_{N-k}^*[\boldsymbol{y}(k+1)]$,根据基本递推方程[式(6-25)],求得第 k 级的最小代价函数 $J_{N+1-k}^*[\boldsymbol{y}(k)]$。第二次搜索正向进行(forward search),利用第一次搜索得到的决策函数与 $\boldsymbol{u}^*[\boldsymbol{y}(k)]$ 根据系统状态方程 $\boldsymbol{y}(k+1)=f[\boldsymbol{y}(k),\boldsymbol{u}(k),k]$ 正向迭代,求出最优决策序列与最优轨线。

3. 基于 DP 的最优控制算法

城轨单列车的节能运行控制优化问题,是具有多约束、非线性的最优控制问题,考虑到城轨列车在区间运行速度较低(城轨线路速度等级 80 km/h 较多,少数线路等级为 100 km/h、120 km/h)、站间距较短(市区平均站间距 0.8～2.0 km)、区间运行时分较短(2～5 min 较多)的特点,通过对其进行合理的离散化,将其转换为多阶段决策问题,特别适合于应用离散动态规划算法进行求解。

由上节分析可知,利用 Bellman 最优性原理,使用离散动态规划求解单列车节能控制的步骤如下:

(1)问题离散化:将最优控制问题[式(6-11)～式(6-21)]离散为多阶段决策问题,包括:决策阶段划分、控制变量 $\boldsymbol{u}=[u_t,u_b]^{\mathrm{T}}$ 的离散化与状态变量 $\boldsymbol{y}=[v,t]^{\mathrm{T}}$ 的离散化;

(2)将终点约束转化为惩罚函数的形式:为了避免不可行解的出现,将终点状态约束以惩罚函数的形式转化为软约束,嵌入目标函数中;

(3)根据 Bellman 最优性原理,从最后一个决策阶段至第一个决策阶段进行逆向搜索,求得各个阶段、各个状态下的最优控制律 $\boldsymbol{u}^*[\boldsymbol{y}(k)]$ 并建立回溯记录表(back-tracking table)进行存储;

(4)根据预先存储的回溯记录表与给定的初始已知状态,从第一个决策阶段至最后一个决策阶段正向搜索最优控制策略与最优状态。

现按照上述步骤进行算法设计,如图 6-15 所示。

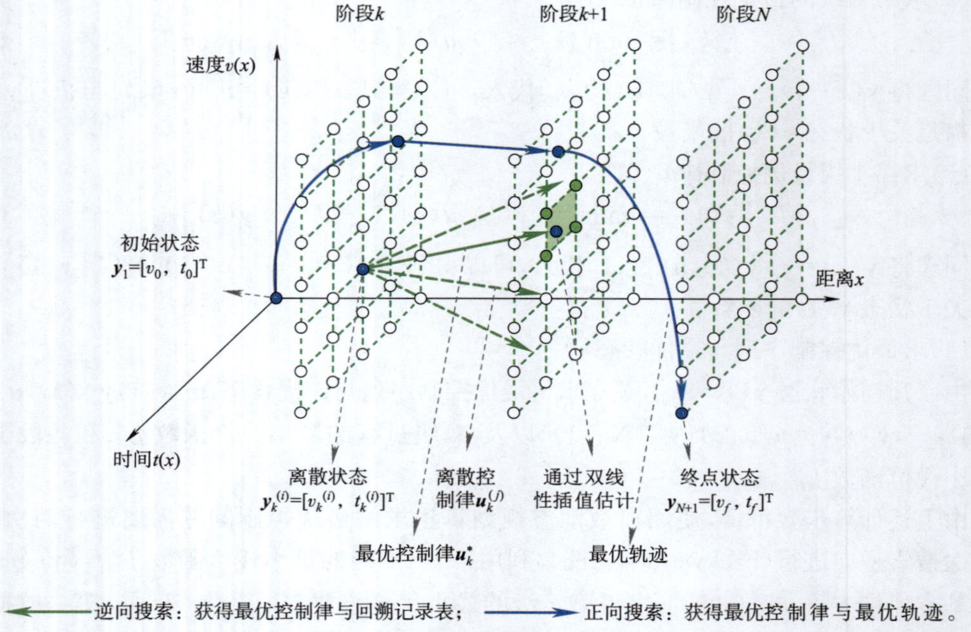

图 6-15　离散动态规划算法原理示意

①问题离散化

(a)阶段划分：将城轨列车运行的位置 $x \in [x_0, x_f]$ 划分为若干子区间，使得每个子区间内的线路附加阻力 g_l 与线路限速均为恒定值。设定步长 Δx 为各个决策阶段长度，将各个子区间继续划分为若干决策阶段。设 N 为最终划分的决策区段个数，k 为决策阶段索引编号，则第 k 个决策阶段起始位置为 x_k，终止位置为 x_k+1，则有

$$[x_0, x_f] = \bigcup_{k=1}^{N} [x_k, x_{k+1}] \tag{6-27}$$

式中，$x_1 = x_0$，$x_{N+1} = x_f$。

(b)状态离散化：定义时间与速度的离散化步长分别为 Δt 与 Δv，并将其等间距离散化，则离散的时间 t、速度 v 与位置 x（决策阶段）就构成了离散三维速度—时间—位置晶格[speed-time-space(STS)lattice]。此处，为了考虑列车在受扰或晚点情况下的在线调整恢复过程，对于离散时间的范围可以适当大于列车运行时间范围，即：$[t_0, t_f] \subset [t_{0-\mathrm{STS}}, t_{f-\mathrm{STS}}]$。其中 $t_{0-\mathrm{STS}}$、$t_{f-\mathrm{STS}}$ 表示 STS 晶格的初始、结束时间点。

(c)控制变量离散化：由于动态规划算法存在维数灾难的问题，影响计算速度，为了简明起见，定义一维向量 u 作为离散动态规划求解算法的决策变量，则有 $u \in [-1, 1]$。通过考虑控制变量的范围与约束条件[式(6-19)～式(6-21)]，一维向量决策变量 u 与上述最优控制问题的二维控制变量向量 $\boldsymbol{u} = [u_t, u_b]^{\mathrm{T}}$ 通过式(6-28)的关系进行降维代换

$$u = u_t - u_b \Leftrightarrow \begin{cases} u_t = \dfrac{u + |u|}{2} \\ u_b = \dfrac{|u| - u}{2} \end{cases} \tag{6-28}$$

与状态离散化采用同样的等间距离散化思路，定义 δu 为控制变量 u 的离散化步长，则离散化后的控制变量可行域集合 u 为

$$u=\{-1,-1+n\cdot\delta u,1\} \tag{6-29}$$

其中 n 为非负整数，其上界限为 $\bar{n}=\text{floor}(2/\delta u)$，下界限为 $\bar{n}=1$。

②逆向搜索与正向搜索

定义在第 k 个决策阶段下，i 为离散化状态向量索引序号，j 为离散化控制变量索引序号。则在第 k 个决策阶段下，从起始状态 $\boldsymbol{y}_k^{(i)}$ 采用控制策略 $\boldsymbol{u}_k^{(i,j)}$ 的状态转移代价函数为

$$L(\boldsymbol{y}_k^{(i)},\boldsymbol{u}_k^{(i,j)})=\int_{x_k}^{x_{k+1}}\frac{\boldsymbol{u}_t^{(k,i,j)}\cdot U_t(v)}{\eta(v,\boldsymbol{u}_t^{(k,i,j)})}\cdot \mathrm{d}x \tag{6-30}$$

以及转移之后的状态 $\boldsymbol{y}_{k+1}^{(i)}$ 可以通过式(6-12)与式(6-13)进行计算。

设 $\omega_k=[\boldsymbol{u}_{k+1},\boldsymbol{u}_{k+2},\cdots,\boldsymbol{u}_N]$ 为从第 k 个决策阶段至最后一个决策阶段的控制律 $\boldsymbol{u}_k$ 集合。当此控制律被应用至状态 $\boldsymbol{y}_k^{(i)}$ 时，从该状态至末状态这一过程，目标函数值可以表示为

$$J_{N+1-k}(\boldsymbol{y}_k^{(i)})=\sum^{N}L(\boldsymbol{y}_p^{(i)},\boldsymbol{u}_p^{(i,j)})+J_0(\boldsymbol{y}_{N+1}^{(i)}) \tag{6-31}$$

式中，$J_0(\boldsymbol{y}_{N+1}^{(i)})=\varphi(\boldsymbol{y}_{N+1}^{(i)})$，是通过惩罚函数形式表示终点状态软约束，它的表达式如式(6-32)所示

$$\varphi(\boldsymbol{y}_{N+1}^{(i)})=\begin{cases}0, & |v_{N+1}^{(i)}-v_f|\leqslant\varepsilon_v, |t_{N+1}^{(i)}-t_f|\leqslant\varepsilon_t \\ M_1\cdot(v_{N+1}^{(i)}-v_f)^2+M_2\cdot(t_{N+1}^{(i)}-t_f)^2, & \text{其他}\end{cases} \tag{6-32}$$

式中，M_1、M_2 为惩罚系数，ε_v 与 ε_t 为列车速度与时间的临界阈值。

因此，可以通过式(6-24)～式(6-26)，从第 N 个决策阶段开始，逆向搜索至第 1 个决策阶段，获得最优控制律 $\omega_1^*=[\boldsymbol{u}_1^*,\boldsymbol{u}_2^*,\cdots,\boldsymbol{u}_N^*]$。

在逆向搜索完成之后，根据存储的与各个状态相关的最优控制律 $\boldsymbol{u}^*(\boldsymbol{y}_k^{(i)})$，从已知初始状态开始，根据式(6-12)与式(6-13)依次递推顺序求出最优控制序列与最优状态：$\boldsymbol{y}_1^*$，$\boldsymbol{u}^*(\boldsymbol{y}_1^*)$，$\boldsymbol{y}_2^*$，$\boldsymbol{u}^*(\boldsymbol{y}_2^*)$，$\cdots$，$\boldsymbol{y}_N^*$，$\boldsymbol{u}^*(\boldsymbol{y}_N^*)$，$\boldsymbol{y}_{N+1}^*$，以及最优能耗值 $J_N(\boldsymbol{y}_0)$。

4. 求解过程改进

前述离散动态规划(DP)求解算法的一个显著局限在于维数灾难。随着系统状态维度和控制变量数量的增加，DP 算法的计算复杂度和存储需求将呈指数级增长。

针对上述问题，为提升求解效率，我们在分析单列车节能控制问题特征的基础上，结合问题特性对 DP 算法的求解过程进行了改进。通过优化离散动态规划的关键步骤，可以有效减轻维数灾难的影响。

对于上述最优控制问题[式(6-11)～式(6-21)]，由于目标函数中牵引效率 $\eta_{\text{trac}}(v,\boldsymbol{u}_t)$ 涉及的因素与变量诸多，难以用精确的数学表达式描述，因此通常采用数据拟合的方法进行估计。考虑到城轨列车的特性，此处我们假设牵引效率仅与列车运行状态相关，即 $\eta_{\text{trac}}(v,\boldsymbol{u}_t)=\eta_{\text{trac}}(v)$。因此有

$$\min J=\int_{x_0}^{x_f}\frac{u_t\cdot U_t(v)}{\eta_{\text{trac}}(v)}\cdot \mathrm{d}x \tag{6-33}$$

对上述最优控制问题[式(6-12)～式(6-21)与式(6-33)]，采用 PMP 原理进行分析，有：

(1)构造其汉密尔顿函数(Hamiltonian analysis)

$$\mathcal{H}=\frac{1}{\eta_{\text{trac}}(v)}\cdot u_t\cdot U_t(v)+\lambda_1\cdot\frac{u_t\cdot U_t(v)-u_b\cdot U_b(v)-r(v)+g_l}{v}+\lambda_2\cdot\frac{1}{v}=$$
$$u_t\cdot U_t(v)\cdot\left(\frac{1}{\eta_{\text{trac}}(v)}+\frac{\lambda_1}{v}\right)-u_b\cdot U_b(v)\cdot\frac{\lambda_1}{v}+\frac{\lambda_1\cdot(-r(v)+g_t)+\lambda_2}{v}\tag{6-34}$$

(2)式中辅助协态变量 $\lambda=[\lambda_1,\lambda_2]^{\mathrm{T}}$ 满足$\frac{\mathrm{d}\lambda}{\mathrm{d}x}=-\frac{\partial \mathrm{H}}{\partial \boldsymbol{y}}$，即

$$\frac{\mathrm{d}\lambda_1}{\mathrm{d}x}=-\frac{\partial\mathcal{H}}{\partial v}=-u_t\cdot\frac{U_t'(v)\cdot\eta_{\text{trac}}(v)-U_t(v)\cdot\eta'_{\text{tac}}(v)}{\eta_{\text{trac}}(v)^2}-\lambda_2\cdot\frac{1}{v^2}-\lambda_1\cdot\tag{6-35}$$
$$\frac{v\cdot(u_t\cdot U_t'(v)-u_b\cdot U_b'(v)-r'(v))-(u_t\cdot U_t(v)-u_b\cdot U_b(v)-r(v)+g_l)}{v^2}$$

$$\frac{\mathrm{d}\lambda_2}{\mathrm{d}x}=-\frac{\partial\mathcal{H}}{\partial t}=0\tag{6-36}$$

(3)汉密尔顿函数相对最优控制取绝对极小值

$$\mathcal{H}^*=\&\ \mathcal{H}(\boldsymbol{y}^*,\lambda,\boldsymbol{u}^*)=\min_{\boldsymbol{u}\in U}\mathcal{H}(\boldsymbol{y}^*,\lambda,\boldsymbol{u})\tag{6-37}$$

(4)对于定常系统，沿最优轨线汉密尔顿函数的变化率为常数

$$\mathcal{H}^*(x)=\mathcal{H}^*(x_f)=\text{const}\tag{6-38}$$

由于此时 $0<\eta_{\text{trac}}(v)<1$，因此有$\frac{1}{\eta_{\text{trac}}(v)}+\frac{\lambda_1}{v}>\frac{\lambda_1}{v}$。根据$\frac{1}{\eta_{\text{trac}}(v)}+\frac{\lambda_1}{v}$、$\frac{\lambda_1}{v}$与 0 的大小关系，将单列车节能最优控制的控制模式(control modes)总结见表 6-4。

表 6-4　单列车节能最优控制的控制模式表

编号	控制模式	$\frac{1}{\eta_{\text{trac}}(v)}+\frac{\lambda_1}{v}$	$\frac{\lambda_1}{v}$	u_t	u_b	条　件
Ⅰ	最大牵引	$\frac{1}{\eta_{\text{trac}}(v)}+\frac{\lambda_1}{v}<0$	$\frac{\lambda_1}{v}<0$	1	0	$\lambda_1<-\frac{v}{\eta_{\text{trac}}(v)}$
Ⅱ	巡航—部分牵引	$\frac{1}{\eta_{\text{trac}}(v)}+\frac{\lambda_1}{v}=0$		[0,1]	0	$\lambda_1=-\frac{v}{\eta_{\text{trac}}(v)}$
Ⅲ	惰行	$\frac{1}{\eta_{\text{trac}}(v)}+\frac{\lambda_1}{v}>0$		0	0	$-\frac{v}{\eta_{\text{trac}}(v)}<\lambda_1<0$
Ⅳ	巡航—部分制动		$\frac{\lambda_1}{v}=0$	0	[0,1]	$\lambda_1=0$
Ⅴ	最大制动		$\frac{\lambda_1}{v}>0$	0	1	$\lambda_1>0$

由此可知，考虑以列车速度为牵引效率函数的单列车节能最优控制的控制模式为最大牵引、巡航—部分牵引、惰行、巡航—部分制动与最大制动 5 种。即理论上，城轨列车的节能控制最优曲线是由这 5 种控制模式组成。

因此，对于采用离散动态规划求解时，应考虑上述对于最优控制模式的分析，对于控制变量 u 的离散化可从式(6-29)的等间距离散化(称为均匀离散 δu 策略)改变为围绕 5 种最

优控制模式的非均匀离散化方法[称为混合—非均匀离散 δu(Mix-δu)策略]。

采用基于离散动态规划的混合—非均匀离散 δu(Mix-δu)策略求解单列车节能控制问题，与均匀离散 δu 策略的主要不同点在于：

(1)控制变量的非均匀离散化

定义混合—非均匀 δu 策略的控制变量的可行域离散化集合为 U_{mix}，则有

$$U_{\text{mix}}=\{\pm 1,\pm(1-\delta u),0\pm\delta u,u_{\text{cr}}\pm\delta u\} \tag{6-39}$$

式中，u_{cr} 为列车巡航工况下牵引力与制动力使用率的输出，由于列车运行基本阻力与车速相关，因此它是关于车速 v 与列车位置 x 的函数，可以通过求解方程组[式(6-40)]获得。

$$\begin{cases} u_t\cdot U_t(v)-u_b\cdot U_b(v)-r(v)-m\cdot g_l(x)=0 \\ u_t\cdot u_b=0 \end{cases} \tag{6-40}$$

对于式(6-40)，当采用最大牵引力$[u_t,u_b]^{\text{T}}=[1,0]^{\text{T}}$时，若此时列车合力仍然小于0，即 $U_t(v)-r(v)-m\cdot g_l(x)<0$，则此时列车巡航工况不存在，列车尽管采用最大牵引力，车速将会下降，称此时坡度 $g_l(x)$ 为车速 v 下的陡峭的上坡(steep uphill track)；当列车采用惰行工况$[u_t,u_b]^{\text{T}}=[0,0]^{\text{T}}$时，若$-r(v)-m\cdot g_l(x)>0$，此时列车车速将会增加，称此时坡度 $g_l(x)$ 为车速 v 下的陡峭的下坡(steep downhill track)，列车将采取部分制动的工况，保持巡航状态。随着列车车速的增加，列车所受到的基本阻力也将增加，列车最终达到临界速度 v_{bl}，此时列车基本阻力与坡道附加阻力产生的加速度相平衡：$-r(v_{bl})-m\cdot g_l(x)=0$。

当列车采用最大牵引力$[u_t,u_b]^{\text{T}}=[0,1]^{\text{T}}$时，为保证安全，对于线路任意位置，限速范围内的任意车速，恒有$-U_b(v)-r(v)-m\cdot g_l(x)<0$，即列车在任意车速、任意位置均能够制动减速、停车。

δu 策略与混合—非均匀 δu 策略的控制变量离散化示意如图6-16所示。

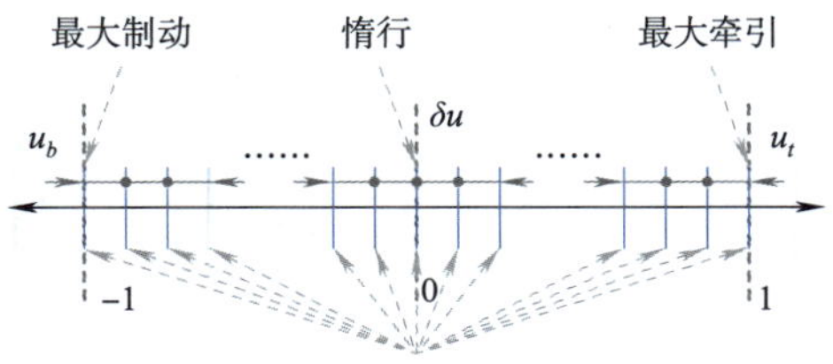

(a)均匀离散 δu 策略

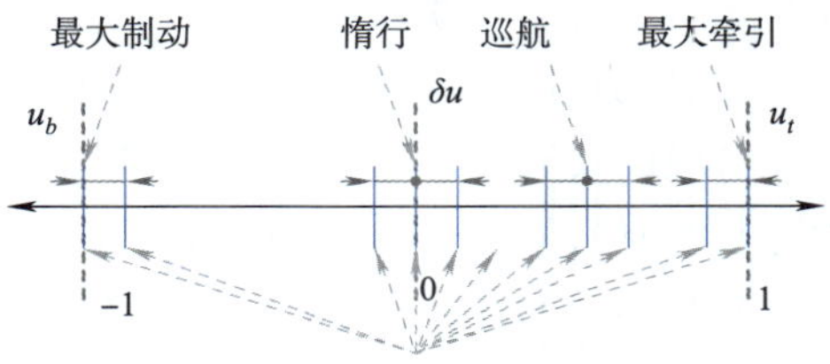

(b)混合—非均匀离散 δu 策略

图6-16　两种策略下控制变量离散方式示意

(2)各决策阶段的决策变量

考虑到单列车在站间运行时，需要从上游车站的停站状态通过牵引工况启动加速；当列车接近下游车站目标停车点时，需要通过制动工况减速。因此对于区间内的运行工况而言，出站发车与进站停车阶段，控制工况较为固定。基于此，混合—非均匀离散 δu 策略充分考虑列车这一运行特点，将采用离散动态规划求解时，对于控制变量的选择，分为第1个决策阶段、最后1个决策阶段与中间决策阶段三种情况。不同决策阶段的控制变量在列车运行

的 STS 晶格内投影至 v-x 平面的情况为例，如图 6-17 所示。

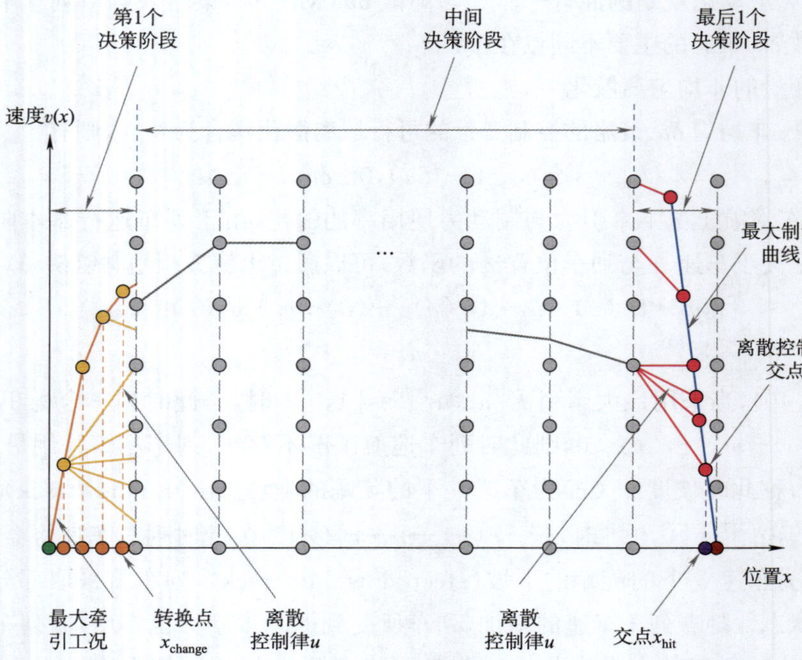

图 6-17　混合-非均匀离散 δu 策略决策过程 v-x 平面投影示意

对于第 1 个决策阶段，定义该策略下的决策变量为二维向量 $u_{\text{mix}-1}=[x_{\text{change}},u]^{\mathrm{T}}$。列车在此阶段运行状态可以描述为：列车从上游车站停车状态开始，以最大牵引工况启动，运行一段距离（运行至转换点 x_{change}）后，再以一维牵引力/制动力使用率 u 运行，直至该阶段结束。

对于最后 1 个决策阶段，通过目标停车点位置 x_f，首先计算出列车采用最大制动工况时的最大制动速度曲线 $v_{\text{mb}}(x)$。该策略下的决策变量为一维牵引力/制动力使用率 u。列车在此阶段的运行状态可以描述为：列车从阶段开始的状态开始，使用决策变量所选择的牵引力/制动力使用率运行，当列车运行速度与最大制动曲线 $v_{\text{mb}}(x)$ 相交于交点 x_{hit} 时，此时控制律改为最大制动工况，列车运行轨迹将与 $v_{\text{mb}}(x)$ 重合，直至列车在停车点停车止。

对于中间决策阶段，该策略采用围绕 5 种最优控制模式的非均匀离散的牵引力/制动力使用率作为决策变量。

5. 算例分析

(1)正常场景下的节能运行控制

短区间场景方面，选择某线路站间短区间（<1 km），站 A 的站台中心线位置为 34 816.261 m，站 B 的站台中心线位置为 35 600.671 m，车站站台长度均为 140 m。线路区间内限速、坡度如图 6-18 所示。时刻表规定的运行时间为 74 s。设采用列车满载率为 AW3 等级。在非陡峭坡道情况下，该算法能有效地确定城轨列车在短区间内节能运行的最优轨迹。

陡峭坡度长区间场景方面，选择某线路长区间（约 3 km），站 A 的站台中心线位置为 1 938 m，站 B 的站台中心线位置为 4 978 m，车站站台长度 140 m。线路区间限速、坡度如图 6-19 所示。时刻表规定的运行时间为 205 s，列车满载率为 AW3 等级。该区间在 2 053.000 m 至 2 978.000 m 处存在－27‰～－20‰的长大下坡。仿真表明，离散动态规划算法能够有效地利用线路坡度特性，将重力势能转化为动能，从而节约牵引能耗。

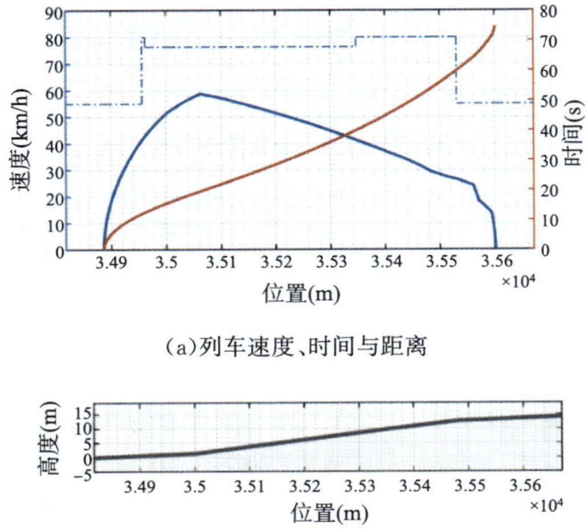

(a)列车速度、时间与距离

(b)区间相对海拔高度与距离

图 6-18　案例 1：列车运行轨迹

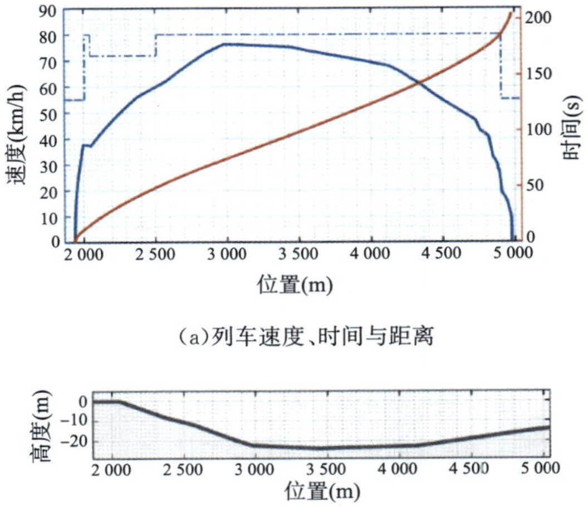

(a)列车速度、时间与距离

(b)区间相对海拔高度与距离

图 6-19　案例 2：列车运行轨迹

（2）扰动下的运行曲线调整

图 6-20 展示了列车在受到小扰动后的运行轨迹调整。扰动发生在发车后 66.978 s，列车位置为 2 468.000 m，速度为 58.817 km/h。扰动持续 2.711 s 后结束，列车位置为 2 511.380 m，制动距离为 43.380 m，车速降至 56.410 km/h。为了保证准点到达下游车站，采用本文算法重新计算运行轨迹。调整后的轨迹几乎没有晚点（0.084 s），但车速低于原始轨迹 3.668 km/h。调整后的轨迹继续采用惰行策略，并缩短了进站减速距离，最终在计划运行时间范围内到达下游车站。调整后的轨迹运行能耗为 7.558 kW · h，较原始轨迹增加 0.228 kW · h，增幅为 3.110%。算法生成新轨迹的计算耗时为 2.54 s，满足实时性需求。

图 6-21 展示了列车在受到较大扰动后的运行轨迹调整。扰动发生在发车后 120.86 s，列车位置为 3 538.000 m，速度为 74.142 km/h。扰动持续 14.438 s 后结束，列车位置为 3 735.205 m，制动距离为 197.205 m，车速降至 23.368 km/h。为了保证准点到达下游车站，采用上述算法重新计算运行轨迹。调整后的轨迹晚点 4.718 s，车速低于原始轨迹 48.710 km/h。与较小程度扰动后的轨迹不同，重新规划后的轨迹直接采用最大牵引加速，确保在剩余路程中车速高于原始轨迹。最终列车在计划运行时间范围内到达下游车站。更新后的轨迹运行能耗为 33.751 kW · h，高于原始轨迹。算法生成新轨迹的计算耗时为 1.60 s，满足实时性需求。

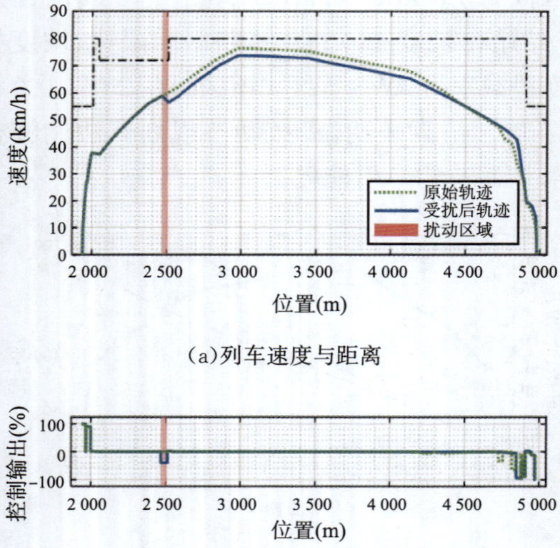

(a)列车速度与距离

(b)列车牵引/制动力输出比率与距离

图 6-20　列车受到较小程度扰动后运行轨迹与控制输出对比

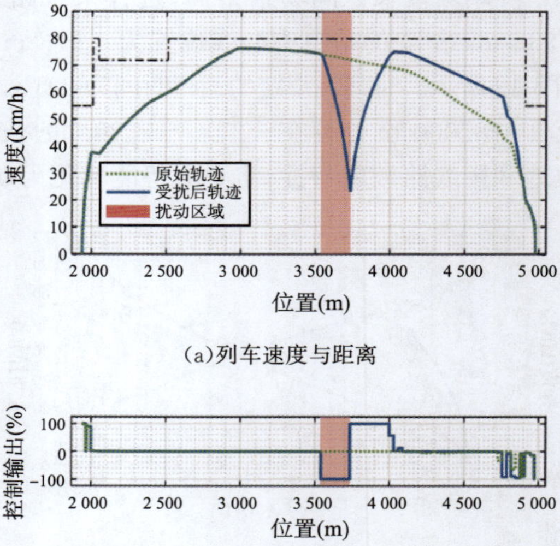

(a)列车速度与距离

(b)列车牵引/制动力输出比率与距离

图 6-21　列车受到较大程度扰动后运行轨迹与控制输出对比

6.3　ATO 速度跟踪控制

6.3.1　列车速度控制原理及方法

1. 控制原理

为了使列车按照运行图下各站间的推荐速度曲线运行,一个有效的列车控制器是必不可少的。列车运行控制器除了保证列车实际跟踪速度曲线与推荐速度曲线的速度误差较小,还需要尽可能地优化列车跟踪控制涉及的相关指标。

具体来说,列车控制器可在每一个控制周期下,根据列车的实时运动状态和目标状态,由特定的控制率计算出列车当前周期下合适的指令加速度值,使列车能够追踪目标速度曲线运行。列车速度控制原理如图 6-22 所示,具体而言,列车控制器输入包含列车静态目标速度曲线或动态目标速度曲线下的目标速度 v_{ref} 和目标加速度 a_{ref},以及列车传感器采集的列车实时速度 v 和实时加速度 a,通过控制器采用的控制率函数 $f(v_{\mathrm{ref}},a_{\mathrm{ref}},v,a)$ 计算出列车的指令加速度值,即列车牵引制动系统的输入量 u。

列车牵引制动系统中,牵引制动单元根据列车控制器传入的指令加速度的值,调整列车牵引制动力,使列车实际输出的加速度贴合指令加速度值运行。具体而言,列车牵引制动系统输入的值包含列车控制器计算的列车指令加速度 u、列车静态参数以及线路环境信息 r。其中列车静态参数包含列车物理参数 b,如列车质量、列车长度、列车最大速度、列车基本阻力参数;以及列车运动学特性参数 τ,如列车牵引特性、列车制动特性、列车响应特性、列车冲击特性等。线路环境信息 r 包含线路坡度阻力、线路曲线阻力、隧道阻力、道桥阻力等。

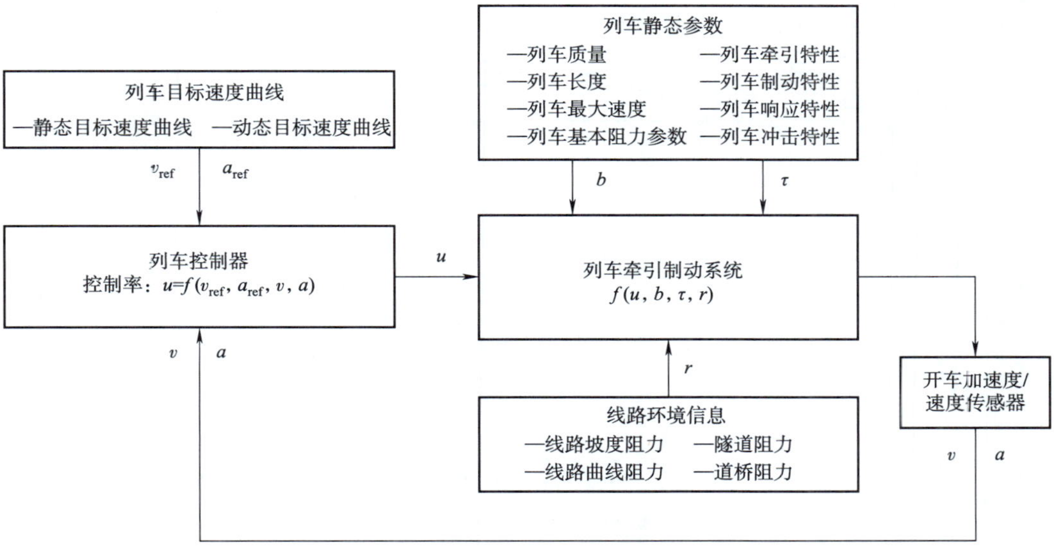

图 6-22 列车速度控制原理

2. 控制策略

列车运行需求和场景不同，其控制目标和策略也有差异。例如在繁忙线路区段或高峰运营时段采用高峰全速，而在平峰时段，则采用节能以及减少工况转换次数的策略。

由于地铁线路的大部分区间均为节能坡类型，恒速控制策略未能很好地利用坡度信息。如图 6-23 所示，由于目标曲线值恒定，即使列车惰行，由于下坡带来的阻力为负，使得列车加速，从而导致采取制动方式减速，然后经过一定时间，速度又低于目标速度，进而开始牵引，故而导致牵引制动频繁切换。典型的站间坡度变化及阈值设置条件下，列车运行过程示意图如图 6-24 所示。

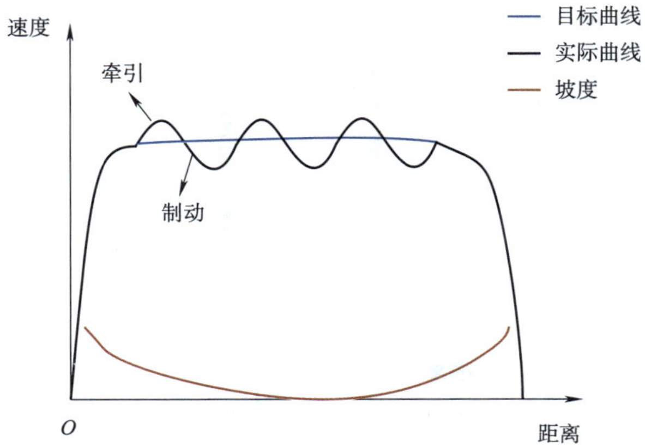

图 6-23 恒速策略下牵引/制动切换示意

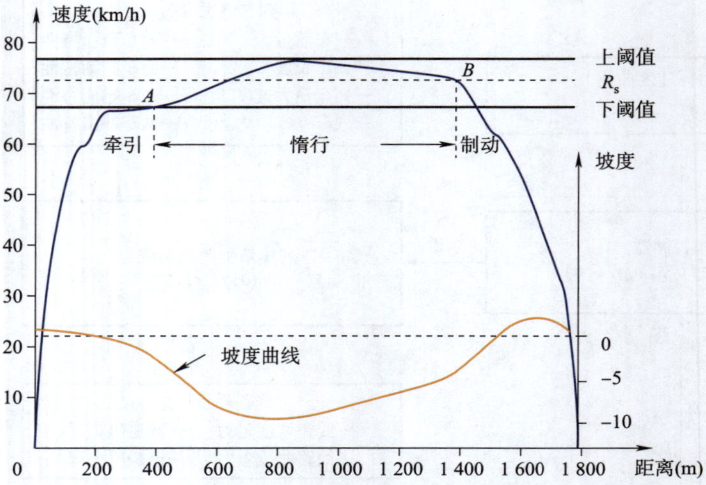

图 6-24　速度偏差控制策略下区间运行示意

由图可知，恒定的目标曲线导致 ATO 控制为了精准跟踪而频繁牵引/制动切换。ATO 在线运行时，当车速在允许惰行的阈值范围内，列车保持惰行工况。以此增加列车在站间的惰行时间，减少站间不必要的小级位牵引或制动工况转换、最终达到减少站间运行能耗的目的。恒速控制策略和速度偏差控制策略对应能耗与站间工况转换次数如图 6-25 所示。

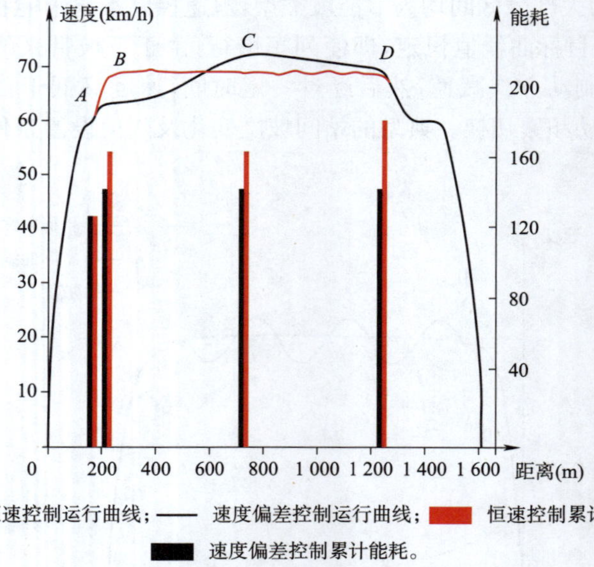

(a)恒速控制策略对应能耗与站间工况转换次数

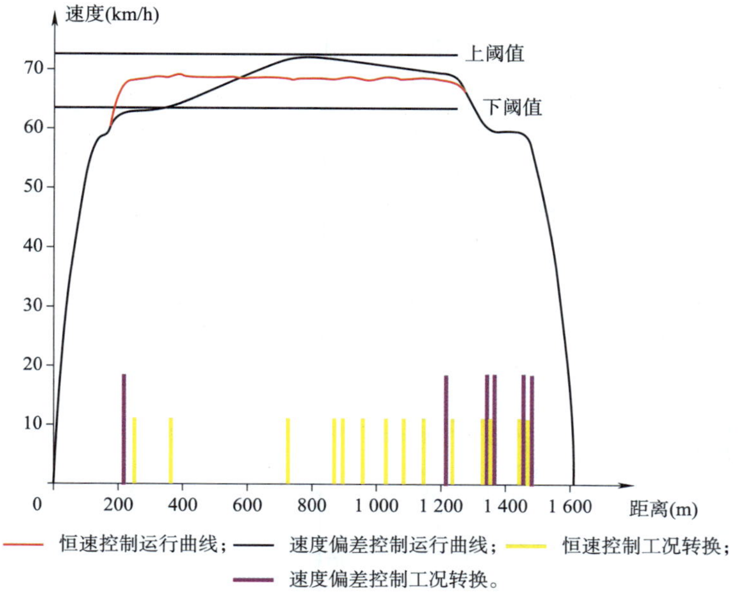

(b)速度偏差控制策略对应能耗与站间工况转换次数

图 6-25　两种 ATO 控制策略对应的能耗图与工况序列

3. 控制方法

总体来说，ATO 控制器的目的就是使列车运动曲线($v(t)$，$a(t)$)趋近目标速度曲线($v_{\mathrm{ref}}(t)$，$a_{\mathrm{ref}}(t)$)，那么 ATO 控制问题就可以转化为寻找控制律，将误差($v_e(t)$，$a_e(t)$)控制到$\{0,0\}$的问题。

由于轨道交通列车是一个非线性、惯性大、不确定因素多等多特性的系统，使其始终严格按照推荐速度曲线运行存在较大的挑战。一方面，控制器需克服列车系统的牵引制动工况特性、黏着系数、信号制式等导致的大滞后、非线性特点，实现对目标速度曲线精确、高效、稳定的跟踪，有效抑制超调量；另一方面，控制器还需克服外部天气与环境状况、线路坡道弯道条件、隧道条件、临时限速等多方面因素引发的对列车运行的扰动影响，以达到健壮性强、适用范围大、运算速度快、安全稳定的控制效果。

目前，列车速度跟踪控制方法可分为基于反馈的控制算法、优化控制算法、智能控制算法以及融合控制算法。其中基于反馈的控制算法是一种常见的控制算法，它通过测量系统的输出(被控对象的状态或性能指标)，与期望输出进行比较，并根据比较结果调整控制输入，以使系统输出接近期望输出。这种控制算法的核心思想是利用系统的反馈信息来实现控制目标；优化控制算法是一类用于解决最优控制问题的算法，最优控制问题的目标是在给定约束条件下，通过调整系统的控制输入，使得某个性能指标达到最优或接近最优；智能控制算法是一类基于人工智能和机器学习技术的控制算法，旨在通过模仿人类智能或利用机器学习方法来实现自主、智能的控制系统，这些算法通过学习和适应系统的动态特性和环境变化，能够自主地进行决策和调整，以达到控制系统的性能优化和适应性增强；融合控制算法是一种将多个不同类型的控制算法或策略结合起来的方法，以达到更好的控制性能或适应性。它通过将不同的控制算法或策略进行整合和协调，利用它们各自的优势来解决复杂的控制问题。表 6-5 详细总结了各类算法的特征。

表 6-5　速度跟踪控制方法特性对比

算法类型	算法名称	算法优缺点描述
基于反馈的控制算法	PID 控制	简单易实现、响应快；但参数调整困难、抗干扰能力不足、无法处理非线性系统
	滑模控制	算法强健壮性、响应快、对模型精度要求低；但滑模面设计困难、在滑模面附近容易产生震荡
基于反馈的控制算法	自适应控制	算法能够在线调整控制器参数，提升系统的动态性能；但参数调整实时性不高、对初始条件敏感
	鲁棒控制	算法强健壮性和可靠性、适用范围广；但牺牲了系统部分稳定性、设计和实现较复杂
	自抗扰控制	算法强健壮性和适应性、控制性能较好；但对初始条件敏感、参数调整较为困难
优化控制	最优控制	算法具有最优性能、高灵活性、能考虑多约束条件；但计算复杂度高、参数调整困难、实时性较差
	模型预测控制	算法具有最优性能、有预测能力、且能处理约束；但计算复杂度高、模型依赖性高、实时性较差
智能控制	模糊控制	算法有知识表达能力，易于理解和调整、能处理非线性系统；但规则依赖性高、模型难以优化、控制精度不高
	进化算法	算法有全局搜索能力、具有适应性和健壮性；但算力需求大、参数调整困难、收敛速度较慢
	深度强化学习	算法适用于复杂环境、能够对特征自学习、有健壮性；但算力需求大、训练不稳定、可解释性较差
融合控制	模糊 PID 控制	算法健壮性高、易于调整模型、具有知识表达能力；但对规则库的依赖性较大，实时性略低于传统 PID
	自适应模糊控制	算法高健壮性和适应性、且能自我调整参数、可处理非线性系统；但计算复杂度高、参数调整实时性略低
	滑模 PID 控制	算法健壮性高、响应快、抗干扰能力高、震荡程度小于滑模控制；但参数数量较多、调参较为困难

6.3.2　PID 跟踪控制算法及其演进

1. PID 控制

PID 控制是最经典的控制方法，具有简单、稳定、易于实现的特点。最初人们对列车自动驾驶系统的要求不是很高，仅希望能进行一般驾驶操作，因此将简单 PID 控制应用于 ATO 系统。如图 6-26 所示，简单 PID 其实质是一种线性调节器，将设定参考值与输出观测值的偏差按比例、积分和微分进行控制，对列车事先规划好的速度曲线进行递进跟踪控制。

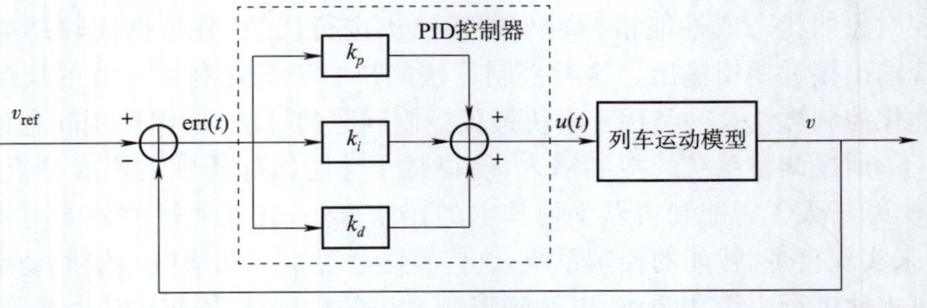

图 6-26　经典 PID 列车控制模型

PID 控制器的计算过程如式(6-41)

$$\begin{cases} err(t)=v_{ref}(t)-v(t) \\ u(t)=k_p err(t)+k_i \sum err(t)+k_d(err(t)-err(t-T)) \end{cases} \tag{6-41}$$

式中,$err(t)$为 t 时刻 PID 控制器传入的速度差值;$v(t)$为列车 t 时刻的实际速度;$v_{ref}(t)$为列车 t 时刻的目标速度;$u(t)$为 PID 控制器的输出量,即指令加速度;k_p、k_i、k_d 为 PID 控制器的三个参数;T 为控制周期。

PID 三个参数的设定直接影响到控制效果,但三个参数有着各自的特点,k_p 为比例参数,比例参数增大能加快响应速度,提高跟踪精度,但比例参数过大会导致系统稳定性变差;k_i 为积分参数,增大能够消除系统稳态误差,却会破坏系统稳定性;k_d 为微分参数,增大能改善动态性能,使列车快速响应目标速度变化,然而会降低抗干扰性能。

此外,PID 控制器中存在积分饱和现象,积分器因为误差的大幅增加有很大的累积量,随着时间增加,每次累计较大的误差,很容易造成积分饱和并产生较大的过冲,当比例项误差变为负值时,过冲仍会维持一段时间之后才会恢复正常。针对积分饱和现象,通常可以通过积分分离(或者称为去积分算法),在饱和的时候将积分器的累计值初始化到一个比较理想的值,以及将积分累计量限制上下限,避免积分累计量超过限制值等方法来避免。

2. 滑模 PID 控制

实际列车控制系统模型参数的变化和扰动很难准确描述,其变化范围也很难确定,导致前述的 PID 控制方法的参数无法根据列车模型和外部参数的变化准确设置,因而需要寻找一种控制方法降低控制参数的影响。

(1)滑模控制

滑模控制可以在动态过程中根据系统当前的状态(如偏差及其各阶导数等)有目的地不断变化,迫使系统按照预定"滑动模态"的状态轨迹运动。由于滑动模态可以进行设计且与对象参数及扰动无关,这就使得滑模控制具有快速响应、对参数变化及扰动不灵敏、无需系统在线辨识、物理实现简单等优点。

滑模控制器的设计一般分为两个阶段:第一阶段,确定适当的滑动超平面(简称滑模面),使系统到达该滑模面时具有期望的动态运动特性;第二阶段,选择适当的滑模控制规律,即设计一个趋近律使系统能在有限时间内收敛到滑动面上,快速实现期望的滑模运动。当拟定了系统的滑模面和趋近律,就可以通过公式推导得到滑模控制系统的控制输入。

对于线性系统,可用式(6-42)表达:

$$\dot{x}(t)=Ax(t)+Bu(t)+d \quad u(t)\in R^m \tag{6-42}$$

式中,$x(t)$为状态向量,$u(t)$为控制向量,A、B 为系数,d 为扰动量。针对线性系统,一般可以设计如下的滑模面

$$S=Cx(t) \quad x(t)\in R^n \quad S\in R^m$$

式中,S 为滑模面函数(切换函数),C 为系数,且 $n\geqslant m\geqslant 1$。

特别地,设计式(6-43)所示的滑模面函数

$$s=ce+\dot{e}=k_v v_e(t)+k_a a_e(t) \tag{6-43}$$

式中,e 为系统的误差,c 为常数且 $c>0$。由上式可知,该滑模面代表了误差和误差的导数成负线性关系,当系统在滑动模态区运动时,若系统 $e>0$,则系统的$\dot{e}<0$,则系统误差 e 将会

单调递减，反之若系统 $e<0$，则系统的$\dot{e}>0$，则系统误差 e 将会单调递增，使得系统误差向 $e=0$ 处收敛。

针对列车速度追踪模型，一旦系统运动到滑模面，则有列车实际速度和目标速度差趋近 0 且列车加速度与目标加速度差趋近 0，有滑动模态运动微分方程如式(6-44)

$$k_v v_e(t)+k_a a_e(t)=k_v v_e(t)+k_a \dot{v}_e(t)=0 \tag{6-44}$$

针对趋近律，为了使得系统在离滑模面较远的地方能够快速靠近滑模面，在接近滑模面的地方依旧保留较小的速度逼近滑模面，保证系统在有限的时间到达，我们选择指数趋近律作为本文滑模控制系统的趋近律。指数趋近律如式(6-45)

$$\dot{S}=-\sigma S-\omega \mathrm{sign}(S),\sigma、\omega>0 \tag{6-45}$$

将(6-42)与式(6-43)代入式(6-45)可得

$$C\cdot\dot{X}(t)=CAX(t)+CBU(t)+CD(t)=-\sigma S-\omega \mathrm{sign}(S) \tag{6-46}$$

于是产生动态滑模控制率

$$\begin{aligned}U(t)=&-(CB)^{-1}(CAX(t)+CD(t)+\sigma S+\omega \mathrm{sign}(S))=\\&\left(\frac{CA+\sigma C}{CB}X(t)+\frac{C}{CB}D(t)+\frac{\omega}{CB}\mathrm{sign}(S)\right)\end{aligned} \tag{6-47}$$

令$\dfrac{CA+\sigma C}{CB}=[\hat{k}_v,\hat{k}_a]$，则有

$$\begin{aligned}U(t)=&-\left(\hat{k}_v v_e(t)+\hat{k}_a a_e(t)+\frac{T(-\mu\cdot a_{\mathrm{ref}}(t)+\lambda(t))}{k}+\frac{\omega}{CB}\mathrm{sign}(S)\right)=\\&\frac{a_{\mathrm{ref}}(t)}{k}-\hat{k}_v v_e(t)-\hat{k}_a a_e(t)+M\end{aligned} \tag{6-48}$$

其中干扰项 M 主要由列车所受附加力与控制集中的符号项构成，如式(6-49)。

$$M=-\left(\frac{T\lambda(t)}{k}+\frac{\omega}{CB}\mathrm{sign}(S)\right) \tag{6-49}$$

式(6-48)中，动态滑模结构控制器由$[\hat{k}_v,\hat{k}_a]$和干扰项 M 共同决定，其中$[\hat{k}_v,\hat{k}_a]$的选取主要依赖于系统趋近滑平面的动态特性，参数太小，会增加趋近滑平面的时间；参数太大，系统经过一定的振荡才能趋近滑平面。该参数可以根据车辆参数进行适当调整，保证列车运行过程快速且平稳。M 项的选取是为了抑制列车所受的摩擦阻力、线路坡度、列车系统近似线性化和列车模型延时等带来的误差，从而使系统具有良好的健壮性。

(2)滑模 PID 控制

滑模 PID 控制算法是在滑模控制的基础上加上了 PID 误差闭环控制，以达到抑制滑模控制器抖振的目的。滑模 PID 列车控制模型如图 6-27 所示，由目标速度曲线、滑模控制器、PID 控制器和列车模型四部分组成。

滑模 PID 控制算法的方程见式(6-50)

$$\begin{cases}v_e(t)=v(t)-v_{\mathrm{ref}}(t)\\a_e(t)=a_{cu}(t)-a_{\mathrm{ref}}(t)\\a_{sl}(t)=a_{\mathrm{ref}}(t)-k_v v_e(t)-k_a a_e(t)\\a_{cl}(t)=a_{sl}(t)-a_{cu}(t)\\u(t)=a_{sl}(t)+k_p a_{cl}(t)+k_i\int a_{cl}(t)+k_d a'_{cl}(t)\end{cases} \tag{6-50}$$

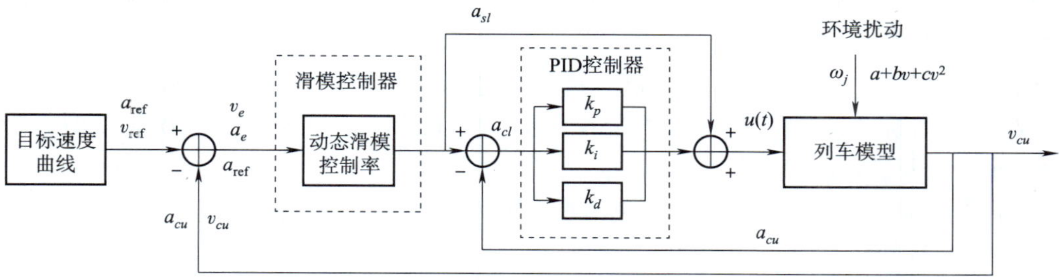

图 6-27　滑模 PID 列车控制模型

式中，$v_e(t)$为列车的速度差；$v(t)$为列车的实际速度；$v_{ref}(t)$为列车的目标速度；$a_e(t)$为列车的加速度差；$a_{cu}(t)$为列车的实际加速度；$a_{ref}(t)$为列车的目标加速度；$a_{sl}(t)$为滑模控制器的输出加速度；$a_{cl}(t)$为 PID 控制器的输入加速度差值；$u(t)$为滑模 PID 控制器输出的指令加速度；k_v 和 k_a 分别为滑模控制器的速度增益参数和加速度增益参数；k_p、k_i、k_d 为 PID 控制器的三个参数。

综上，滑模 PID 控制器是传统 PID 控制器的改进，可以根据系统当前的状态进行动态调整，迫使系统按照预定"滑动模态"的状态轨迹运动，可以综合考虑速度差和加速度差的变化精准控制列车沿目标速度曲线运行。

6.3.3　智能调参的预测滑模 PID 算法

由前节讨论可知，滑模 PID 控车算法，能较好地完成目前曲线的跟踪控制，但有两个前提条件：一是设置的控制参数较合适；二是列车工况转换能快速响应。很显然，这在实际工程中都是较难精准实现的。因此，本节给出一种融合预测与智能算法的控车模型，该模型架构如图 6-28 所示。

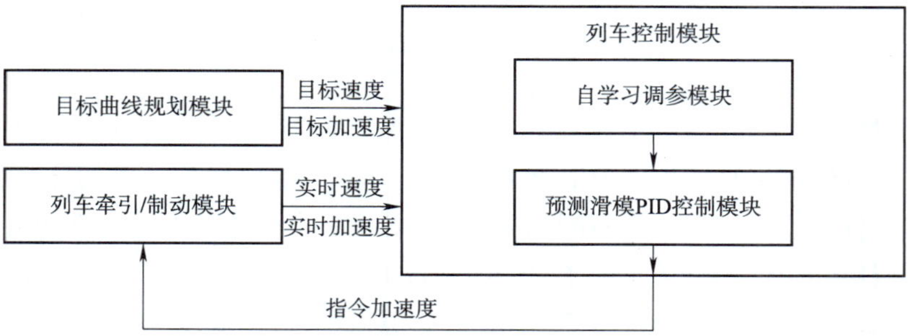

图 6-28　智能调参的预测滑模 PID 控制模块图

智能调参的预测滑模 PID 算法可细分为两部分：自学习调参算法和预测滑模 PID 控制算法。在应用该算法时，先通过智能调参参数对受控列车在具体运行场景下的滑模 PID 控制器的控制参数进行离线调整，得到较好的参数设置，用于后续的基于预测的滑模 PID 控制，具体流程如下：

首先，针对列车牵引/制动模块进行仿真建模，用于模拟真实列车的机械执行动作和运行场景的动力学影响，为后续算法的执行和验证提供基础。随后，依据列车 ATO 给定的目标曲线，通过自学习调参模块中的智能调参算法，完成对初始滑模 PID 控制模块的参数选取。

随后，列车进入预测滑模 PID 控制算法控制过程，在每个列车控制周期内，进行列车状态获取、工况判断、列车动力学状态预测等步骤，以消除列车运行过程中工况切换时延带来的额外速度超调量，进而达到较好的列车运行控制目标。

下面将分别对智能调参算法和预测滑模 PID 算法进行介绍。

1. 自学习调参

本节给出的算法针对 PID 控制器中的 k_p、k_i、k_d 参数进行调整。如图 6-29 所示，利用智能参数整定算法，对 PID 控制器的参数进行评价，并依据选择的迭代优化规则完成参数的更新，进而获取满足设定要求的参数值。

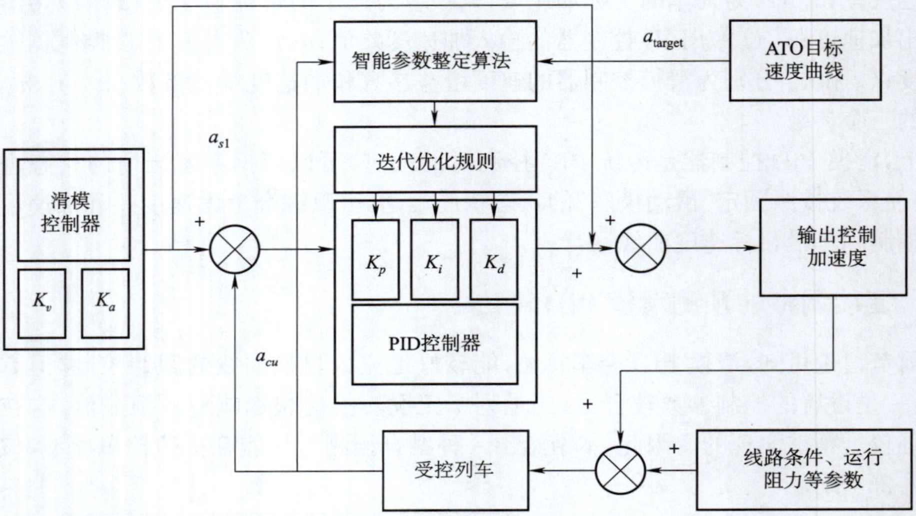

图 6-29 自学习调参模型

在 PID 参数整定方面，主要有模糊算法控制和神经网络控制两大方向。现有研究结果中，模糊算法和神经网络算法均对 PID 控制和整定具有一定的优化效果，但模糊算法需要进行专家定义，在设置过程中需要对不同的车辆、不同的线路条件和不同的性能要求进行模糊规则的确定，这使其在适用性方面存在不可回避的缺陷，面对不同线路和车辆时适应性较差。与模糊算法相比，神经网络 PID 控制在可以实现较好的控制效果的同时，具有更好的适用性。但同时，依靠神经网络进行 PID 整定，需要通过迭代以达到较好的效果，其在时效性方面有待进一步改进。

本节将神经网络与滑模控制相结合，尝试构建全新的神经网络滑模 PID 控制算法模型，以在实现更优秀的 ATO 曲线控制效果的前提下，简化 PID 模型参数的确定流程。

反向传播(back propagation，BP)神经网络是一种通过误差反向传播训练的多层前馈网络。一般来说，BP 神经网络包括输入层、隐藏层和输出层三层结构。

该网络中的信号传输包括两个过程：信号的前向传播和误差的反向传播。在前向传播中，输入信号通过隐含层作用于输出节点，经过非线性变换产生输出信号。误差反向传播是将输出误差通过隐含层逐层反向传播到输入层。通过调整层与层之间的连接强度，使误差沿梯度方向递减。它通过反复学习进行训练，通过计算误差最小化来确定网络参数。

研究选择构建 4-5-3 结构的 BP 神经网络，输入层的输入为 PID 控制器的三个指标 k_p、k_i、k_d 以及常数项，输出层的输出则为新的 PID 控制器的指标值。隐含层的激活函数和输出层的激活函数分别为式(6-51)与式(6-52)，式(6-53)为性能指标参数计算方式。

$$f(x)=\tan h(x)=\frac{e^x-e^{-x}}{e^x+e^{-x}} \tag{6-51}$$

$$g(x)=\frac{1}{2}[1+\tan h(x)]=\frac{e^x}{e^x+e^{-x}} \tag{6-52}$$

$$E(k)=\frac{1}{2}[a_{\text{target}}(k)-a_{cu}(k)]^2 \tag{6-53}$$

其中，a_{cu} 表示列车的实际运行加速度；a_{target} 表示列车依照给定 ATO 曲线所应达到的目标加速度；$E(k)$表示 k 时刻选定的性能指标参数值。

输出层连接权值更新方式分别为式(6-54)与式(6-55)，隐含层连接权值更新方式分别为式(6-56)与式(6-57)。

$$\Delta\omega_{li}{}^3(k+1)=\eta\,\delta_l^{(3)}o_i^{(2)}(k)+\alpha\omega_{li}{}^2(k) \tag{6-54}$$

$$\delta_l^{(3)}=\text{err}(k+1)\text{sgn}\left(\frac{\partial a_{cu}(k+1)}{\partial u(k)}\right)\frac{\partial u(k)}{\partial o_l^{(3)}(k)}g'[\text{net}_l^3(k)] \tag{6-55}$$

$$\Delta\omega_{ij}{}^2(k+1)=\eta\,\delta_i^{(2)}o_j^{(1)}(k)+\alpha\omega_{ij}{}^2(k) \tag{6-56}$$

$$\delta_i^{(2)}=f'[\text{net}_i^2(k)]\sum_{l=0}^{2}\delta_i^{(3)}\omega_{li}{}^3(k) \tag{6-57}$$

其中：η 表示模型学习速率；α 表示惯性系数；$o_i^{(2)}(k)$为 k 时刻，隐含层第 i 个神经元的输出；$o_l^{(3)}(k)$为 k 时刻，输出层第 l 个神经元的输出；$u(k)$表示 k 时刻列车实际输出加速度；$\text{net}_l^3(k)$为 k 时刻，输出层第 l 个神经元的输入；$o_j^{(1)}(k)$为 k 时刻，输入层第 i 个神经元的输出。

图 6-30 显示了基于 BP 神经网络的滑模 PID 控制模型的迭代策略。在算法构建过程中，需要预先设置 BP 神经网络的神经网络层数和神经元数，并给出合适的神经网络优化步长、迭代学习率、目标优化误差和最大迭代次数。

在误差超过目标优化误差的每个控制周期中，以实际列车速度与目标速度之差作为优化目标，迭代调整 PID 控制参数。当迭代后满足误差要求或迭代次数超过设定值时，输出当前优化参数。并将其投入到实际的列车控制过程中。随后，学习迭代过程转入下一个周期。此外，研究还引用了松弛因子(rek)和最大允许误差($re_{\max}$)来减少 BP 神经网络的迭代时间。

2. 预测滑模 PID 控制

结合提前切换算法的滑模 PID 控制器如图 6-31 所示。

在每个控制周期内，首先获取列车的位置、速度、加速度和运行工况等列车状态信息，然后对列车当前所处的工况进行判断。

如果列车当前处于牵引工况，根据获取的列车当前状态信息，先计算列车立即切除牵引力输出，从当前牵引工况到惰行工况时列车的状态预测信息，再计算列车工况转换惰行时间 T(T 为列车牵引制动工况切换所需惰行时延，单位为 s)后列车所处的位置、速度和加速度信息，将该预测位置点记为预测点 A，牵引工况下的提前切换预测点示意如图 6-32(a)所示。

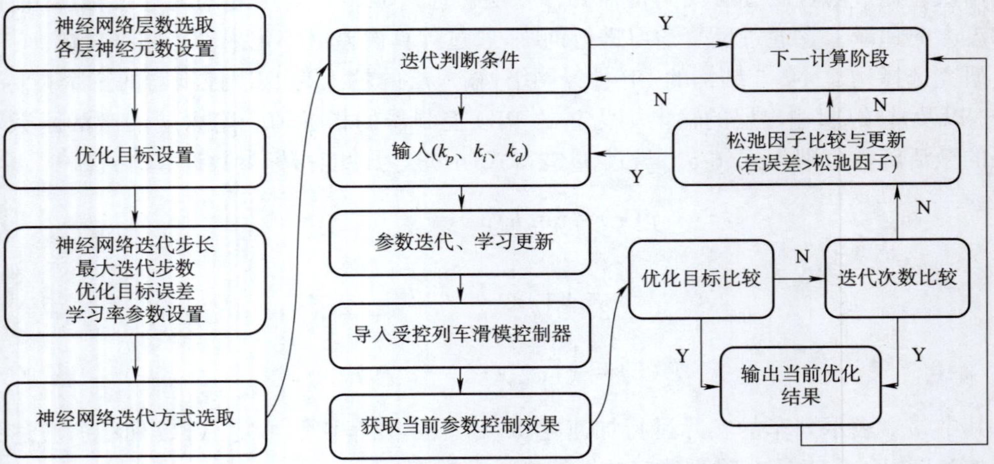

图 6-30　基于 BP 神经网络的滑模 PID 参数调整流程图

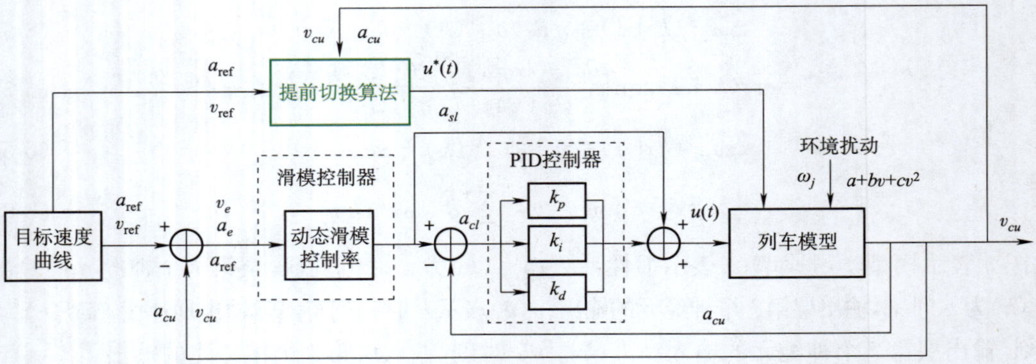

图 6-31　带预测滑模 PID 控制方法

对比预测点 A 的速度和预测点 A 对应的目标曲线速度，如果预测点 A 的速度要高于预测点 A 对应的目标曲线速度值，则表明若列车马上切除牵引转换工况，仍会发生超调，此时需要立刻把预测点的目标曲线对应的加速度值作为指令加速度传输给列车控制单元。

如果列车当前所处的工况为巡航阶段下的制动工况，则根据获取的列车当前状态信息，计算列车切除制动力输出，从当前制动工况到惰行工况时列车的状态预测信息，再计算列车惰行 $2T$(s)后列车所处的位置、速度和加速度信息，将该预测位置点记为预测点 B，制动工况下的工况转换限制示意如图 6-32(b)所示。判断预测点 B 是否处于停车制动阶段或目标曲线上制动加速度较大的位置。如果处于上述位置，则说明列车已经非常接近停车制动阶段，此时，原控制器为了贴合巡航阶段的目标曲线，可能会给列车传输牵引的指令迫使列车从制动工况切换为牵引工况，考虑到列车工况切换时延，等列车到达停车制动阶段的目标曲线时，列车从牵引工况切换回制动工况时没有充足的距离实施牵引工况下的提前切换算法，导致列车超调。此时可将预测点 B 处目标曲线的制动加速度值作为指令加速度传给列车控制单元，使列车保持逐渐增大的制动加速度贴合即将进入的停车制动阶段的目标曲线。

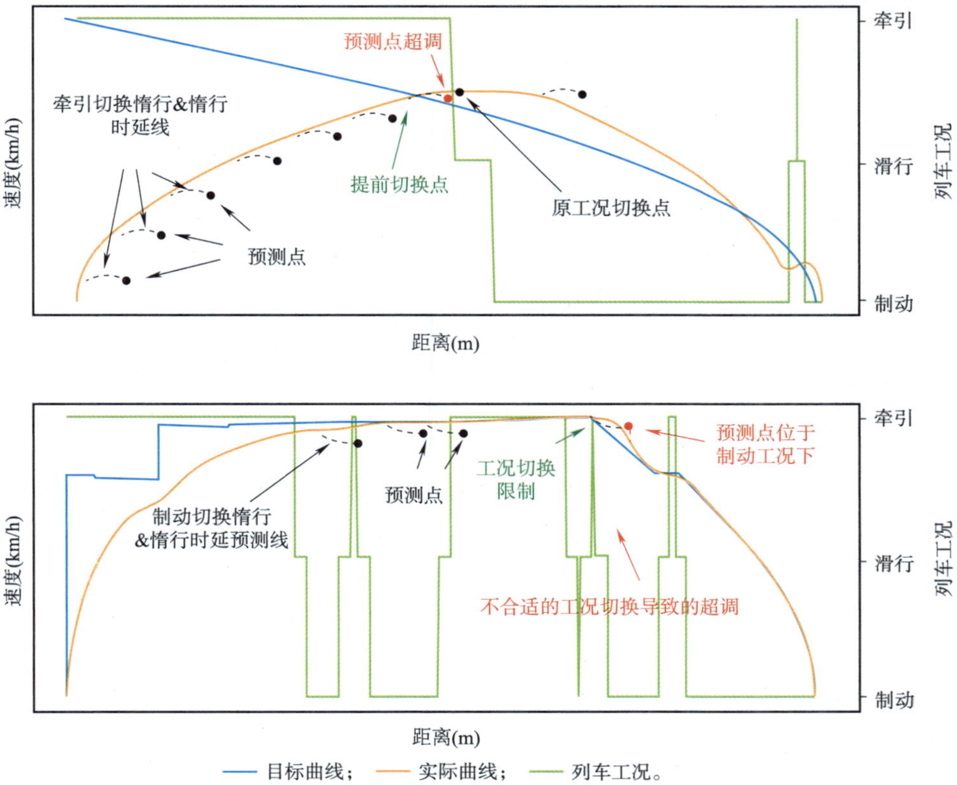

图 6-32　提前切换算法示意

对于滑模 PID 控制器，提前切换算法在列车牵引工况下每个控制周期内的具体控制流程如下：

①获取列车当前速度、加速度、位置以及坡度信息；

②根据列车当前速度、加速度、位置、坡度信息，计算列车在当前速度情况下的惰行加速度；

③计算列车由当前加速度降至惰行工况下加速度时的惰行起始速度和位置；

④先计算惰行 T(s)(根据实际参数设置)后的列车速度和位置，接着计算惰行结束后制动为目标加速度时的预测点速度和位置信息；

⑤比较列车预测点的速度和对应位置上目标曲线的目标速度，如果预测点速度大于目标速度，则进入⑥；

⑥向列车制动/牵引模块发送对应位置的曲线牵引加速度值，然后结束当前控制周期该模块的计算。

3. 算法效果对比分析

(1)仿真场景选择与构建

仿真部分内容为对静态目标速度曲线和动态目标速度曲线跟踪场景进行仿真。其中静态目标速度曲线为某地铁线路的目标速度曲线，首先选取一个区间，对采用提前切换算法的传统 PID 控制器和滑模 PID 控制器与不使用提前切换算法的原传统 PID 控制器和滑模 PID 控制器的跟踪效果进行测试和分析，其次对全线的跟踪效果进行整体评估。线路的土建信息和目标速度曲线如图 6-33 与图 6-34 所示。

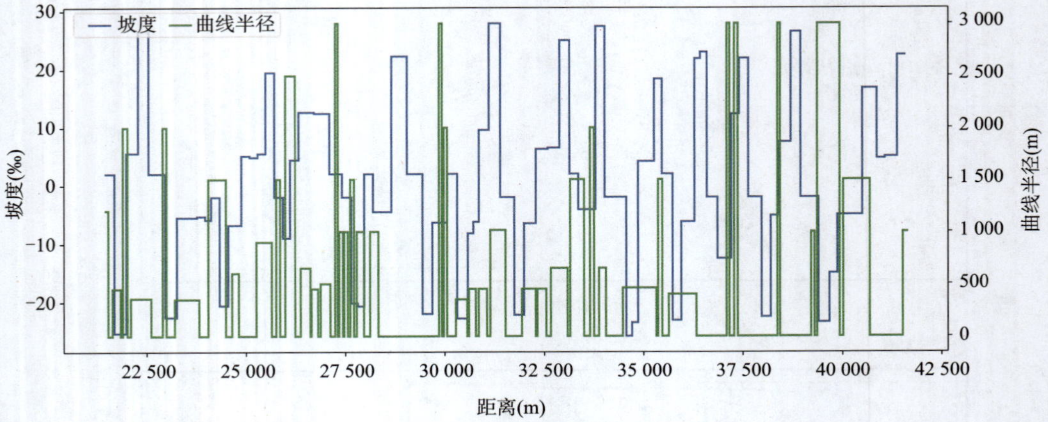

图 6-33　线路的土建信息

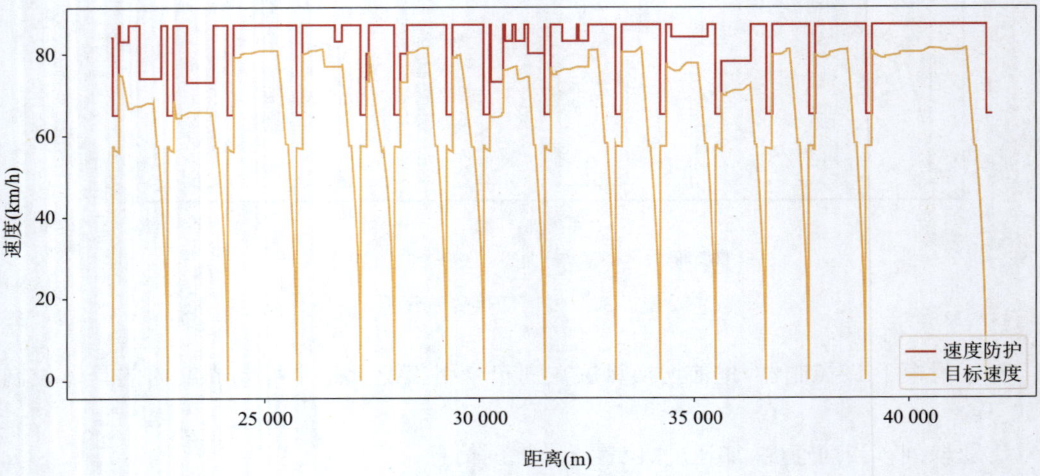

图 6-34　目标速度曲线

仿真首先让列车追踪全线静态目标速度曲线运行，过程中利用智能调参算法对滑模 PID 控制器的参数进行自整定。在确定好控制器参数值后，使用预测滑模 PID 算法进一步消除列车工况转换中的速度超调量。

仿真部分着重对容易产生超调的位置，例如：ATO 牵引线和巡航线交点、预期停车/进站制动参考线、高限速进低限速的降速曲线、非预期的临时停车线、ATO 巡航线和制动线相交处、ATO 制动线和巡航线的相交处共六个位置进行重点测试和分析。

(2)智能调参算法目标曲线追踪精度分析

仿真设计中，根据列车基本参数的设定，调整了列车的阻力和质量，在一定范围内分析了阻力和质量变化对列车控制算法的影响。在基本控制组的基础上，最终选择 1/3 倍的列车质量和 3 倍的空气阻力作为实验组，并在列车第一次停车后进行改变。分别采用滑模 PID 算法和 BP 神经网络算法进行调节，并对不同状态下的算法效果进行了比较。在总体误差统计中，采用 BP 神经网络—滑模 PID 算法的组别的追踪误差均值达到了 9.94%，远优于仅采用滑模 PID 控制的 26.5%。

进一步地，研究进行了临时限速扰动仿真，采用 BP 神经网络—滑模 PID 算法的追踪效果如图 6-35 所示。该图为列车在三站两区间的 ATO 目标速度曲线和仿真过程中的实际运行曲线。第一个区间，列车收到临时限速指令，速度以最大常用制动特性下降至 5 m/s，一段时间后，临时限速解除，列车重新开始跟踪 ATO 目标曲线，并未发生明显超调现象，相比普通滑模 PID 控制方法，新方法在该场景的跟踪误差由 43.31%降至 30.28%，这也表明了该算法具有良好的适应性和健壮性。

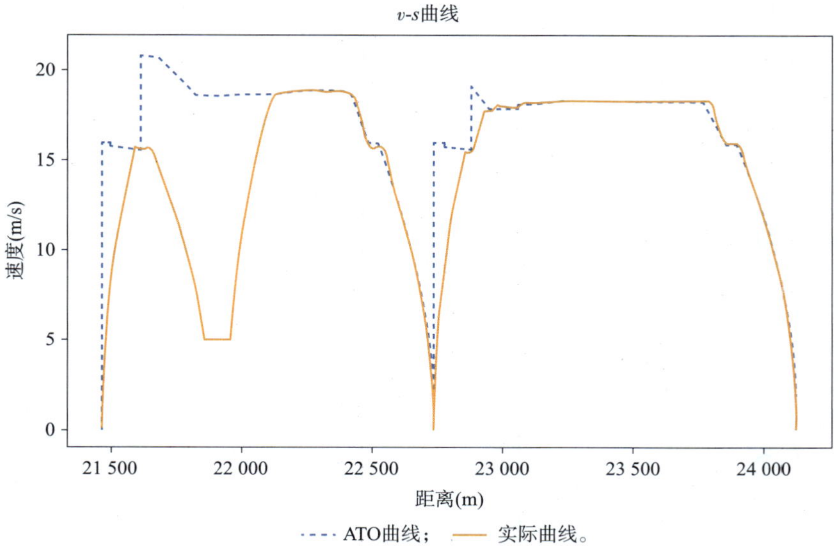

图 6-35　临时限速场景控制效果示意

(3)预测滑模 PID 算法下静态目标曲线跟踪控制

首先选取两站一区间进行仿真，采用提前切换算法的传统 PID 控制器和滑模 PID 控制器与不使用提前切换算法的原传统 PID 控制器和滑模 PID 控制器对区间目标曲线追踪的结果如图 6-36 所示。

从上图的区间仿真结果来看，列车在区间追踪静态目标曲线进行运行时，其运行速度最容易发生超调的点是牵引阶段进入巡航阶段时加速度的调整过程中产生的超调如ⓐ区域显示，以及巡航阶段进入制动阶段时列车由牵引工况切换为制动工况时的时延特性导致的超调如ⓑ区域显示。

ⓐ区域发生超调是由于在牵引工况下目标曲线加速度发生突变时列车控制单元响应加速度指令的响应时延所导致的，并未涉及工况切换时的惰行时延，从超调量的分布图中可以看出，在该区域 PID 控制器与应用提前切换算法的 PID 控制器均产生了约 0.8 km/h 的超调量，处于最大超调量的阈值之内，滑模 PID 控制器与应用提前切换算法的滑模 PID 控制器没有产生超调量。结果说明，当工况未发生切换时，应用提前切换算法的控制器与原控制器的控制规则是一致的，且滑模 PID 控制器与传统 PID 控制器相比能够更好地适应目标曲线加速度的突变。

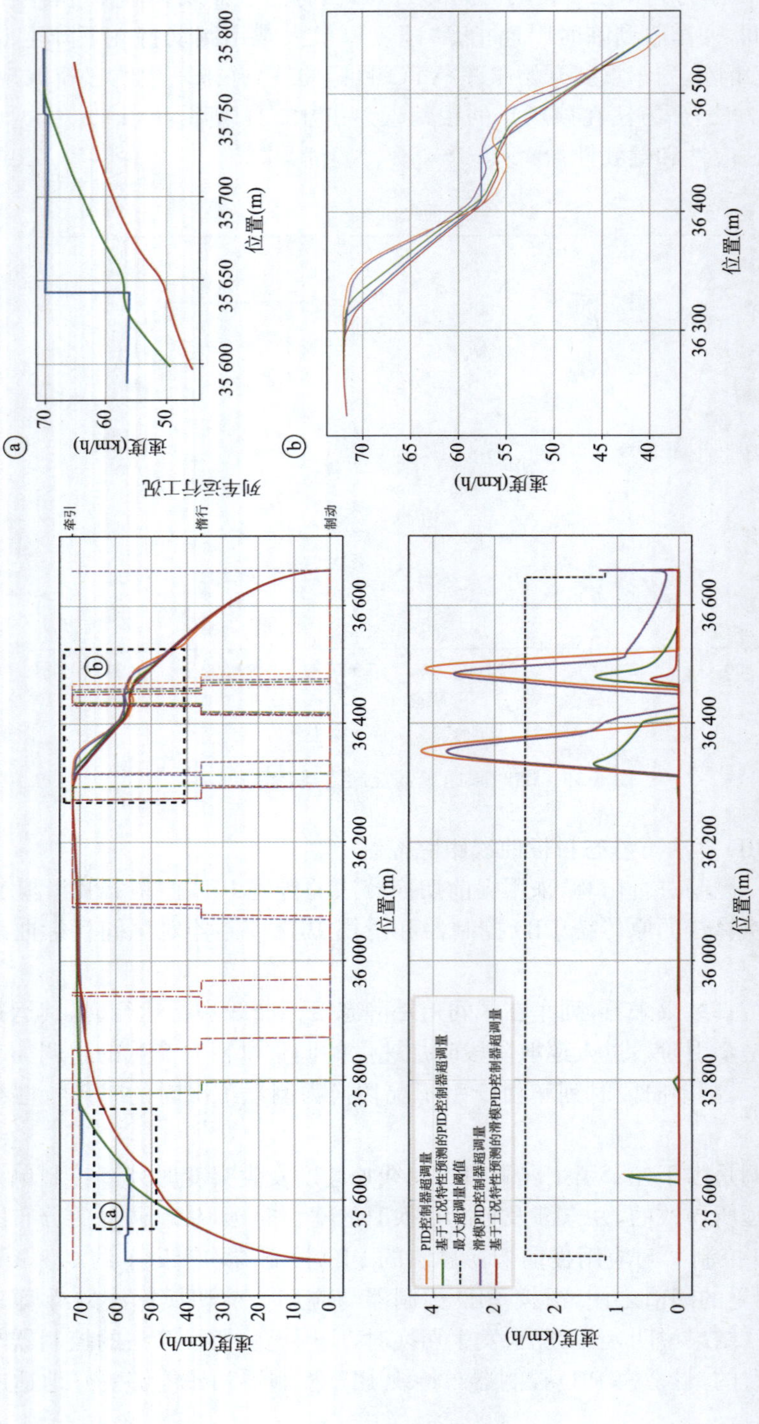

— 目标速度曲线； — PID控制器； — 基于工况特性预测的PID控制器； ---- PID控制器工况曲线； ---- 基于工况特性预测的PID控制器工况曲线；
— 滑模PID控制器； — 基于工况特性预测的滑模PID控制器； ---- 滑模PID控制器工况曲线； ---- 基于工况特性预测的滑模PID控制器工况曲线。

图 6-36　引入提前切换算法的 PID/滑模 PID 控制效果对比图

ⓑ区域发生的超调是由于列车由牵引工况切换为制动工况时的加速度响应时延和惰行时延共同导致的，超调量较大。从超调量分布图中可以看出，在未使用提前切换算法的情况下，传统 PID 控制器的超调量超过了 4 km/h，滑模 PID 控制器的超调量约为 3.8 km/h，两种控制器的超调量均超过了最大超调量阈值。而使用了提前切换算法以后，传统 PID 控制器的超调量控制在了 1.3 km/h 左右，滑模 PID 控制器的超调量仅约 0.5 km/h。这样的结果说明，在工况发生切换时，使用提前切换算法后的控制器的超调量满足最大超调量的要求，且明显小于原控制器产生的超调量，同时滑模 PID 控制器的效果比传统 PID 控制器要更好。

随后，分别使用 PID 控制器、滑模 PID 控制器、应用提前切换算法的 PID 控制器和应用提前切换算法的滑模 PID 控制器对全线进行仿真，统计整个仿真区段下的超调量，得到仿真结果如图 6-37、图 6-38 及表 6-6 所示。

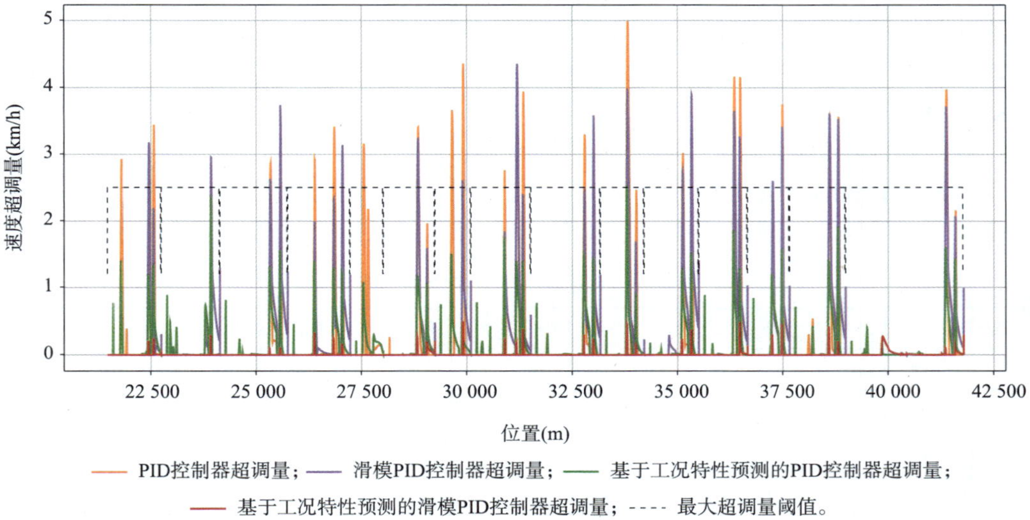

图 6-37　各类算法超调量统计分析图(一)

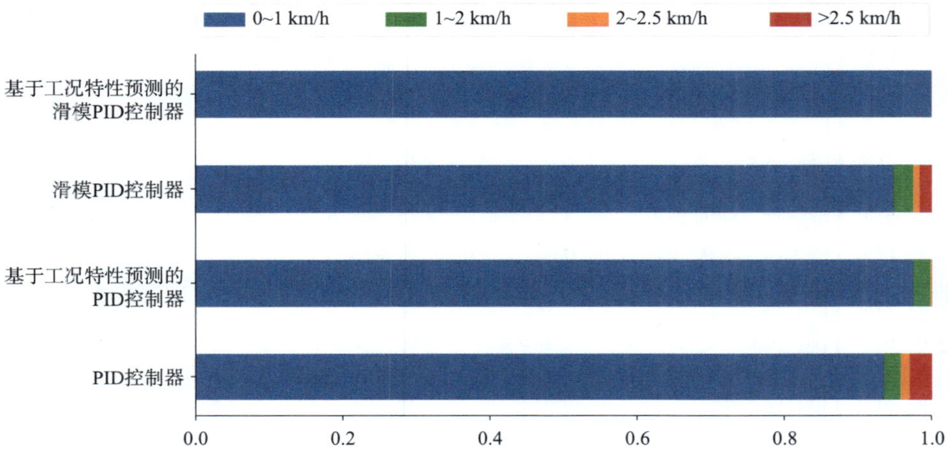

图 6-38　各类算法超调量统计分析图(二)

表 6-6　各类算法超调量统计分析表

控制器	最大超调量(km/h)	平均超调量(km/h)	总切换次数	平均停站精度(cm)
PID	5.0	2.721 8	146	0.31
滑模 PID	4.3	2.229 5	121	0.09
PID+提前切换	2.5	1.410 7	138	0.28
滑模 PID+提前切换	0.5	0.105 2	130	0.05

从全线仿真结果中看,传统 PID 控制器和滑模 PID 控制器的超调量均有几处超过最大超调量的阈值。应用提前切换算法的传统 PID 控制器和滑模 PID 控制器的超调量均在最大超调量的阈值以内,且应用提前切换算法的滑模 PID 控制器的最大超调量和总超调量均远小于应用提前切换算法的传统 PID 控制器。全线仿真的结果说明,在原控制器的基础上使用提前切换算法能有效抑制列车在工况切换时的行驶速度发生超调,并且应用提前切换算法的滑模 PID 控制器对列车工况切换时产生的超调量有最好的抑制效果,同时在目标速度曲线的追踪上有更高的控制效果。

(4)预测滑模 PID 算法下动态目标速度曲线仿真

动态目标曲线的仿真主要围绕列车在不同工况下进行临时制动的场景进行。首先对列车在牵引工况下处于不同速度时进行临时制动停车的场景进行仿真,仿真结果见表 6-7。

表 6-7　多场景控制效果统计分析表

运行工况	切换/巡航速度(km/h)	停车精度(cm)	最大超调量(km/h)	牵引线—巡航线超调
牵引—制动	18.65	2.14	0.61	—
	32.71	0.26	0.38	—
	47.10	0.04	0.81	—
	61.01	0.37	0.76	—
	72.06	0.26	0.27	—
	81.01	0.03	0.39	—
巡航—制动	20	0.50	0.67	0.42
	40	0.13	0.68	0.38
	60	0.00	0.15	0.23
	80	0.18	0.22	0.23

仿真结果表明,在不同速度的牵引和巡航阶段进行临时制动时,列车的停车精度和超调量均符合要求。在牵引工况下,不同切换速度的临时制动停车精度在 0.04~2.14 cm,最大超调量在 0.27~0.81 km/h。在巡航工况下,不同巡航速度的临时制动停车精度在 0.00~0.50 cm,超调量在 0.15~0.68 km/h。这些结果说明,无论是在牵引还是巡航阶段,列车的制动性能均能满足预期的精度和稳定性。

第 7 章　运控系统功能仿真与性能评测

7.1　运控系统数字化仿真平台

7.1.1　仿真平台服务作用

城市轨道交通运控系统是保证运行安全、提高运输效率、实现行车指挥的“大脑与神经中枢”。根据国家标准《地铁设计规范》第 17.2.8 条规定：信号专业应与行车等专业配合，并应通过列车运行仿真分析来计算通过能力、折返能力及出入车辆基地的能力。

此外，城市轨道交通作为重大民生工程，为避免线路建成后由于局部区段存在运控系统运能瓶颈，从而导致数千万乃至数亿元改造投入，运控系统（即信号系统）运行能力（简称运能）的全局精细化仿真工作应以“提高综合设计质量、优化线路运能瓶颈、提升建设投资效用、减少测试能源消耗”为目标，在运控系统全生命周期关键阶段提供设计效果预知研判、运能瓶颈全局分析、优化措施量化论证等服务。

城市轨道交通仿真平台在城市轨道交通新建、扩建与改造线路工程不同阶段所发挥的具体作用主要体现为：

1. 线路前期设计阶段

以“预知研判综合设计效果与多专业设计优化”为核心，围绕行车指标需求，结合运控、车辆等机电设备既有经验参数，开展运控系统运能效果评估、运能瓶颈分析，提出多专业设计优化建议等。并为单一专业设计优化（例如站型配线、轨道限速、运营组织等）以及多专业（运控、线路、车辆、车辆基地等）综合设计匹配性优化等提供量化数据支撑。

2. 线路设计与实施阶段

以“实效提升综合设计质量与运控系统设计优化”为核心，围绕行车指标需求，结合运控、车辆等机电设备设计或实际参数，开展运控系统设计提资技术审核、运能效果全局核算，从而提出运控系统设计优化建议等，为行车指标实现提供有效监督与技术校验。

3. 线路运营阶段

以“解决民生诉求、增能提效与机电专业优化”为核心，围绕行车指标需求或民生诉求，结合运控、车辆等机电设备实际参数与运营组织优化方案，开展运控系统运能效果核算、站型配线能力分析、优化或整改措施效果论证，提出机电专业设计优化建议等，为减震降噪、增能提效等设计方案与运营计划编制提供可行性论证与实施效果核算等支持。

7.1.2　系统功能目标与需求

1. 总体目标

所构建的城市轨道交通运控系统运能仿真平台（简称运能仿真平台），其建设目标为：

(1)通用性

应能在不同线路条件、不同站型配线、不同轨道限速、不同列车长度、不同车辆性能、不同运控系统制式、不同运控产品特点等条件下，开展运控系统的运能综合仿真计算与分析。

(2)精准性

与现场运用效果相比，所得出运控系统运能仿真结果应与其实现紧密贴合，避免因旅行速度、旅行时间、折返间隔等运能指标仿真计算与分析结果存在较大偏差，导致采购列车数量、站型配线设计规模等无法与预期客运服务需求精准匹配。

(3)全局性

需同时满足运控与运营组织应用需求，即在仿真计算相关车站的折返、分叉、汇合等间隔外，仍需从线路整体运营组织方案角度，分析得出旅行速度、交路能力与运能瓶颈点等运能指标，从而实现不同运营组织方案下的线路全局运能效果核算与评估。

2. 系统需求

城市轨道交通运控系统是保证运行安全、提高运输效率、实现行车指挥的“大脑和神经中枢”，构建城市轨道交通运控仿真平台需要确保仿真系统既能够准确反映运控系统的运行逻辑和动态特性，又能满足在城市轨道交通线路设计、实施与运营全生命周期内的技术支撑需求。具体系统功能需求如下：

(1)面向工程不同阶段的技术经济优化功能

运控系统仿真平台应具备支持新建、扩建及改造线路工程不同阶段的精细化仿真能力，满足以下需求：

①新建线路前期设计阶段

平台需提供全局运能精细化仿真功能，支持线路、车站、轨道等建设投资较大专业的初期方案评估及优化。通过多专业协同仿真，及时发现设计偏差，提出优化建议，避免因局部区段运能瓶颈而导致的后期高成本改造投入。

②新建线路设计与实施阶段

平台应具备设计方案与实施偏差的实时核算功能，通过运能仿真验证调整运控系统设计，确保建设方案符合实际需求。

③既有线路运营与改造策划阶段

平台需支持与运控系统控车相关的机电专业策划优化或整改措施并进行效果论证，最大限度满足行车指标与民生诉求。

(2)多专业协同仿真与接口校验功能

①接口关系仿真验证

平台需实现运控系统与线路、轨道、车辆、运营组织等多专业接口关系的全流程仿真，提升设计与实施过程的协调性。

②技术校验与纠错能力

针对线路开通后可能出现的行车指标设计值与实际值的偏差，平台应具备有效的技术校验与纠错功能，协助发现并解决多专业接口不匹配问题。

③全生命周期技术把控

平台应为城市轨道交通线路全生命周期的关键阶段提供技术支撑，确保线路规划、建设、运营的全过程符合行车指标要求。

(3)数字化仿真多维驱动功能

平台需在既有线路运营与改造策划阶段，支持运控系统运行能力的全局精细化仿真，提供减震降噪、增能提效等运营计划编制的可行性验证与实施效果核算，减少上线测试引发的能源消耗，从科学筹划的角度提升轨道交通的绿色环保特性。

7.1.3 仿真平台架构设计

运能仿真平台架构与功能设计主要由仿真业务具体需求决定，因而存在多种设计方式。

以旅行时间、旅行速度、追踪间隔、折返间隔、分叉/汇合间隔、交路能力、出/入车辆基地间隔等运控系统运能指标体系仿真计算与分析功能为例，本章提供了系统架构、功能设计与数据流控制案例，如图 7-1 所示。主要包括数据输入、仿真计算、运能分析、结果输出四大类功能。

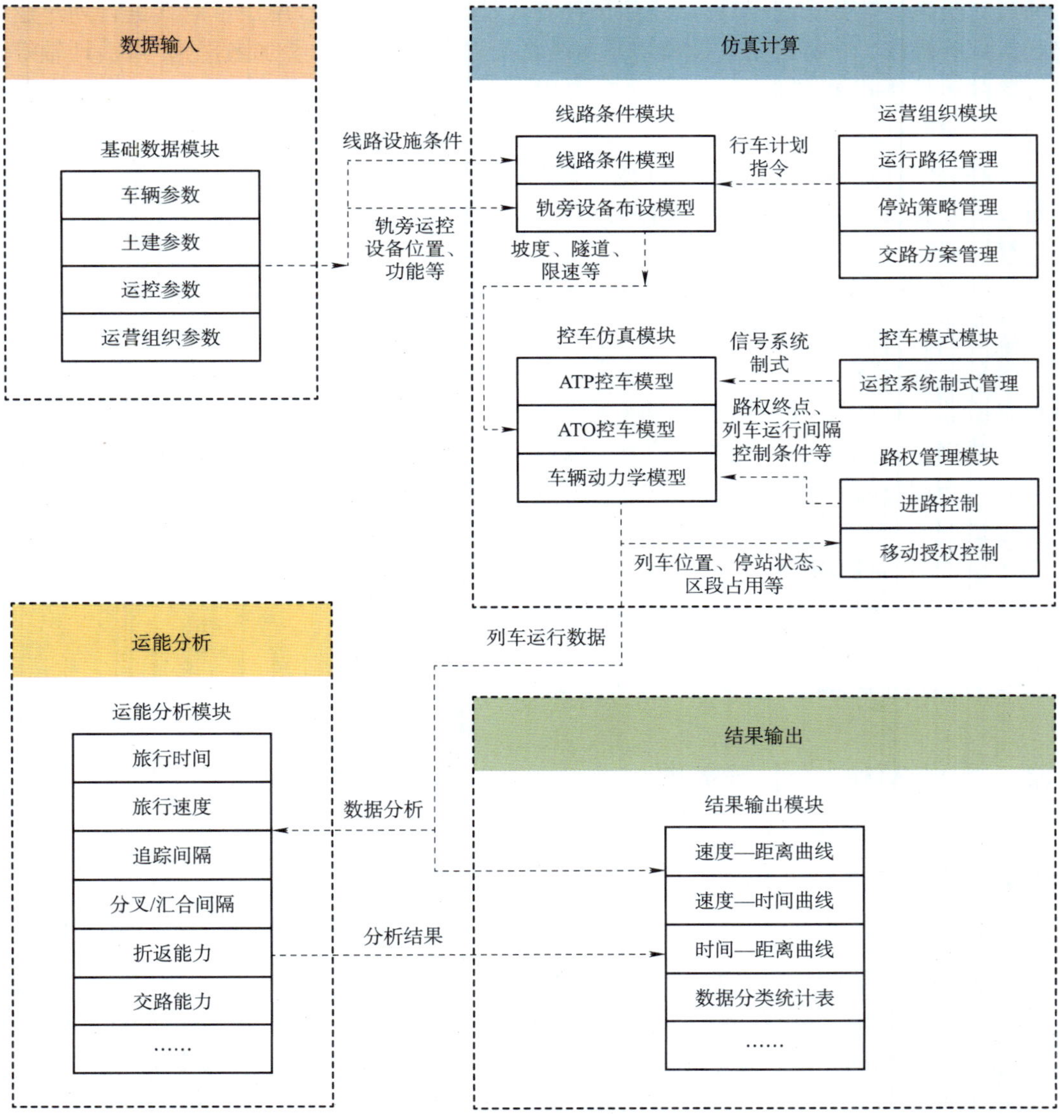

图 7-1 运能仿真平台架构、功能设计与数据流控制示意

1. 数据输入

基础数据模块主要由车辆、土建、运控、运营组织 4 大类参数组成。其中土建参数包含线路、车站、道岔、车挡、限速等参数，运营组织参数主要包含经停站台、折返车站、停站时间、停站策略等。

此外，可考虑为用户提供多种数据输入方式，例如用户可以在系统界面中输入参数，也可以通过导入数据文件来完成数据录入的工作。

2. 仿真计算

该功能为运能仿真平台的核心功能。包含线路条件模块、运营组织模块、控车模式模块、路权管理模块与控车仿真模块。

(1)线路条件模块。主要由线路条件模型与轨旁设备布设模型组成。线路条件模型是指通过对土建参数数据建模，并以线路拓扑方式呈现的线路底板，用户可对其进行列车运行路径规划等操作。轨旁设备布设模型是在线路条件模型基础上，叠加考虑信号机、计轴等轨旁设备的运控平面布置底板，用于列车占用/出清区段判断、进路/移动授权办理终点限制等。

(2)运营组织模块。主要由运行路径管理、停站策略管理、交路方案管理等组成。其中交路方案管理在大小交路等复杂交路方案下，可实现不同运行交路的列车开行比例、开行次序的有序控制。

(3)控车模式模块。根据用户需求的差异，可提供固定闭塞、准移动闭塞、移动闭塞等多种运控系统制式的选择调用。

(4)路权管理模块。围绕不同运控系统制式下的追踪、分叉/汇合、折返等运营场景，提供对应场景下的进路/移动授权办理规则、列车运行间隔控制条件等。

(5)控车仿真模块。依托车辆动力学模型，结合车辆、运控性能参数，计算不同停车点间的 ATP 紧急制动触发速度曲线、ATO 目标速度曲线等列车运行仿真情况。

3. 运能分析

结合追踪、分叉/汇合、折返等运营场景下的进路/移动授权办理规则与列车运行仿真结果，得出运能瓶颈点以及运能相关指标的分析结果。

4. 结果输出

主要采用图表方式对列车运行仿真结果进行输出。

7.2 系统模块设计与实现

7.2.1 基础数据输入

1. 线路数据

城市轨道交通线路平、纵断面图纸通常采用 AutoCAD 工具绘制，是工程综合设计的前提，运控、通信、供电、屏蔽门等机电专业的关键设计依据，线路条件模块构建的基础。

线路平、纵断面图纸包含了车站、正线、辅助线(停车线、渡线、折返线、安全线、车辆基地出入线、联络线等)、曲线、长短链、车挡、坡道等信息。由于上述信息未与列车运行路径进行统筹关联、长短链导致线路里程不连续等原因，无法直接用于运能仿真，需结合线路拓扑结构提取相关数据信息，并结合限速信息，完成基础设施仿真建模。根据前文所述的混合线网模型设计原理，线路条件模块构建主要分为两个步骤。

步骤1：建立线路可运行路径的多分支树形结构与关联信息表。

步骤2：为多分支树形结构中的每一条路径配置线路条件信息。

(1)线路多分支树形结构构建

①根据线路平面图，如图7-2所示，只保留车站、正线、配线、车挡信息，以简单明了的方式呈现线路拓扑结构，如图7-3所示。线路平面图是城市轨道交通线路的俯视图，主要提供了平面坐标系(x,y)、公里标、正线、辅助线、曲线、隧道、长短链、站台、车挡等信息。其中，配线是根据正线运营需要设置具有特定功能的线路，如联络线、折返线、停车线、渡线、安全线等。

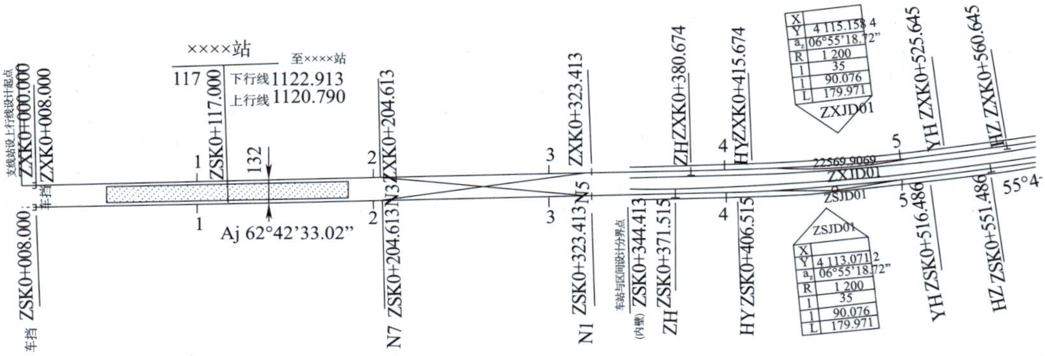

图7-2　线路平面图示意

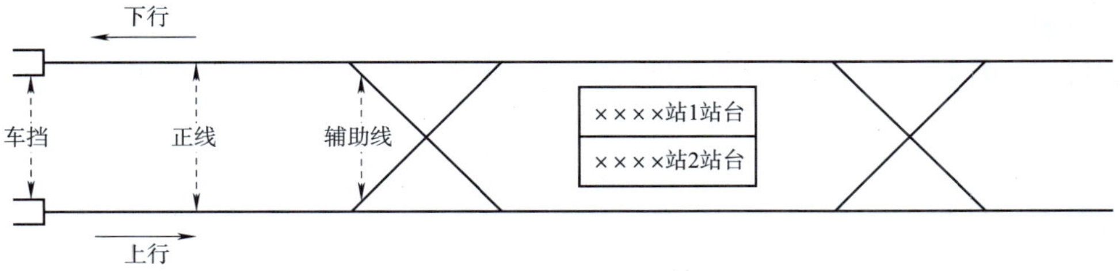

图7-3　线路拓扑结构示意

②将正线与配线的交点、正线或配线与车挡的交点视作列车运行路径可改变点并定义交点编号，例如图7-4中1、2、3等，并对任意相邻的两个节点之间的线路定义路径编号，例如图7-4中b13、b23、b24等。交点编号与路径编号规则可自行设置，但需保证唯一性，不与其他重复。

③将线路可运行路径描述为一棵包含多分支的树，以节点1为根节点，结构如图7-5所示。并为每一条路径定义一个起点和终点，规定起点至终点运行方向为正向运行，反之为反向运行。列车由××××站1站台经b35、b58到达b810折返轨，经列车驾驶端转换后，反向驶出b810折返轨，再经b68、b46到达××××站2站台，那么b810就存在两种运行方向。

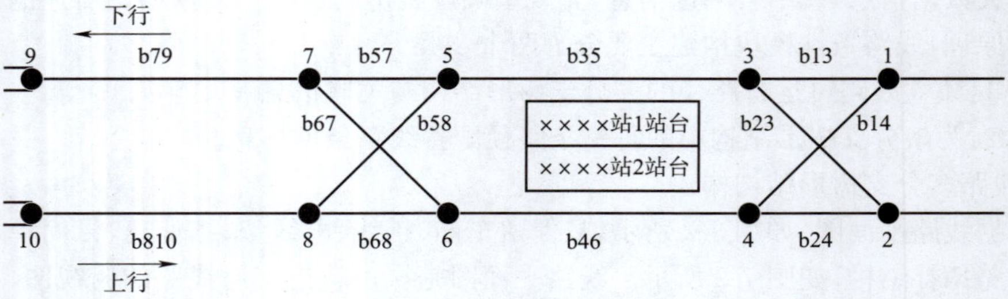

图 7-4　交点与路径编号示意

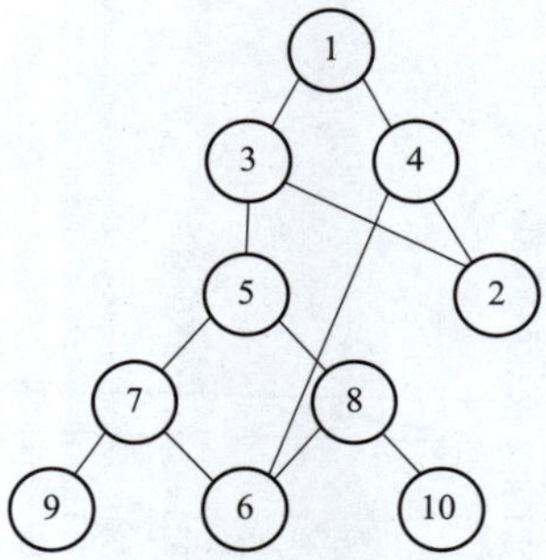

图 7-5　线路可运行路径树形结构图

(2)线路属性数据配置

①为多分支树形结构中的每一条路径配置线路平面信息与限速信息。主要信息示例见表 7-1,用户可根据需求自行补充或调整。

a. 正线直线

正线直线线路主要考虑线路的长度,包括起点终点的公里标,以及线路限速,坡度、所属路径编号等。

表 7-1　正线直线主要信息配置表

编号	所属路径编号	起点公里标(m)	终点公里标(m)	ATP 顶篷速度(km/h)	干轨/湿轨	…
1	b79	XK200.021	XK000.000	87	干轨	
2	b810	SK000.000	SK200.021	87	干轨	
…	…	…	…	…	…	

注:1. 干轨为地下线路曲线,湿轨为地面与高架线路。

2. ATP 顶篷速度为 ATP 子系统保证在最不利情况下列车不得超过的速度。

3. 起点公里标中 SK 代表上行方向,XK 代表下行方向,公里标建议保留小数点后三位,与线路平、纵断面图纸保持一致。

b. 正线曲线

与正线直线线路相比,正线曲线还应该包括曲率半径、线路长度等数据,见表 7-2。

表 7-2　正线曲线主要信息配置表

编号	所属路径编号	起点公里标(m)	终点公里(m)标	ATP 顶篷速度(km/h)	干轨/湿轨	…
1	b35	XK450.021	XK270.021	87	干轨	
2	b46	SK270.021	SK450.021	87	干轨	
…	…	…	…	…	…	

c. 车站站台

车站站台数据主要包括站台长度、站台中心公里标、站台编号等数据。在运能仿真平台设计中，除车站的实体站台外，还需引入虚拟站台的概念，通常用于折返作业。虚拟站台不以客观实体的形式存在，通常是为了布置列车折返作业而设计出来的具有一定长度的逻辑区域，在实际线路上通常会设计计轴器等运控设备来帮助列车对其进行识别，如图 7-6 所示。

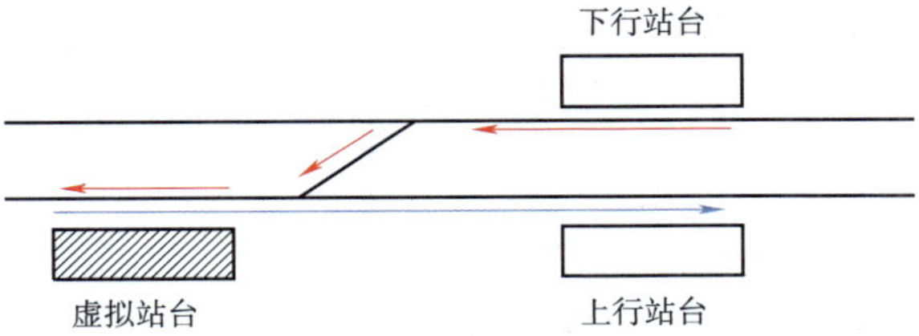

图 7-6　虚拟站台示意

如图 7-6 所示，虚拟站台通常出现在站后折返作业中，列车从下行站台开始折返作业，经过道岔后在虚拟站台位置停下，然后从虚拟站台出发进入到上行站台停下，等待接客发车。

通过上述分析，站台与虚拟站台在属性上并无太大的区别，除了基本的标识以及位置属性外，虚拟站台只需增加一个与某一具体折返作业相关联的标识即可。车站站台主要信息配置表见表 7-3。

表 7-3　车站站台主要信息配置表

编号	所属路径编号	站台编号	站中心公里标(m)	站台长度(m)	实体站台/虚拟站台	…
1	b35	××××站 1 站台	XK360.021	140	实体站台	
2	b46	××××站 2 站台	SK360.021	140	实体站台	
…	…	…	…	…	…	

d. 车挡

车挡是设置在轨道交通线路端部对车辆起保护性止挡与缓冲的重要安全设备。车挡能缓解车辆的撞击力，使受挡车辆免受或少受损伤。在仿真系统中，主要考虑车挡长度、车挡撞击面等数据。车挡主要信息配置表见表 7-4。

表 7-4 车挡主要信息配置表

编号	车挡长度(m)	交点编号(车挡撞击面)	左开向/右开向	…
1	15	9	左开向	
2	15	10	左开向	
…	…	…	…	

注:正视线路平面图时,若右侧为车挡撞击面,则为左开向。反之,为右开向。

e. 长短链

产生长短链的原因是实际工程将全线轨道分割成若干个区段并行勘测,并初步指定每个区段的起点公里标。勘测完成后,若发生前一个线路区段终点公里标大于相邻后一个线路区段初步指定的起点公里标,这种现象称之为长链;若发生前一个线路区段终点公里标小于相邻后一个线路区段初步指定的起点公里标,这种现象称之为短链。长短链信息会在线路平面图纸上标注。长短链主要信息配置表见表 7-5。

表 7-5 长短链主要信息配置表

编号	所属路径编号	长链/短链	左侧公里标(m)	右侧公里标(m)	…
1	b79	长链	XK103.021	XK101.156	
2	b810	短链	SK100.021	SK101.156	
…	…	…	…	…	

f. 配线

配线通常包含联络线、折返线、停车线、渡线、安全线中的道岔、曲线、直线等信息,可按线路平面图中的位置情况,分类别逐一进行接续配置。该部分主要针对道岔进行介绍。

道岔是一种使列车从某一股道转入另一股道的线路连接设备,由于道岔在线路上的特殊作用,在这里将对道岔的特殊性进行表述,并完善道岔的数据表设计。如图 7-7 所示,与道岔相关的几个属性有基本轨缝、岔尖、岔心、岔根以及警冲标,这些属性与运控系统的设计息息相关,因此在数据库中为其建立相应的表格。

几种典型道岔示例参数如下,同型号的特殊设计道岔仍需按设计参数取值。

7 号道岔:$\cot\alpha=7$;基本轨缝→岔心距离=11.194 m,基本轨缝→岔尖距离=2.51 m,岔心→岔根距离=12.433 m。

9 号道岔:$\cot\alpha=9$;基本轨缝→岔心距离=12.57 m,基本轨缝→岔尖距离=2.62 m,岔心→岔根距离=15.73 m。

12 号道岔:$\cot\alpha=12$;基本轨缝→岔心距离=16.592 m,基本轨缝→岔尖距离=2.595 m,岔心→岔根距离=21.208 m。

警冲标是伴随着道岔出现的,由于列车具有一定的宽度,为了防止正线列车与道岔上的列车碰撞,故在岔区设置警冲标。而闭塞区间的划分受到警冲标制约,闭塞区间的端点是不可以设置在岔心至警冲标这段区间内的。根据不同的列车型号,对于上述典型道岔,警冲标距离股道 1 和股道 2 的距离 d 示例如下:

A 型车:1 850 mm;

小型车:1 650 mm。

按保留小数点后 2 位考虑,可以计算出在不同型号的道岔岔区内布置警冲标的位置。

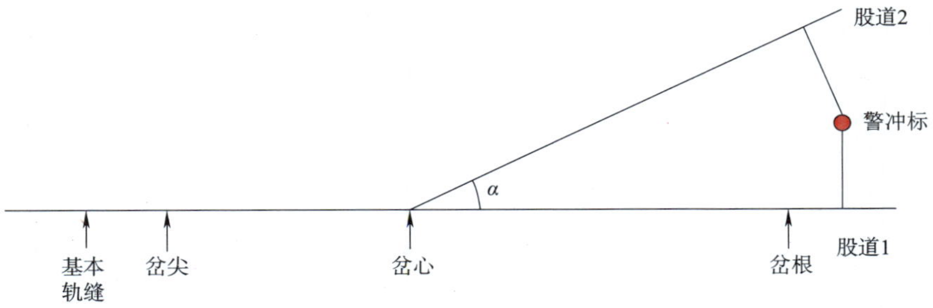

图 7-7　道岔示意

岔心至警冲标水平距离 l：

$$l=\left(\sqrt{d^2+\left(\frac{d}{\cot\alpha}\right)^2}+d\right)\times\cot\alpha \tag{7-1}$$

(a)A 型车

7 号道岔：岔心→警冲标水平距离＝26.04 m

9 号道岔：岔心→警冲标水平距离＝33.41 m

12 号道岔：岔心→警冲标水平距离＝44.48 m

(b)小型车

7 号道岔：岔心→警冲标水平距离＝23.22 m

9 号道岔：岔心→警冲标水平距离＝29.80 m

12 号道岔：岔心→警冲标水平距离＝39.67 m

表 7-6 为配线道岔主要信息配置示例。

表 7-6　配线道岔主要信息配置

编号	所属路径编号	道岔型号	交点编号(岔心位置)	岔心距基本轨缝距离(m)	岔心距警冲标距离(m)	左右开向	ATP 顶篷速度(km/h)	干轨/湿轨	…
1	b58	9	5	2.62	33.41	左开向	40	干轨	
2	b58	9	8	2.62	33.41	右开向	40	干轨	
…	…	…	…	…	…	…	…	…	

注：1. 在线路平面图中，基本轨与道岔的交点，为该道岔岔心。

2. 正视线路平面图时，某道岔的警冲标位于基本轨与该道岔岔心交点的左侧，则为左开向。反之，为右开向。

表 7-7 为其他配线主要信息配置表。

表 7-7　其他配线主要信息配置表

编号	所属路径编号	起点公里标(m)	终点公里标(m)	ATP 顶篷速度(km/h)	干湿轨	…
1	b58	SK233.431	SK268.121	40	干轨	
2	b67	XK268.121	XK233.431	40	干轨	
…	…	…	…	…	…	

g. 坡度

坡道数据主要来源于线路纵断面图，坡道以变坡点来分割。图 7-8 所示为城市轨道交通线图的剖面图，主要提供了坡度、坡长、坡高等坡道信息。表 7-8 为坡度主要信息配置表。

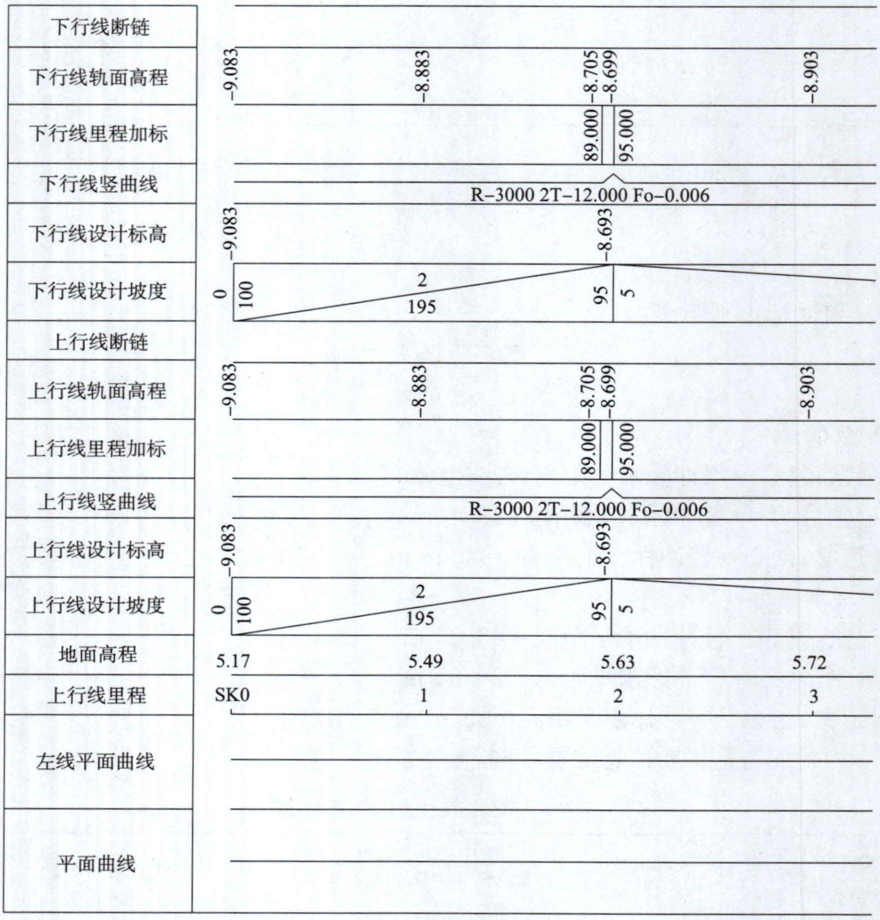

图 7-8　线路纵断面图示意

表 7-8　坡度主要信息配置表

编号	所属路径编号	起点公里标	终点公里标	坡度(‰)	干湿轨	…
1	b79	XK200.021	XK000.000	8	干轨	
2	b810	SK000.000	SK200.021	5	干轨	
…	…	…	…	…	…	

2. 控车数据

(1)列车基础数据

列车基础数据由车底特性、物理特性和性能特性三个部分组成。主要信息示例如下，用户可根据需求自行补充或调整。

①车底特性

车底特性为列车名称，即赋予该列车车型的名称，用于与其他类似列车车型进行区分，避免后续数据调用出现混乱。示例见表 7-9。

表 7-9 车底特性参数表

序号	数据名称	输入内容	备注
1	列车名称	070002	例如:070002
…	…	…	…

②物理特性

物理特性为由列车车型导致的固有特性。包括列车类型、列车长度、编组数量、列车悬长、基本阻力参数、空气阻力参数等内容。示例见表 7-10。

表 7-10 物理特性参数表

<table>
<tr><th>序号</th><th colspan="2">数据名称</th><th>输入值</th><th>备 注</th></tr>
<tr><td rowspan="3">1</td><td rowspan="3">列车类型</td><td>A 型车</td><td>1</td><td>例如:1 代表是,0 代表否</td></tr>
<tr><td>B 型车</td><td>0</td><td></td></tr>
<tr><td>C 型车</td><td>0</td><td></td></tr>
<tr><td>2</td><td>列车长度(m)</td><td colspan="2">140</td><td></td></tr>
<tr><td>3</td><td>编组数量(节)</td><td colspan="2">6</td><td></td></tr>
<tr><td>4</td><td>列车悬长(m)</td><td colspan="2">4</td><td>列车端部导向杆末端至最近车轮轮对中心的距离</td></tr>
<tr><td rowspan="4">5</td><td rowspan="4">列车静态质量(kg)</td><td>AW0</td><td>220 005</td><td>空载</td></tr>
<tr><td>AW1</td><td>237 800</td><td>满座</td></tr>
<tr><td>AW2</td><td>333 700</td><td>每平方米 6 人,乘客人均体重 61 kg</td></tr>
<tr><td>AW3</td><td>370 170</td><td>每平方米 9 人,乘客人均体重 61 kg</td></tr>
<tr><td>6</td><td>列车旋转质量(kg)</td><td colspan="2">22 300</td><td></td></tr>
<tr><td rowspan="4">7</td><td rowspan="4">基本阻力参数 a (N/kN)</td><td>AW0</td><td>0.010 88</td><td rowspan="12">基本阻力公式按 $a+bv+cv^2$ 考虑</td></tr>
<tr><td>AW1</td><td>0.011 76</td></tr>
<tr><td>AW2</td><td>0.016 44</td></tr>
<tr><td>AW3</td><td>0.018 23</td></tr>
<tr><td rowspan="4">8</td><td rowspan="4">基本阻力参数 b (N/kN)</td><td>AW0</td><td>0</td></tr>
<tr><td>AW1</td><td>0</td></tr>
<tr><td>AW2</td><td>0</td></tr>
<tr><td>AW3</td><td>0</td></tr>
<tr><td rowspan="4">9</td><td rowspan="4">基本阻力参数 c (N/kN)</td><td>AW0</td><td>0</td></tr>
<tr><td>AW1</td><td>0</td></tr>
<tr><td>AW2</td><td>0</td></tr>
<tr><td>AW3</td><td>0</td></tr>
<tr><td>…</td><td>…</td><td>…</td><td>…</td><td>…</td></tr>
</table>

③性能特性

性能特性为列车在不同速度控制下的牵引/制动性能特性等。包括过冲加速度、牵引加速度、全常用制动率、保障紧急制动率、构造速度、冲击限制等内容。示例见表 7-11。

表 7-11 性能特性参数表

序号	数据名称	输入值		备 注
1	过冲加速度	速度(km/h)	加速度(m/s²)	在触发紧急制动条件下，列车可能达到的最大牵引加速度
		0	1.483	
		1	1.483	
		…	…	
2	牵引加速度	速度(km/h)	加速度(m/s²)	列车全速牵引状态下的加速度
		0	1.159	
		1	1.159	
		…	…	
3	全常用制动率	速度(km/h)	减速度(m/s²)	在不触发紧急制动条件下，列车全速制动状态下的减速度
		0	1.07	
		1	1.07	
		…	…	
4	保障紧急制动率(干轨)	速度(km/h)	减速度(m/s²)	干轨为地下线路
		0	0.85	
		80	0.85	
		…	…	
5	保障紧急制动率(湿轨)	速度(km/h)	减速度(m/s²)	湿轨为地面、高架线路
		0	0.85	
		80	0.85	
		…	…	
6	构造速度(km/h)	90		安全及结构强度等条件限定，列车能够以该速度持续稳定地运行的最高行驶速度
7	冲击限制(m/s³)	0.75		
…	…	…		…

(2)控制参数数据

运控控制数据采用与实际运控系统相符的结构划分进行分类构建，由 ATP 控制参数、ATO 控制参数、联锁控制参数、DCS 控制参数与轨旁设备属性 5 部分组成。

①ATP 控制参数

考虑 ZC 为 ATP 子系统功能的一部分，此处将 ZC 控制参数纳入 ATP 控制参数。具体内容见表 7-12。

表 7-12 ATP 控制参数表

序号	数据名称	输入值		备 注
1	保障紧急制动测速误差	百分比形式(%)	3	百分比形式与数值形式选择一种填写
		数值形式(km/h)	—	

续上表

序号	数据名称	输入值		备　注
2	保障紧急制动反应时间	牵引切除时间(s)	1.3	
		惰行时间(s)	0.85	
		保障紧急制动建立时间(s)	0	
3	最大后退距离(m)	5		正常运营列车超出停站点停车后，为停准上下客，可允许列车的最大后退距离
4	最大倒溜距离(m)	5		列车在大坡度线路停车后，发生后溜至紧急制动停车的最大距离
5	区间列车车头位置不确定性(m)	60		考虑测速误差、信标漏读等，在列车实际头部增加的防护包络长度
6	区间列车车尾位置不确定性(m)	1.2		考虑测速误差、信标漏读等，在列车实际尾部增加的防护包络长度
7	站台区列车车头位置不确定性(m)	0.5		
8	站台区列车车尾位置不确定性(m)	0.5		
9	安全余量(m)	固定障碍物	0.3	进路/移动授权不可穿越的障碍物为固定障碍物，例如车挡。其余为移动障碍物
		移动障碍物	11.3	
10	无道岔动作的移动授权办理时间(s)	2		
11	含道岔动作的移动授权办理时间(s)	13		包含道岔动作、状态表示时间
12	ATP 计算周期(s)	0.1		
…	…	…		…

②ATO 控制参数

ATO 控制参数具体内容见表 7-13。

表 7-13　ATO 控制参数表

序号	数据名称	输入值		备　注
1	ATO 冲击限制(m/s^3)	0.75		
2	ATO 最大牵引加速度	速度(km/h)	加速度(m/s^2)	
		0	1.159	
		1	1.159	
		…	…	
3	ATO 区间参考制动率	速度(km/h)	减速度(m/s^2)	
		0	0.6	
		1	0.6	
		…	…	

续上表

序号	数据名称	输入值		备　注
		速度(km/h)	减速度(m/s^2)	
4	ATO进站参考制动率	0	0.6	
		1	0.6	
		…	…	
		速度(km/h)	加速度(m/s^2)	
5	ATO调速最大牵引加速度	0	1.159	
		1	1.159	
		…	…	
		速度(km/h)	加速度(m/s^2)	
6	ATO调速最小牵引加速度	0	0.08	
		1	0.08	
		…	…	
		速度(km/h)	减速度(m/s^2)	
7	ATO调速最大制动率	0	1.07	
		1	1.07	
		…	…	
		速度(km/h)	减速度(m/s^2)	
8	ATO调速最小制动率	0	0.08	
		1	0.08	
		…	…	
		速度(km/h)	超速容限(km/h)	ATO目标速度与保障紧急制动触发速度间的速差
9	ATO目标速度超速容限	0	2	
		1	2	
		…	…	
10	牵引启动延时(s)	3		运控系统牵引请求至列车速度大于0 km/h的时间
11	停稳判断延时(s)	2		列车速度测量值为0 km/h至列车停稳的时间
12	列车换端时间(s)	12		
13	ATO计算周期(s)	0.1		
14	无道岔动作的移动授权办理时间(s)	2		移动闭塞系统适用
15	含道岔动作的移动授权办理时间(s)	13		移动闭塞系统适用
…	…	…		…

③联锁控制参数

联锁控制参数具体内容见表 7-14。

表 7-14 联锁控制参数表

序号	数据名称	输入值	备 注
1	无道岔动作的进路办理时间(s)	2	固定和准移动闭塞系统适用
2	含道岔动作的进路办理时间(s)	13	固定和准移动闭塞系统适用
…	…	…	…

④DCS 控制参数

DCS 控制参数具体内容见表 7-15。

表 7-15 DCS 控制参数表

序号	数据名称	输入值	备 注
1	列车发送信息至 ZC 收到的时间(s)	1	
2	ZC 发送信息至列车收到的时间(s)	1	
3	列车与 ZC 通信周期(s)	1	
…	…	…	

⑤轨旁设备属性

该部分主要对信号机、轨道电路、计轴等运控设备进行仿真建模配置。在运控系统运能仿真工作中，利用城市轨道交通信号平面布置图，如图 7-9 所示，获取闭塞设计数据，是运控系统运能仿真工作的前提。

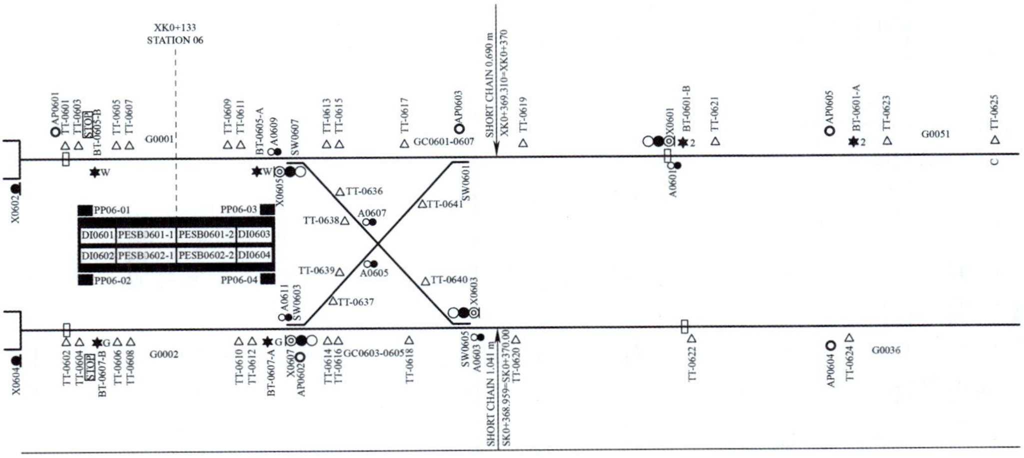

图 7-9 运控平面布置图示意

城市轨道交通信号平面布置图是由专业工程设计人员根据线路平、纵断面图纸，开展闭塞设计并绘制成运控系统轨旁设备布置情况的技术图纸。它反映了车站和站区间的轨旁设备布置情况，通常标明了信号机、计轴器、轨道电路等线路位置和编号。

不同设计单位的轨道交通信号平面布置图目前多采用 AutoCAD 软件进行绘制，由于绘制方式存在差异，存在图元或图形块绘制图层、属性信息标识位置不统一等现象。所以运控系统运能仿真的闭塞设计数据准备工作，需要设计闭塞设备信息识别算法，对所提取的数据进行分类处理，将闭塞设备的特征信息提取出来，并将设备名称、设备功能与其对应的线路公里标三者进行属性信息的融合，即三者之间建立对应关系。

本文以识别信号机、计轴器、轨道电路三类闭塞设备为例，设计决策树分类拟合器对设备信息进行分类处理、特征提取与信息融合，如图 7-10 所示。

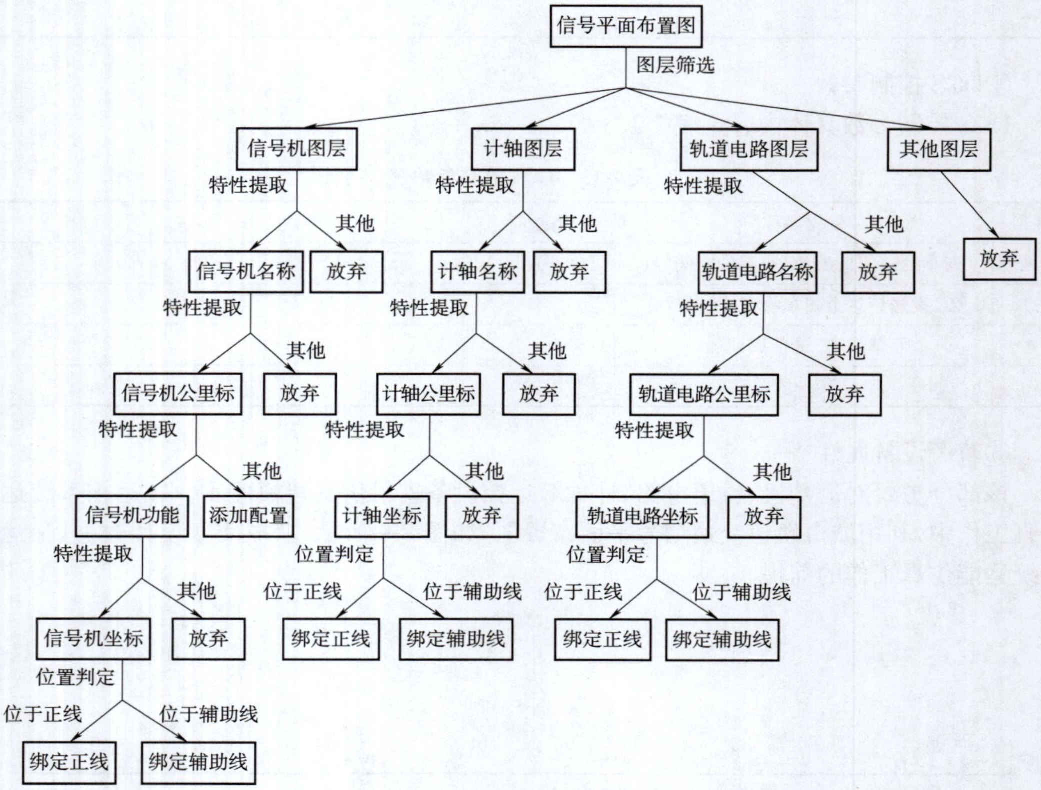

图 7-10　决策树分类拟合器原理图

决策树的内部结点表示对某个特性的提取或处理，该结点的分支是对应的判断结果。具体实现流程如下：

步骤 1：从根节点（信号平面布置图）开始，如果所有图层都不是信号机、计轴、轨道电路图层，弃用该图纸，并标号为放弃；如果是信号机、计轴、轨道电路图层，则需要进一步判断名称。

步骤 2：若特性信息中无设备名称，则标号为放弃；若有设备名称，则需要进一步判断名称内容。若名称内容不是信号机、计轴、轨道电路，则标号为放弃。

步骤 3：若特性信息中无设备公里标，则标号为放弃。

步骤 4：若特性信息中无设备功能信息，则添加配置信息。对于信号机，其功能信息主要包括道岔防护信号机、出站信号机、进站信号机、进路信号机、反向进路信号机等，也有出站信号机兼道岔防护信号机、进路信号机兼引导信号机等多种功能形式。对于计轴或轨道电路，其功能属性主要包括非侧股与侧股计轴或轨道电路。

步骤 5:结合设备坐标确定与其关联的正线或辅助线。建立设备特性信息与线路的对应关系,见表 7-16。

表 7-16 轨旁设备信息表

序号	信号机名称	所在路径	功能属性	关联计轴	所在路径	功能属性	…
1	X0101	b810	出站兼道岔防护信号机	AC0101	b810	非侧股计轴	
2	X0107	b46	出站兼道岔防护信号机	AC0107	b46	非侧股计轴	
…	…	…	…	…	…	…	…

3. 运营组织数据

运营组织模块主要由行车路径表、停站策略表和临时限速表组成。

(1)行车路径

行车路径表包含行车路径总表和行车路径子表。其中,行车路径总表包含路径名称、起始路径、结束路径、是否折返、子路径条数等信息。示例见表 7-17。

表 7-17 行车路径总表

序号	路径编号	路径名称	起始路径	结束路径	是否折返	子路径数量	…
1	b660	上行全线	b46	b100101	否	65	
2	b635	下行全线	b103105	b35	否	66	
…	…	…	…	…	…	…	

注:此表中的路径编号为线路条件模块中的路径编号。

一条行车路径可能包含多条行车子路径,需在路径子表中进行规定,并与行车路径总表进行关联。示例见表 7-18。

表 7-18 行车路径子表

序号	关联路径编号	子路径编号	途径路径	…
1	b660	b410	b24	
2	b635	b103	b13	
…	…	…	…	…

(2)停站策略

停站策略由停站策略总表与停站策略子表组成。停站策略总表和路径总表关联,即一个停站策略绑定一条路径,但一条路径可以有多种停站策略。示例见表 7-19。

表 7-19 停站策略总表

序号	关联路径编号	停站策略编号	起始站台编号	结束站台编号	…
1	b660	D1	*X* 站 2 站台	*Z* 站 2 站台	
2	b635	D2	*Z* 站 1 站台	*X* 站 1 站台	
…	…	…	…	…	…

停站策略子表，包含每一种停站策略所经过的具体站台信息，通过停站策略编号与停站策略总表相关联。示例见表 7-20。

表 7-20　停站策略子表

序号	关联停站策略编号	站台编号	是否停站	停站时间(s)	…
1	D_1	*X* 站 2 站台	是	45	
2	D_1	*Y* 站 2 站台	否	0	
…	…	…	…	…	…

(3)临时限速

临时限速分为限制临时限速和非限制临时限速两种。

限制临时限速，即降低原有 ATP 顶棚速度。限制临时限速是有安全防护需求的线路临时限速要求，任何情况下该线路段的列车速度不得超过该限速要求；运控系统按不超过该限速值进行超速防护，即该限速值为 ATP 顶棚速度。

非限制临时限速，即降低原有 ATO 目标速度。列车可以按该速度值在限速线路段内运行；运控系统以该限速值作为 ATO 目标速度控制列车运行，并根据系统算法计算 ATP 顶棚速度。

临时限速表是在列车运行计算前、路径选择后，对线路进行临时限速后所生成的限速表，其结构见表 7-21。

表 7-21　临时限速表

序号	临时限速编号	关联路径编号	起点公里标(m)	终点公里标(m)	ATP 顶篷速度限速值(km/h)	ATO 目标速度限速值(km/h)
1	TSR1	b4142	SK36 000.587	SK36 200.587	65	—
2	TSR2	B5152	SK38 200.587	SK38 600.587	—	45
…	…	…	…	…	…	…

注：“—”代表无填写内容。

7.2.2　列车运行仿真

列车运行仿真的实现，是在线路条件、控车数据与运营组织模块数据配置完成后，根据所需的运控系统制式(固定闭塞、准移动闭塞和移动闭塞等)，按照车辆动力学模型、ATP 控车模型、ATO 控车模型与进路/移动授权控制规则，计算得出旅行速度、旅行时间、追踪间隔结果来模拟列车实际运行情况的。

由于前文已对车辆动力学模型、ATP 控车模型、ATO 控车模型及相互约束关系进行了阐述，所以本章重点对控车模型与配置数据的关联关系进行解释。

1. 车辆动力学模型

车辆动力学模型主要包括列车运行阻力模型、列车牵引制动模型、单质点模型/多质点模型等，主要用来近似计算列车在运行过程中的受力情况。例如在计算列车运行时受到的基本阻力时需要用到基本阻力参数 a、b、c，在计算列车加速度时需要用到静态质量或旋转质量等。所以车辆动力学模型主要牵涉到车底特性参数、物理特性参数与性能特性参数，见表 7-22。

表 7-22 车辆动力学模型关联关系表

控车模型	关联模块/模型	关联模块中的数据表
车辆动力学模型	控车数据模块	车底特性参数表
		物理特性参数表
		性能特性参数表

2. ATP 控车

ATP 控车模型根据前方线路状态、信号显示、追踪方式、移动授权、列车自身特性等信息计算得到列车运行所需的 ATP 防护曲线和紧急制动触发曲线等，给出列车当前状态的允许速度曲线。ATP 还需要实时确定列车位置，这是确保列车运行安全和准确执行防护策略关键因素之一。所以 ATP 控车模型关联车辆动力学模型、线路条件模块、控车数据模块以及运营组织模块。ATP 控车模型关联关系见表 7-23。

表 7-23 ATP 控车模型关联关系表

控车模型	关联模块/模型	关联模块中的数据表
ATP 控车模型	车辆动力学模型	—
	线路条件模块	正线直线信息配置表
		正线曲线信息配置表
		车站站台信息配置表
		车挡信息配置表
		长短链信息配置表
		配线道岔信息配置表
		其他配线信息配置表
		坡度信息配置表
	控车数据模块	ATP 控制参数表
	运营组织模块	行车路径总表
		行车路径总子表
		停站策略总表
		停站策略子表
		临时限速表

注：“—”代表无相关数据表关联。

3. ATO 控车

ATO 主要根据时刻表要求、线路限速、ATP 限速等给出列车运行目标速度并对其进行自动追踪。所以 ATO 控车模型关联车辆动力学模型、ATP 控车模型、控车数据模块以及运营组织模块，见表 7-24。

表 7-24　ATO 控车模型关联关系表

控车模型	关联模块/模型	关联模块中的数据表
ATO 控车模型	车辆动力学模型	—
	ATP 控车模型	—
	线路条件模块	正线直线信息配置表
		正线曲线信息配置表
		车站站台信息配置表
		长短链信息配置表
		配线道岔信息配置表
		其他配线信息配置表
		坡度信息配置表
	控车数据模块	ATO 控制参数表
	运营组织模块	行车路径总表
		行车路径总子表
		停站策略总表
		停站策略子表
		临时限速表

4. ATS 进路控制

ATS 进路控制部分主要负责进路控制、时刻表管理、运行调整、列车追踪与显示、设备管理等工作。ATS 主要与控车数据模块和运营组织模块有所关联，见表 7-25。

表 7-25　ATS 进路控制控车模型关联关系表

控车模型	关联模块/模型	关联模块中的数据表
进路/移动授权控制规则	控车数据模块	联锁控制参数表
		DCS 控制参数表
		轨旁设备信息表
	运营组织模块	行车路径总表
		行车路径总子表
		停站策略总表
		停站策略子表

7.2.3　线路运能评测

对于折返间隔、分叉/汇合间隔、出/入车辆基地间隔、交路能力，通常在列车分段走行数据基础下，结合进路/移动授权规则，通过分析判断得出相关运能仿真结果。本章节以折返间隔、交路能力分析为例进行讲述。

1. 折返间隔分析

以常用站后四线折返站配线为例，列车折返路径如图 7-11 所示。

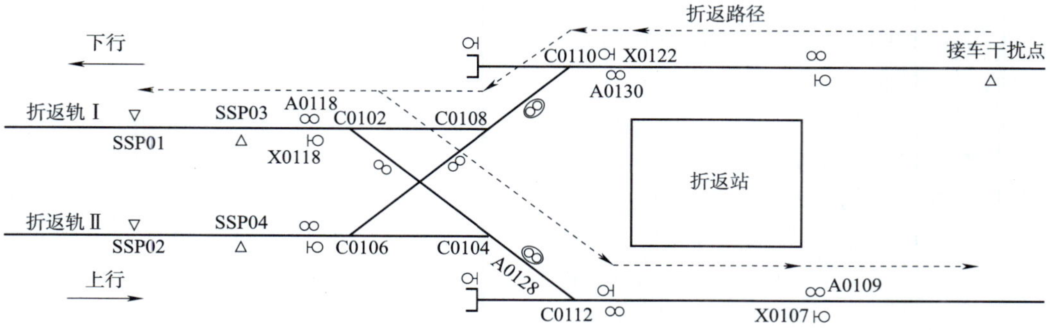

图 7-11　折返路径示意

(1)分段走行统计

根据控车仿真模块计算结果，可求得列车折返全过程的分段走行时间、走行距离情况见表 7-26。

表 7-26　列车分段走行统计表

序号	列车折返过程	运行距离(m)	运行时间(s)
1	列车由折返站下行站台接车干扰点运行至下行站台	S_1	T_1
2	列车停站	S_2	T_2
3	列车所有轮对越过计轴 A0118	S_3	T_3
4	列车运行至折返轨Ⅰ	S_4	T_4
5	列车换端，C0102/0104 道岔反位，办理移动授权	S_5	T_5
6	列车由折返轨Ⅰ运行至所有轮对越过计轴 A0128	S_6	T_6
7	列车继续运行至折返站上行站台	S_7	T_7
8	列车停站	S_8	T_8
9	列车由折返站上行站台至所有轮对越过计轴 A0109	S_9	T_9
10	为后车办理含道岔动作的移动授权时间	S_{10}	T_{10}

(2)折返过程划分

可以将列车折返过程分为接车作业、折返轨作业和发车作业。相应的作业间隔判断条件如下所示。

①接车作业。前车由折返站下行站台出发，至所有轮对越过计轴 A0118，此时道岔 C0110 转至定位。后车移动授权延伸，并由折返站下行站台接车干扰点运行至折返站下行站台，停站结束的总时间。所述接车干扰点为后车移动授权终点由折返站下行站台出站信号机 X0122 往下行方向延伸前，按照预定速度运行且距离前车最近的线路位置。

②折返轨作业。前车所有轮对越过计轴 A0128，道岔 C0110 转至反位，道岔 C0102/C0104 转至定位，后车移动授权延伸，并由折返站下行站台出发至所有轮对越过计轴 A0128 的总时间。

③发车作业。前车所有轮对越过计轴 A0109，道岔 C0112、C0102/C0104 转至反位，后车移动授权延伸，并由折返轨Ⅰ出发，至所有轮对越过计轴 A0109 的总时间。

(3)折返间隔分析

采用矩阵与最大值评判方法进行折返间隔分析。

①矩阵构建

走行时间矩阵 $\boldsymbol{A}=[T_1,T_2,T_3,T_4,T_5,T_6,T_7,T_8,T_9,T_{10}]$

折返作业间隔判断规则矩阵 $\boldsymbol{B}=[\boldsymbol{B}_1,\boldsymbol{B}_2,\boldsymbol{B}_3]$。其中 $\boldsymbol{B}_1$ 为接车作业间隔判断规则矩阵，$\boldsymbol{B}_2$ 为折返轨作业间隔判断规则矩阵，$\boldsymbol{B}_3$ 为发车作业间隔判断规则矩阵。通过式 1 可以分别求得接车作业、折返轨作业和发车作业间隔。

$$\boldsymbol{A}\cdot\boldsymbol{B}^{\mathrm{T}}=\boldsymbol{A}\cdot[\boldsymbol{B}_1,\boldsymbol{B}_2,\boldsymbol{B}_3]^{\mathrm{T}}=[\boldsymbol{C}_1,\boldsymbol{C}_2,\boldsymbol{C}_3] \tag{7-2}$$

其中，接车作业间隔判断规则矩阵 $\boldsymbol{B}_1=[1,1,1,0,0,0,0,0,0,1]$。1 代表使用走行时间矩阵中的 T_i，0 代表不使用走行时间矩阵中的 T_i，且 $i=1,\cdots,10$。

折返轨作业间隔判断规则矩阵 $\boldsymbol{B}_2=[0,0,1,1,1,1,0,0,0,1]$。

发车作业间隔判断规则矩阵 $\boldsymbol{B}_3=[0,0,0,0,0,1,1,1,1,1]$。

接车作业、折返轨作业和发车作业间隔分别为 $\boldsymbol{C}_1,\boldsymbol{C}_2,\boldsymbol{C}_3$。

②折返间隔评判

$$\boldsymbol{C}=\mathrm{Max}[\boldsymbol{C}_1,\boldsymbol{C}_2,\boldsymbol{C}_3] \tag{7-3}$$

通过式(7-3)计算得出该站折返间隔 C。

2. 交路能力分析

以某城市的某条线路为例，该线采用 CBTC 系统制式、6 编 A 型列车，保障紧急制动率为 0.85 $\mathrm{m/s^2}$，线路等级速度为 80 km/h。该线路的嵌套交路方案如图 7-12 所示，大、小交路开行比例为 1∶1。交路方案运行能力分析评判需预先获取的运控系统运能指标仿真结果见表 7-27。

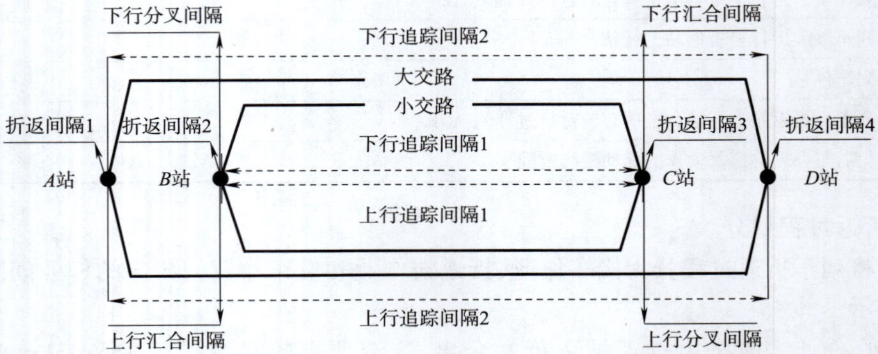

图 7-12 嵌套交路方案分析评判所需运控系统运能指标仿真结果示意

表 7-27 需预先获取的运控系统运能指标仿真结果统计表

序号	运行能力指标	具体内容	仿真值(s)
1	追踪间隔	上行追踪间隔 1	92.02
		上行追踪间隔 2	94.82
		下行追踪间隔 1	93.94
		下行追踪间隔 2	94.49

续上表

序号	运行能力指标	具体内容		仿真值(s)
2	折返间隔	折返间隔 1		107.59
		折返间隔 2		108.98
		折返间隔 3		168.72
		折返间隔 4		109.58
3	分叉间隔	上行分叉间隔	分叉—前通后折	87.28
			分叉—前折后通	87.28
		下行分叉间隔	分叉—前通后折	88.84
			分叉—前折后通	81.9
4	汇合间隔	上行汇合间隔	汇合—前通后折	89.92
			汇合—前折后通	89.92
		下行汇合间隔	汇合—前通后折	80.7
			汇合—前折后通	90.61

表 7-27 中“分叉—前通后折”与“汇合—前通后折”表示前车为大交路列车、后车为小交路列车；“分叉—前折后通”和“汇合—前折后通”表示前车为小交路列车、后车为大交路列车。

交路方案分析评判方法为：

(1)大、小交路共线段追踪间隔判定。考虑 A 站至 D 站的大、小交路共线段列车等间隔无扰运行，由表 7-27 分析可知，取最大追踪间隔仿真值，即上行追踪间隔 2 仿真值 94.82 s。

(2)大、小交路共线段追踪间隔与分叉、汇合间隔比对判定。由表 7-27 分析可知，上行追踪间隔 2 仿真值 94.82 s 大于上行和下行分叉、汇合间隔仿真值。即大、小交路列车按 94.82 s 时间间隔运行至上行和下行分叉、汇合区域时，仍可保证列车间无扰运行。

(3)大、小交路共线段追踪间隔与折返间隔比对判定。大、小交路开行比例为 1∶1，若大、小交路共线段列车按 94.82 s 等间隔运行，由于相邻 2 部大交路列车间包含 1 部小交路列车，因此相邻 2 部大交路列车的运行间隔为 189.64 s。同理，相邻 2 部小交路列车的运行间隔也为 189.64 s。由表 7-27 可知，所有折返站的折返间隔仿真值均小于 189.64 s，即大、小交路共线段列车按 94.82 s 等间隔运行，满足折返间隔要求。

综上所述，交路方案运行能力的瓶颈为上行追踪间隔 2。根据大、小交路开行比例为 1∶1，大交路或小交路运行能力计算公式均为：

$$C_{\text{运-大交路或小交路}}=\frac{3\ 600}{94.82\times 2}\approx 18\ \text{对/h} \tag{7-4}$$

综上，该交路方案运行能力为大交路与小交路运行能力总和，即 36 对/h。

7.2.4　用户交互界面与评测结果输出

以某城市自主研发的城市轨道交通“列控(即运控系统)运能仿真平台”为例，该平台基于数字化方案推演，可在前期设计验证、建设实施验收、后期运营评估、改造方案论证等全生命周期阶段提供运能设计验证、效果评估、瓶颈分析及优化建议，并可提供多种运控系统制式的通用化、全局化、个性化运能仿真计算及分析服务，包括旅行时间和速度计算、闭塞设计与验证，以及追踪能力、折返能力、分叉和汇合能力、运行交路开行能力、车辆基地出入段/场能力计算等指标内容。

1. 功能界面

平台功能界面示例如图 7-13 所示。

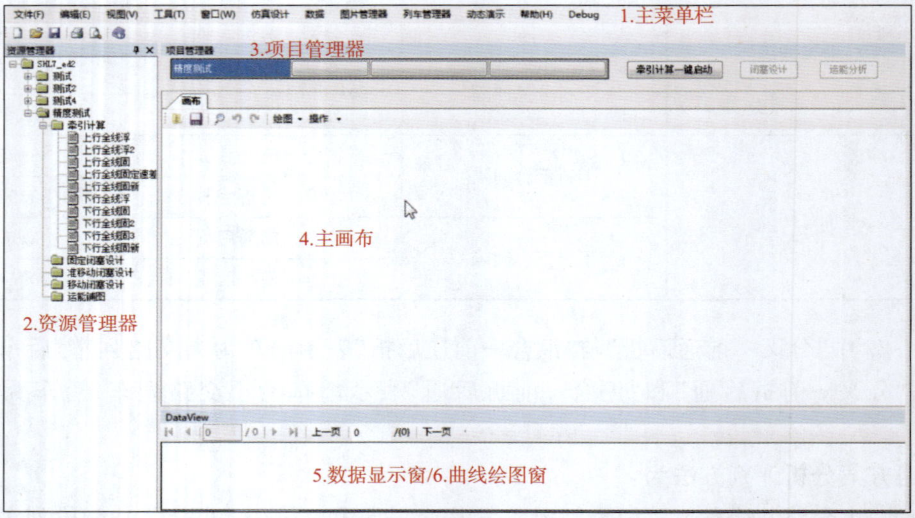

图 7-13　平台功能界面示例

该仿真系统的用户界面具有多功能模块化布局，主要包括六个部分：

①主菜单栏：包含文件、编辑、视图、工具、仿真设计、图片管理器、列车管理器、动态显示、帮助等菜单，便于用户快速导航和操作。

②资源管理器：界面左侧的树状结构，显示与仿真线路相关的资源，包括牵引计算、不同闭塞方式设计、运能等。用户可以在此模块中浏览、选择、管理仿真资源。

③项目管理器：包含当前项目名称和功能按钮，用于管理和切换不同的仿真项目。

④主画布：用于显示仿真模型、可视化设计等，支持用户交互。

⑤数据显示窗口：用于展示仿真过程中生成的数据。

⑥曲线绘图窗口：用于绘制仿真分析中的曲线图，例如列车速度、加速度或其他数据。

本系统具有以下特点：

①功能广覆盖。本系统满足通用化、全局化需求，支持多系统、多功能、多专业、多策略、多参数运能推演，并能提供安全校核。

②验证高精度。通过与现场比对，将与现场最大误差由 30%缩减至 1%以内。相较其他系统，验证精度最高可提升近 30 倍。

该平台已应用推广于该城市所有新建、扩建与改造线路的运控系统运能第三方仿真服务业务。

2. 结果输出

结果输出模块用于显示仿真过程中产生的结果，主要分为表格显示、与矢量化图形工具（例如 AutoCAD 等）交互显示的图形显示两部分。用户可根据需求自行补充或调整。

（1）表格显示输出数据

对于表格显示数据，主要包括列车运行计算得到的数据分类统计结果数据，如不同线路位置下的 ATP 顶棚速度数据、ATO 目标速度数据、ATO 控车速度数据、追踪间隔数据等；也可以显示轨旁设备数据中所布设设备信息，如运控机、计轴等。在显示时建议采用分类、分页、字段排序等方式，不仅方便用户查看，也可提高显示的响应速度，减少仿真系统软件的内存消耗。

（2）可视化结果展示

与矢量化图形工具交互的图形显示主要包括：

①速度—距离曲线、速度—时间曲线、时间—距离曲线等，如图 7-14 所示。该图展示了列车在各个区间的实际运行速度、ATP 顶棚速度、目标速度、列车运行追踪间隔、线路坡度等数据。该图可以很好地展示列车在区间的运行状况、运行性能等。

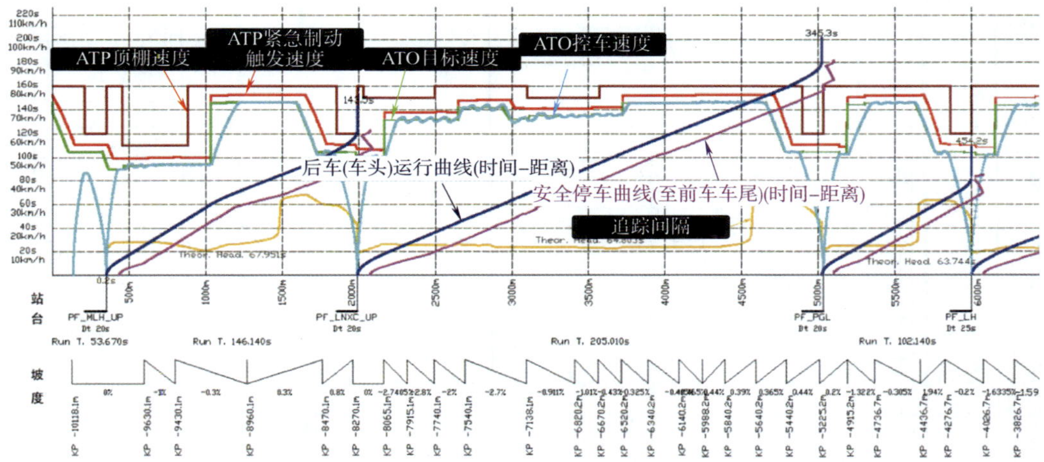

图 7-14　列车运行计算与追踪间隔分析示例图

②轨旁设备布设图。该图可以完整地展示轨旁设备的布设，明确设备布局位置，优化设备安装方案，如图 7-15 所示。

③运能分析图。该图可以直观地获取每一辆列车的站间运行时间以及停站时间等运行计划，并以此为依据分析线路的瓶颈所在位置，如图 7-16 所示。

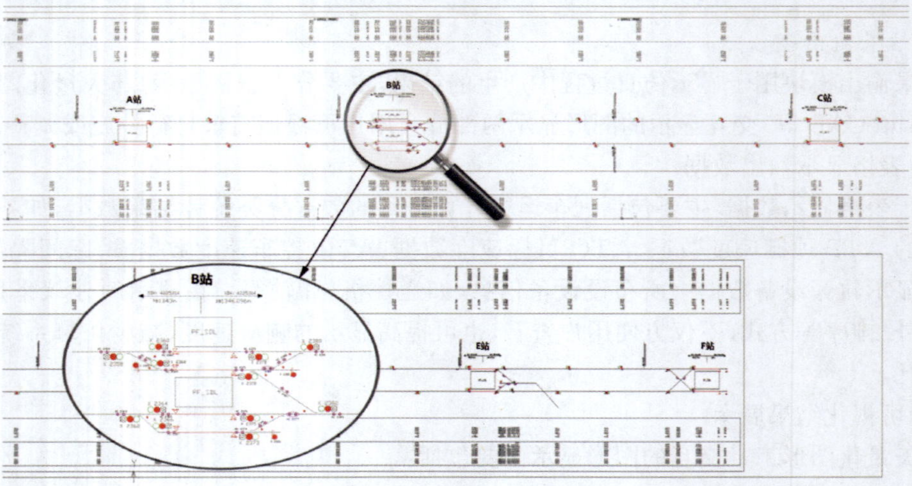

图 7-15　轨旁设备布设示例图

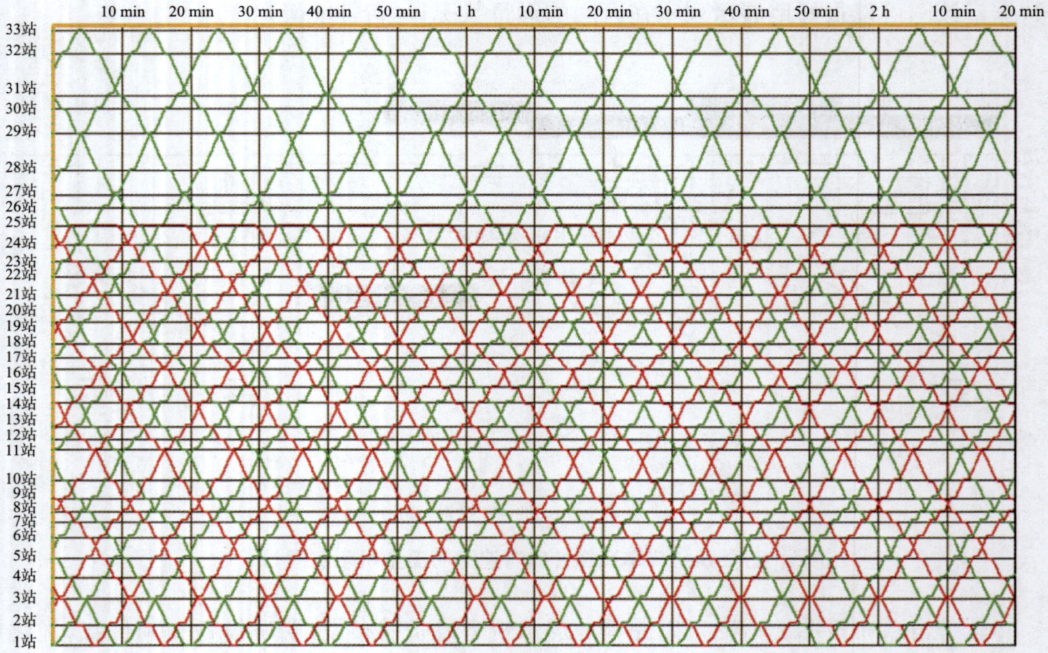

图 7-16　交路能力分析示例图

7.3　典型应用案例

7.3.1　面向运能提升的设备布局优化

在设计阶段第三方仿真验证过程中，通过对某城市某线折返站进行仿真运行，获取了该区段列车仿真数据，并以此为依据对该区段 CBTC 模式下的折返能力进行了计算，得出站后直进弯出折返能力为 20 对/h，折返能力较差，相关情况如图 7-17 所示。

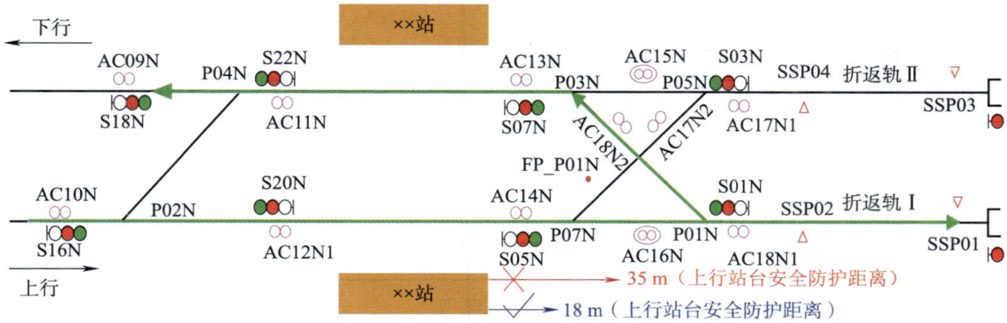

图 7-17 某城市某线折返站上行站台安全防护距离优化前后示意

通过对列车仿真运行过程的分析，推算出折返能力瓶颈点位于上行站台安全防护距离侵入 P01N 道岔的警冲标(FP_P01N)防护范围，这种情况导致折返轨 I 的列车往下行站台发车时，上行站台同步开展接车作业，会导致列车无法在上行站台停准。

为此，提出了将站后岔区至车挡整体向站后平移 30 m，并将上行站台安全防护距离由 35 m 延长至 65 m，以解决上行站台安全防护距离侵入 P01N 道岔的警冲标(FP_P01N)防护范围的问题。

但受××站最大折返能力设计中的用地受限因素，上述方案无法实施。为此，采用优化 CBTC 模式下的安全防护设计，经安全确认与工程实施后，上行站台安全防护距离由 35 m 缩短为 18 m，相比上行站台安全防护距离由 35 m 延长至 65 m 的折返能力提升优化方案，在不改变既有土建条件下，折返能力由 20 对/h 提升至 32 对/h，能力提升 60%。

7.3.2 车站线型(站型规模优化)

在工可及初步设计阶段第三方仿真验证过程中，为解决某城市某线终点站采用 12 号道岔、站前交替折返方式后，折返能力仍不能满足 30 对/h 设计需求的难题，通过及早缩小车站配线设计规模，并调整列车折返过程中的站台接车时序，折返能力由 28 对/h 提升至 34 对/h，能力提升约 21%。

相比原始设计方案，在增设站台条件下，仍可节省车站明挖面积约 100 m^2，如图 7-18、图 7-19 所示。

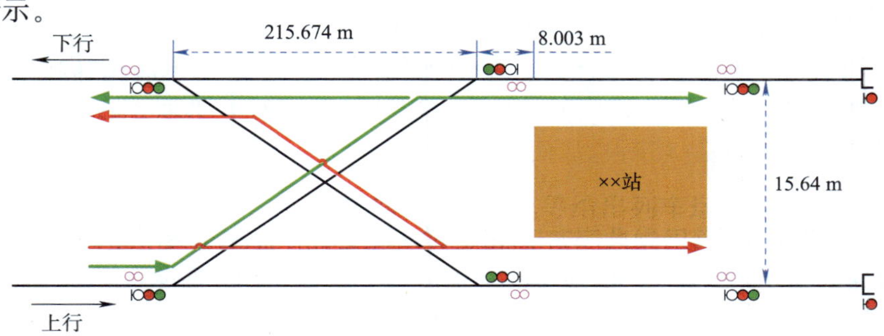

图 7-18 某城市某线终点站原始车站配线设计示意

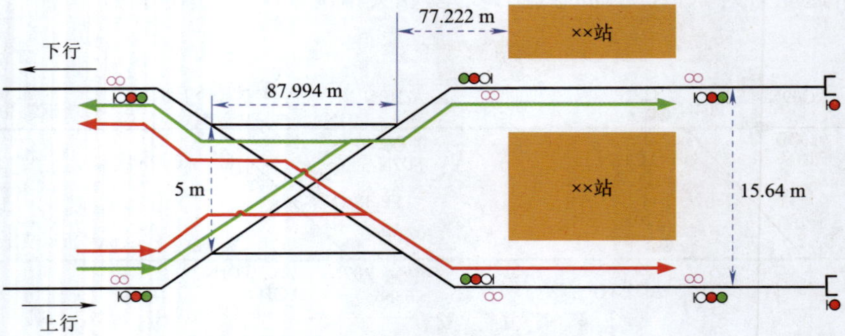

图 7-19 某城市某线终点站车站配线优化示意

7.3.3 多专业限速匹配

多专业重叠防护会导致全自动运行线路出现旅行速度偏低、用车数较多、折返能力难以满足 30 对/h 常规需求等问题。其原因主要表现为：

1. 专业术语理解存在差异

鉴于部分城市轨道交通专业术语未针对车辆、限界、线路、结构、运控等专业做出具体规定，在城市轨道交通线路综合设计过程中，不同地域、不同设计院所、不同专业对相关术语存在理解差异与理念冲突，这会使线路建成后运营效率无法得到充分发挥。因此有必要对部分城市轨道交通专业术语进行统一界定，以提升城市轨道交通线路综合设计质量和效率。

如：在《地铁设计规范》(GB 50157—2013)中，将最高运行速度定义为列车在正常运营状态下所达到的最高速度。该定义存在最高可持续运营速度、最高瞬时运营速度等理解差异，进而会导致不同的综合设计结果。如部分运控供应商将"线路等级速度"80 km/h 误理解为"最高运行速度"80 km/h，将 80 km/h 作为最高 ATP 顶棚速度或 ATO 控车速度上限。

2. 控车设计存在重叠防护

在传统的工程设计和系统设计中，与列车运行速度相关的线路、运控、车辆等各个专业均根据专业内的控制理念分别进行限速设计和超速防护。以一条等级为 80 km/h 的线路来讲，线路专业确定平直道、曲线等线路限速。车辆专业会根据 80 km/h 的等级确定列车的采购标准，通常采购构造速度为 90 km/h 的列车。而运控专业会将线路限速作为运控系统设计的输入，保证在最不利条件下不允许突破该限速。这里的最不利条件是指综合考虑环境因素、线路条件、黏着条件、设备情况、故障因素等，所确定的预期可接受的最差因素。另外，运控设计时还会考虑车辆自身的一些速度防护，例如切牵引速度、紧急制动触发速度等，通常设置的限速值尽量低于这些速度值。切牵引速度是指当列车加速至某一特定速度时，牵引力会自动减小或被切除(切断)，从而实现更平稳的运行，或为接下来的滑行或制动做好准备。

举个例子，列车在 ATO 模式运行，该模式下，列车的运行速度是围绕运控系统发出的速度命令自动进行上下波动的调整，列车的牵引和制动应完全由运控系统指挥。但实际不完全是这样，特别是在高速运行速度时，车辆会进行速度限制，同时会对牵引和制动进行主动干预。此时，运控系统会发现发出的命令未得到有效执行，从而采取紧急制动或模式不可用等其他防护手段，影响列车的正常运行。为避免该问题发生，运控系统会进一步降低速度命令，尽可能地不触发车辆的限速控制，造成控制重叠、过度防护，无法充分发挥线路设备能力。

3. 控车响应时延不均衡

影响列车运行速度涉及多种因素，特别是 5.2.2 中安全制动模型中 A、B、C、D 各类时延。对于相同的线路限速，时延越大，列车实际运行速度越低，运营服务水平也越低。同时，列车运行速度低，线路需要的列车数量会更多，增加了建设投资。

为此，通过列车运行仿真，不断开展多专业匹配设计与运能效果预判，最终编制形成了中国城市轨道交通协会的《城市轨道交通列车运行速度限制与匹配技术规范》(T/CAMET 04015—2019)。以 80 km/h 线路等级速度为例，列车运行控制相关各类速度关系示意如图 7-20 所示。

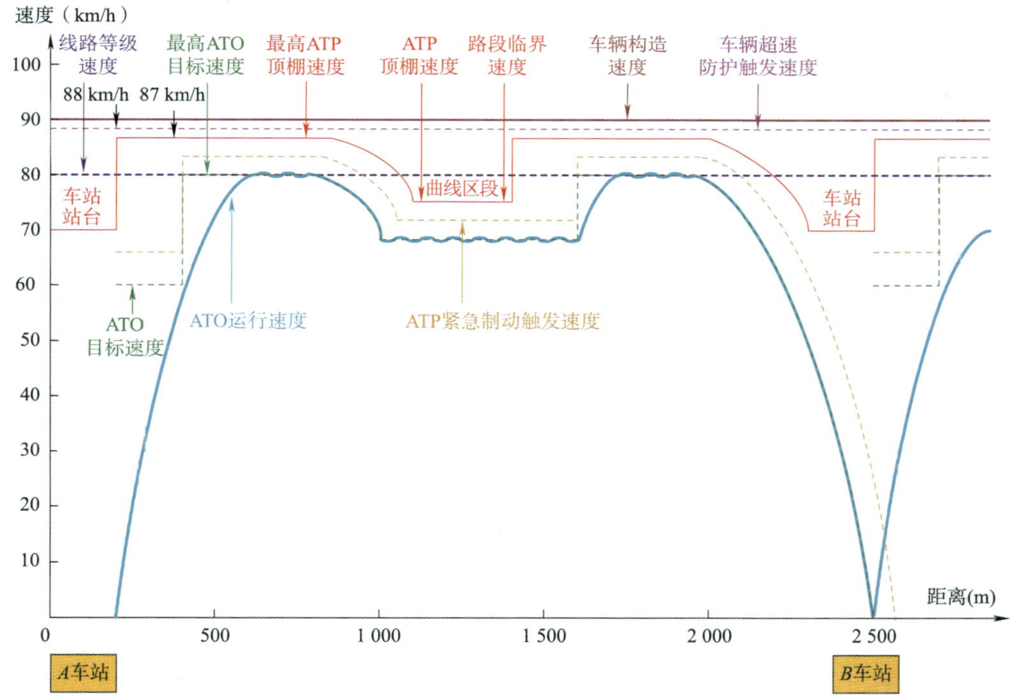

图 7-20　列车运行控制相关各类速度关系示意

80 km/h、100 km/h、120 km/h 线路等级速度下的相关速度值见表 7-28。

表 7-28　关键速度值匹配表

线路等级速度 (km/h)	车辆构造速度 (km/h)	车辆超速防护（紧急制动）触发速度 (km/h)	车辆最大动态包络线 (km/h)	正线区间结构设计速度 (km/h)	最高 ATP 顶棚速度 (km/h)	最高 ATO 目标速度 (km/h)
80	≥90	88	90	90	87	80
100	≥110	108	110	110	107	100
120	≥132	128	130	130	127	120

通过优化限速匹配设计，在某城市 4 条线路实施后，每条新线设计旅行速度提升约 0.5 km/h、减少约 1 列用车、节支约 5 000 万元，4 条线路总计节支超 2 亿元，并实现设备运用能力的最大化。

此外，将 9 号道岔 ATP 顶棚速度由 35 km/h 安全提升至 40 km/h 后，单一站后折返方式的折返能力可提升约 2 对/h 以上，满足 30 对/h 的折返能力设计需求。

第 8 章　轨道交通全自动运行系统工程案例

本章以某城市 A 线路的 GoA4 级全自动运行系统为例，该系统基于安全性和韧性要求构建了软硬件平台，并融合前各章所述原理与方法，实现了相应功能。

8.1　线路概述

8.1.1　线路工程范围

该线路正线全长 20.9 km，另外还有正线范围内的折返线、渡线、停车线以及正线与车辆段及与其他相关线路的联络线等；线路全部为地下线，线路平面图如图 8-1 所示，设站 15 座，换乘站 8 座；线路平均站间距 1 396 m，设置 1 个车辆段、1 座控制中心、1 座备用控制中心、1 个地铁应急指挥中心、1 座车辆段及综合维修基地、1 条试车线、1 个维修中心、1 处培训中心。

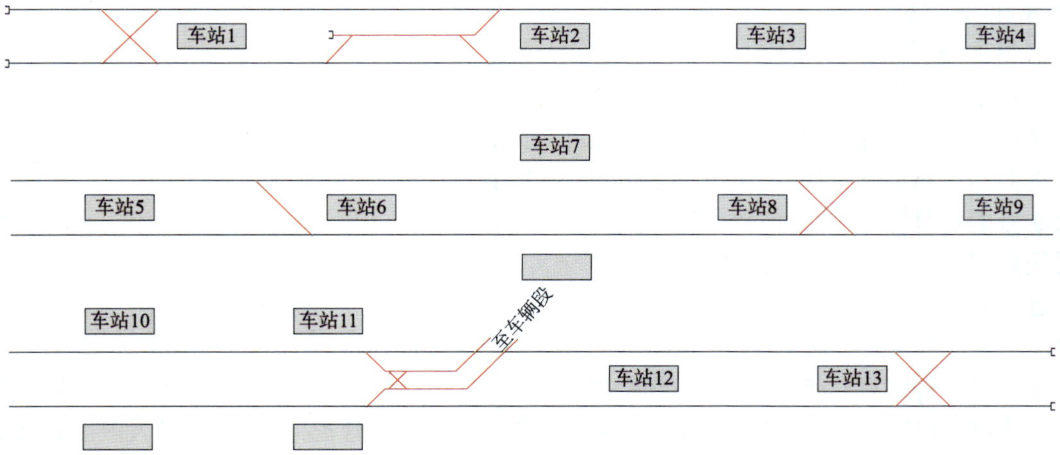

图 8-1　线路 A 配线平面图

8.1.2　线路与轨道主要设计参数

1. 线路最小曲线半径

正线的最小曲线半径一般情况下为 350 m，困难情况下为 300 m；出入线最小曲线半径：一般情况下为 300 m，困难情况下为 250 m；辅助线的最小曲线半径：一般情况下为 250 m，困难情况下为 200 m。

2. 线路坡度

区间正线最大坡度不宜大于 30‰，困难情况下不宜大于 35‰；联络线及出入段线的线路坡度困难情况下不大于 40‰；隧道内正线坡度不小于 3‰，困难地段在确保排水的条件下不小于 3‰的坡度；地下车站站台计算长度段线路坡度采用 2‰，在困难条件下不大于 3‰。

3. 线路最小竖曲线半径

区间正线最小竖曲线半径为 5 000 m，困难情况下为 2 500 m；车站端部最小竖曲线半径为 3 000 m，困难情况下为 2 000 m。

4. 轨道条件

轨道的轨距为 1 435 mm，正线、配线、试车线采用 60 kg/m 钢轨；库内外线均采用 50 kg/m 钢轨。

5. 道岔与车挡

正线、辅助线和试车线采用弹性可弯曲线型尖轨 9 号、12 号道岔(折返线)，分动外锁闭设计，尖轨设两个牵引点；车辆段库外线采用 7 号道岔，尖轨设一个牵引点，联动内锁闭。在有道岔车站，距离站台端部最近的道岔岔尖至有效站台边的最小距离为 12 m。折返线安全保护距离大于 50 m(不含车挡长度)。

正线、辅助线、试车线、牵出线推荐采用液压缓冲滑动式挡车器，占用线路长度为 25 m，允许冲撞速度 25 km/h。其他库外线采用固定式液压缓冲挡车器，占用线路长度 3 m，允许冲撞速度 5 km/h。库内线采用固定式液压缓冲挡车器，占用线路长度 3 m，允许冲撞速度 5 km/h。

6. 限速要求

线路设计直线段不限速，曲线地段最高行车限制速度与轨道结构相关，由轨道专业提供限速表。区间运营最大速度 80 km/h，允许瞬间超速 10 km/h。车站有效站台区最大运营速度 60 km/h，允许瞬间超速 10 km/h(即 70 km/h)。正线、配线及试车线采用 60 kg/m 钢轨 9 号单开道岔。道岔直向容许通过速度为 100 km/h，侧向容许通过速度为 35 km/h。折返线采用 60 kg/m 钢轨 12 号单开道岔及交叉渡线。道岔直向容许通过速度 120 km/h，侧向容许通过速度 50 km/h。车辆段库外线采用 50 kg/m 钢轨 7 号系列道岔。道岔直向容许通过速度为 60 km/h，侧向容许通过速度为 25 km/h。车辆段内最高不允许突破速度为 25 km/h。在 ATC 系统控制时，上述最高不允许突破速度为最不利情况下都不能突破的数值，但应能使行车速度尽量贴近该限制速度，以确保旅行速度等各项运营指标的实现，最大限度提高运营效率和水平。

8.1.3 车辆概况

该线工程初期配属 48 列 4 辆编组列车，具体参数如下。

1. 车辆选型及编组

采用国家标准 A 型地铁车，4 辆编组；编组形式为＋Tc－Mp－Mp－Tc＋。其中 Tc 为带司机室的拖车；Mp 为带受电弓的动车；＋为全自动车钩；－为半永久车钩。

2. 牵引供电制式

供电电压为 DC 1 500 V，采用架空接触网受流方式。

3. 车辆主要结构尺寸

Tc 车(带司机室拖车):24.4 m;Mp(带受电弓动车):22.8 m;车体最大宽度:3 000 mm;客室侧门:每侧 5 对;车轮直径(新轮/半磨耗/全磨耗):840 mm/805 mm/770 mm。

4. 车辆自重

车辆自重为 Tc 车≤37 t,Mp 车≤39 t,车辆轴重不大于 17 t。

5. 牵引制动性能参数

最高持续运行速度为 80 km/h,车辆构造速度为 90 km/h。在额定载员情况下,启动平均加速度不小于 1.0 m/s^2(列车速度从 0 加速到 40 km/h),0～80 km/h 平均加速度不小于 0.6 m/s^2。常用制动平均减速度≥1.0 m/s^2;紧急制动平均减速度≥1.2 m/s^2。

6. 列车车门开门尺寸及开关门时间

车门净开宽度不小于 1 400 mm,净开高度不小于 1 860 mm,开、关门时间调整范围为 1.5～4.0 s。

7. 列车控制和制动方式

牵引和制动的列车控制、列车运行信息及主要设备状态监视和列车诊断系统采用具备安全通信协议的以太网,和 MVB 分布式网络控制方式,各网络系统应符合有关列车通信网络 IEC 61375 及 GB/T 28029.1 最新版本或其他国际标准。

车辆载客能力:车辆定员表为座席载客量 AW1 为 156 座/辆,448 人/列;定员载客量 AW2(6 人/m^2)为 310 人/辆,2 480 人/列;超员载客量 AW3(9 人/m^2)为 432 人/辆,3 456 人/列。

8.2　系统总体构成、功能及接口

8.2.1　系统总体构成

1. 基本结构

全自动运行系统设备按控制中心、车站、轨旁、车辆基地和列车进行配置,协同完成列车运行全过程的全自动运行控制,实现行车指挥自动化和列车运行自动化,具备完善的设备监测、车辆监控和乘客服务功能,系统结构如图 8-2 所示。为保证全自动运行功能在异常情况下仍保证系统安全运行,系统总体应具备足够的韧性水平。系统结构层面充分考虑冗余设计,包括设备级的冗余和(子)系统级冗余。系统同时应具备相应的可降级运行能力,通过降级措施来保障轨道交通运输的安全、高效和稳定运行,能够灵活应对不同情况。

2. 控制中心

线路 A 采用将信号系统中的列车自动监控系统集成于综合监控系统,构建行车综合自动化系统的集成设计方案。主用中心设置在线网控制中心,备用中心设置在车辆段。中心 ATS 系统通过全线主干网将各车站级的 ATS 系统信息汇集到控制中心,从而实现全线多系统的行车综合自动控制。维修中心设置 1 套冗余中心维护监测系统,实现对列车运行的监视和对整个信号系统所有设备的集中报警功能。控制中心结构如图 8-3 所示。

3. 车站

正线 3 个设备集中站(车站 1、车站 8 和车站 12)各设置 1 套区域控制器,管理各自区域

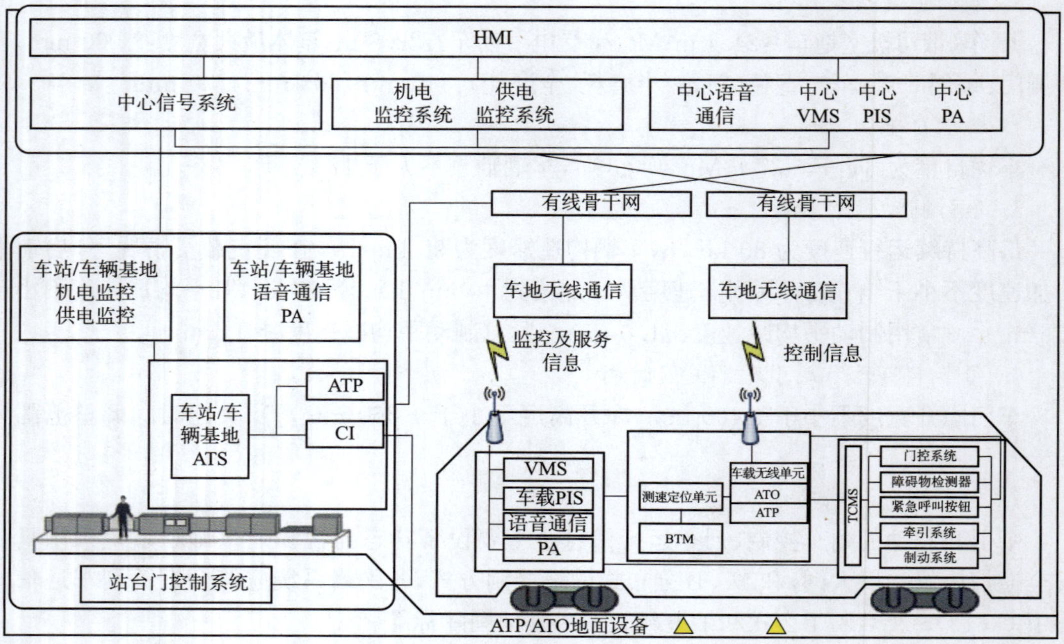

图 8-2　线路 A 控制系统结构图

内的运营列车;全线设置 1 套数据存储单元,负责全线的软件和数据版本管理。正线轨旁沿线布置相应的无源和有源应答器,帮助列车完成定位功能,此外,有源应答器连接到设备室的地面电子单元,实现列车后备移动授权的传递功能。

每个设备集中站布置一套冗余 LATS 分机和现地控制工作站,通过车站局域网络将现场级的信息汇集到车站级 ATS 系统,从而实现车站级的行车综合自动控制。每个设备集中站和车辆段布置联锁设备和现地控制工作站(现地控制工作站与 ATS 合用),用于控制轨旁信号设备及实现联锁逻辑。联锁设备和现地控制工作站在规定的联锁条件和规定的时序下对进路、信号机和道岔执行控制,确保进路上区段、道岔、信号机等设备之间的安全联锁,其功能包括:控制和锁闭道岔、排列和锁闭进路、操作进路、控制信号机、自动折返、自动进路、执行联锁维护等。

在正线各车站设备室设置一套维护支持系统(maintenance support system,MSS),主要用于维护信息及报警信息的采集、对信号系统就地和远程监测及报警、对全线车站在线监视和集中报警,以及对所有在线运行的信号设备进行维护管理和支持。

4. 轨旁设备

轨旁设备包括信号机、道岔转辙机、计轴设备、定位应答器设备等。

5. 车载设备

每列列车均装设两套车载 ATP/ATO 设备。两套设备互为冗余,实现列车的安全防护和自动驾驶功能。冗余设备能实现自动无扰切换(切换过程中不得输出紧急制动命令),且切换时间应确保不影响列车安全、正常运行驾驶员操作。具体的,ATP/ATO 子系统主要负责防护列车并满足轨道交通系统运营需求,其中车载 ATP 子系统根据来自轨旁系统的移动授权和变

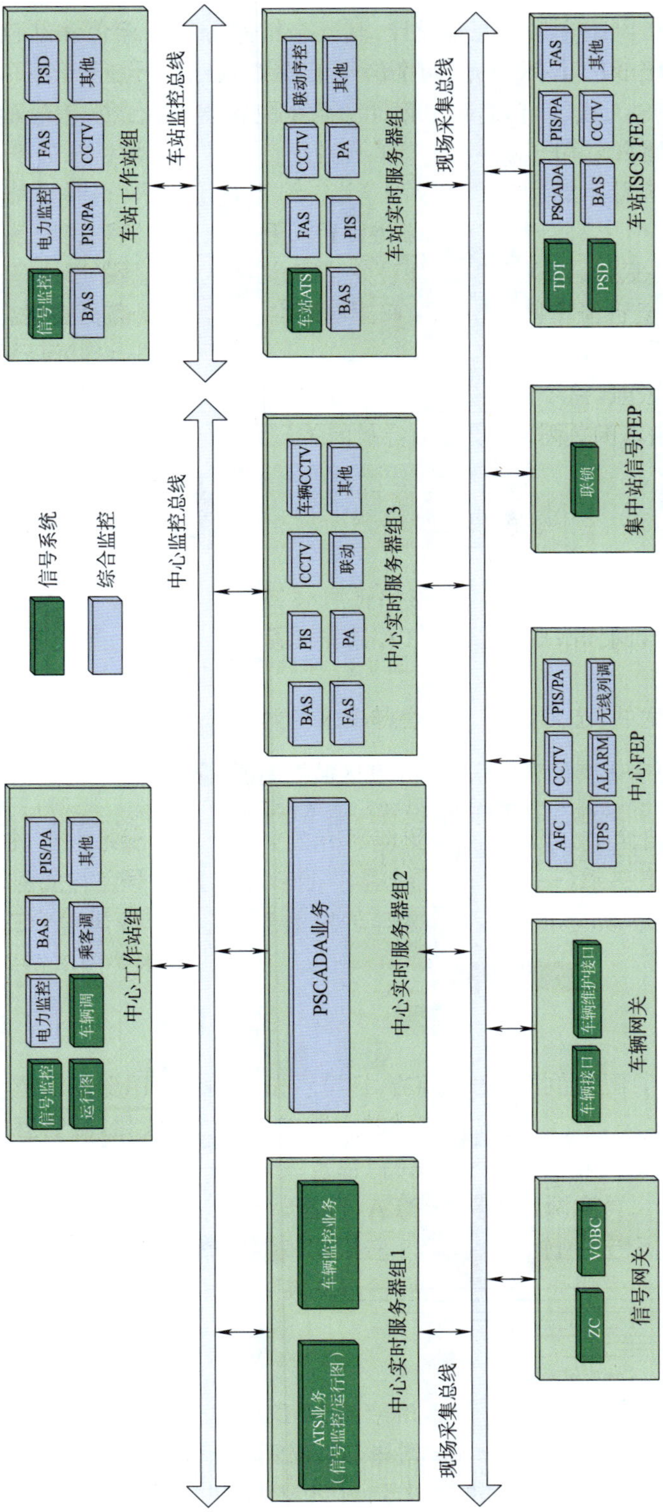

信号系统
综合监控
车站工作站组
信号监控
电力监控
FAS
PSD
BAS
PIS/PA
CCTV
其他
车站监控总线
车站实时服务组
车站ATS
FAS
CCTV
联动序控
BAS
PIS
PA
其他
现场采集总线
车站ISCS FEP
TDT
PSCADA
PIS/PA
FAS
PSD
BAS
CCTV
其他
中心监控总线
中心实时服务器组3
BAS
PIS
CCTV
车辆CCTV
FAS
PA
联动
其他
集中站信号FEP
联锁
中心FEP
AFC
CCTV
PIS/PA
UPS
ALARM
无线列调
中心工作站组
信号监控
电力监控
BAS
PIS/PA
运行图
车辆调
乘客调
其他
中心实时服务器组2
PSCADA业务
车辆网关
车辆接口
车辆维护接口
中心实时服务器组1
ATS业务
（信号监控/运行图）
车辆监控业务
现场采集总线
信号网关
ZC
VOBC

图 8-3 控制中心结构图

量信息控制列车运行间隔及防护列车超速，ATO 子系统用于实现列车的自动驾驶功能。

车载的 CBTC 网络也采用冗余设计，其冗余链路分别以蓝色和红色标识。该网络由两个车载控制器、两个司机显示单元、两个信号车载 TAU、两个综合承载车载终端 TAU、每端安装两个无线 DCS 天线、两套编码里程计和两个应答器天线以及信号相关按钮和指示灯等组成。车载结构如图 8-4 所示。

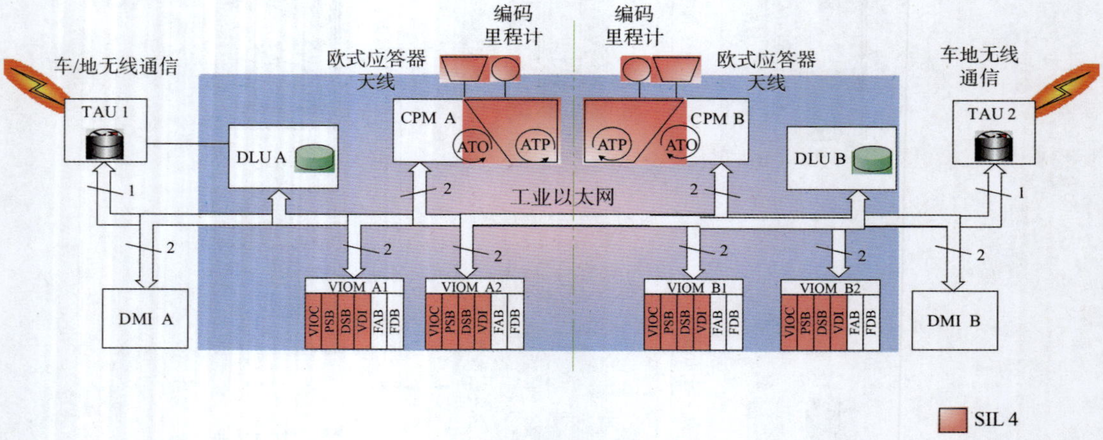

图 8-4　车载结构

6. 车辆基地

车辆基地设置有 1 套计算机联锁和 1 套区域控制器，管理区域内的运营列车。车辆段布置一套冗余 LATS 分机和现地控制工作站，设置一套 MSS 站机。功能和配置与正线基本相同。

某线路的实际系统结构如图 8-5 所示。

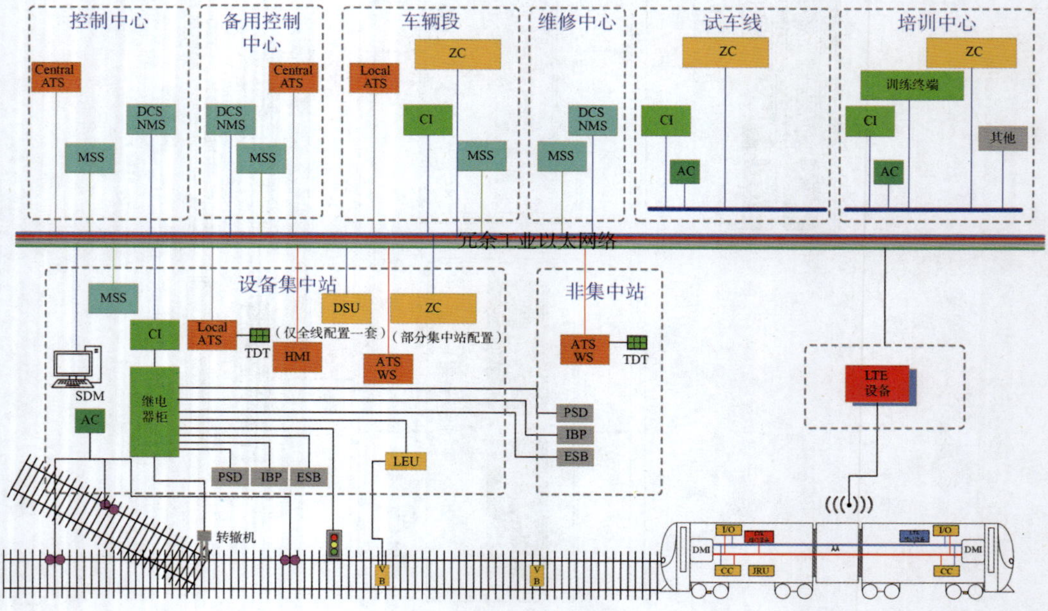

图 8-5　线路 A 信号系统结构

8.2.2 主要子系统

总体来说,信号系统由五个主要的子系统来管理,包括:

①ATP/ATO(列车自动防护/驾驶);

②CI(计算机联锁);

③DCS(数据通信);

④ATS(列车自动监控);

⑤MSS(维护监测)。

从网络架构方面:线路的运营管理主要依赖于覆盖整条线路的骨干传输网络,该网络用于各子系统之间的双向信息传输系统。骨干网是冗余的,即单个通道的故障和干扰,不影响信息从一个子系统传送给另一个子系统。DCS 通过 LTE 通信设备为信号轨旁子系统和信号车载子系统之间的通信提供了双向连续的 CBTC 信息传输。

正线集中设置 3 台轨旁 ATP/ATO 计算机(区域控制器),用于点式降级系统移动授权的 LEU 设置于各设备集中站信号设备室,轨旁设置有源和无源信标;ATS 设备位于控制中心、备用控制中心、各车站和车辆段;计算机联锁位于各个设备集中站,用于控制道岔、信号机等设备,联锁设备将与轨旁的基础设备[信号机、转辙机、次级检测设备(计轴)、紧急关闭按钮、人员防护开关等]连接;MSS 系统位于各设备集中站、工区、控制中心和维修中心。

在车辆段设置与正线一致的 ATP/ATO 系统、计算机联锁系统、DCS 系统、ATS 系统及 MSS 系统。

车载 ATP 设备结构如下:每列车头尾两端各设一套车载 ATP 设备,两端车载 ATP 设备自成系统,能够做到一端的车载系统控制不依赖于另一端的终端设备。车载设备两端各设置一套 2 乘 2 取 2 车载 ATC 设备,且头尾两端车载设备满足完全冗余的要求。

此外,正线区域也装配有计轴设备。

所有主要的子系统设备都将提供冗余配置,通常采用 KooN(K out of N,*N* 取 *K*)方式实现冗余架构配置,使得某单一故障不会影响正常运行。这有效提升信号系统的韧性水平。

8.2.3 信号子系统

信号系统从功能层面,可以分割为几个子系统,包括列车自动控制(ATP/ATO)、计算机联锁(CI)、数据传输系统(DCS)、列车自动监控(ATS)、维护监测系统(MSS)。其中数据传输系统是信号系统的数据通道,负责各子系统间的网络数据传递。其余四个子系统是信号系统的核心功能系统。

1. ATS 系统

中央 ATS 设置于控制中心,作为主用系统负责整条线路的自动控制与管理。当主控制中心失效时,系统可自动或由人工切换至备用控制中心,确保对本线的持续控制和操作。

在正线设备集中站内,ATS 工作站与联锁控制工作站合并设为具备冗余配置的现地控制工作站;而在非设备集中站,则配置冗余的 ATS 车站网络设备,并配备单套 ATS 监视工作站。在车辆段或停车场的 DCC 室内,配置与联锁控制工作站合一且采用双机热备的 ATS 工作站,而派班室内则设有独立的派班室 ATS 工作站。

借助联锁、ATP、ATO 等子系统的支持,ATS 子系统实现了对全线列车运行的自动管理与监控。系统设计采用设备级冗余结构，关键服务器采用双机热备配置，并实现无扰切换；通信前置机采用双套冗余，调度员工作站之间互为备用，双显示器输出相对独立，一台显示器发生故障时，另一台可承担全部显示与控制功能；同时，ATS 子系统采用双通道冗余工作方式，主通道发生故障时可自动切换至备用通道，确保数据传输连续，从而实现实时、连续、准确地显示与控制。（见图 8-6）

2. ATP/ATO 系统

ATP/ATO 系统由车站、轨旁设备及车载设备构成，主要负责对列车进行安全防护和自动驾驶控制。ATP 系统用于控制列车运行间隔、防止超速，并始终确保列车安全运行，且严格遵循故障—安全原则；ATO 系统则实现列车的自动驾驶功能。在正线的三个设备集中站内，各自配置一套区域控制器以管理区域内的运营列车，而车辆段则设置独立的区域控制器，全线统一配置一套数据存储单元，负责软件及数据版本的管理。正线和车辆段根据需要布置无源与有源应答器辅助列车定位，其中有源应答器通过连接设备室的地面电子单元实现后备移动授权的传递。此外，每列车的车头和车尾均配置一套车载 ATP/ATO 设备，两套设备互为冗余，以确保列车安全防护和自动驾驶功能的可靠实现，且主备设备转换时间不得影响列车正常运行和驾驶员操作。

3. 联锁系统

每个设备集中站和车辆段均配置联锁设备以及现地控制工作站（与 ATS 工作站合用），用于控制轨旁信号设备并实现安全联锁。在车辆段内，还设置了联锁监视/显示终端，而所有配置有联锁主机的设备室均设有联锁维护工作站。计算机联锁系统在既定条件和时序下，对进路、信号机及道岔进行控制，从而确保各设备间实现安全联锁，其功能包括控制和锁闭道岔、排列与锁闭进路、操作进路、控制信号机、自动折返、自动进路以及联锁维护。为进一步提高安全性，系统采用了有效的冗余结构。

4. 维护监测系统

在正线各车站设备室内配置一套 MSS 站机，在设有维修工区的集中站信号设备室内配置一台 MSS 维护工作站；车辆段设备室内同样配置一套 MSS 站机，而在项目部、维护部及停车列检库内，各自配置一套 MSS 维护工作站。此外，维修中心配置一套冗余的维护监测服务器、一套数据中心服务器、一套 MSS 维护工作站及一套以太网网管系统。信号监测子系统作为整个信号系统的设备状态监测和维护辅助工具，主要负责采集维护与报警信息，对信号系统进行就地与远程监测及报警，并对车辆段和全线车站实施在线监视和集中报警，同时为所有在线运行的信号设备提供维护管理支持。调度员可借助远程维修诊断系统制定、计划和安排维修工作，从而实现比传统人工方式更高效的维护管理。

8.2.4 信息交互与接口

全自动运行系统以信号系统为核心，实现了车辆、综合监控、通信、站台门等多专业的集成互联，内外部信息交互如图 8-7 所示。

1. 内部信息交互

全自动运行信号系统的内部接口见表 8-1，主要为 ATS、CI、ATP、ATO 间交互的信息。

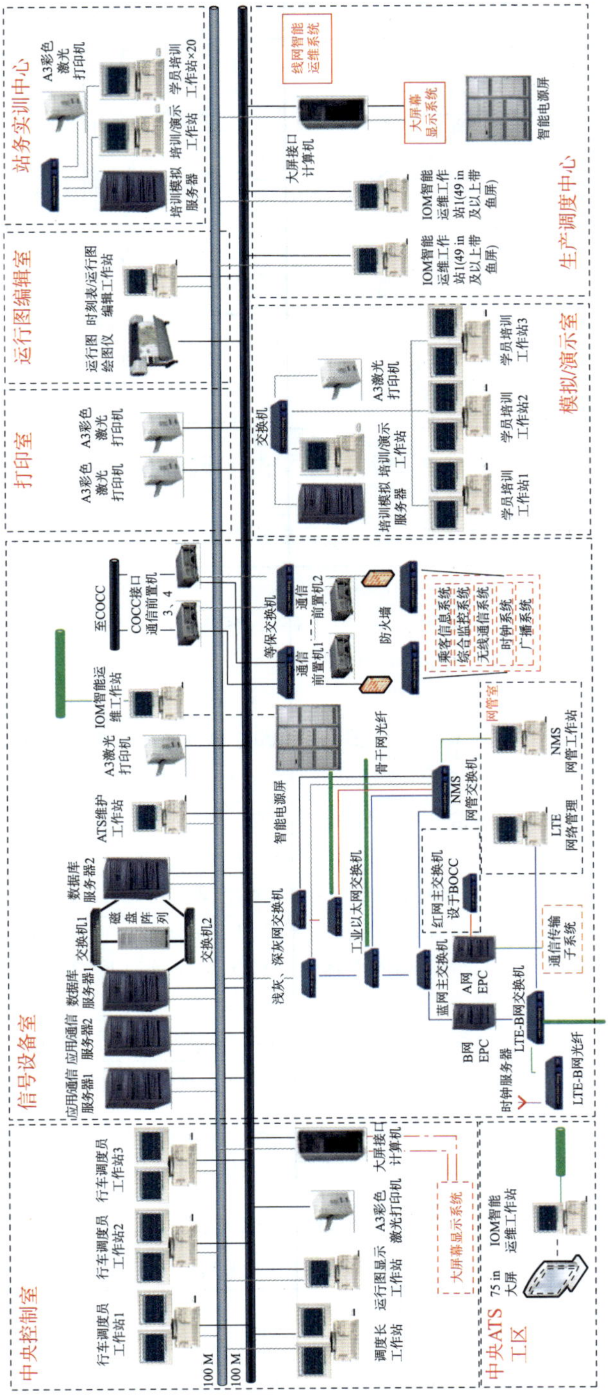

图 8-6　ATS 设备配置结构图

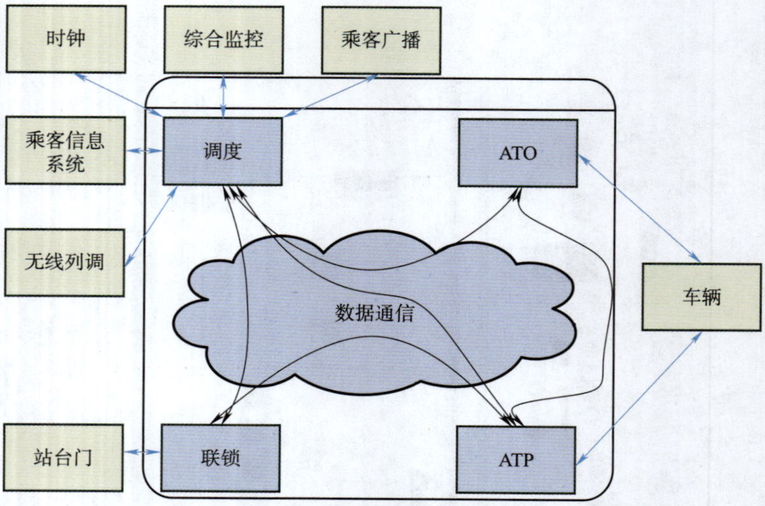

图 8-7　全自动运行信号系统内外部信息交互示意

表 8-1　某全自动运行信号系统内部信息交互列表

接口	交互方向	交互信息
ATS-CI	CI => ATS	次级检测区段、道岔位置、信号机、紧急停车按钮等现场设备状态；进路、区段锁闭、行车方向等逻辑状态
	ATS => CI	进路、道岔、信号机等信号设备控制命令
ATS-轨旁 ATP	ATS => ATP	列车识别、轨旁保护区域状态修改请求、TSR 修改请求等
	ATP => ATS	列车包络状态、轨旁保护区域状态、TSR 状态报告等
轨旁 ATP-CI	CI => ATP	道岔位置、信号机显示状态、计轴占用、紧急停车按钮、站台门状态等；进路、区段锁闭、行车方向等逻辑状态
	ATP => CI	ATP 区段、次级检测设备可用/不可用状态等
ATS-ATO	ATS => ATO	主动列车识别、扣车、跳停、发车时间和下一站到达时间等； 列车在车站停车：值班员可以请求列车在下一个车站停车（如果列车原计划下一站跳停）
	ATO => ATS	列车状态报告、车门开/关状态、跳停状态、车载可用性、报警信息等
轨旁 ATP-车载 ATP	车载 ATP => 轨旁 ATP	列车相关信息（列车识别号、列车尾部位置、列车头部位置、列车速度等）、数据版本信息等
	轨旁 ATP => 车载 ATP	授权终点、轨旁安全变量信息、临时限速信息、数据版本信息等
CI-车载 ATP	CI =>车载 ATP	站台门关闭且锁闭信息、间隙检测状态信息等
	车载 ATP => CI	站台门开/关门命令、间隙检测启动/停止指令等

2. 外部接口

全自动运行信号系统的主要外部接口见表 8-2，具体内容如下。

(1)与车辆系统的接口

信号车载系统设备与列车牵引系统、制动系统及车辆控制系统之间实现信息交互，控制车辆运行，信号系统和车辆系统接口包括硬线继电接口和网络接口。

(2)与站台门系统的接口

站台门系统向信号系统提供站台门“门关闭且锁紧”信息，列车进站后，信号系统控制站台门和列车车门同步开关，确保乘客安全上下车。

(3)与综合监控系统的接口

同时，综合监控系统应向信号系统反馈相关报警信息，信号系统处理后为调度操作员提供必要的报警提示。

(4)与乘客广播系统的接口

信号系统应向广播系统提供数据，以便车站广播系统进行列车进站、通过等预告广播并播报场段运行信息。

(5)与无线列调系统的接口

信号系统应向无线列调系统提供数据信息，以便控制中心调度员、车站值班员呼叫列车。

(6)与乘客信息系统的接口

信号系统应向乘客信息系统提供必要的列车运行信息，乘客信息系统负责在接收到该信息后组织播出，并以分为单位，以倒计时方式显示下一趟列车到站时间。

(7)与时钟的接口

信号系统从时钟系统接收时间信号，并根据时间信号校准信号系统时钟。

表 8-2 某全自动运行信号系统外部信息交互列表

<table>
<tr><th>外部专业</th><th>外部接口</th><th>交互内容</th><th>接口形式</th></tr>
<tr><td rowspan="2">车辆</td><td>信号—车辆</td><td>紧急制动指令、开门使能、列车方向、司机室激活、零速信号和开关门指令等</td><td rowspan="2">继电接口 MVB/TRDP/PWM 以太网</td></tr>
<tr><td>车辆—信号</td><td>紧急制动状态、列车完整性状态、车门状态(关闭、锁闭或关闭且锁紧)、司机室钥匙状态、方向手柄位置等</td></tr>
<tr><td rowspan="4">站台门</td><td rowspan="2">信号—站台门</td><td>开门指令和关门指令</td><td>继电接口</td></tr>
<tr><td>车门故障隔离信息</td><td>串口/以太网</td></tr>
<tr><td rowspan="2">站台门—信号</td><td>站台门关闭且锁紧状态</td><td>继电接口</td></tr>
<tr><td>站台门故障隔离信息</td><td>以太网或串口</td></tr>
<tr><td rowspan="2">综合监控</td><td>信号—综合监控</td><td>列车运行信息、运营时刻表；全自动运行(运营准备、唤醒、休眠、列车运行中的紧急控制、车站及区间紧急控制等)相关联动功能(如需)所需信息</td><td rowspan="2">以太网或串口</td></tr>
<tr><td>综合监控—信号</td><td>正线、车辆段/停车场、试车线供电接触网带电状态信息、AFC 客流信息、通道检测信息，反馈确认信息</td></tr>
<tr><td>乘客广播</td><td>信号—广播</td><td>列车计划到站及发车信息；列车进站状态(即将进站、进站、离站)；首末班车信息；列车跳停、扣车、清客、轨道车等；车次号、车体号(车组号)、服务号、目的地号；提前传送列车到站信息</td><td>以太网或串口</td></tr>
<tr><td>无线列调</td><td>信号—无线列调</td><td>列车位置信息(处于车站站台、折返轨、存车线、车辆段/停车场等)；列车识别号(目的地号、乘务组号)；车体号(车组号)；列车进/出正线；列车运行方向(上/下行)</td><td>以太网或串口</td></tr>
</table>

续上表

外部专业	外部接口	交互内容	接口形式
乘客信息系统	信号—乘客信息系统	时刻表信息；列车终到站；列车到、离站时间及下次列车到、离站时间；列车通过、列车退出服务、首末班车；上下行首末班车、扣车、清客、列车折返/交路信息；故障信息等	以太网或串口
时钟	时钟—信号	标准时间信息	以太网或串口

8.3 典型 FAO 功能实现详解

线路 A 支持最高等级 GoA4 级的 UTO 全自动运行，可在完全没有司机干预的情况下实现列车休眠唤醒、测试自检、出入库运行、停站开门、工况切换、洗车、在线联挂解编等正常运营和维护功能。本节重点介绍该系统的几项典型功能。

8.3.1 无人自动折返(ATB)

全自动运行模式下的折返方式包括：自动折返、人工折返。全自动运行模式下的自动折返包括 FAM 模式下的站前折返和站后折返；以站后折返为例，其折返过程中进路设置、信号开放、列车运行基本可分为图 8-8 所示的三个阶段。

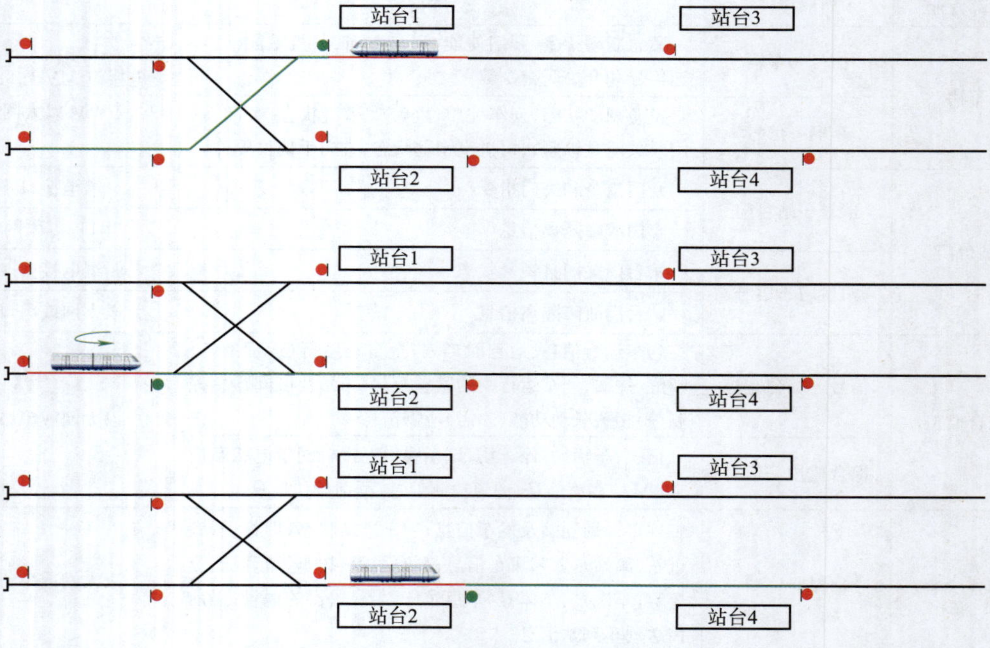

图 8-8　无人自动折返过程示例(站后)

1. 自动折返流程

FAO 的自动折返，首先由 ATS 根据时刻表自动触发折返进路，并适时办理折出进路；

然后车载系统在 FAM 模式下可完成自动换端；最后车载系统换端完成后根据 TIAS 发送的停站时间完成自动关门并发车。

根据运营需求，列车站前折返停在站台进行换端时，要求保持车门处于打开状态。站后折返换端时，要求保持车门处于关闭且锁闭状态。因此：

站前折返时，列车在站台对标停稳后自动打开车门，车辆通过信号的零速或车辆自身零速信息（有一个零速信号即可）保持车门打开。当车辆丢失驾驶室激活状态时未开门到位的车门会自动关闭，故信号应延时等待车门开到位后换端。

站后折返时，列车在终端站台对标停稳后自动打开车门不关闭，触发车辆清客广播，提醒乘客下车。由综合站务员确认清客完成后，按压确认按钮。列车运行至站外折返停车窗完成自动换端后，运行至站台，打开车门。

在车站设置清客确认按钮：车载系统接收到清客确认按钮指令后，通过硬线信号发送给车辆车门控制单元关闭车门，同时向 CI 发送关闭站台门指令，车辆关闭车门，CI 驱动关闭站台门后发车。

2. 自动折返功能分工

(1)ATS

根据时刻表自动触发折返进路，并适时办理折出进路；当列车运行至折返区域后，ATS 自动为列车重新分配车次号；停稳后车载系统根据 ATS 发送的停站时间，自行倒计时发车。

(2)CI

按照既有方式完成折返进路办理等功能；采集轨旁确认按钮状态，并发送给列车的车载控制系统。

(3)车载系统

站前折返换端时，车载系统根据列车位置和移动授权终点属性，在全自动运行模式下输出车门打开指令，车辆凭借信号零速或车辆自身零速信息（任其一）维持车门开启状态。折返作业期间，车载 ATO 根据列车位置信息控制列车运行。站后折返换端时，车载 VOBC 在全自动运行模式下保持车门关闭。

8.3.2　远程 RM(RRM)

RRM 行车法是在无法使用进路闭塞法行车时，在确保安全的前提下，为维持连续运营，基于车载 ATP 和远程控制，最大化提高运输能力的行车方式。

全自动运行模式下，列车定位丢失后（如重启后失位，丢失连续两个及以上信标导致失位等），列车将无法以 FAM/CAM 模式继续运行，ATS 报警提示调度员。经调度员确认后，列车进入 RRM 驾驶模式，车载 CC 控制列车以限速 25 km/h 运行一定距离，列车读到第一个信标后，自动切换为 FAM 驾驶模式控制列车运行，故障恢复。

1. 功能描述

(1)进入 RRM 模式

ATS 向失位列车车载系统发送设置 RRM 指令和其所处位置；VOBC 根据来自 ATS 的位置信息向与之相关联的 ZC 请求进入 RRM；ZC 根据 CC 请求和其所管理区域的列车信息授权列车进入 RRM；CC 收到 ZC 进入 RRM 授权后，进入 RRM 模式，并提示调度员。

(2)RRM 模式控车运行

ZC 基于失位列车的计轴占用信息和进路状态为 RRM 驾驶模式的列车相关信息为 RRM 驾驶模式列车计算移动授权。调度员通过 ATS 界面对 RRM 驾驶模式列车下发“发车确认”指令。车载子系统根据来自 ZC 的移动授权信息,自动控制列车限速 25 km/h 运行。ATP 计算列车速度曲线,以确保控车安全。

(3)退出 RRM 模式

列车读到第一个信标后,在不停车情况下,车载系统自动升级至 FAM 模式,恢复运营。若列车运行至指定距离后,还未读到信标,车载系统将输出紧急制动停车,并退出 RRM。

2. 功能实现流程

通过 ATS、调度员、CC 之间的交互来设置 RRM 模式,由相关联的 ZC 辅助车载 ATP,确保 RRM 模式下列车的安全控车运行。

RRM 模式功能实现流程如图 8-9 所示。

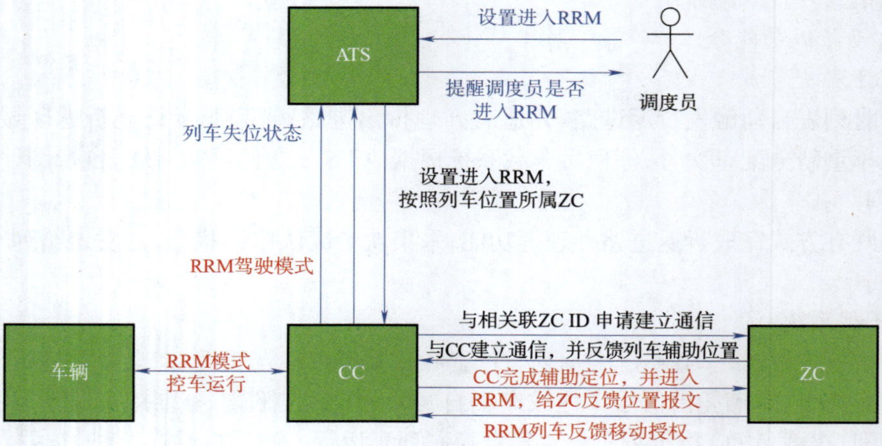

图 8-9 RRM 模式功能实现流程

(1)ATS→CC:调度员设置进入 RRM 模式,ATS 通过列车追踪功能,确定列车位置所属 ZC,并将 ZC 信息发送给设置 RRM 驾驶模式的列车。

(2)ATS ←CC:列车失位后,将事件告警发送给 ATS,ATS 提示调度员是否进入 RRM 驾驶模式;列车进入 RRM 驾驶模式后,将状态发送给 ATS 提示调度员,RRM 驾驶模式设置成功。

(3)ZC→CC:ZC 根据联锁计轴区段的占用信息,给 CC 反馈列车辅助定位信息。ZC 根据当前列车位置、轨旁设备状态、相邻列车位置等计算列车可运行的距离,并给 CC 移动授权信息。

(4)CC←ZC:CC 根据来自 ATS 的 ZC ID 信息,向相关联 ZC 请求建立通信;CC 利用来自 ZC 的列车辅助位置信息,向 ZC 报告当前列车实际位置。

8.3.3 蠕动模式(CAM)

全自动运行条件下,当车辆网络检测到故障或车辆网络与信号系统之间通信故障时,车载系统向中心申请进入蠕动模式，蠕动模式下列车进入限速运行(最高限速暂定为 25 km/h)，也可人工申请指定列车进入蠕动模式。

车载控制列车在下一停车点(包括站台、库线、存车线、转换轨)精确停车，在站台停准停稳后，输出不可自动缓解的紧急制动，等待人工处理，当车门开启条件满足时打开车门且保持开启状态；在库线、存车线、转换轨停稳后输出不可自动缓解的紧急制动，车门保持关闭且锁闭，等待人工处理。

1. 进入 CAM 模式的条件

(1)车载与车辆 TCMS 网络通信故障时

车载系统对与车辆 TCMS 通信的报文进行监测，若超过规定时间未接收到车辆 TCMS 报文，则判定为与车辆 TCMS 通信发生故障，车载紧急制动停车后，向中心 ATS 申请进入蠕动模式，由调度员确认转蠕动模式运行或进行人工救援。

车载系统对车辆 TCMS 反馈的牵引指令、制动指令以及牵引或制动的百分比的执行情况进行监督，若车辆 TCMS 反馈的指令与车载输出指令不一致超过规定时间(暂定：牵引 2 s、制动 1 s、PWM 输出牵引或制动占空比原值 1 s)，判定为车辆功能异常，车载 VOBC 紧急制动停车后，向中心 ATS 申请进入蠕动模式，由调度员确认转蠕动模式运行或进行人工救援。

(2)车辆网络检测到故障时

当车载与车辆 TCMS 网络通信正常，但车辆 TCMS 检测到与制动系统的网络连接出现大面积中断情况且硬线无制动重故障输出时，车辆 TCMS 系统申请进入 CAM 模式，车载紧急制动停车后，向中心 ATS 申请进入蠕动模式，由调度员确认转蠕动模式运行或进行人工救援。

(3)其他可配置条件

车载监督到控制端发生打滑 EB 等配置条件时，车载系统输出紧急制动，待列车停稳后，向中心 ATS 申请进入蠕动模式，由调度员确认转蠕动模式运行或进行人工救援。

2. 确认进入 CAM 模式

中心 ATS 工作站显示并响应车载系统的蠕动模式运行申请，授权列车进入蠕动模式。进入蠕动模式后，列车限速运行至 ATS 指示的下一停车点停车：若下一停车点为站台则打开车门不关闭，等待人工上车处理，或按压站台关门按钮或中心远程关闭车门及站台门后，中心下达远程 CAM 发车授权，或站台按压发车按钮。在中心下达远程 CAM 发车授权或站台按压发车按钮后，列车可继续发车运行；若下一停车点为库线、存车线、转换轨，则车门保持关闭且锁闭，此时列车可在响应远程 CAM 发车授权后直接发车运行。

3. 功能实现流程

通过 ATS、调度员、CC 与车辆系统之间的交互相关指令与信息，完成 CAM 模式设置，促使列车由 FAM 模式转换为 CAM 模式。ATP 监控下 ATO 控制列车以不超过 25 km/h 的速度自动运行至车站对标停车后扣车，列车自动打开车门完成乘客的乘降作业，随后在站台等待工作人员上车对因触发 CAM 模式而产生的故障进行处理。蠕动模式功能实现流程如图 8-10 所示。

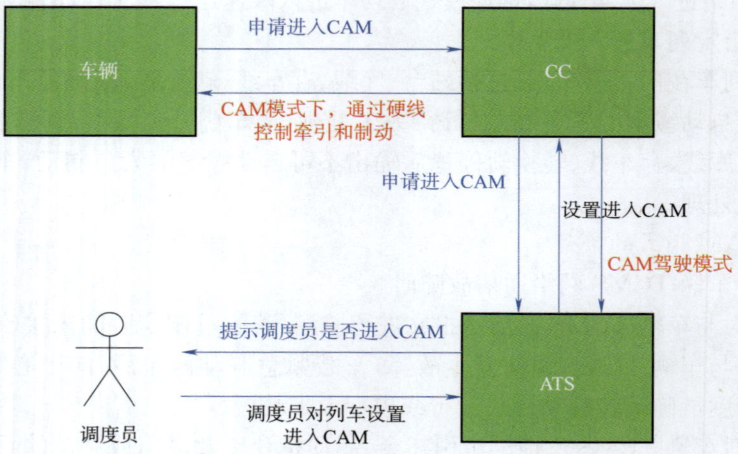

图 8-10　蠕动模式功能实现流程示意

(1)ATS→CC:调度员设置进入 RRM 模式，设置进入蠕动模式(CAM)。

(2)ATS←CC:首先申请进入 CAM,CC 判断和 TCMS 通信中断,或自车辆收到申请进入蠕动模式后,将“申请进入 CAM”列车失位后,将事件告警发送给 ATS，ATS 提示调度员是否进入 RRM 驾驶模式;然后进入 CAM 驾驶模式,CC 进入 CAM 驾驶模式后,将状态发送给 ATS 提示调度员,RRM 驾驶模式设置成功。

8.3.4　站台门对位隔离

1. 站台门故障隔离车门

当车站站台门故障或被人工锁闭隔离后,列车在该站台时,该侧站台对应列车的所有车门也保持锁闭,不参与停站的开门作业。

当站台门发生故障时,对乘客进行提示:车辆通过车载 PA 系统,使相对应的隔离车门上方的动态地图 LCD 显示器上显示此门不打开的信息。此时会点亮故障站台门的站台门隔离指示灯(闪烁)。

列车进站停稳后,车载系统分别向车辆和联锁发送打开车门指令和打开站台门指令,车辆接收到指令后,控制被隔离站台门对应的车门不打开。

2. 车门故障隔离站台门

当列车车门故障隔离(仅对人工切除车门适用)后,本列车停站时对应的站台门应能保持锁闭,不参与停站的开门作业。

当列车车门故障隔离后,车辆 TCMS 触发相对应隔离车门上方的动态地图 LCD 显示器,显示此门不打开的信息,同时周期性地向车载发送车门故障隔离信息。车载根据故障车门所在侧向 ATS 发送车门故障隔离信息和对应的站台门 ID。ATS 在车辆调度界面上对车门故障隔离信息进行报警,并将隔离站台门信息发送给站台门系统。站台门系统点亮故障车门对应站台门的故障指示灯(闪烁)。

列车进站停稳后,车载自动打开正常车门,故障隔离车门由车辆控制不打开,同时向联锁发送开站台门指令,联锁控制打开正常车门对应的站台门,故障隔离车门对应的站台门由站台门系统控制不打开。

列车自站台发车后,ATS 不再发送本站的车门故障隔离站台门信息。本站台的站台门由于车门故障而导致的隔离状态复位。如果能获取下一列车的车门故障信息,则开始使用下一列车的车门故障隔离站台门信息。

3. 功能实现流程

通过 ATS 与 CC 的交互实现站台门对位隔离。在 ATP 监视下,ATO 控制对应车门保持锁闭,不参与停站的开门作业。站台门车门故障对位隔离实现示意如图 8-11 所示。

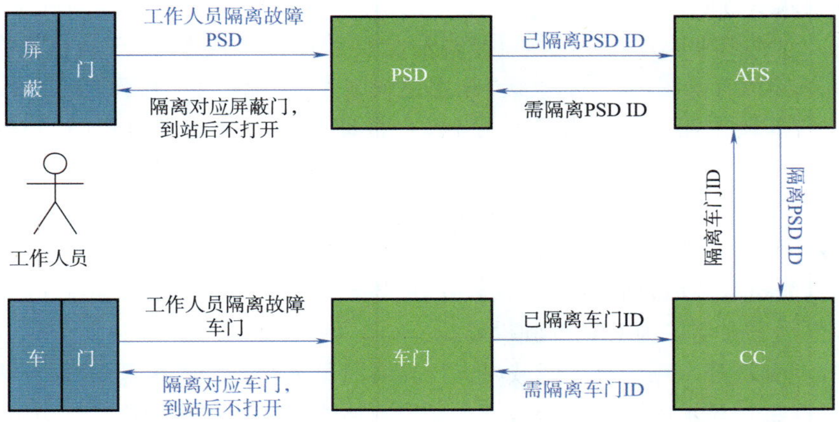

图 8-11 站台门车门故障对位隔离实现示意

以站台门隔离车门为例,功能实现流程如下:首先,站台门系统将被隔离站台门的信息(已隔离 PSD ID)汇报给 ATS,同时向车载监控系统进行报警;然后,ATS 将本站台的站台门的状态信息(打开、关闭、故障)发送给与之通信的车载系统。再后,车载将对应站台的被隔离站台门信息周期性地转发给车辆 TCMS。列车驶离站台规定距离后,不再转发该站台门故障信息给车辆 TCMS。至此,完成了被隔离站台门的信息传递流程。

8.3.5 车辆段自动运营

1. 列车出库

在车辆段/停车场全自动区域(包含咽喉区、运用库)应实现无线覆盖,列车在运用库内实现休眠唤醒,能够自动完成车载信号设备(含车载车—地通信设备状态)检测,以确保车载信号设备的正常工作,具备自动出入库功能。

列车以 FAM 驾驶模式出车辆段:ATS 系统会根据时刻表及行车计划向指定列车下达唤醒命令,列车收到唤醒命令后,触发信号系统、车辆系统及通信系统自检,并将自检结果报告 DCC。列车唤醒成功后进入 FAM 模式,根据派班计划和时刻表及移动授权,鸣笛启动,自动运行至正线投入运营。列车进入出入段线后向车辆发送“进入正线服务”工况,用于车辆照明、空调与电热的控制,列车具备在出入段线转换轨处不停车连续运行的功能。

列车以 ATPM 或 ATO 驾驶模式出段/场:列车在离开停车库线前,通过车载设备的自检和自诊断功能确认车载设备工作正常,列车在出停车库线前完成定位、初始化后,人工将车载设备转换为 ATPM 或 ATO 驾驶模式,运行至转换轨停车或不停车,进行车次信息的初始化。

列车以 RM 驾驶模式出段/场：人工驾驶列车运行至车辆段/停车场的“转换轨”处停车或不停车对列车精确位置、车次信息等的初始化后，车载设备自动或人工转换为 ATPM 或 ATO 驾驶模式。

2. 列车入库

在 CBTC 模式下，列车以 FAM 或 ATO 驾驶模式运行至相应停车库线，进行休眠。正常情况下系统可实现列车在出入段/场线及段场全自动区域内在 CBTC 模式下的 FAM 模式或 ATO 模式双方向自动运行。

列车以 FAM 驾驶模式入车辆段/停车场：全自动运行模式下，列车运行至转换轨停车或不停车办理“销号”手续，向车辆发送“停止正线服务”工况指令，用于车辆照明、空调与电热的控制。列车根据回库计划及移动授权，全自动驾驶运行至段内相应停车库线，进行休眠。

列车以 ATPM 或 ATO 驾驶模式入段/场：列车以 ATPM 或 ATO 驾驶模式运行至转换轨，停车或不停车办理“销号”手续后，随后运行至相应停车库线。

当入段信号机开放后，列车进入段场，并在转换轨处停车或不停车办理“销号”手续，随后由人工或自动方式切换为 RM 驾驶模式。

列车在车辆段/停车场全自动区域内运行具有时刻表功能，ATS 具备段/场内自动进路排列、车次号跟踪及显示以及相应的信号元素控制功能。列车在车辆段/停车场内运行需具有车组号的跟踪、显示功能，并在相应的工作站显示相关信息。

3. 列车休眠

当列车运行至预定义的休眠停车窗内(停车股道)时，ATS 判断列车具备休眠条件后，自动或由人工向车载信号设备发送休眠命令。列车的休眠包括：自动休眠、远程人工休眠、车上人工休眠。

车载信号设备收到休眠命令，先完成自身休眠准备工作，随向车辆发出休眠请求命令，收到车辆的休眠确认后，车载信号设备向车辆发送休眠指令，由车辆控制车载设备断电。休眠结果反馈给中心 ATS。若休眠不成功，系统进行报警提示。DCC 调度员可在调度台上向该列车的车载信号设备发送休眠指令，促使列车休眠。在列车休眠状态下，若检测到蓄电池亏电，车场 ATS 工作站能显示报警信息。

4. 列车唤醒

ATS 根据计划，提前一定时间(可配置)远程自动向休眠列车信号设备发出唤醒指令，也可由 ATS 远程人工或司机人工发出唤醒指令。信号车载设备向车辆转发唤醒指令，车辆对全列车的上电并成功后，车载信号设备及车辆设备执行必要的自检、测试。测试成功后，车载设备处于激活可用状态，具备以 FAM 模式运行的条件。自动唤醒失败后，系统具备远程再次唤醒的功能。远程唤醒失败后，系统具备本地唤醒功能。

中心在接收到车载设备反馈信息，并确认车载唤醒成功后，ATS 为列车分配场段内运行的目的地码或车次号，并排列进路。车载信号系统接收到地面 ATP 设备发送的移动授权后，控制列车驶出车辆段/停车场。车辆段/停车场预计停车列检库、周月检库、试车线等均具备列车唤醒功能。

5. 自动洗车

洗车机由 DCC 远程启动或人工启动，信号系统接收洗车机的状态，在洗车机准备就绪的情况下，ATS 根据目的地码或洗车计划自动排列至洗车库的进路，根据移动授权列车以 FAM 模式自动运行至洗车库前停车。信号系统收到洗车机的洗车确认后，向车辆发送“洗车”工况开始洗车。洗车过程中，信号车载设备按洗车流程自动控制列车牵引及制动，信号系统收到“允许列车移动”信息后，车辆控制列车以 3 km/h(可配置)速度恒速继续运行。洗车完毕后，列车运行至清洗车库停车点停稳，退出洗车工况，列车继续以 FAM 模式运行回库。

参考文献

[1] 汪小勇．轨道交通多模车载控制系统可用性评估研究 [D]. 上海:同济大学,2022.
[2] 徐金祥,冲蕾．城市轨道交通信号基础[M]. 北京:中国铁道出版社,2010.
[3] 唐晨凯．面向列车自主运行控制的线路资源分布式管理研究[D]. 上海:同济大学,2022.
[4] 高博文．基于能力匹配的列车在线调整理论与方法研究[D]. 上海:同济大学,2024.
[5] 崔科,董德存．基于多感知信息融合的列车测速定位机理研究[D]. 上海:同济大学,2017.
[6] 常鸣,崔科,王维旸,等．基于动势能转换的虚拟编组列车动态最小安全间隔[J]. 同济大学学报(自然科学版),2024,52(1):41-48.
[7] 王维旸．面向节能的城市轨道交通列车运行协调控制机理与方法 [D]. 上海:同济大学,2019.
[8] 张凯乐,欧冬秀．面向场景自适应的虚拟编队运行控制方法研究[D]. 上海:同济大学,2024.
[9] WANG Z W, OU D X. Parameter adaptive research of automatic train control algorithm based on sliding mode PID [J]. Transportation Research Record,2023.